新編諸子集成

十一家注孫子校理

〔春秋〕孫武　撰
〔三國〕曹操等注
楊丙安　校理

中華書局

圖書在版編目(CIP)數據

十一家注孫子校理/(春秋)孫武撰;(三國)曹操等注;楊丙安校理. —北京:中華書局,2016.4(2024.5重印)
(新編諸子集成)
ISBN 978-7-101-11675-5

Ⅰ.十… Ⅱ.①孫…②曹…③楊… Ⅲ.①兵法-中國-春秋時代②《孫子兵法》-注釋 Ⅳ.E892.25

中國版本圖書館CIP數據核字(2016)第062439號

責任編輯:高流水 薛有紅 石 玉
責任印製:陳麗娜

新編諸子集成
十一家注孫子校理
〔春秋〕孫 武 撰
〔三國〕曹 操 等注
楊丙安 校理
*
中 華 書 局 出 版 發 行
(北京市豐臺區太平橋西里38號 100073)
http://www.zhbc.com.cn
E-mail:zhbc@zhbc.com.cn
三河市中晟雅豪印務有限公司印刷
*
920×1250毫米 1/32・15¼印張・2插頁・312千字
2016年4月第1版 2024年5月第6次印刷
印數:11501-13000册 定價:76.00元

ISBN 978-7-101-11675-5

宋本書影

一家註孫子卷上

計篇

曹操曰計者選將量敵度地料卒遠近險易計於廟堂也○李筌曰計者兵之上也太一遁甲先以計神加德宮以斷主客成敗故孫子論兵亦以計爲篇首○杜牧曰計算也曰計算何事曰下之五事所謂道天地將法也於廟堂之上先以彼我之五事計算優劣然後定勝負勝負既定然後興師動衆用兵之道莫先此五事故著爲篇首耳○王晳曰計者謂計主將天地法令兵衆士卒賞罰也○張預曰管子曰計先定於內而後兵出境故用兵之道以計爲首也或曰兵貴臨敵制宜曹公謂計於廟堂者何也曰將之賢愚敵之强弱地之遠近兵之衆寡安得不先計之及乎兩軍相臨變動相應則在於將之所裁非可以隃度也

孫子曰兵者國之大事

杜牧曰傳曰國之大事在祀與戎○張預曰國之安危在兵故講武練兵實先務也

死生之地存亡之道不可不察也

李筌曰兵者凶器死生存亡繫於此矣是以重之恐人輕行者也○杜牧曰國之存亡人之死生皆由於兵故須審察也○賈林曰地猶所也亦謂陳師振旅戰陳之地得其利則生失其便則死故曰死生之地道者權機立勝之道得之則存失之則亡故曰不可不察也書曰有存道者輔而固之有亡道者推而亡之○梅堯臣曰地有死生之勢戰有存亡之道○王晳曰兵舉則死生存亡繫之○張預曰民之死生兆於此則國之存亡見於彼然死生曰地存亡曰道者以死生在勝負之地而存亡繫得失之道也得不重愼審察乎

故經之以五事校之以計而索其情

曹操曰謂下五事七計求彼我之情也○李筌曰謂下五事也校量也量計遠近而求物情以應敵○杜牧曰經者經度也五者即下所謂五事也校者校量也計者即篇首計算也索者搜索也情者彼我之情也此言先須經度五事之優劣次復校量計算之得失然後始可搜索彼我勝負之情狀○賈林曰校量彼我

新編諸子集成精裝本出版説明

子書是我國古籍的重要組成部分。最早的一批子書産生在春秋末到戰國時期的百家争鳴中，其中不少是我國古代思想文化的珍貴结晶。秦漢以後，還有不少思想家和學者寫過類似的著作，其中也不乏優秀的作品。

二十世紀五十年代，中華書局修訂重印了由原世界書局出版的諸子集成。這套叢書匯集了清代學者校勘、注釋子書的成果，較爲適合學術研究的需要。但其中未能包括近幾十年特别是一九四九年後一些學者整理子書的新成果，所收的子書種類不够多，斷句、排印尚有不少錯誤，爲此我們從一九八二年開始編輯出版新編諸子集成，至今已出滿四十種。

爲滿足不同讀者的需求，這套書將分批出版精裝本，版面疏朗，裝訂考究，非常適合閲讀與收藏。敬請關注。

中華書局編輯部

二〇一六年三月

目録

宋本十一家注孫子及其流變(代序)

宋本十一家注孫子是孫子兵法除武經七書之外的另一重要傳本系統十家注——十一家注系統的母本，自從中華書局於一九六一年影覆以來，學界曾予以極大重視，並圍繞着它進行了不少整理研究工作。陳彭同志和我在一些文章中也曾談到過它，在首届孫子兵法國際學術研討會上，我也曾做過專題發言[一]，不過都談得比較簡畧，有些問題還没有談到，所以想在這裏比較集中地談一談，以供研究參考。

一、宋本十一家注與宋志所録吉輯十家會注的關係及其刊刻時間

一説到宋本十一家注，我們馬上就會提出這樣的疑問：它是否就是宋史藝文志所録吉天保輯十家孫子會注？二者究竟是什麽關係？

這個問題之所以成爲問題，是由於吉輯未著十家姓名，而宋本又未著輯者姓名。這就自然容易使人把它們二者合而爲一。問題是，宋本注家並非十人，而是十一人，即曹操、孟氏、李筌、賈

林、杜佑、杜牧、陳皞、王晳、梅堯臣、何氏和張預。既爲十一家，但鄭友賢在其遺説并序中却爲何一再説是「十家之注」，並稱其遺説爲「十注遺説」呢〔二〕？這裏有兩種可能：一是舉成數言之；二是如孫星衍、畢以珣和余嘉錫先生所説：杜佑本不注孫子，其注乃通典之文。去佑不數，正合十家〔三〕。孫星衍之所以直稱其道藏原本即宋志吉輯，除上述外，可能還有一條原因，就是道藏孫子是十三卷，而吉輯也是十三卷（宋志作「十五」，或係「十三」之誤，或是十三篇每篇爲一卷，外有附録二卷）。如果孫氏的判斷不錯，那麽我們就可以説：宋本即吉輯。王晳卿文禄堂訪書記也直稱其所見宋本即吉輯。余嘉錫先生也毫不懷疑原清内府所藏宋本「實即吉天保十家會注」。若確如孫、余所説，那麽，天禄琳瑯書目所説「本有十家注，友賢輯且補之爲十一家」之説就是牽附之辭了。不過，這裏余嘉錫先生也有一個小小的誤會，就是天禄書目本來是説原有十家，「友賢輯且補之」爲十一家，而余先生却認爲是「並友賢爲十一家」了。

二者若實爲一書，爲甚麽卷數不侔呢？可能是同書而異刻，或者説宋本是吉輯的另一刊本。例如曹注，新、舊唐志所録即迥然有異，一爲三卷，一爲十三卷，而且書名也不盡同。所以原刻爲十三卷，而重刻時却將十三卷（篇）又分爲上、中、下三卷，這是完全可能的。再者，鄭氏遺説中説得明白：「十家之説出」，他感到「武之意不得謂盡於十家之注」，於是乃撰十注遺説。這自然是説十注之出在先，而其遺説之作在後。這是否可以理解爲：此附有鄭氏遺説的宋本十一家注，並非十注原刻而是其重刻呢？ 或者説是它的另一刊本呢？ 這似乎也是可以的。 那麽，此書是否爲鄭氏所刻呢？ 我過去也曾懷疑過這一點。 但仔細考慮，這種可能性不大。 因爲若爲鄭氏所刻，則不致出現遺説稱「十注」而書名又稱「十一家注」的情況。 故可以認爲是：刻者據十注重刻時收入了鄭氏遺説，並以注家實爲十一家而題爲書名。 不過這種理解畢竟還帶有某些揣測性質，所以作爲一種説法是可以的，但却不能認爲它就是無可置疑的科學結論，因爲除足以説明二者關係的資料尚欠充分，致使我們對有些事情很難説清之外，還有一個「第三者」給我們添了麻煩。 這就是日本昌平坂學問所也存有一部名叫十家注孫子的書〔四〕。 此書未著輯者姓名，但却著有十家姓名，即曹操、王淩、張子尚、賈詡、李筌、杜牧、陳皡、孫鎬、梅堯臣和王皙。 顯然，由於這十家與宋本所著「十家」出入很大，故可肯定二者不是一書。 但它是否就是吉輯呢？ 這就不好説了，因爲在歷史上，佚之於此而得之於彼者的事例是不少的。 我們祇能根據某些跡象作如下推測：昌平坂本十家注中的王淩、張子尚、賈詡與孫鎬四家，唯賈本見於日本國現存書目，其他三家在日本則未見有著録，故可推斷該本非日人所輯。 而在中國，除吉輯與現存十一家注外，也不見有另一十家注被著録。 故謂該本即流傳日本的吉輯，亦並非無稽之談。 不過，關於該本的情況，由於我們知道得很少，所以不能作較多的論述。 我們祇能説無論它是否吉輯，它與宋本都不是一書。

關於宋本與吉輯及其與昌平坂十家注的關係，我們祇能説這麽多。 下面再談它的刊刻時間。

關於該書的刊刻時間，中華書局影印本後記説：「從書中避諱至『廓』字推斷，當爲南宋寧宗時所刻。」李零同志也是這種看法〔五〕。我在前述文章中也曾這麽認爲。一九七八年上海古籍出版社重印本出版説明則説「刻於南宋年間」，這種説法雖然不錯，但終嫌籠統。至於説刻於南宋甚麽時候，是否寧宗時代，這裏似乎還有些問題值得推敲。

（一）這種看法賴以建立的基礎主要是「書中避諱至『廓』字」，因寧宗名擴，而「擴」與「廓」音同義近，均讀闊鑊切，故依宋諱例，避「擴」則必兼「廓」而避之。陳垣先生史諱舉例據紹定禮部韻畧亦謂「廓」在避諱之列，也就是説避「擴」必避「廓」，而避「廓」即避「擴」。反言之，若不避「廓」，亦即不避「擴」。而查該書軍争篇却有「廓地分利」，作「廓」。杜牧、賈林、王晳、梅堯臣與張預等家注文亦皆著「廓」字，武經孫子亦作「廓」，是原文本作「廓」，而該本仍作「廓」。由此可知，作「廓」並非由於避「擴」，而是沿襲舊文。既不避「廓」，即不避「擴」。既不避「擴」，則可推斷其刊刻時間必非寧宗之世，而應在寧宗之前。

（二）再就其著録情況觀之。該書最早見録於尤袤遂初堂書目。尤氏乃孝宗淳熙名臣，且大體與之同庚，死於光宗紹熙末年（公元一一九四年），亦即死於寧宗即位（公元一一九五年）之前。尤書目成書時間雖不可確知，但「遂初」之名乃光宗所賜，故其書成於寧宗之前，迨無疑問。該書既見録於尤書目，則必刊於尤書目成書之前，亦即寧宗即位之前，而非寧宗時代。

據上可知，宋本刊於寧宗時代的推斷似乎是難以成立的。至於在寧宗以前的甚麼時候，這也可由其諱字得知。查九地篇「兵之情主速，乘人之不及」句，何注「二賊交構」之「構」字作「構」。作戰篇「十萬之師舉」，曹注「購賞猶在外」之「購」字也作「購」，均避高宗諱。故該書必刻於高宗之世或之後，而不會在他之前。那麼後到何時呢？我們知道，高宗之後至寧宗之前，這中間祇有孝宗和光宗。孝宗名眘，「眘」即古「慎」字。查計篇「天者」句杜牧注有「梓慎」，火攻篇又有「明君慎之」，此「慎」字該書皆缺筆作「慎」，注中「慎」字亦皆如此，顯係諱字。這説明它不避寧宗諱，而避高宗諱和孝宗諱，亦即避諱至「慎」字，而非「廓」字，所以該書的刊刻時間當是孝宗時代，而非寧宗時代。

至於刊於孝宗甚麼時候，王晉卿文禄堂訪書記稱其刊於乾道年間。此論斷雖未著所據，但書中所著刻工勉若即南宋初杭州著名刻工孫勉的話，那麼，這個論斷也是具有可信性的。嚴靈峰周秦漢魏諸子知見書目又録有一部宋紹興間禮部刊十一家注孫子，並稱此即吉天保輯十家孫子會注，惜未見。如此，則該書或初刻於高宗紹興，此刻於孝宗乾道歟？

二、三種宋本的傳世及其版本流變

該書自見録於尤書目之後，直到清初，均不見官私書目著録。清初以後，雖有私家書目著録，但也衹在極少數藏書家那裏流傳，廣大社會仍默默無聞。直到一九六一年中華書局予以影覆之後，其真實面目纔大白於天下。那麽，它傳世的情況又是怎樣的呢？

今傳世宋本所見僅三，兹分述如下：

（一）上海圖書館藏本。此書四庫雖不見録，但虞山錢遵王藏書目録滙編、季滄葦藏書目、延令宋版目録、傳是樓宋元書目與天録琳瑯書目均有著録，是該書原爲清初錢曾舊藏，後歸泰興季振宜，又歸昆山徐乾學，再歸清内府。書中亦鈐有「袁竣」、「滄葦」、「昆山徐氏家藏」與「天禄繼鑑」等印記。述古堂宋版書目又有同名之書一部，唯作二卷。傳是樓書目亦另有一宋本，因無其它材料可資證明，故難辨其異同。該書於抗戰時期曾隨溥儀流落長春，抗戰勝利後，北京隆福寺育民書店雒云培先生去東北購得此書，售與上海圖書館，一九五七年該館善本書目所録即此書。一九六一年，中華書局據以影覆。一九七八年，上海古籍出版社又予以重印，並排印。台灣華聯出版社一九七七年亦予以翻印。

（二）北京圖書館藏周叔弢先生贈足本，文禄堂訪書記曾予著録。其中有明版補頁，書尾有承德堂牌記，並有「高山流水」、「戎馬書生」與岳飛僞印。中華據上圖本影覆時，曾據以攝補。

（三）北圖除上述周贈足本外，另藏有一殘本，僅存卷下地形以下四篇，鈐有「項子京家珍藏」、「稽瑞樓」與「常熟翁同龢藏本」等印記，是該本曾經項子京、陳子准與翁同龢收藏，並由翁捐贈，稽瑞樓書目曾著録該本。

宋本傳世情況畧如上述，下面再談一談它的版本流變情況。

要説宋本的流變，得先説道藏，因爲它是十家注——十一家注系統承上啟下的重要傳本。

該書未見元刻，至明，則有道藏本。我們知道，道教自唐、宋以來分爲兩派，因此作爲道教經典的道藏，據顧修匯刻書目的説法，也有南北兩本。而無論南北，均源於宋徽宗的政和道藏，即所謂万壽藏。元世祖因信奉佛教，曾於至元十八年（公元一二八一年）下令焚毁道教經典，故道藏因遭火劫而殘缺不全。明初，由金陵道院重輯，並於正統間印就，分頒天下道觀。孫子在「太清部」，題曰「孫子注解」，十三卷，每卷一册，前八卷在「性」字號，後五卷及鄭氏遺説在「静」字號，經折裝，十行十六字。民國初年，徐世昌據北京白雲觀賜本影摹，並縮爲石印六開小本，把梵頁兩頁合爲一頁，也就是把經折裝改成了通行的綫裝，由上海涵芬樓重印。我們通常見的道藏就是這個本子。孫星衍據以校正孫子的道藏是華陰道藏，屬於北藏。顧修説它是「宋人舊藏」，但實際上是經後人重修的，而且它的頒賜時間比南藏還晚，是在萬曆中。此道藏已不可見，但從孫氏校語可以看出，它與正統道藏並非同書，二者大同而小異。例如九地篇「争地則無攻」句注文，正統道藏殘缺五、六處，而孫氏所據華陰道藏則與之有别，如與宋本對照，正統道藏一處爲「梅堯臣曰：形勝之地，先據乎利；敵若已得其處，則不可攻」，而華陰道藏則爲「王晳曰：敵居形勝之地，先據乎利，而我不得其處，則不可攻」。另一處是「張預曰：不當攻而争之，當後發先至也」，而華陰道藏則爲「我欲往而争之，而敵已先至也」。其他又如：書名不同，一曰「孫子注解」，一曰「孫子集注」；計篇「令民與上同意」句孫校云「『令民』二字原本脱」，但正統道藏却不脱；該篇「法者」句曹注「主軍費用」句孫校云「原本作『主君』，誤」，但正統道藏却仍作「主軍」，不誤；九地篇「上下不相扶」句孫校云「原本作『救』」，但正統道藏却作「收」。等等。這不可能都是刊刻上的問題。由此可見，華陰道藏雖非政和道藏舊帙，但亦與正統道藏有別。從其上述文字與嘉靖談本（見下）全同、且書名亦同來看，這兩種刊本關係倒更密切，或者是補修時參據過該本，亦未可知。

南北道藏之間尚存有歧異，它們與宋本之間就更不用説了。書名不同，是其一；篇卷有異，是其二；其三，宋本後無曹序，而正統道藏却有。不過，這些差異都還不是重要的。重要的是十三篇正文乃至孫校序所説「書中或稱曹公爲曹操，或以孟氏置唐人之後，或不知何延錫之名，稱爲何氏，或多出杜佑，而置其孫杜牧之後」等錯亂現象皆一如宋本，上述正統道藏文字也與宋本全同，而這也是其所從出之確證。再者，畢氏敘録説：「孫子道藏（按：指華陰道藏）原本題曰集注，大興朱氏本題曰注解。」是朱氏本乃自正統道藏出，惜已不可見，而集注本則流傳了下來，其刊本主要有二：

（一）世宗嘉靖乙卯（三十四年，公元一五五五年）錫山談愷刊本。談愷，嘉靖進士，字守敬，錫山（今江蘇省無錫市）人，纍官至副都御史，以功拜兵部侍郎。該書之刊，乃在其督軍虔台之時。丁丙善本書室藏書志直稱其書「即宋志所稱十家注也」，並説：「皕宋樓藏書志有明刊十卷本，序失名氏，刻於萬曆乙丑。此書爲十三卷，序則嘉靖乙卯錫山談愷督軍虔台，進武弁及生儒問之，無有知是書者，故授之梓，則刻於萬曆之前矣。」該書上述錯亂現象與道藏無異，且於行軍篇「必依水草而背衆樹」與「此處斥澤之軍也」之間復插入三十多句，而此三十多句之次序亦顛倒，錯亂不堪，書後亦無鄭氏遺説。該本原係丁氏家藏，後歸前江蘇省立國學圖書館，一九三六年商務印書館又影印入四部叢刊，使其得以廣泛流傳。北大圖書館藏有明本殘卷。

（二）神宗萬曆乙丑（十七年，公元一五八九年）黄邦彦刻本。卷首有程涓序，卷末有黄氏後序。楊守敬日本訪書志云：「陽湖孫氏校刊本稱道藏原本題曰集注，大興朱氏刻本題曰注解，今此題集注，則知亦源於道藏。」又云：「明人重刻有朱氏所藏注解本，又有此本，而四庫皆不著録，則流傳之少可知也。」該本於文字雖有個別校訂，爲校孫子所不廢，但於行軍篇之錯亂則一無是正，而道藏則無，且題名亦同，故當自談本出，唯改注文爲雙行小字夾注，體制較勝耳。北圖及北大均藏有此書。

該書在明代的情況，除上述外，尚有二事值得一提：一是清莫友芝郘亭知見傳本書目録有一部明穆宗隆慶六年（公元一五七二年）李韡齋十一家注孫子刊本，書名與尤書目所録相同，當是據宋本影覆。現存上海圖書館。北京圖書館藏周叔弢先生贈本上有明版補頁，此補頁或即取自李本，因該書明本未見有二。二是明曹允儒的孫子握機緯，十三卷，乃十一家注的選本。四庫提要録之，並稱曹字魯川，江蘇太倉人，與戚繼光相友善。如此，則此書之作，當在隆慶、萬曆間，至遲也不過憙宗天啟年間。

該書到清代，首先引起重視的是鄭達。據安徽通志館藝文考稿稱，鄭達乃順、康間合肥人，字士行。他在其孫子附解序中說：「嘗聞孫子有十家注，在河洛之交，……久而得之淮陰道藏中，因録持歸。又數年，有附解之作。」可知此書也源於道藏。唯其書不傳，影響也不大。而成就最大、流傳最廣、影響也最大的，要數孫星衍孫子十家注了。孫星衍，是乾、嘉間的著名經學大師，他在其兵法序中說：「曩，予游關中，讀華陰嶽廟道藏，見有此書。……又從大興朱氏處見明人刻本。……傳本或多錯謬，當用古文是正其文。適吴念湖太守畢恬溪孝廉皆爲此學，所得或過於予，遂刊一編，以課武士。」他以華陰道藏孫子爲底本，主要依據通典、御覽，對十一家注在編排時代上的錯亂現象作了訂正，對十三篇經文也作了許多校改，並據宋志直題孫子十家注。由於他的努力，這一傳本系統，經過數百年的沉寂，終於取代了武經而躍居主導地位。此後，直到宋本十一家注影覆問世，整理研究孫子者，大都以他的校本爲依據。孫校本刊本很多，共約二十餘種，由於大都能見到，所以這裏就不一一羅列了。值得指出的是，有些刊本雖很通行，但文字却有些問題。

嘉慶二年觀察署本雖刊刻較早，但校對似欠精善，除留有墨台多處外，還有大段漏刻注文的現象。軍争篇「此治氣者也」句，竟漏刻李筌、杜牧、陳皞、杜佑、梅堯臣和何氏等家全部注文與張預的部分注文共四百七十餘字。光緒三年浙江書局刊刻二十二子，用的就是這個刻本。而浙江書局本却説是「據孫氏平津館本重校刻」，顯然是錯誤的。因爲不僅這兩種刻本漏誤相同，而且平津館叢書内祇收録有曹注本，十家注本是收録在岱南閣叢書内。岱南閣叢書所收觀察署本是據嘉慶三年（公元一七九八年）本重刻，該本雖也存有若干墨台，但却没有上述情況。以後凡據該書重刻重印的，如叢書集成初編，自然也就無上述現象。但據浙江書局本重刻重印的，如四部備要與諸子集成等，則都有缺漏，而備要本訛誤尤多。這一方面説明，孫校本的流傳也有着不同的渠道；另一方面也説明，該書傳本也並不都是善本。相比而言，岱南閣及其傳本較善，其中光緒十年（公元一八八四年）楊霖萱校本刊印尤精。

關於宋本在明、清兩代的流變情況畧如上述，這裏再提一提以它爲代表的十家注——十一家注系統各本在國外的流傳情況。據有關資料記載，在日本，有寬永六年（公元一六二九年）官刊本，寬文九年（公元一六六九年）村上勘兵衛本，天保十三年（公元一八四二年）官刊本，嘉永六年（公元一八五三年）活字重印本，大正元年（公元一九一二年）富山房漢文大系排印本與昌平叢書本等。在朝鮮，有明永樂七年（公元一四〇九年）活字本與萬曆五年（公元一五七七年）楓山官庫本〔六〕。

三、曹注單本與其它各單注本的命運

由於該書是輯注本，既集中了衆家之長，又爲學者提供了方便，所以它一問世，各單注本就好像完成了任務而退居幕後，而且大都先後銷聲匿迹，唯有曹注本尚留傳至今。

如所周知，曹操不但「料敵制勝，變化如神」，而且又「博覽羣書，特好兵法」。他於戎馬倥偬之際爲孫子作注，使孫子兵法進入了注釋的新時代。他的注雖不能説盡美盡善，但却簡要質切，多得孫子本旨，而且又據其御軍三十年之經驗，對十三篇原意多有發揮〔七〕，故爲後世所推重。而這也正是其注能得以長期流傳的原因所在。其注，阮孝緒七録録之〔八〕，唯作二卷，舊唐志作十三卷，新唐志又復三卷之舊，並題曰「魏武帝注孫子」，宋志同。而晁氏讀書志則作一卷。與他家合刻而以輯注形式出現者共有五種，即曹、王（凌）集解，曹、蕭（吉）注，曹、杜（牧）注，曹、杜、陳（皞）、賈（林）、孟氏五家注與吉輯十家會注〔九〕。顯然，十家注或十一家注就是在曹注、曹杜注與五家注的基礎上發展起來的。另外武經所收孫子亦爲曹注，而且祇有孫子有注。續資治通鑑長編云：「元豐六年，國子司業朱服承詔校定武經，孫子止用魏武帝注，餘不用注。」〔一〇〕此帶注的武經孫子當即宋以後曹注單本的重要版本來源。不過，孫詒讓説它是「唐以後删定之本，注文簡略不全」〔一一〕。孫星衍平津館叢書孫吴司馬法所收宋本曹注當即從武經中抽出而與吴子、司馬法合刻者。此本乃顧之逵小讀書堆舊藏，並由其弟顧廣圻影摹刊行。關於這一點，孫序説得明白：「孫子三卷，魏武帝注，……宋雕板，嘉慶五年屬顧茂才廣圻影寫刻板於世。」顧氏藏本現已不知去向。據黄丕烈蕘圃藏書題識續録稱，他曾見過此書，並説書中避諱至「慎」字。如此，則係孝宗時所刊，與十一家注大體同時。

曹注明本，北圖除藏有武經二十五卷本與孫子、吴子五卷合刻本外，還有清徐乃昌校明刊叢書零種本。台灣中央圖書館藏有一部嘉靖四十年（公元一五六一年）陳暘校刊本，惜未見。另，嚴靈峰知見書目又録有萬曆二十年（公元一五九二年）何允中廣漢魏叢書本。至清，所見亦有十餘種，主要如：四庫孫吴司馬法抄本，孫星衍嘉慶五年（公元一八〇〇年）平津館叢書本，張皋文校博物志本，張惠言校漢魏叢書本，王念孫校（王懿榮跋）抄本，莊肇麟過客軒刊印本，同治半畝園兵法匯編本，同治十年（公元一八七一年）淮南書局重刊孫氏平津本，光緒甲申（十年，公元一八八四年）朱記榮重刊平津本，光緒戊戌（二十四年，公元一八九八年）成都志古堂本，光緒間成都運籌山房寫刻左樞箋注本，一九三七年商務印書館叢書集成初編排印本等〔一二〕。曹注本在日本，有天正八年（公元一五八〇年）抄容安書院藏本，慶長五年（公元一六〇〇年）活字本，寶曆甲申（公元一七六四年）岡白駒校刊本，天保四年（公元一八三三年）官刊平津本，明治十六年（公元一八八三年）據宋刊銅板本，以及昭和四年（公元一九二九年）東京文求堂影印平津本等〔一三〕。

關於曹注本的情況，畧如上述。以下再分別談一談其它各家注本的情況：

孟注。孟氏名字及籍貫身世均不詳，隋志和孫校十家注序都説他是南朝梁人。晁氏讀書志説他是唐人，是不對的。其注，隋志作「梁有孫子兵法二卷，孟氏解詁」，新、舊唐志則題爲「孟氏解孫子」和「孫子兵法孟氏注」，均作二卷。宋以後，除通志畧外，官私書目均不見著録。孟注雖早，但甚簡畧，影響不大，故早亡佚。

李注。李筌約爲唐開元、天寶間人，曾隱居嵩岳少室，潛研道教，著有陰符經疏與太白陰經，後由「少室布衣」而升任荊南節度判官，最後官至刺史〔一四〕。晁氏讀書志説他「以魏武所見多誤，約歷代史，以遁甲注成三卷」。其注，舊唐志失載，新唐志作二卷，宋志作一卷，通志畧同，而讀書志則作三卷。明焦竑國史經籍志亦見録之，但明、清史志及清人私藏書目則均不見録，是至清亡佚。

賈注。宋志所録五家注有賈隱林，或即賈林，如此則賈氏乃唐德宗時人，昭義軍節度使李抱真之門客，曾爲李説王武俊而破朱泚。封武威郡王，拜神策統軍。其注，新唐志、宋志與通志畧皆録之，並皆作一卷，亦頗簡畧。

杜注。杜牧是曹操之後成就最大、影響也最大的注家。如所周知，牧乃佑之孫，長於詩文，爲晚唐名家之一。不過，他也「慨然最喜論兵」，且敢論朝廷大事，剛直有奇節，主張削藩固邊。其注孫子之舉，或即期有所用也。其注疏闊宏博，且多引戰史以爲參證，對孫子本旨多有發明。然牧乃一文士，才情有餘，而學力未足，且乏實戰經驗，故其失亦往往有之，並多爲陳皞所攻。其注除被收入曹杜注、五家注與十一家注外，亦有單本流傳。新唐志録之，尤書目亦録之，宋志作三卷，晁讀書志同。但陳振孫直齋書録解題却作二卷，疑誤。楊士奇明史經籍志與錢遵王藏書目録亦均録之。北大圖書館藏有抄本一卷，卷首有「明錢塘章斐然閲」字樣，且題「唐杜牧注」，但其注文却多同曹公，並除十三篇外，又有「齊勇」和「詳敵」等篇目，而其内容却由九地摘出，如此文字篡亂，漫無體例，決非杜注正本。

陳注。陳皞蓋晚唐人，餘未詳。晁讀書志云：「陳皞以曹公注隱微，杜牧注疏闊，更爲之注。」歐陽修孫子後序云：「世所傳孫子十三篇，多用曹公、杜牧、陳皞注，號三家。……皞最後，其說時時攻牧之短。」〔一五〕對牧注之短，陳注確有補正，但就總體而言，其成就貢獻則較杜注不逮遠甚。其注，新唐志、宋志與通志畧録之，均作一卷，而晁讀書志則作三卷，焦竑國史經籍志同。清未見録，是已佚。除十一家注外，日昌平坂十家注亦予收之。

王注。晁讀書志云：「王皙以古本校正闕誤，又爲之注。」並說：「仁宗時，天下久承平，人不習兵。元昊既叛，邊將數敗，朝廷頗訪知兵者，士大夫人〔人〕言兵矣。故本朝注解孫武書者，大抵皆當時人也。」這也就是說，王皙是仁宗時代的人，但却未詳其身世。又，宋龔鼎臣東原録記有一個名叫王哲的人，並説他是真宗天禧間人，與晏殊同時，官至翰林學士，著有春秋通義和皇綱論。學者或疑王皙即王哲者，嚴靈峰知見書目就將此二人合而爲一，並直稱王皙乃天禧間人。不過看來二王似非一人。若是一人，則宋志決不會只著録其春秋通義和皇綱論〔一六〕，而不及其孫子注，故當依晁説。如依晁説，則王皙與梅堯臣同時或稍前。梅堯臣主要活動在慶曆時代，那麽，王皙就可能也是慶曆時代或稍早的天聖時代。其注，除見收於十一家注與昌平十家注之外，未見宋志著録，而晁讀書志、通志畧與焦國史經籍志則録之。至清則未見，是已佚矣。

梅注。梅堯臣，宋史有傳，與歐公同時，並爲詩友。其注雖不若曹注之深微與杜注之詳實，然亦簡切嚴整，堪稱佳作，故爲歐公所推許。但朱熹却不以爲然，説：「歐公大段推許梅聖俞所注孫子，看得來，如何得似杜牧注的好。」〔一七〕應當説，兩家各有千秋。其注，宋志失載，晁讀書志録之，作三卷，而通志畧則作一卷。明、清史志皆未見録，但清徐松四庫闕書目却有梅堯臣注孫子一卷，絳雲樓書目亦録之，是此書至清初曾爲錢謙益收藏，後即未見。其注除見收於十一家注外，日昌平十家注亦予收之。

何注。宋志未録，晁讀書志録之，作三卷。且云：「未詳其名，近代人也。」而通志畧則直稱何延錫，唯作一卷。或以何氏乃五代時人，然查行軍篇「黄帝之所以勝四帝」何注有云「梅氏之説得之」，是其當爲宋人，且晚於梅氏，故孫校本將其置於王皙之後與張預之前。其注過簡，無可説處，唯其於九地篇大段録有孫子佚文，與通典所引間有異同，亦爲整理研究孫子者所不廢。其注，明清以後均未見録，是早亡佚。

張注。張預乃十一家中的最後一家，南宋東光人，字公立，著有百將傳。其注徵引戰史而不繁蕪，辨微索隱而不詭譎，明易通達，成就不在梅注之下。但宋志失載，晁讀書志亦未見録，唯通志畧録之，後亦未見。

這就是曹注及其他各注單本流傳的大概情況。

四、文字得失與校勘價值

由於該書刊刻時間較早，刻工亦頗精善，而且又是輯注本，十三篇正文都是經過輯者參酌有關各本而校定的，再加上它還保存了許多異文和校語，爲整理研究工作提供了不少方便和參考意見，具有較高的版本價值和校勘價值。所以自它影印問世以後，就不但取代了武經，而且也取代了孫校十家注而成爲研究孫子的重要底本，這是很自然的。它確實有許多地方爲他本所不及，關於這方面的情況，中華書局編輯部在其影印後記中也談到了一些，但它衹是將明本和孫校本與之比較，而且没有指出其在文字上存在的問題。鑒於十三篇文字的差異主要存在於十家注與武經這兩大傳本系統之間，而不是存在於十家注系統内部各本之間，所以我認爲，如果我們把它同武經進行比較，也可能會更好幫助我們去全面地了解它在文字上的得失和價值。

如果我們參照漢簡，把它同武經作一比較，就會發現，它在許多地方與漢簡相同或相近，而較武經本爲優。除篇卷體例之外，再就文字觀之，如軍爭篇「軍爭爲利，軍爭爲危」，漢簡同，而武經則作「軍爭爲利，衆爭爲危」，似危乃由衆爭所致，而軍爭則是有利的，如此則有失孫子之旨矣。于鬯云：「同一軍爭，而有利有危，『軍爭』字不當有異。」〔一八〕故作「衆爭」於義無取。再如形篇「勝者之戰民也」，漢簡作「稱勝者戰民也」，而武經則作「勝者之戰」。勢篇「以卒待之」，漢簡同，而武經則作「以本待之」等，皆似有所不逮。

再就其保存的異文來看，據粗畧統計，該本保存異文共約三十則，其中有價值者亦不少。如計篇「可以與之死，可以與之生，而民不畏危」，孟注云：「一作『人不疑』。」又云：「一作『人不危』。」查漢簡正無「畏」字，作「民弗詭也」。曹注亦不釋「畏」字，通典引文亦無此字。俞樾引吕氏春秋明理篇「以相危」，高注訓「危」爲「疑」，云：「蓋古有此訓，後人但知有危亡之義，妄加『畏』字於『危』字之上，失之矣。」〔一九〕可見這條異文的價值。再如行軍篇「戰隆無登」，杜注云：「一作『戰降無登』。」漢簡亦正作「降」，簡本注亦謂「『戰降』似勝於『戰隆』」，故對其異文，也未可等閑視之。

除異文之外，各家注文中也夾有一些校語，共約二十則，有價值者亦往往有之。如行軍篇「散而條達者，樵採也」，李注云：「烟塵之候，晉師伐齊，曳柴從之。齊人登山，望而畏其衆，乃夜遁，薪來即其義也。此箋以『樵採』二字爲『薪採』字。」李説有理有據，値得重視。若依原文，則非唯與軍情無涉，且樵採山林而致烟塵散而條達，亦於理難通。再如用間篇有「因間」，張注云：「『因間』當作『鄉間』，故下文云：鄉間可得而使。」賈注義同。顯然，張、賈之説亦値得重視。

上述異文和校語，亦皆有助於提高該書的價値，而這却是武經所不具有的。

不過，我們説它有許多地方優於武經本，但也並不否認它也有許多地方不如武經本。例如九變篇「將通於九變之地利者」，武經本無「地」字，御覽引亦無。查此句下有「將不通於九變之利者」，即無「地」字。此乃泛言「九變」之利，而非言地利，何來「地」字？故以無「地」爲是。又如九地篇有「焚舟破釜」四字，武經本無，漢簡亦無，趙本學孫子書亦謂有此四字「非是」。此顯係後人臆增，故亦當以無爲是。至若作戰篇之「戟楯蔽櫓」，武經本「蔽」作「矛」，使攻防器械相對成文，亦較該本爲長。

該本在文字上異於武經本而無可取者有之，即同於武經本而無可取——亦即二者皆無可取者亦有之。除上述「畏危」與「因間」之外，再如：

（一）勢篇「以碬投卵」之「碬」，實乃「碫」字之訛，清孫志祖考之甚詳，亦甚確〔二〇〕。且漢簡即作「段」，孫星衍亦謂當從「段」作「碫」。

（二）同篇「出其所不趨」，漢簡「不」作「必」，孫校亦據御覽引改作「必」，殊爲有見。如依原文，則焉能使敵「勞之」、「飢之」？

（三）九地篇「犯之以利，勿告以害」，而漢簡則作「（缺）以害，勿告以利」，缺處當有「犯之」二字。查上文數言「爲客之道」，大談「投之於險」、「投之無所往」、「陷之死地」、「投之亡地」等等，而此則言「犯之以利」，敢問如此則何利之有？且下文又明言「夫衆陷於害，然後能爲勝敗」；既言「陷於害」，即不能言「犯之以利」，亦不能言「勿告以害」。故此句「利」、「害」二字當係誤倒〔二一〕。

除上述外，該本在文字上也還存在有一些錯亂現象，如九地篇有「不知諸侯之謀者，不能預交；不知山林、險阻、沮澤之形者，不能行軍；不用鄉導者，不能得地利」，此三句又重見於軍爭篇。又如行軍篇於「處水上之軍」之後，相隔十餘句，又突然出現「上雨，水沫至，欲涉，待其定也」一句，與上下文意皆不相屬，劉寅引張賁説即疑爲「處水上之軍」一節之文而錯簡於此。至於在注文的編輯和刊刻方面的問題，就更多了。例如各注家的時代順序在編排上的混亂，錯訛衍奪多達二百餘處，俗體字和異體字也相當多。正因如此，所以我們纔應一方面珍視它，另一方面也不要認爲它就是完美無缺的，我們應當科學地看待它。

五、關於該書的校理

這裏我想順便談一下關於該書校理的一些情況和問題。

對十一家注進行全面校理，這應當説是第三次了。孫校算是第一次。他雖然没有見過宋本，但他的校本在近百年來流行最廣，影響也最大。而對宋本進行首次校點的，則是中華書局上海編輯所的校本。該本總結吸收了孫校的積極成果，是自此宋本影印問世三十餘年來的重要通行本。這兩個本子，可以説是孫子流傳史上的兩座里程碑。它們的價值和貢獻都是具有劃時代意義的。尤其孫星衍，他不但依據通典、御覽引文和杜佑注對十三篇經文和各家注文做了多達三百七十餘處的校勘，而且其中有很多校説，如謂勢篇「以碬投卵」之「碬」字應從「段」作「碫」，虚實篇「出其所不趨」之「不趨」應作「必趨」，以及地形篇「知天知地，勝乃不窮」應作「知地知天，勝乃可全」等等，都是具有很大學術價值的。但他因受條件的限制，没見過宋本，而且過分依賴引文並不十分嚴謹的這兩部類書，再加上他自己有時也有些武斷，所以疏失之處也是不少的。原文不誤而誤改者有之。如計篇「能而示之不能，用而示之不用」，杜佑注爲「言己實能、用，外示之以不能、不用」，是佑以「能」、「用」爲二義，這是不錯的，但孫校却改爲「言己實能用師，外示之怯也」，作爲一義，即有失孫子之旨矣。再如形篇「九天」、「九地」句，李注説曹操「不明二遁」，這也是不錯的，但孫校却改「二」爲「於」，就有些疏於「遁甲」之術了。另一方面，原文有誤而孫校失察者亦有之。例如虚實篇「飽能飢之」，何注有「陳正通、河間王孝恭、徐紹宗率步騎軍於青州山」，這裏顯然有錯誤。陳、徐乃輔公祏之叛將，而河間王李孝恭乃唐室宗親和負責討叛的行軍大總管，分屬敵對陣營，豈能並聯一起？而孫校却未置一詞。再如他據通典佑注校改或增補時，對佑注的某些疏失也少糾正。例如計篇「兵者，詭道也」，通典卷一五三佑注有「息侯誘楚子謀宋」，而據左傳莊公十年，息侯誘楚子所謀者爲蔡，而非宋，所以佑注有失。而孫校却又改爲「息侯誘蔡，楚子謀宋」，這就不但没有糾正佑注之失，而且又出現新的疏誤。此外，孫氏作爲「經學大師」，在文字訓詁上應當是無懈可擊的，但在這方面却也存在一些問題。例如計篇「天者」句，牧注有「珤」字，此乃「寶」字之古體，但孫校却改爲「瑶」；作戰篇「十萬之師舉」句，曹注有「購賞」二字，「購」字本有懸賞之義，但孫校却改爲「贈賞」，如此等等，都是不該出現的問題。至於中華校點本，對孫校本之失既少糾正，而且又出現一些新的問題。如行軍篇篇首「視生處高」句，賈注有「視生爲無蔽冒物色處軍當在高」，該本不察「色」乃「也」字之訛，而「爲無蔽冒物」乃釋「視生」之義，故致誤點爲「視生爲無蔽冒，物色處軍當在高」，這就有些費解了。而正確的校點則應是「視生，爲無蔽冒物也。處軍當在高」。再如九變篇「無恃其不攻」句，何注有「程不識將屯正部曲行伍營陳擊刁斗」，該本不察「屯」乃指軍屯，且其所「正」者亦包括營陳在内，致使誤點爲「程不識將，屯正部曲行伍，營陳擊刁斗」，而正確的校點則應據史記李將軍列傳點爲「程不識將屯，正部曲行伍營陳，擊刁斗」，這就文通義順了。其他如「安衆」乃地名，而「樹機名」乃人名，但都不加專名綫，「華費」二字雖加專名綫，但却以此爲一地，等等，這類疏誤也是有的。所以，它們的優點應予繼承和發揚，它們的缺陷也應予克服和彌補。

此次校理共約七百餘處，即旨在以科學理性爲指導，力爭較全面地總結前人的整理研究成果，並在此基礎上充分吸收其積極合理因素，儘量避免上述類似疏誤，爭取把這一基礎工作的基礎打得更厚實一些，更牢固一些。我不敢説已經做到了這一點，但我「心嚮往之」。

此外，關於本校的一些方法原則，我想在這裏也順便交待一下。

如所周知，阮元校十三經是祇寫校記，不動原文，孫星衍校十家注是邊改邊記，而本校則是從原本實際情況出發，根據新編諸子集成總體例的基本要求，做到有所改而又有所不改。有所改，是因爲原文確有許多錯訛衍奪之處；而有所不改，則是爲了保持原本的基本結構和風貌，故校改重點主要放在刊刻的疏誤上。例如計篇「因利而制權」，李注「謀因事勢」之「勢」乃「制」字之誤，而牧注「勢夫勢者」之上一「勢」字乃衍文；九地篇「方馬埋輪」，曹注「方，縛馬也」之「方」下脱一「馬」字等等。凡此之類則予改正或增删，並在校記中説明理由或根據。但如不屬刊刻上的問題，縱使原文有誤，一般也不改易（尤其經文），而祇在校記中加以辨析，提出疑問或個人意見。例如上引「以碬投卵」之「碬」字，乃「碫」字之訛；行軍篇「軍無懸缻」之「缻」乃「甀」字之誤，用間篇「因間」乃「鄉間」之誤等。這些雖都是錯誤，但各本皆如此，而且唐、宋以前人的注説已經如此，説明它們都是在原本問世以前就存在的長期沿誤，而非原本編輯或刊刻上的過失。所以在這種情況下，就祇在校記中指出其錯誤，原文則不作改動，而不是「有錯必改」。不過這裏又有不同情況，兹分述如下：

（一）原文雖覺有疑，但在缺乏充分理由或確鑿證據的情况下，也不「持胸臆爲斷」（戴震語），而祇在校記中提出疑點。如謀攻篇有「倍則分之，敵則能戰之」兩句名言，諸本無異文，諸家亦無異説，但我感到它應作「倍則戰之，敵則能分之」，如此才符合孫子集中優勢兵力打擊劣勢分散之敵的思想，而且也能找到歷史根據。史記淮陰侯列傳就有「十則圍之，倍則戰」的説法。所以，據此改動原文，也不爲無據。但查後漢書袁紹傳却又引作「十圍五攻，敵則能戰」，而且也説這是「兵書之法」。這樣，就不好貿然改動原文，而祇在校記中提出這個問題。

（二）雖有異文、異説，但此異文、異説並不可取，例如計篇「將者，智、信、仁、勇、嚴也」，潛夫論引作「將者，智也、仁也、敬也、信也、勇也」，長短經又引作「將者，勇、智、仁、信、必」，即無可取。又同篇「經之以五事，校之以計而索其情」，孫校謂應依通典改作「經之以五校之計而索其情」；作戰篇「取敵之利者，貨也」，劉寅直解謂應作「取敵之貨者，利也」等，也無可取。凡此之類，也不動原文，而祇在校記中予以存録，或予以必要的駁正。

（三）異文、異説雖可通，但原文也可通，且均於孫子之旨無所不合者，原文也不動，祇在校記中予以存録，以供參考。如行軍篇「粟馬肉食，軍無懸甀，不返其舍者，窮寇也」，十一家注各本均如此，而武經各本則作「殺馬肉食者，軍無糧也；懸甀不返其舍者，窮寇也」，二者各有千秋，即不以此改彼。又如形篇「守則不足，攻則有餘」，漢簡則作「守則有餘，攻則不足」。按説，據此來改原文，也是可以的。但鑒於這兩種説法皆可通，祇因引者的視角不同而致引文有異，而且也都各有存在的歷史依據，在此情況下，不改動原文也是可以的，所以就保持原貌。

（四）有些校説雖頗有理，但缺乏必要的版本依據，如張賁説火攻篇「晝風久，夜風止」之「久」乃古文「从」字之訛，言於白天因風放火，則當以兵從之，而於黑夜因風放火，則止而勿從，以免敵人逞我也。此説頗有見地，但若據改，則乏旁證，故也祇予存録，以供參考，原文依然照舊。

（五）文句錯亂，例如軍爭與九變之間長期以來聚訟紛紜的所謂「錯簡」問題，以及九地篇的經文重出和雜亂現象，原文都統統不動，以保持原書面貌和避免産生新的混亂。至於個人的看法，也祇在校記中作必要的表述。

總之，尊重原本，但不唯古是從；保持個人思考的獨立性，但不「持胸臆爲斷」，處處力爭做到有理有據，這就是我在校理本書時所堅持的「科學理性」原則。不過，這是件十分煩瑣、需要十分認真細緻的工作，雖然我竭力想做到這一點，而且又特以送請陳彭先生審閲，並承蒙多所指正，但由於本人學力有限，缺點錯誤想必難免，歡迎批評指正。

九五秋於鄭州寓次

附注

〔一〕以上兩處見孫子書兩大傳本系統源流考與孫子兵學源流述略，文史第十七、廿七輯，以及首届孫子兵法國際學術研討會論文集孫子新探，解放軍出版社，一九九〇年。

〔二〕見本書附録五。

〔三〕見本書附録七、八與余嘉錫四庫提要辨證卷十一子部二。

〔四〕見官板書籍解題略。

〔五〕見現存宋代孫子版本的形成及其優勢，文史集林一九八六年第二輯。

〔六〕見倭板經籍考、經籍訪古志與嚴靈峰周秦漢魏諸子知見書目（台）。

〔七〕參見謀攻篇「十則圍之」、「不知三軍之事，而同三軍之政」與九變篇「城有所不攻」等句曹注。

〔八〕見隋書經籍志原注。

〔九〕見隋志與宋志。

〔一〇〕見該書第三四一卷。

〔一一〕見札迻卷十。

〔一二〕以上見北圖軍事書目、北大圖書館李氏書目、邵亭書目、前江蘇國立圖書館圖書總目與日本東方文化研究所漢籍分類目録。

〔一三〕見觀海堂書目、經籍訪古志、官板書籍解題畧、日本國現存書目與嚴知見書目。

〔一四〕見余嘉錫四庫提要辨證卷十一，第五九五頁。

〔一五〕見本書附録四。

〔一六〕見宋志。

〔一七〕朱子語類第一三四卷論文上。

〔一八〕見香草續校書卷一一。

〔一九〕諸子平議補録卷三。

〔二〇〕見讀書脞録。

〔二一〕以上諸處校説均詳各篇校記，或拙著孫子會箋，中州古籍出版社一九八六年版。

凡例

一、本書旨在校理孫子重要傳本系統之一的十一家注（亦即統稱十家注）系統之母本——宋刊十一家注孫子的文字，故不以武經孫子或其他系統傳本的文字爲標準來校改本書，以保持原本的風貌；對彼此在文字上的得失，一般也不予考論。

二、本校不但包括十三篇經文，也包括十一家注文，但祇作文字校理，不作疏證；對其在思想觀點上之是非，亦不加評議。

三、原本結構體制不予變動，但爲便於檢閱，唯將經文分段（每段起首用阿拉伯數碼標以次第），並將雙行夾注改爲單行，且用小號字依原書順序排在所注經文之後。

四、原文（包括經文和注文）無問題則已，如有問題，則據以下原則進行校理：

（一）校改僅限於版刻上的疏失，如確有錯、訛、衍、奪現象，則予以改正或增删，並在校記中説明理由或根據。如理由不充分或證據不確鑿，寧存疑待詳，亦不率爾改動原文，尤其經文。

（二）原文雖有問題，但非屬版刻上的問題，而是由於其他原因（如歷史上的沿誤或理解上的偏差)造成的，則原文不動，而祇在校記中加以辨析。

(三)如原文無誤，而他本有誤，則除較重要者或有一定參考價值者外，一般不予轉述。

(四)如原本與他本存有歧異，而難斷其是非，或各有存在的理由和價值者，則在校記中予以存録，以資參較。如歧異不大，或係無關文意的枝節問題，則爲避免煩碎起見，亦多從簡，或逕署之。

(五)十一家中唯有曹操注和杜佑注有他本流傳，故其注文或有祇見於他本而不見於本書者；凡此情況如需另作補充，亦祇在校記中説明，而不在正文中補增。

(六)除通假字外，凡俗體字、古體字、異體字及避諱字，一般逕改用規範字，而不出校。

五、凡有所改而需出校者，皆於句末標以校碼。因上述需要另作補充的曹、杜注，其校碼則置於各家注文之後。無論經文、注文，校碼統一，不再區分。校記則置於每篇之後。

六、原本目録卷中脱行軍篇篇目，今補之。又，原本全書後附有孫子本傳一篇，係抄録史記孫子傳，今作爲附録之一附於後。

參引書目

一、以一九六一年中華書局影印宋本十一家注孫子爲底本。

二、以十一家注系統明刊諸本進行對校：

正統道藏孫子注解，上海涵芬樓影印本，簡稱道藏本。

嘉靖談愷刻孫子集注，四部叢刊影印本，簡稱談本。

萬曆黄邦彦校刊孫子集注，簡稱黄本。

三、用以參校的諸本：

（一）十一家注清本及晚近諸本：

孫星衍校孫子十家注，岱南閣叢書本，簡稱孫校本。

顧福棠孫子集解，光緒二十六年木活字本，簡稱顧氏集解。

黄巩孫子集注，光緒存幾堂刊本，簡稱黄注。

陸懋德孫子集釋，一九一五年商務印書館印本，簡稱陸注。

曹家達校孫子，一九一八年商務印書館諸子菁華録本，簡稱菁華録。

一九六二年中華書局上海編輯所十一家注孫子，簡稱中華校點本。

吴九龍主編孫子校釋，一九九〇年軍事科學出版社印本，簡稱校釋。

（二）孫子古本：

山東臨沂銀雀山漢墓竹簡孫子兵法，一九八五年文物出版社影印本，簡稱簡本。

晉寫本燉煌殘卷，羅振玉漢晉書影影印本。

（三）武經系統諸本：

宋本武經七書孫子，續古逸叢書影印本，簡稱武經本。

宋本曹操注孫子，孫星衍平津館叢書影刊本，簡稱平津本。

明劉寅武經七書直解孫子，一九三三年前南京國學圖書館影印明本，簡稱直解。

明趙本學孫子書校解引類，明隆慶刊本，簡稱趙注。

日櫻田迪藏濟美館刊本古文孫子（服部千春孫子兵法校解附），簡稱櫻田本。

（四）其他兵書：

清汪宗沂輯唐李靖衛公兵法，清袁昶漸西村舍叢書本。

宋曾公亮武經總要，前集卷一至一一。

宋許洞虎鈐經。

（五）類書：

唐魏徵羣書治要卷三三，四部叢刊本，簡稱治要。

唐虞世南北堂書鈔卷一一五至一一六，明萬曆陳禹謨刊本。

唐趙蕤長短經卷九。

唐杜佑通典卷一四八至一六三，一九八八年中華書局校點本。

宋李昉等太平御覽卷二七〇至三三七，清鮑氏刊本，簡稱御覽。

（六）筆録札記：

宋鄭友賢孫子遺説，宋本十一家注附刻，簡稱遺説。

清畢以珣孫子叙録，孫校十家注附刻，簡稱叙録。

清于鬯香草續校書孫子，直稱作者姓名，下同。

清洪頤煊讀書叢録卷一三。

清俞樾諸子平議補録卷三。

清孫詒讓札迻。

易培基讀孫子雜記，一九一九年國故第三、四期。

十一家注孫子卷上〔一〕

計篇〔二〕

曹操曰：計者，選將、量敵，度地、料卒，遠近、險易，計於廟堂也〔三〕。○李筌曰：計者，兵之上也。太一遁甲：「先以計，神加德宮，以斷主客成敗。」故孫子論兵，亦以計爲篇首。○杜牧曰：計，算也。曰：計算何事？曰：下之五事，所謂道、天、地、將、法也。於廟堂之上，先以彼我之五事計算優劣，然後定勝負。勝負既定，然後興師動衆。用兵之道，莫先此五事，故著爲篇首耳。○王皙曰：計者，謂計主將、天地、法令、兵衆、士卒、賞罰也。○張預曰：管子曰：「計先定於內，而後兵出境。」故用兵之道，以計爲首也。或曰：兵貴臨敵制宜，曹公謂「計於廟堂」者何也？曰：將之賢愚，敵之强弱，地之遠近，兵之衆寡，安得不先計之？及乎兩軍相臨，變動相應，則在於將之所裁，非可以隃度也。

①孫子曰：兵者，國之大事，

杜牧曰：傳曰：「國之大事，在祀與戎。」○張預曰：國之安危在兵，故講武練兵，實先務也。

死生之地，存亡之道，不可不察也。

李筌曰：兵者凶器，死生、存亡繫於此矣，是以重之，恐人輕行者也。○杜牧曰：國之存亡，人之死生，皆由於兵，故須審察也。○賈林曰〔四〕：地，猶所也，亦謂陳師、振旅、戰陳之地。得其利則生，失其便則死，故曰死生之地。道者，權機立勝之道，得之則存，失之則亡，故曰不可不察也。書曰：「有存道者，輔而固之；有亡道者，推而亡之。」○梅堯臣曰：地有死生之勢，戰有存亡之道。○王晳曰：兵舉，則死生、存亡繫之。○張預曰：民之死生兆於此，則國之存亡見於彼。然死生曰地，存亡曰道者，以死生在勝負之地，而存亡繫得失之道也，得不重慎審察乎？

②故經之以五事，校之以計，而索其情〔五〕：

曹操曰：謂下五事、七計，求彼我之情也。○李筌曰：謂下五事也。校，量也。量計遠近，而求物情以應敵。○杜牧曰：經者，經度也。五者，即下所謂五事也。校者，校量也。計者，即篇首計算也。索者，搜索也。情者，彼我之情也。此言先須經度五事之優劣，次復校量計算之得失，然後始可搜索彼我勝負之情狀。○賈林曰：校量彼我之計謀，搜索兩軍之情實，則長短可知，勝負易見。○梅堯臣曰：經紀五事，校定計利。○王晳曰：經，常也，又經緯也。計者，謂下七計。索，盡也。兵之大經，不出道、天、地、將、法耳。就而校之以七計，然後能盡彼己勝負之情狀也。○張預曰：經，經緯也。上先經緯五事之次序，下乃用五事以校計彼我之優劣，探索勝負之情狀。

一曰道，

張預曰：恩信使民。○〔六〕

二曰天，

張預曰：上順天時。○〔七〕

三曰地，

張預曰：下知地利。○〔八〕

四曰將，

張預曰：委任賢能。○〔九〕

五曰法。

杜牧曰：此之謂五事也。○王晳曰：此經之五事也。夫用兵之道，人和爲本，天時與地利則其助也。三者具，然後議舉兵。兵舉，必須將能；將能，然後法修。孫子所次，此之謂矣。○張預曰：節制嚴明。夫將與法在五事之末者，凡舉兵伐罪，廟堂之上，先察恩信之厚薄，後度天

時之逆順，次審地形之險易，三者已熟，然後命將征之。兵既出境，則法令一從於將，此其次序也。○〔一〇〕

道者，令民與上同意也〔一一〕，

張預曰：以恩信道義撫衆，則三軍一心，樂爲其用。易曰：「悦以犯難，民忘其死。」

故可以與之死，可以與之生，而不畏危〔一二〕。

曹操曰：謂道之以教令。危者，危疑也。○李筌曰：危，亡也。以道理衆，人自化之，得其同用，何亡之有？○杜牧曰：道者，仁義也。李斯問兵於荀卿，答曰：「彼仁義者，所以修政者也。政修，則民親其上，樂其君，輕爲之死。」復對趙孝成王論兵曰：「百將一心，三軍同力，臣之於君也，下之於上也，若子之事父，弟之事兄，若手臂之捍頭目而覆胸臆也。」如此，始可令與上下同意〔一三〕，死生同致，不畏懼於危疑也。○陳皞注同杜牧。○孟氏曰〔一四〕：一作「人不疑」，謂始終無二志也。一作「人不危」。道，謂道之以政令，齊之以禮教，故能化服士民，與上下同心也〔一五〕。故用兵之妙，以權術爲道。大道廢，而有法；法廢，而有權；權廢，而有勢；勢廢，而有術；術廢，而有數。大道淪替，人情訛僞，非以權數而取之，則不得其欲也。故其權術之道，使民上下同進趨，共愛憎，一利害，故人心歸於德，得人之力，無私之至也。故百萬之衆，其心如一，可與俱同死力動而不至危亡也。臣之於君，下之於上，若子之事父，弟之事兄，若手臂之捍頭目而覆胸臆也。如此，始可與上同意，死生同致，不畏懼於危疑。○賈林曰：將能以道爲心，與人同利共患，則士卒服，自然心與上者同也。使士卒懷我如父母，視敵如仇讎者，非道不能也。黄石公云：「得道者昌，失道者亡。」○杜佑曰〔一六〕：謂導之以政令，齊之以禮教也。危者，疑也。上有仁施，下能致命也。故與處存亡之難，不畏傾危之敗。若晉陽之圍，沈竈産蛙，人無叛疑心矣。○梅堯臣曰：危，戾也。主有道，則政教行；人心同，則危戾去。故主安與安，主危與危。○王晳曰：道，謂主有道，能得民心也。夫得民之心者，所以得死力也。得死力者，所以濟患難也。易曰：「悦以犯難，民忘其死。」如是，則安畏危難之事乎？○張預曰：危，疑也。士卒感恩，死生存亡與上同之，決然無所疑懼。

天者，陰陽、寒暑、時制也〔一七〕。

曹操曰：順天行誅，因陰陽四時之制。故司馬法曰：「冬夏不興師，所以兼愛民也。」○李筌曰：應天順人，因時制敵。○杜牧曰：陰陽者，五行、刑德、向背之類是也。今五緯行止，最可據驗。巫咸、甘氏、石氏、唐蒙、史墨、梓慎、裨竈之徒，皆有著述，咸稱祕奥。察其指歸，皆本人事，準星經曰：「歲星所在之分，不可攻，攻之反受其殃也。」左傳昭三十二年：「夏，吴伐越，始用師於越。史墨曰：不及四十年，越其有吴乎？越得歲而吴伐之，必受其凶。」注曰：「存亡之數，不過三紀。歲星三周〔一八〕，三十六歲，故曰『不及四十年』也。此年歲在星紀。星紀，其分也〔一九〕，歲星所在，其國有福；吳先用兵，故反受其殃。」哀二十二年，越滅吳，至此三十八歲也。李淳風曰：「天下誅秦，歲星聚於東井。秦政暴虐，失歲星仁和之理，違歲星恭肅之道，拒諫信讒，是故胡亥終於滅亡。」復曰：「歲星清明潤澤，所在之國分大吉。君令合於時，則歲星光熹〔二〇〕，年豐人安。君尚暴虐，令人不便，則歲星色芒；角而怒，則兵起。」由此言之，歲星所在，或有福德，或有災祥，豈不皆本於人事乎？夫吳越之君，德均勢敵。闔閭興師，志於吞滅，非爲拯民，故歲星福越而禍吳。秦之殘酷，天下誅之，上合天意，故歲星禍秦而祚漢。熒惑，罰星也。宋景公出一善言，熒惑退移三舍，而延二十七年。以此推之，歲爲善星，不福無道；火爲罰星，不罰有德。舉此二者，其他可知。況所臨之分，隨其政化之善惡，各變其本色，芒角大小，隨爲禍福，各隨時而占之。淳風曰：「夫形器著於下，精象係於上。」近取之身，耳目爲肝腎之用，鼻口實心腹所資，彼此影響，豈不然歟？易曰：「在天成象，在地成形，變化見矣。」蓋本於人事而已矣。刑德向背之説，尤不足信。夫刑德天官之陳，背水陳者爲絶地〔二一〕，向山坂陳者爲廢軍。武王伐紂，背濟水向山坂而陳，以二萬二千五百人擊紂之億萬而滅之。今可目睹者，國家自元和已後至今〔二二〕，三十年間，凡四伐趙寇昭義軍，加以數道之衆，常號十萬，圍之臨城縣，攻其南，不拔；攻其北，不拔；攻其東，不拔；攻其西，不拔。其四度圍之，通有十歲。十歲之内，東西南北，豈有刑德向背、王相吉辰哉？其不拔者，豈不曰城堅、池深、糧多、人一哉？ 復以往事驗之，秦累世戰勝，竟滅六國，豈天道一百年間常在乾方，福德常居鶉首？ 豈不曰穆公已還，卑身趨士，務耕戰，明法令而致之乎？ 故梁惠王問尉繚子曰：「黄帝有刑德，可以百戰百勝，其有之乎？」尉繚子曰：「不然。 黄帝所謂刑德者，刑以伐之，德以守之，非世之所謂刑德也。」夫舉賢用能者，不時日而利；明法審令者，不卜筮而吉；貴功養勞者，不禱祠而福。 周武王伐紂，師次於汜水共頭山，風雨疾雷，鼓旗毁折，王之驂乘惶懼欲死。太公曰：「夫用兵者，順天道未必吉，逆之未必凶。 若失人事，則三軍敗亡。 且天道鬼神，視之不見，聽之不聞，故智者不法，愚者拘之。 若乃好賢而任能，舉事而得時，此則不看時日而事利，不假卜筮而事吉，不待禱祠而福從。」遂命驅之前進。 周公曰：「今時逆太歲，龜灼言凶，卜筮不吉。 星凶爲災，請還師。」太公怒曰：「今紂剖比干，囚箕子，以飛廉爲政，伐之有何不可？枯草朽骨，安可知乎？」乃焚龜折蓍，率衆先涉，武王從之，遂滅紂。 宋高祖圍慕容超於廣固，將攻城，諸將咸諫曰：「今往亡之日，兵家所忌。」高祖曰：「我往彼亡，吉孰大焉！」乃命悉登，遂克廣固。 後魏太祖武帝討後燕慕容麟，甲子晦日進軍。 太史令鼂崇奏曰：「昔紂以甲子日亡。」帝曰：「周武豈不以甲子日勝乎？」崇無以對。 遂戰，破之。 後魏太武帝征夏赫連昌於統萬城，師次城下，昌鼓噪而前。 會有風雨從賊後來，太史進曰：「天不助人，將士飢渴，願且避之。」崔浩曰：「千里制勝一日，豈得變易？ 風道在人，豈有常也？」帝從之。 昌軍大敗。 或曰：「如此者，陰陽向背定不足信，孫子敘之何也？」答曰：「夫暴君昏主，或爲一寶一馬〔二三〕，則必殘人逞志，非以天道鬼神，誰能制止？故孫子敘之，蓋有深旨。」寒暑、時氣，節制其行止也。周瑜爲孫權數曹公四敗，一曰：「今盛寒，馬無槀草，驅中國士衆，遠涉江湖，不習水土，必生疾病。此用兵之忌也。」寒暑同歸於天時，故聯以敘之也。○孟氏曰：兵者，法天運也。陰陽者，剛柔盈縮也。用陰，則沉虚固静；用陽，則輕捷猛厲。後則用陰，先則用陽。陰無蔽也，陽無察也。陰陽之象無定形，故兵法天。天有寒暑，兵有生殺。天則應殺而制物，兵則應機而制形，故曰「天」也。○賈林曰：讀「時制」爲「時氣」，謂從其善時，占其氣候之利也。○杜佑曰：謂順天行誅，因陰陽四時剛柔之制〔二四〕。○梅堯臣曰：兵必參天道，順氣候，以時制之，所謂制也。司馬法曰：「冬夏不興師，所以兼愛民也。」○王晳曰：謂陰陽，總天道、五行、四時、風雲、氣象也，善消息之，以助軍勝。然非異人特授其訣，則末由也。若黄石授書張良，乃太公兵法是也。意者豈天機神密，非常人所得知耶？其諸十數家紛紜〔二五〕，抑未足以取審矣。寒暑，若吴起云疾風、大寒、盛夏、炎熱之類；時制，因時利害而制宜也。范蠡云「天時不作，弗爲人客」，是也。○張預曰：夫陰陽者，非孤虚向背之謂也，蓋兵自有陰陽耳。范蠡曰：「後則用陰，先則用陽。盡敵陽節，盈吾陰節而奪之。」又云：「設右爲牝，益左爲牡，早晏以順天道。」李衛公解曰：「左右者，人之陰陽；早晏者，天之陰陽；奇正者，天人相變之陰陽。」此皆言兵自有陰陽、剛柔之用，非天官、日時之陰陽也。今觀尉繚子天官之篇，則義最明矣。太白陰經亦有天無陰陽之篇，皆著爲卷首，欲以決世人之惑也。太公曰：「聖人欲止後世之亂，故作爲譎書，以寄勝於天道，無益於兵也。」是亦然矣。唐太宗亦曰：「凶器無甚於兵。行兵苟便於人事，豈以避忌爲疑也？」寒暑者，謂冬夏興師也。漢征匈奴，士多墮指；馬援征蠻，卒多疫死，皆冬夏興師故也。時制者，謂順天時而制征討也。太白陰經言天時者，乃水旱、蝗雹、荒亂之天時，非孤虛向背之天時也。

地者，遠近、險易、廣狹、死生也〔二六〕。

曹操曰：言以九地形勢不同，因時制利也。論在九地篇中。○李筌曰：得形勢之地，有死生之勢。○梅堯臣曰：知形勢之利害。○張預曰：凡用兵，貴先知地形。知遠近，則能爲迂直之計；知險易，則能審步騎之利；知廣狹，則能度衆寡之用；知死生，則能識戰散之勢也。○〔二七〕

將者，智、信、仁、勇、嚴也〔二八〕。

曹操曰：將宜五德備也。○李筌曰：此五者，爲將之德，故師有「丈人」之稱也。○杜牧曰：先王之道，以仁爲首；兵家者流，用智爲先。蓋智者，能機權、識變通也；信者，使人不惑於刑賞也；仁者，愛人憫物，知勤勞也；勇者，決勝乘勢，不逡巡也；嚴者，以威刑肅三軍也。楚申包胥使於越，越王勾踐將伐吳，問戰焉，曰：「夫戰，智爲始，仁次之，勇次之。不智，則不能知民之極，無以詮度天下之衆寡；不仁，則不能與三軍共飢勞之殃；不勇，則不能斷疑以發大計也〔二九〕。」○賈林曰：專任智則賊，偏施仁則懦，固守信則愚，恃勇力則暴，令過嚴則殘。五者兼備，各適其用，則可爲將帥。○梅堯臣曰：智能發謀，信能賞罰，仁能附衆，勇能果斷，嚴能立威。○王晳曰：智者，先見而不惑，能謀慮，通權變也；信者，號令一也；仁者，惠撫惻隱，得人心也；勇者，徇義不懼，能果毅也；嚴者，以威嚴肅衆心也。五者相須，闕一不可。故曹公曰：「將宜五德備也。」○何氏曰：非智不可以料敵應機，非信不可以訓人率下，非仁不可以附衆撫士，非勇不可以決謀合戰，非嚴不可以服强齊衆。全此五才，將之體也。○張預曰：智不可亂，信不可欺，仁不可暴，勇不可懼，嚴不可犯。五德皆備，然後可以爲大將。

法者，曲制、官道、主用也〔三〇〕。

曹操曰：曲制者，部曲、旛幟、金鼓之制也。官者，百官之分也。道者，糧路也。主者，主軍費用也〔三一〕。○李筌曰：曲，部曲也。制，節度也。官，爵賞也。道，路也。主，掌也。用者，軍資用也。皆師之常法，而將所治也。○杜牧曰：曲者，部曲隊伍有分畫也。制者，金鼓旌旗有節制也。官者，偏裨校列各有官司也。道者，營陳開闔各有道徑也。主者，管庫厮養職守主張其事也。用者，車馬器械三軍須用之物也。荀卿曰：「械用有數。」夫兵者，以食爲本，須先計糧道，然後興師。○梅堯臣曰：曲制，部曲隊伍分畫必有制也。官道，裨校首長統率必有道也。主用，主軍之資糧百物必有用度也。○王晳曰：曲者，卒伍之屬。制者，節制其行列進退也。官者，羣吏偏裨也。道者，軍行及所舍也。主者，主守其事。用者，凡軍之用，謂輜重糧積之屬。○張預曰：曲，部曲也。制，節制也。官，謂分偏裨之任。道，謂利糧餉之路。主者，職掌軍資之人。用者，計度費用之物。六者用兵之要，宜處置有其法。

凡此五者，將莫不聞，知之者勝〔三二〕，不知者不勝。

張預曰：已上五事，人人同聞；但深曉變極之理則勝，不然則敗。

③故校之以計〔三三〕，而索其情，

曹操曰：同聞五者，將知其變極，即勝也。索其情者，勝負之情〔三四〕。○杜牧曰：謂上五事，將欲聞知，校量計算彼我之優劣，然後搜索其情狀，乃能必勝，不爾則敗。○賈林曰：書云：「非知之艱，行之惟難。」○王晳曰：當盡知也。言雖周知五事，待七計以盡其情也。○張預曰：上已陳五事，自此而下，方考校彼我之得失，探索勝負之情狀也。

曰：主孰有道？

曹操曰：道德智能〔三五〕。○李筌曰：孰，實也。有道之主，必有智能之將。范增辭楚，陳平歸漢，即其義也〔三六〕。○杜牧曰：孰，誰也。言我與敵人之主，誰能遠佞親賢，任人不疑也。○杜佑曰：主，君也；道，道德也。必先考校兩國之君，誰知誰否也。若荀息料虞公貪而好寶，宮之奇懦而不能强諫是也〔三七〕。○梅堯臣曰：誰能得人心也。○王晳曰：若韓信言項王匹夫之勇，婦人之仁，名雖爲霸，實失天下心；謂漢王入武關，秋毫無所害，除秦苛法，秦民亡不欲大王王秦者是也。○何氏曰：書曰：「撫我則后，虐我則讎。」撫虐之政，孰有之也。○張預曰：先校二國之君，誰有恩信之道，即上所謂「令民與上同意」者之道也。若淮陰料項王仁勇過高祖而不賞有功，爲婦人之仁，亦是也。

將孰有能？

杜牧曰：將孰有能者，上所謂「智、信、仁、勇、嚴」也〔三八〕。○梅堯臣同杜牧注。○王晳曰：若漢王問魏大將柏直，曰「是口尚乳臭，不能當韓信」之類是也。○張預曰：察彼我之將，誰有智、信、仁、勇、嚴之能，若漢高祖料魏將柏直不能當韓信之類也〔三九〕。

天地孰得？

曹操、李筌並曰：天時、地利。○杜牧曰：天者，上所謂「陰陽、寒暑、時制」也；地者，上所謂「遠近、險易、廣狹、死生」也。○杜佑曰：視兩軍所據，知誰得天時、地利。○梅堯臣曰：稽合天時，審察地利。○王晳同杜牧注。○張預曰：觀兩軍所舉，誰得天時、地利，若魏武帝盛冬伐吳，慕容超不據大峴，則失天時、地利者也。

法令孰行？

曹操曰：設而不犯，犯而必誅。○杜牧曰：縣法設禁，貴賤如一。魏絳戮僕、曹公斷髮是也。○杜佑曰：發號出令，校孰下不敢犯〔四〇〕。○梅堯臣曰：齊衆以法，一衆以令。○王晳曰：孰能法明令便，人聽而從？○張預曰：魏絳戮揚干，穰苴斬莊賈，吕蒙誅鄉人，卧龍刑馬謖，兹所謂「設而不犯，犯而必誅」，誰爲如此？

兵衆孰强？

杜牧曰：上下和同，勇於戰爲强；卒衆車多爲强。○梅堯臣曰：内和，外附。○王晳曰：强弱足以相形而知。○張預曰：車堅、馬良，士勇、兵利，聞鼓而喜，聞金而怒，誰者爲然？

士卒孰練？

杜牧曰：辨旌旗，審金鼓，明開合，知進退，閑馳逐，便弓矢，習擊刺也。○杜佑曰：知誰兵器强利、士卒簡練者。故王子曰：「士不素習，當陳惶惑；將不素習，臨陳闇變。」○梅堯臣曰：車騎閑習，孰國精粗？○王晳曰：孰訓之精？○何氏曰：勇怯、强弱，豈能一概？○張預曰：離合、聚散之法，坐作、進退之令，誰素閑習？

賞罰孰明？

杜牧曰：賞不僭，刑不濫。○杜佑曰：賞善罰惡，知誰分明者。故王子曰：「賞無度，則費而無恩；罰無度，則戮而無威。」○梅堯臣曰：賞有功，罰有罪。○王皙曰：孰能賞必當功，罰必稱情？○張預曰：當賞者，雖仇怨必録；當罰者，雖父子不舍。又，司馬法曰「賞不逾時，罰不遷列」，於誰爲明？

吾以此知勝負矣。

曹操曰：以七事計之，知勝負矣。○賈林曰：以上七事量校彼我之政，則勝敗可見。○梅堯臣曰：能索其情，則知勝負。○張預曰：七事俱優，則未戰而先勝；七事俱劣，則未戰而先敗。故勝負可預知也。○〔四一〕

④將聽吾計，用之必勝，留之；將不聽吾計，用之必敗，去之。

曹操曰：不能定計，則退而去也。○杜牧曰：若彼自備護，不從我計，形勢均等，無以相加，用戰必敗，引而去之。故春秋傳曰「允當則歸」也。○陳皞曰：孫武以書干闔閭曰：「聽用吾計策，必能勝敵，我當留之不去；不聽吾計策，必當負敗，我去之不留。」以此感動闔閭，庶必見用。故闔閭曰：「子之十三篇，寡人盡觀之矣。」其時，闔閭行軍用師，多自爲將，故不言「主」而言「將」也。○孟氏曰：將，裨將也。聽吾計畫而勝，則留之；違吾計畫而敗，則除去之。○梅堯臣曰：武以十三篇干吳王闔閭，故首篇以此辭動之，謂：王將聽我計，而用戰必勝，我當留此也；王將不聽我計，而用戰必敗，我當去此也。○王晳曰：將，行也；用，謂用兵耳。言行聽吾此計，用兵則必勝，我當留；行不聽吾此計，用兵則必敗，我當去也。○張預曰：將，辭也。孫子謂：今將聽吾所陳之計，而用兵則必勝，我乃留此矣；將不聽吾所陳之計，而用兵則必敗，我乃去之他國矣。以此辭激吴王而求用。

⑤計利以聽，乃爲之勢，以佐其外。

曹操曰：常法之外也。○李筌曰：計利既定，乃乘形勢之變也〔四二〕，佐其外者，常法之外也。○杜牧曰：計算利害，是軍事根本。利害已見聽用，然後於常法之外，更求兵勢，以助佐其事也。○賈林曰：計其利，聽其謀，得敵之情，我乃設奇譎之勢以動之。外者，或傍攻，或後躡，以佐正陳。○梅堯臣曰：定計於内，爲勢於外，以助成勝。○王晳曰：吾計之利已聽，復當知應變，以佐其外。○張預曰：孫子又謂：吾所計之利若已聽從，則我當復爲兵勢，以佐助其事於外。蓋兵之常法，即可明言於人；兵之利勢，須因敵而爲。

勢者，因利而制權也。

曹操曰：制由權也，權因事制也。○李筌曰：謀因事制〔四三〕。○杜牧曰：自此便言常法之外。勢〔四四〕，夫勢者，不可先見，或因敵之害見我之利，或因敵之利見我之害，然後始可制機權而取勝也。○梅堯臣曰：因利行權以制之。○王晳曰：勢者，乘其變者也。○張預曰：所謂勢者，須因事之利，制爲權謀，以勝敵耳，故不能先言也。自此而後，畧言權變。

⑥**兵者，詭道也。**

曹操曰：兵無常形，以詭詐爲道。○李筌曰：軍不厭詐。○梅堯臣曰：非譎不可以行權，非權不可以制敵。○王晳曰：詭者，所以求勝敵；御衆必以信也。○張預曰：用兵雖本於仁義，然其取勝必在詭詐。故曳柴揚塵，欒枝之譎也；萬弩齊發，孫臏之奇也；千牛俱奔，田單之權也；囊沙壅水，淮陰之詐也，此皆用詭道而制勝也。○〔四五〕

故能而示之不能，

張預曰：實强而示之弱，實勇而示之怯，李牧敗匈奴、孫臏斬龐涓之類也。

用而示之不用〔四六〕**，**

李筌曰：言己實用師，外示之怯也。漢將陳豨反，連兵匈奴。高祖遣使十輩視之，皆言可擊。復遣婁敬，報曰：「匈奴不可擊。」上問其故。對曰：「夫兩國相制，宜矜誇其長。今臣往，徒見羸老。此必能而示之不能，臣以爲不可擊也。」高祖怒曰：「齊虜以口舌得官，今妄沮吾衆！」械婁敬于廣武，以三十萬衆至白登。高祖爲匈奴所圍，七日乏食。此師外示之以怯之義也。○杜牧曰：此乃詭詐藏形。夫形也者，不可使見於敵；敵人見形，必有應。傳曰：「鷙鳥將擊，必藏其形。」如匈奴示羸老於漢使之義也。○杜佑曰：言己實能、用，外示之以不能、不用，使敵不我備也〔四七〕，若孫臏減竈而制龐涓。○王晳曰：强示弱，勇示怯，治示亂，實示虛，智示愚，衆示寡，進示退，速示遲，取示捨，彼示此。○何氏曰：能而示之不能者，如單于羸師誘高祖，圍於平城是也；用而示之不用者，如李牧按兵於雲中，大敗匈奴是也。○張預曰：欲戰而示之退，欲速而示之緩，班超擊莎車、趙奢破秦軍之類也。

近而示之遠，遠而示之近。

李筌曰：令敵失備也。漢將韓信虜魏王豹，初陳舟欲渡臨晉，乃潛師浮木罌，從夏陽襲安邑，而魏失備也。耿弇之征張步，亦先攻臨淄，皆示遠勢也。○杜牧曰：欲近襲敵，必示以遠去之形；欲遠襲敵，必示以近進之形。韓信盛兵臨晉而渡於夏陽，此乃示以近形而遠襲敵也。後漢末，曹公、袁紹相持官渡，紹遣將郭圖、淳于瓊、顏良等攻東郡太守劉延於白馬。紹引兵至黎陽，將渡河。曹公北救延津，荀攸曰：「今兵少不敵，分兵勢乃可。公致兵延津將欲渡，兵向其後，紹必西應之；然後輕兵襲白馬，掩其不備，顏良可擒也。」公從之。紹聞兵渡，即留，分兵西應之。公乃引軍行趨白馬。未至十餘里，良大驚，來戰。使張遼、關羽前進擊破，斬顏良，解白馬圍。此乃示以遠形而近襲敵也。○賈林曰：去就在我，敵何由知？○杜佑曰：欲近而設其遠也，欲遠而設其近也。誑耀敵軍，示之以遠，本從其近，若韓信之襲安邑〔四八〕。○梅堯臣曰：使其不能測〔四九〕。○王晳同上注。○何氏曰：遠而示之近者，韓信陳舟臨晉而渡夏陽是也；近而示之遠者，晉侯伐虢，假道於虞是也。○張預曰：欲近襲之，反示以遠。吳與越夾水相距，越爲左右句卒，相去各五里，夜争鳴鼓而進，吳人分以禦之；越乃潛涉，當吳中軍而襲之，吳大敗是也。欲遠攻之，反示以近。韓信陳兵臨晉而渡於夏陽是也。○〔五〇〕

利而誘之，

杜牧曰：趙將李牧大縱畜牧，人衆滿野。匈奴小入〔五一〕，佯北不勝，以數千人委之。單于聞之大喜，率衆大至。牧多爲奇陳，左右夾擊，大破殺匈奴十餘萬騎也。○賈林曰：以利動之，動而有形，我所以因形制勝也。○梅堯臣曰：彼貪利，則以貨誘之。○何氏曰：利而誘之者，如赤眉委輜重而餌鄧禹是也。○張預曰：示以小利，誘而克之。若楚人伐絞，莫敖曰：「絞小而輕，請無扞采樵者以誘之。」於是絞人獲楚三十人。明日，絞人争出，驅楚役徒於山中，楚人設伏兵於山下，而大敗之是也。

亂而取之，

李筌曰：敵貪利，必亂也。秦王姚興征秃髮傉檀，悉驅部内牛羊，散放於野，縱秦人虜掠。秦人得利，既無行列，傉檀陰分十將，掩而擊之，大敗秦人，斬首七千餘級，「亂而取之」之義也。○杜牧曰：敵有昏亂，可以乘而取之。傳曰：「兼弱攻昧，取亂侮亡，武之善經也。」○賈林曰：我令姦智亂之，候亂而取之也。○梅堯臣曰：彼亂，則乘而取之。○王晳曰：亂，謂無節制；

取，言易也。○張預曰：詐爲紛亂，誘而取之，若吴越相攻，吴以罪人三千，示不整以誘越。罪人或奔或止，越人争之，爲吴所敗是也。言敵亂而後取者非也。春秋之法，凡書「取」者，言易也，魯師取邿是也。

實而備之，

曹操曰：敵治實，須備之也。○李筌曰：備敵之實。蜀將關羽欲圍魏之樊城，懼吴將吕蒙襲其後，乃多留備兵守荆州。蒙陰知其旨，遂詐之以疾。羽乃撤去備兵，遂爲蒙所取，而荆州没吴，則其義也。○杜牧曰：對壘相持，不論虚實，常須爲備。此言居常無事，鄰封接境，敵若修政治實，上下相愛，賞罰明信，士卒精練，即須備之，不待交兵然後爲備也。○陳皞曰：敵若不動完實，我當謹備，亦自實以備敵也。○梅堯臣曰：彼實，則不可不備。○王晳曰：彼將有以擊吾之不備也。○何氏曰：彼敵但見其實，而未見其虚之形，則當蓄力而備之也。○張預曰：經曰：「角之而知有餘不足之處。」有餘，則實也；不足，則虚也。言敵人兵勢既實，則我當爲不可勝之計以待之，勿輕舉也。李靖軍鏡曰：「觀其虚則進，見其實則止。」

强而避之，

曹操曰：避其所長也。○李筌曰：量力也。楚子伐隨，隨之臣季梁曰：「楚人上左，君必左，無與王遇；且攻其右，右無良焉，必敗。偏敗，衆乃攜矣。」少師曰：「不當王，非敵也。」不從。隨師敗績，隨侯逸。攻强之敗也。○杜牧曰：逃避所長。言敵人乘兵强氣鋭，則當須且回避之，待其衰懈，候其間隙而擊之。晉末，嶺南賊盧循、徐道覆乘虚襲建鄴，劉裕禦之，曰：「賊若新亭直上，且當避之，回泊蔡洲，乃成擒耳。」徐道覆欲焚舟直上，循以爲不可，乃泊於蔡洲，竟以敗滅。○賈林曰：以弱制强，理須待變。○杜佑曰：彼府庫充實，士卒鋭盛，則當退避以伺其虚懈，觀變而應之〔五二〕。○梅堯臣曰：彼强，則我當避其鋭。○王晳曰：敵兵精鋭，我勢寡弱，則須退避。○張預曰：經曰「無邀正正之旗，無擊堂堂之陳」，言敵人行陳修整，節制嚴明，則我當避之，不可輕肆也。若秦晉相攻，交綏而退，蓋各防其失敗也。

怒而撓之，

曹操曰：待其衰懈也。○李筌曰：將之多怒者，權必易亂，性不堅也。漢相陳平謀撓楚權，以太牢具進楚使，驚曰：「是亞父使邪？乃項王使邪！」此怒撓之者也。○杜牧曰：大將剛戾者，可激之令怒，則逞志快意，志氣撓亂，不顧本謀也。○孟氏曰：敵人盛怒，當屈撓之〔五三〕。○梅堯臣曰：彼褊急易怒，則撓之，使憤激輕戰。○王晳曰：敵持重，則激怒以撓之。○何氏曰：怒而撓之者，漢兵擊曹咎於汜水是也。○張預曰：彼性剛忿，則辱之令怒，志氣撓惑，則不謀而輕進，若晉人執宛春以怒楚是也。尉繚子曰：「寬不可激而怒。」言性寬者，則不可激怒而致之也。

卑而驕之〔五四〕，

李筌曰：幣重而言甘，其志不小。後趙石勒稱臣於王浚，左右欲擊之，浚曰：石公來，欲奉我耳。敢言擊者斬！」設饗禮以待之。勒乃驅牛羊數萬頭，聲言上禮，實以填諸街巷，使浚兵不得發。乃入薊城，擒浚於廳，斬之而并燕。卑而驕之，則其義也。○杜牧曰：秦末，匈奴冒頓初立，東胡强，使使謂冒頓曰：「欲得頭曼時千里馬。」冒頓以問羣臣，羣臣皆曰：「千里馬，國之寶，勿與。」冒頓曰：「奈何與人鄰國，愛一馬乎？」遂與之。居頃之，東胡使使來，曰：「願得單于一閼氏。」冒頓問羣臣，皆怒曰：「東胡無道，乃求閼氏，請擊之！」冒頓曰：「與人鄰國，愛一女子乎？」與之。居頃之，東胡復曰：「匈奴有棄地千里，吾欲有之。」冒頓問羣臣，羣臣皆曰：「與之亦可，不與亦可。」冒頓大怒曰：「地者，國之本也，本何可與？」諸言與者皆斬之。冒頓上馬，令國中有後者斬，東襲東胡。東胡輕冒頓，不爲之備。冒頓擊滅之。冒頓遂西擊月氏，南并樓煩、白羊、河南，北侵燕、代，悉復收秦所使蒙恬所奪匈奴地也。○陳皥曰：所欲必無所顧恡，子女以惑其心，玉帛以驕其志，范蠡、鄭武之謀也。○杜佑曰：彼其舉國興師，怒而欲進，則當外示屈撓，以高其志；俟惰歸，要而擊之。故王子曰：「善用法者，如狸之與鼠，力之與智，示之猶卑，静而下之。」○梅堯臣曰：示以卑弱，以驕其心。○王晳曰：示卑弱以驕之，彼不虞我，而擊其間。○張預曰：或卑辭厚賂，或羸師佯北，皆所以令其驕怠。吳子伐齊，越子率衆而朝，王及列士皆有賂。吴人皆喜，惟子胥懼，曰：「是豢吴也！」後果爲越所滅。楚伐庸，七遇皆北。庸人曰：「楚不足與戰矣！」遂不設備。楚子乃爲二隊以伐之，遂滅庸。皆其義也。

佚而勞之〔五五〕，

一本作「引而勞之」。○曹操曰：以利勞之。○李筌曰：敵佚而我勞之者，善功也。吴伐楚，公子光問計於伍子胥，子胥曰：「可爲三師以肄焉。我一師至，彼必盡衆而出；彼出，我歸，亟肄以疲之，多方以誤之，然後三師以繼之，必大克。」從之。楚於是乎始病吴矣。○杜牧曰：吴公子光問伐楚於伍員，員曰：「可爲三軍以肄焉。我一師至，彼必盡出；彼出，則歸，亟肄以疲之，多方以誤之，然後三師以繼之，必大克。」從之。於是子重一歲七奔命，於是乎始病吴，終入郢。後漢末，曹公既破劉備，備奔袁紹，引兵欲與曹公戰。别駕田豐曰：「操善用兵，未可輕舉，不如以久持之。將軍據山河之固，有四州之地，外結英豪，内修農戰，然後揀其精鋭，分爲奇兵，乘虚迭出，以擾河南，救右則擊其左，救左則擊其右，使敵疲於奔命，人不安業，我未勞而彼已困矣。不及三年，可坐克也。今釋廟勝之策，而決成敗於一戰，悔無及也。」紹不從，故敗。○梅堯臣曰：以我之佚，待彼之勞。○王晳曰：多奇兵也。彼出則歸，彼歸則出；救左則右，救右則左，所以罷勞之也。○何氏曰：孫子有治力之法，以佚而待勞。故論敵佚，我宜多方以勞弊之，然後可以制勝。○張預曰：我則力全，彼則道敝。若晉楚爭鄭，久而不決，晉知武子乃分四軍爲三部，晉各一動，而楚三來，於是三駕，而楚不能與之爭。又，申公巫臣教吳伐楚，於是子重一歲七奔命是也。

親而離之〔五六〕。

曹操曰：以間離之。○李筌曰：破其行約，間其君臣，而後攻也。昔秦伐趙，秦相應侯間於趙王曰：「我惟懼趙用括耳，廉頗易與也。」趙王然之，乃用括代頗，爲秦所坑卒四十萬於長平，則其義也。○杜牧曰：言敵若上下相親，則當以厚利啗而離間之。陳平言於漢王曰：「今項王骨鯁之臣不過亞父、鍾離眛、龍且、周殷之屬，不過數人。大王誠能捐數萬斤金，間其君臣，彼必内相誅，漢因舉兵而攻之，滅楚必矣。」漢王然之，出黄金四萬斤與平，使之反間。項王果疑亞父，不急擊下滎陽，漢王遁去。○陳皞曰：彼恡爵禄，此必捐之；彼嗇財貨，此必輕之；彼好殺罰，此必緩之。因其上下相猜，得行離間之説。由余所以歸秦，英布所以佐漢也。○杜佑曰：以利誘之，使五間並入，辯士馳説，親彼君臣，分離其形勢，若秦遣反間欺誑趙君，使廢廉頗而任趙奢之子，卒有長平之敗。○梅堯臣同杜牧注。○王晳曰：敵相親，當以計謀離間之。○張預曰：或間其君臣，或間其交援，使相離貳，然後圖之。應侯間趙而退廉頗，陳平間楚而逐范增，是君臣相離也。秦晉相合以伐鄭，燭之武夜出，説秦伯曰：「今得鄭，則歸於晉，無益於秦也。不如捨鄭以爲東道主。」秦伯悟而退師，是交援相離也。

攻其無備，出其不意。

曹操曰：擊其懈怠，出其空虛。○李筌曰：擊懈怠，襲空虛。○杜牧曰：擊其空虛，襲其懈怠。○孟氏曰：擊其空虛，襲其懈怠，使敵不知所以備也。故曰：兵者無形爲妙。太公曰：「動莫神於不意，謀莫善於不識。」○梅堯臣、王晳二注同上。○何氏曰：攻其無備者：魏太祖征烏桓，郭嘉曰：「胡恃其遠，必不設備；因其無備，卒然擊之，可破滅也。」太祖行至易水，嘉曰：「兵貴神速，今千里襲人，輜重多，難以趨利，不如輕兵兼道以出，掩其不意。」乃密出盧龍塞，直指單于庭，合戰，大破之。唐李靖陳十策以圖蕭銑，總管三軍之任，一以委靖。八月，集兵夔州。銑以時屬秋潦，江水泛漲，三峽路危，必謂靖不能進，遂不設備。九月，靖率兵而進，曰：「兵貴神速，機不可失。今兵始集，銑尚未知，乘水漲之勢，倏忽至城下，所謂疾雷不及掩耳。縱使知我，倉卒無以應敵，此必成擒也。」進兵至夷陵，銑始懼，召兵江南，果不能至。勒兵圍城，銑遂降。出其不意者：魏末，遣將鍾會、鄧艾伐蜀，蜀將姜維守劍閣，鍾會攻維，未克。艾上言：「請從陰平由邪徑出劍閣，西入成都。奇兵衝其腹心，劍閣之軍必還赴涪，則會方軌而進；劍閣之軍不還，則應涪之兵寡矣。軍志云：攻其無備，出其不意。今掩其空虛，破之必矣。」冬十月，艾自陰平行無人之地七百餘里，鑿山通道，造作橋閣，山高谷深，至爲艱險。又糧運將匱，瀕於危殆。艾以氊自裹，推轉而下。將士皆攀木緣崖，魚貫而進。先登至江油，蜀守將馬邈降。諸葛瞻自涪還綿竹〔五七〕，列陳相拒，大敗之，斬瞻及尚書張遵等。進軍至成都，蜀主劉禪降。又，齊神武爲東魏將，率兵伐西魏，屯軍蒲坂，造三道浮橋渡河，又遣其將竇泰趣潼關，高敖曹圍洛州。西魏將周文帝出軍廣陽，召諸將謂曰：「賊今掎吾三面，又造橋於河，示欲必渡，欲綴吾軍，使竇泰得西入耳。久與相持，其計得行，非良策也。且高歡用兵，常以泰爲先驅，其下多鋭卒，屢勝而驕。今出其不意，襲之必克。克泰，則歡不戰而自走矣。」諸將咸曰：「賊在近，捨而遠襲，事若蹉跌，悔無可及。」周文曰：「歡前再襲潼關，吾軍不過霸上。今者大來，兵未出郊，賊顧謂吾但自守耳，無遠鬬意；又狃於得志，有輕我心。乘此擊之，何往不克！賊雖造橋，未能徑渡。比五日中，吾取竇泰必矣。公等勿疑。」周文遂率騎六千還長安，聲言欲往隴右。辛亥，潛出軍。癸丑晨，至潼關。竇泰卒聞軍至，惶懼依山爲陳，未及成列，周文擊破之，斬泰，傳首長安。高敖曹適陷洛州，聞泰没，燒輜重，棄城而走。○張預曰：攻無備者，謂懈怠之處，敵之所不虞者，則擊之。若燕人畏鄭三軍，而不虞制人，爲制人所敗是也。出不意者，謂虛空之地，敵不以爲慮者，則襲之。若鄧艾伐蜀，行無人之地七百餘里是也。○〔五八〕

此兵家之勝，不可先傳也〔五九〕。

曹操曰：傳，猶洩也。兵無常勢，水無常形，臨敵變化，不可先傳也。故料敵在心，察機在目也〔六〇〕。○李筌曰：無備、不意，攻之必勝，此兵之要，祕而不傳也。○杜牧曰：傳，言也。此言上之所陳，悉用兵取勝之策，固非一定之制；見敵之形，始可施爲，不可先事而言也。○梅堯臣曰：臨敵應變制宜，豈可預前言之？○王晳曰：夫校計、行兵，是謂常法；若乘機決勝，則不可預傳述也。○張預曰：言上所陳之事，乃兵家之勝策，須臨敵制宜，不可以預先傳言也。

⑦**夫未戰而廟算勝者，得算多也；未戰而廟算不勝者，得算少也。多算勝，少算不勝〔六一〕，而況於無算乎？吾以此觀之，勝負見矣〔六二〕。**

曹操曰：以吾道觀之矣。○李筌曰：夫戰者，決勝廟堂，然後與人爭利。凡伐叛懷遠，推亡固存，兼弱攻昧，皆物情之所出。中外離心，如商周之師者，是爲未戰而廟算勝。太一遁甲置算之法，因六十算已上爲多算，六十算已下爲少算。客多算臨少算，主人敗；客少算臨多算，主人勝。此皆勝敗易見矣。○杜牧曰：廟算者，計算於廟堂之上也。○梅堯臣曰：多算，故未戰而廟謀先勝；少算，故未戰而廟謀不勝。是不可無算矣。○王晳曰：此懼學者惑不可先傳之說，故復言計篇義也。○何氏曰：計有巧拙，成敗繫焉。○張預曰：古者興師命將，必致齋於廟，授以成算，然後遣之，故謂之「廟算」。籌策深遠，則其計所得者多，故未戰而先勝。謀慮淺近，則其計所得者少，故未戰而先負。多計勝少計，其無計者，安得無敗？故曰：勝兵先勝而後求戰，敗兵先戰而後求勝。有計無計，勝負易見。

校記

〔一〕孫子一書，結構體制諸本稍異。平津、十一家注及武經各本雖均爲上、中、下三卷，但具體分法亦不盡同。本卷，十一家注本至形篇止，而平津本與武經本則至勢篇止。十一家注明本又改三卷爲十三卷，孫校本因之。日櫻田本則分十三篇爲上下兩篇。簡本雖未明卷數，但其篇題木牘第二欄軍争篇上標有圓點，亦當是其分爲二卷之證。

〔二〕孫子篇題，諸本亦稍有參差。簡本漫漶，多不可識，唯從所存篇名如刑（形）、埶（勢）觀之，本篇亦當止有「計」字。武經孫子無「篇」字，但有篇次，本篇作「始計第一」，「始」字爲編者所加。孫校本作「卷一計篇」。櫻田本則作「計篇第一」。以下除篇題有異外，有關體例上的差異，一般不再出校。

〔三〕此句曹注「遠近險易」四字，平津本無。孫詒讓説此本乃「唐以後删定之本，注文簡畧不全」，此或一例也。

〔四〕查賈（隱）林乃唐德宗時人，與杜牧之祖父杜佑同時。故依時代順序，賈當在牧之前。今仍依原本，以保持原本結構。下同。

〔五〕此句宋明諸本皆如此，櫻田本同，唯「計」作「七計」。孫校本則謂「事」字乃後人因注内有「五事」之言而增，故依通典改作「經之以五校之計而索其情」。按：孫校謂「事」字乃後人臆增，可謂有見，簡本正無「事」字，杜牧亦止注「五」字，是孫子本無此字，止作「經之以五，校之以計而索其情」。但孫校本據通典改作「經之以五校之計」則未妥。蓋「經」者爲「五」或「五事」，而非「計」也，「校」乃較量之也；如連讀，則「經」者即非「五」，而是「計」矣。而孫子此篇却重在「五」或「五事」——這是量敵計險的五個基本要素或五條重要綱紀，故孫子云「經」；而所謂「計」或「七計」，皆自「五事」校之而出。故作「經之以五校之計」非唯詞意不順，亦且不全符合經義。再，通典引文所據雖係孫子古本，應予足够重視，但其所引，亦率多省併，且時雜己意，故亦不可在無有力旁證的情況下率爾據以改動經文。校釋據簡本作「故經之以五，校之以計，而索其情」固善，宋明古本有「事」字亦可通，故仍之，唯孫説無取。

〔六〕通典卷一四八此句經文下又有杜佑注：「德化。」

〔七〕通典卷一四八此句經文下又有杜佑注：「惠覆。」

〔八〕通典卷一四八此句經文下又有杜佑注：「慈愛。」

〔九〕通典卷一四八此句經文下又有杜佑注：「經畧。」

〔一〇〕通典卷一四八此句經文下又有杜佑注：「制作。」

〔一一〕通典卷一四八引「民」作「人」，乃避唐諱而改。以下不再一一出校。又孫校云「令民」二字原本缺，今宋本不缺，正統道藏與談本集注同，故是其所據華陰道藏本缺也。

〔一二〕此句平津本與武經諸本作「可與之死，可與之生，而不畏危也」，櫻田本同，孫校本依通典、御覽改爲「故可與之死，可與之生，而民不畏危」，而簡本則作「故可與之死，可與之生，民弗詭也」，校釋從之，唯「弗」字作「不」。按：有無「以」字與「民」字，均無關緊要，唯簡本作「弗詭」，則與傳本作「不畏危」相去有間矣。查曹、李等家注亦止注「危」字，而不及「畏」字，通典卷一四八引同，唯作「不佹」，孫校謂字之誤，是孫氏以「佹」乃「危」字之誤，而不知通典作「佹」，正與簡本作「詭」同也。孟注與牧注雖有「畏」字，但孟注又云：「一作『人不疑』，……一作『人不危』。」可知孫子故書本無「畏」字，漢魏以後始生歧異。俞樾平議補録謂曹注不釋「畏」字，其所據本無「畏」字也，並説：「『民不危』，即『民不疑』，曹注得之。孟氏注云『一作「人不疑」』，文異而義同也。吕氏春秋明理篇曰『以相危』，高誘訓『危』爲『疑』。蓋古有此訓，後人但知有危亡之義，妄加『畏』字於『危』字之上，失之矣。」按：俞説與簡本、平津本正合。故此句當畧同簡本，作「故可與之死，可與之生，而不危也」。但依原本及其他通行本作「不畏危」，於義亦可通，故並存之。

〔一三〕此句「上下」之「下」字，孫校本無。按：據經義，以無爲長。

〔一四〕孟氏，據隋志乃南朝梁人，故依時代順序，不當在杜牧之後，而應在李筌之前。今仍依原本，下同。

〔一五〕「上下同心」，談本與道藏本作「上下同一」。孫校本同。

〔一六〕原本杜佑注皆在杜牧注之後。今亦仍之，以維持原本結構。下同。

〔一七〕「天者」，長短經天時引作「天時者」；「時制」，又引作「時節制」。御覽卷二七〇引「時制」作「時利」，而卷三二八引則又作「時節」。又，此句下簡本又有「順逆兵勝」四字，乃讀者批語，迨非正文。

〔一八〕「歲星三周」，十一家注宋明諸本並作「歲月三周」，孫校本已改，是。左傳杜注亦正作「歲星」。「歲星」即木星，運行一周天，約經十二歲，故三周云三十六歲也。

〔一九〕「其分」，原本如此，而明本則均作「吴分」，孫校本同。按：左傳杜注既稱「星紀，吴、越之分也」，且傳已明言「越得歲」，注亦明言「歲星所在，其國有福」，下文亦有「所在之國分大吉」，故不當爲「吴」字，作「吴」者，或涉吴越之事而誤耳。今仍之。

〔二〇〕「熹」，原本作「喜」。按：「光喜」費解。孫校本改爲「嘉」，亦於義無取。「喜」迨「熹」字之誤，光亮貌。管子侈靡「有時而星熺」，「熺」同「熹」，星之明也，故當作「熹」。

〔二一〕以上兩句原作「刑德天官之陳，背水陳者爲絶紀」，其説當出自尉繚子天官第一，該篇云：「背水陳，爲絶紀。」但此「絶紀」二字，治要、施子美武經七書講義與茅元儀武備志等引文均已改爲「絶地」。按：改之是。孫校因之，其失察歟？

〔二二〕原本「已」下無「後」字，今據孫校補。

〔二三〕「一寶一馬」，原文作「一珤一馬」，孫校本改「珤」爲「瑤」。按：「珤」乃古「寶」字，故當作「寶」。孫校失之。

〔二四〕此處杜佑原注只有如上兩句，而通典卷一六二又有如下諸句：「故司馬法曰：『冬夏不興師，所以兼愛吾民。若細雨沐軍，臨機必有捷；迴風相觸，道還而無功。雲類羣羊，必走之道；氣如驚鹿，必敗之勢；黑雲出壘，赤氣臨軍，皆敗之兆。若烟非烟，此慶雲也，必勝；若霧非霧，是泣軍也，必敗。』是知風雲之占，由來久矣。」孫校本亦已據補，唯個別字有誤。

〔二五〕「其諸十數家紛紜」，宋、明諸本皆如此，孫校亦未置詞。按：「諸」字無義，疑即上言「異人特授其訣」之「訣」字，言其訣乃異人特授，非常人所得知，故致十數家解之紛紜也。

〔二六〕「地者」下，簡本又有「高下」二字，他本皆無，校釋從補。今兩存之。

〔二七〕通典卷一四八此句經文下又有杜佑注：「言以地形勢不同，因時制度。」

〔二八〕此句王符潛夫論引作「將者：智也，仁也，敬也，信也，勇也，嚴也」，談本序引又以「仁」爲首。牧注云「先王之道，以仁爲本；兵家者流，用智爲先」，有理。故仍依原本次序。書鈔卷一一三引亦各有「也」字，然亦止稱五德，而無「敬」字，各家亦不釋「敬」字，故此字蓋王氏臆增。又，長短經將體雖云五德，但又作「勇、智、仁、信、必」，亦非孫子原文。故皆無取。

〔二九〕自「夫戰，智爲始」以下，乃申包胥答越王語，但原本上無「曰」字，今據注意並參攷吴越春秋卷六補之，以醒眉目。

〔三〇〕「曲制」，俞樾謂當作「典制」。按：用兵言「典」，古固有之，但簡本作「曲制」，平津本同，故仍之。唯「曲制」之下，御覽卷二七〇引又有「幟」字，則爲他本所無。按：「幟」字在此殊覺不類，且各本皆無，故當是衍文。

〔三一〕原本「曹操曰」下無「曲制者」三字，平津本則有之，孫校本亦有之。按：有之是。「部曲、旛幟、金鼓之制也」正釋「曲制」之意，且「官道」與「主用」亦皆經傳對舉，故此三字當據平津本與孫校本補。又，「主軍費用」，孫校謂原本「軍」作「君」，並從而改爲「軍」。按：孫校本改爲「軍」是。宋本正作「軍」，是其所據底本誤也。

〔三二〕御覽卷二七〇引無「知」字，並與上連讀爲「將莫不聞之者勝」。按：原本與其他各本皆有此字，御覽無之者，脱也。今仍之。

〔三三〕通典卷一五〇引句前又有「用兵之道」四字，御覽卷二七〇引同，孫校已指其臆增，非原文。又，御覽引「計」作「五計」，亦非是。

〔三四〕孫校謂「同聞五者」至「即勝也」三句，乃上文「凡此五者，將莫不聞」之注而誤入在此，並予上移。按：孫説固有理，移之善。今姑仍依原文，並存其説。

〔三五〕孫校謂此曹注乃統釋此句「主孰有道」與下句「將孰有能」之義，故不當在此句之下，而移至下句之下。查平津本與通典卷一五〇杜佑注正在下句之下。孫説有理。唯爲保持原本結構體制，亦不予改動，孫説存之。以下兩注同。

〔三六〕孫校謂此李注亦係統釋上述「主」、「將」二句之義而移至下句。

〔三七〕孫校謂此佑注亦係統釋上述「主」、「將」二句之義而移至下句。

〔三八〕「嚴」字下，明本均有「若漢高祖料魏將柏直不能當韓信之類」十六字，孫校本同。按：有之善。

〔三九〕梅、王、張三家注，明本與孫校本無。

〔四〇〕此句佑注，通典卷一五〇作「設而不犯，犯而必誅。發號施令，知誰能施行者」。

〔四一〕通典卷一五〇此句經文下又有佑注：「以此上七事料得情，知勝負也。」「料得情」似費解。

〔四二〕「乘形勢之變」，原本「變」字作「勢」。按：作「勢」義不可通。下句王注云：「勢者，乘其變者也。」故「乘形勢之勢」當作「乘形勢之變」。孫校本改爲「便」，雖云近之，然猶未切。

〔四三〕「謀因事制」，原本作「謀因事勢」，義亦難通。此「勢」字迨「制」字之訛。曹注即云「權由事制」，今據改。

〔四四〕 此「勢」字屬上屬下皆不成讀，似係贅文，而諸本皆有，姑逗以存之。

〔四五〕 通典卷一五三此句經文下又有佑注：「無常形，以詭詐爲道，若息侯誘楚子謀宋。」按：「無」上當有「兵」字，「宋」字當爲「蔡」。查左莊十年傳載，息侯誘楚子所謀者爲蔡，而非宋。通典未正，失之。孫校本據御覽補「兵」字，是。而作「息侯誘蔡，楚子謀宋」，亦疏矣。

〔四六〕 通典卷一五三合此上二句經文作「故能用示之不能用」。按：若以「能」、「用」爲二義，尚可通；若作一義，即以「能」爲助動詞，作「能用」，則非經義矣（詳下注）。通典引文常常省併，此亦一例。

〔四七〕 孫校謂佑注此句乃後人所改，因而據御覽又改爲「言己實能用師，外示之怯也」，以下同。按：通典所引「能用示之不能用」乃以上兩句之省併，且佑注亦明言「己實能、用，外示之不能、不用」，是將「能」、「用」視爲二義，與經義正合。故改者恐非佑注，而是御覽引文也。御覽以「能用」指「能用師」，於義狹矣。蓋「能」與「不能」，乃以實力言之；「用」與「不用」，則以作戰意圖言之，故以「能用師」解之，非唯不合經義，且亦不合注義。故孫校本未可從。

〔四八〕 此句佑注，通典卷一五三於「襲安邑」下又有「陳舟臨晉而度夏陽」。孫校又稱前兩句「欲近而設其遠也，欲遠而設其近也」乃「後人改之，以牽合二句，辭義淺俚，又與下文不接」，而據御覽改作「欲進而理去道也，言多宜設其近」。今並存之。唯「多宜設其近」句疑有訛誤。

〔四九〕 「測」，原本作「隤」，孫校改爲「測」，是，從之。

〔五〇〕 此句經文原本無曹注，明清諸本亦無，而平津本則有之，云：「欲進而治去道，若韓信之襲安邑，陳舟臨晉而渡於夏陽也。」

〔五一〕「匈奴小入」，原本「入」誤作「人」。史記廉藺列傳附李牧傳有「匈奴小入，詳北不勝」，當是牧注此語所從出。今據改。

〔五二〕此句佑注，通典卷一五五作「避其所長也。彼府庫充實，士卒强盛，則當備避，以待其虚。欲以弱制强，不若變也」，與此文字小異。

〔五三〕「屈撓」，原本「撓」作「擾」，非是。各家皆言「撓」，且與「屈」連用，自當作「撓」，今改正。

〔五四〕此句與下「佚」、「親」兩句簡本缺。

〔五五〕此句御覽卷二七〇引作「引而勞之」。

〔五六〕御覽卷二七〇於此句之下又有「佚而勞之」四字。孫校謂此節經文乃以「誘」、「取」、「備」、「避」、「撓」、「驕」與「勞」兩兩爲韻，故不應於「親而離之」之下復出「佚而勞之」。按：孫説是。又，總要卷四於此句之下又有「飽而飢之」、「安而動之」兩句。按：此乃虚實篇文而率引於此也。

〔五七〕「綿竹」，原本誤作「線竹」，明本沿而未正，孫校改「線」作「綿」，是，從之。

〔五八〕通典卷一五五此句經文下又有佑注：「擊其懈怠不備之處。攻其空虚，出其不意之途也。故太公曰『動莫神於不意，勝莫大於不識』也。」唯此乃分注「攻其無備」與「出其不意」兩句之文，今因原本經文未分，故亦併之。孫校本雖亦據補，唯其所引下句無「出其不意」四字，而作「攻其空虚之塗」，且無「太公」上之「故」字與句末「也」字，或其所據通典舊本無之也。又，末句「勝」字，孫校本作「謀」。查上孟注援引此語亦作「謀」，六韜龍韜正作「謀」，故當據改。

〔五九〕「先傳」，御覽卷二七〇引作「豫傳」，總要卷四「不可先傳」又作「所以爲神也」，皆無取。

〔六〇〕如上曹注，平津本止有「傳，猶洩也」四字，而無「兵無常勢」以下各句。御覽卷二七〇引則有之，唯「兵無常勢，水無常形」作「兵無成勢，無常形」。孫校謂御覽誤，但御覽所引却與簡本正合，唯簡本「常」作「恒」，乃避漢文帝諱而改，宋本亦因避真宗諱而未回改。故御覽不誤，今兩存之。又，御覽末句「故」下又有「曰」字，孫校本據補。按有否均可，今亦仍之。

〔六一〕此句書鈔卷一一三引作「多算勝少算」，御覽卷三三一引同。漢書趙充國傳所引亦無「不勝」二字，張預注釋爲「多計勝少計」，似無「不勝」二字義長。通典卷一四八引「不勝」原作「敗」（今本已據十一家注孫子改回），孫校謂臆改。唯據簡本「少」下祇空三字即接下文「無算」觀之，或即「算」、「敗」、「況」。今並存之。

〔六二〕「勝負見矣」，通典卷一四八引作「勝負易見也」，御覽卷三三一引作「勝勢見也」，今均仍之。

作戰篇〔一〕

曹操曰：欲戰，必先算其費，務因糧於敵也。○李筌曰：先定計，然後修戰具，是以戰次計之篇也。○王晳曰：計以知勝，然後興戰，而具軍費，猶不可以久也。○張預曰：計算已定，然後完車馬、利器械、運糧草、約費用，以作戰備，故次計。

①**孫子曰：凡用兵之法：馳車千駟〔二〕，革車千乘，帶甲十萬，**

曹操曰：馳車，輕車也，駕駟馬〔三〕；革車，重車也，言萬騎之重。車駕四馬，率三萬軍〔四〕，養二人，主炊；家子一人，主保固守衣裝；廄二人，主養馬，凡五人。步兵十人，重以大車駕牛。養二人，主炊；家子一人，主守衣裝，凡三人也。帶甲十萬，士卒數也。○李筌曰：馳車，戰車也；革車，輕車也；帶甲，步卒。車一兩，駕以駟馬，步卒七十人，計千駟之軍，帶甲七萬，馬四千匹。孫子約以軍資之數，以十萬爲率，則百萬可知也。○杜牧曰：輕車，乃戰車也。古者車戰，革車，輜車，重車也，載器械、財貨、衣裝也。司馬法曰：「一車，甲士三人，步卒七十二人，炊家子十人，固守衣裝五人，廄養五人，樵汲五人，輕車七十五人，重車二十五人。」故二乘兼一百人爲一隊，舉十萬之衆，革車千乘，校其費用支計，則百萬之衆皆可知也。○梅堯臣曰：馳車，輕車也；革車，重車也。凡輕車一乘，甲士、步卒二十五人；重車一乘，甲士、步卒七十五人。舉二車各千乘，是帶甲者十萬人。○王晳曰：曹公曰：「輕車也，駕駟馬，凡千乘。」晳謂馳車，謂駕革車也。一乘四馬爲駟，千駟則革車千乘。曹公曰：「重車也。」晳謂革車，兵車也。有五戎千乘之賦，諸侯之大者。曹公曰：「帶甲十萬，步卒數也。」晳謂井田之法：甸出兵車一乘，甲士三人，步卒七十二人，千乘總七萬五千人。此言帶甲十萬，豈當時權制歟？○何氏曰：十萬，舉成數也。○張預曰：馳車，即攻車也；革車，即守車也。按曹公新書云：攻車一乘，前拒一隊，左右角二隊，共七十五人。守車一乘，炊子十人，守裝五人，廄養五人，樵汲五人，共二十五人。攻守二乘，凡一百人。興師十萬，則用車二千，輕重各半，與此同矣。

千里饋糧，

曹操曰：越境千里。○李筌曰：道理縣遠。

則內外之費，賓客之用，膠漆之材，車甲之奉，日費千金，然後十萬之師舉矣〔五〕。

曹操曰：謂購賞猶在外〔六〕。○李筌曰：夫軍出於外，則帑藏竭於內。舉千金者，言多費也。千里之外贏糧，則二十人奉一人也。○杜牧曰：軍有諸侯交聘之禮，故曰「賓客」也。車甲器械完緝修繕，言膠漆者，舉其微細。千金者，言費用多也，猶贈賞在外也。○賈林曰：計費不足，未可以興師動衆。故李太尉曰：「三軍之門，必有賓客論議。」○梅堯臣曰：舉師十萬，饋糧千里，日費如此，師久之戒也。○王晳曰：內，謂國中；外，謂軍所也。賓客，若諸侯之使及軍中宴饗吏士也。膠漆、車甲，舉細與大也。○何氏曰：老師費財，智者慮之。○張預曰：去國千里，即當因糧；若須供餉，則內外騷動，疲困於路，蠹耗無極也。賓客者，使命與遊士也。膠漆者，修飾器械之物也。車甲者，膏轄金革之類也。約其所費，日用千金，然後能興十萬之師。千金，言重費也，購賞猶在外。

②其用戰也勝，久則鈍兵挫銳〔七〕，攻城則力屈，

曹操曰：鈍，弊也；屈，盡也。○杜牧曰：勝久，謂淹久而後能勝也。言與敵相持，久而後勝，則甲兵鈍弊，銳氣挫衄，攻城則人力殫盡屈折也。○賈林曰：戰雖勝人，久則無利。兵貴全勝，鈍兵挫銳，士傷馬疲，則屈。○梅堯臣曰：雖勝且久，則必兵仗鈍弊，而軍氣挫銳；攻城而久，則力必殫屈。○王晳曰：屈，窮也。求勝以久，則鈍弊折挫，攻城則益甚也。○張預曰：及交兵合戰也，久而後能勝，則兵疲氣沮矣。千里攻城，力必困屈。

久暴師則國用不足。

孟氏曰：久暴師露衆千里之外，則軍國費用不足相供。○梅堯臣曰：師久暴於外，則輸用不給。○張預曰：日費千金，師久暴，則國用豈能給？若漢武帝窮征深討，久而不解，及其國用空虛，乃下哀痛之詔是也。

夫鈍兵挫銳，屈力殫貨〔八〕，則諸侯乘其弊而起，雖有智者，不能善其後矣。

李筌曰：十萬衆舉，日費千金，非唯頓挫於外，亦財殫於内，是以聖人無暴師也。隋大業初，煬帝重兵好征，力屈鴈門之下，兵挫遼水之上，疏河引淮，轉輸彌廣，出師萬里，國用不足。於是楊玄感、李密乘其弊而起，縱蘇威、高熲，豈能爲之謀也？○杜牧曰：蓋以師久不勝，財力俱困，諸侯乘之而起，雖有智能之士，亦不能於此之後，善爲謀畫也。○賈林曰：人離財竭，雖伊、吕復生，亦不能救此亡敗也。○杜佑曰：雖當時有用兵之術，不能防其後患。○梅堯臣曰：取勝攻城，暴師且久，則諸侯乘此弊而起襲我；我雖有智將，不能制也。○王晳曰：以其弊甚，必有危亡之憂。○何氏曰：其後，謂兵不勝而敵乘其危殆，雖智者不能盡其善計而保全。○張預曰：兵已疲矣，力已困矣，財已匱矣，鄰國因其罷弊，起兵以襲之，則縱有智能之人，亦不能防其後患。若吴伐楚入郢，久而不歸，越兵遂入吴。當是時，雖有伍員、孫武之徒，何嘗能爲善謀於後乎？

故兵聞拙速，未睹巧之久也〔九〕。

曹操、李筌曰：雖拙，有以速勝。未睹者，言其無也。○杜牧曰：攻取之間，雖拙於機智，然以神速爲上，蓋無老師、費財、鈍兵之患，則爲巧矣。○孟氏曰：雖拙，有以速勝。○陳皞曰：所謂疾雷不及掩耳，卒電不及瞬目。○杜佑注同孟氏。○梅堯臣曰：拙尚以速勝，未見工而久可也。○王晳曰：晳謂久則師老財費，國虚人困，巧者保無斯患也。○何氏曰：速雖拙，不費財力也；久雖巧，恐生後患也。後秦姚萇與符登相持，萇將苟曜據逆萬堡，密引符登。萇與登戰，敗於馬頭原，收衆復戰。姚碩德謂諸將曰：「上慎於輕戰，每欲以計取之；今戰既失利，而更逼賊，必有由也。」萇聞而謂碩德曰：「登用兵遲緩，不識虛實；今輕兵直進，徑據吾東，必苟曜與之連結也。事久變成，其禍難測。所以速戰者，欲使苟曜豎子謀之未就、好之未深耳。」果大敗之。武后初，徐敬業舉兵於江都，稱匡復皇家。以盩厔尉魏思恭爲謀主，問計於思恭。對曰：「明公既以太后幽縶少主，志在匡復，兵貴拙速，宜早渡淮北，親率大衆，直入東都。山東將士，知公有勤王之舉，必以死從，此則指日刻期，天下必定。」敬業欲從其策，薛璋又説曰：「金陵之地，王氣已見，宜早應之。兼有大江設險，足可以自固，請且攻取常、潤等州，以爲王霸之業，然後率兵北上，鼓行而前，此則退有所歸，進無不利，實良策也。」敬業以爲然，乃自率兵四千人，南渡以擊潤州。思恭密謂杜求仁曰：「兵勢宜合，不可分。今敬業不知并力渡淮，率山東之衆以合洛陽，必無能成事。」果敗。○張預曰：但能取勝，則寧拙速，而無巧久。若司馬宣王伐上庸，以一月圖一年，不計死傷，與糧競者，斯可謂欲拙速也。

夫兵久而國利者〔一〇〕，未之有也。

李筌曰：春秋曰：「兵猶火也，弗戢將自焚。」○賈林曰：兵久無功，諸侯生心。○杜佑曰：兵者凶器，久則生變。若智伯圍趙，逾年不歸，卒爲襄子所擒，身死國分。故新序傳曰：「好戰窮武，未有不亡者也。」○梅堯臣曰：力屈貨殫，何利之有？○張預曰：師老財竭，於國何利？

故不盡知用兵之害者，則不能盡知用兵之利也〔一一〕。

李筌曰：利害相依之所生，先知其害，然後知其利也。○杜牧曰：害之者，勞人費財；利之者，吞敵拓境。苟不顧己之患，則舟中之人盡爲敵國，安能取利於敵人哉？○賈林曰：將驕卒惰，貪利忘變，此害最甚也。○杜佑曰：言謀國、動軍、行師，不先慮危亡之禍，則不足取利也〔一二〕。若秦伯見襲鄭之利，不顧崤函之敗；吳王矜伐齊之功，而忘姑蘇之禍也。○梅堯臣曰：不再籍，不三載，利也；百姓虛，公家費，害也。苟不知害，又安知利？○王晳曰：久而能勝，未免於害；速，則利斯盡也。○張預曰：先知老師殫貨之害，然後能知擒敵制勝之利。

③善用兵者，役不再籍，糧不三載〔一三〕。

曹操曰：籍，猶賦也。言初賦民而便取勝，不復歸國發兵也。始載糧〔一四〕，後遂因食於敵，還兵入國，不復以糧迎之也。○李筌曰：籍，書也；不再籍書，恐人勞怨生也。秦發關中之卒，是以有陳、吳之難也。軍出，度遠近饋之；軍入〔一五〕，載糧迎之，謂之三載。越境，則館穀於敵，無三載之義也。○杜牧曰：審敵可攻，審我可戰，然後起兵，便能勝敵而還。鄭司農周禮注曰：役，謂發兵起役；籍，乃伍籍也。比參爲伍，因内政寄軍令，以伍籍發軍起役也。○陳皡曰：籍，借也，不再借民而役也。糧者，往則載焉，歸則迎之，是不三載也。不困乎兵，不竭乎國，言速而利也。○梅堯臣同陳皞注。○王晳同曹操注。○張預曰：役，謂興兵動衆之役。故師卦注曰：「任大役重，無功則凶。」籍，謂調兵之符籍。故漢制有尺籍伍符，言一舉則勝，不可再籍兵役於國也。糧始出則載之，越境則掠之，歸國則迓之，是不三載也。此言兵不可久暴也。

取用於國，因糧於敵，故軍食可足也。

曹操曰：兵甲戰具，取用國中，糧食因敵也。○李筌曰：具我戎器，因敵之食，雖出師千里，無匱乏也。○杜佑曰：兵甲戰具，取用國中，糧食因敵也。取資用於我國，因糧食於敵家也。晉師館穀於楚是也。○梅堯臣曰：軍之須用取於國，軍之糧餉因於敵。○何氏曰：因，謂兵出境，鈔聚掠野，至於克敵、拔城，得其儲積也。○張預曰：器用取於國者，以物輕而易致也；糧食因於敵者，以粟重而難運也。夫千里饋糧，則士有飢色，故因糧則食可足。

④國之貧於師者遠輸，遠輸則百姓貧〔一六〕。

李筌曰：兵役數起，而賦斂重。○杜牧曰：管子曰：「粟行三百里，則國無一年之積；粟行四百里，則國無二年之積；粟行五百里，則衆有飢色。」此言粟重物輕也，不可推移；推移之，則農夫耕牛俱失南畝，故百姓不得不貧也。○賈林曰：遠輸則財耗於道路，弊於轉運，百姓日貧。○孟氏曰：兵車轉運千里之外，財則費於道路，人有困窮者。○張預曰：以七十萬家之力，供餉十萬之師於千里之外，則百姓不得不貧。

近於師者貴賣，貴賣則百姓財竭〔一七〕，

曹操曰：軍行已出界，近師者貪財，皆貴賣，則百姓虚竭也。○李筌曰：夫近軍，必有貨易，百姓徇財殫產而從之，竭也。○賈林曰：師徒所聚，物皆暴貴。人貪非常之利，竭財物以賣之，初雖獲利殊多，終當力疲貨竭。又云：既有非常之歛，故賣者求價無厭，百姓竭力買之，自然家國虚盡也。○杜佑曰：言近軍師，市多非常之賣，當時貪貴以趨末利，然後財貨殫盡，家國虚也。○梅堯臣曰：遠者供役以轉饋，近者貪利而貴賣，皆貧國匱民之道也。○王晳曰：夫遠輸則人勞費，近市則物騰貴，是故久師則爲國患也。曹公曰：「軍行已出界，近於師者貪財，皆貴賣。」晳謂將出界也。○張預曰：近師之民，必貪利而貴貨其物於遠來輸餉之人，則財不得不竭。

財竭則急於丘役。

張預曰：財力殫竭，則丘井之役急迫而不易供也。或曰：丘役，謂如魯成公作丘甲也。國用急迫，乃使丘出甸賦，違常制也。丘，十六井；甸，六十四井。

力屈、財殫，中原内虚於家。百姓之費，十去其七〔一八〕；

曹操曰：丘，十六井也。百姓財殫盡而兵不解，則運糧盡力於原野也。十去其七者，所破費也〔一九〕。○李筌曰：兵久不止，男女怨曠，困於輸輓丘役，力屈財殫，而百姓之費，十去其七。

○杜牧曰：司馬法曰：「六尺爲步，步百爲畝，畝百爲夫，夫三爲屋，屋三爲井，四井爲邑，四邑爲丘，四丘爲甸。丘蓋十六井也。丘有戎馬一匹，牛四頭；甸有戎馬四匹，牛十六頭。丘車一乘，甲士三人，步卒七十二人。」今言兵不解，則丘役益急，百姓糧盡財竭，力盡於原野，家業十耗其七也。○陳皥曰：丘，聚也。聚斂賦役，以應軍須，如此則財竭於人，人無不困也。○王皙曰：急者，暴於常賦也。若魯成公作丘甲是也。如此，則民費太半矣。要見公費差減，故云十七。曹公曰：「丘，十六井。兵不解，則運糧盡力於原野。」○何氏曰：國以民爲本，民以食爲天。居人上者，宜乎重惜。○張預曰：運糧則力屈，輸餉則財殫。原野之民，家産内虚，度其所費，十無其七也。

公家之費，破車罷馬，甲冑矢弩，戟楯蔽櫓，丘牛大車，十去其六〔二〇〕。

一本作「十去其七」。○曹操曰：丘牛，謂丘邑之牛；大車，乃長轂車也〔二一〕。○李筌曰：丘，大也。此數器者，皆軍之所須。言遠近之費，公家之物，十損於七也。○梅堯臣曰：百姓以財糧力役奉軍之費，其資十損乎七；公家以牛馬器仗奉軍之費，其資十損乎六。是以竭賦窮兵，百姓弊矣；役急民貧，國家虚矣。○王皙曰：楯，干也。蔽，可以屏蔽。櫓，大楯也。丘牛，古所謂匹馬丘牛也。大車，牛車也。易曰：「大車以載。」○張預曰：兵以車馬爲本，故先言車馬。疲，敝也。蔽櫓，楯也。今謂之彭排。丘牛，大牛也。大車，必革車也。始言破車疲馬者，謂攻戰之馳車也；次言丘牛大車者，即輜重之革車也。公家車馬器械，亦十損其六。

⑤故智將務食於敵，食敵一鍾，當吾二十鍾；𦯀秆一石，當吾二十石。

曹操曰：六斛四斗爲鍾。𦯀，豆稭也。秆，禾藁也。石者，一百二十斤也。轉輸之法，費二十石得一石。一云：𦯀音忌，豆也。七十斤爲一石。當吾二十，言遠費也〔三〕。○杜牧曰：六石四斗爲一鍾。一石，一百二十斤。𦯀，豆稭也。秆，禾藁也。或言：𦯀，秆藁也。秦攻匈奴，使天下運糧，起於黄腄、瑯琊負海之郡，轉輸北河，率三十鍾而致一石。漢武建元中，通西南夷，作者數萬人。千里負擔饋糧，率十餘鍾致一石。今校孫子之言「食敵一鍾，當吾二十鍾」，蓋約平地千里轉輸之法，費二十石得一石，不約道里，蓋漏闕也。黄腄，音直瑞反，又音誰，在東萊。北河，即今之朔方郡。○李筌曰：遠師轉一鍾之粟，費二十鍾方可達軍。將之智也，務食於敵，以省己之費也。○孟氏曰：十斛爲鍾。計千里轉運，道路耗費，二十鍾可致一鍾於軍中矣。○梅堯臣注同曹操。○王晳曰：曹公曰：「𦯀，豆稭也。秆，藁也。石者，百二十斤也。轉輸之法，費二十乃得一。」晳謂上文「千里饋糧」，則轉輸之法，謂千里耳。𦯀，今作「萁」。秆，故書爲「芉」，當作「秆」。○張預曰：六石四斗爲鍾。一百二十斤爲石。𦯀，豆稭也。秆，禾藁也。千里饋糧，則費二十鍾、石，而得一鍾、石到軍所。若越險阻，則猶不啻。故秦征匈奴，率三十鍾而致一石。此言能將必因糧於敵也。

⑥**故殺敵者，怒也；**

曹操曰：威怒以致敵。○李筌曰：怒者，軍威也。○杜牧曰：萬人非能同心皆怒，在我激之以勢使然也。田單守即墨，使燕人劓降者，掘城中人墳墓之類是也。○賈林曰：人之無怒，則不肯殺。○王皙曰：兵主威怒。○何氏曰：燕圍齊之即墨，齊之降者盡劓。齊人皆怒，愈堅守。田單又縱反間曰：「吾懼燕人掘吾城外冢墓，戮辱先人，可爲寒心。」燕軍盡掘壠墓，燒死人。即墨人從城上望見，皆泣涕，其欲出戰，怒自十倍。單知士卒可用，遂破燕師。後漢班超使西域，到鄯善，會其吏士三十六人，與共飲。酒酣，因激怒之曰：「今俱在絶域，欲立大功，以求富貴。虜使到裁數日，而王禮貌即廢。如收吾屬送匈奴，骸骨長爲豺狼食矣〔二三〕。」官屬皆曰：「今在危亡之地，死生從司馬。」超曰：「不入虎穴，不得虎子。當今之計，獨有因夜以火攻虜，使彼不知我多少，必大震怖，可殄盡也。滅此虜，則功成事立矣。」衆曰：「善。」初夜，將吏士奔虜營。會天大風，超令十人持鼓，藏虜舍後，約曰：「見火燃，皆當鳴鼓大呼。」餘人悉持弓弩，夾門而伏。超順風縱火，虜衆驚亂，衆悉燒死。蜀龐統勸劉備襲益州牧劉璋，備曰：「此大事，不可倉卒。」及璋使備擊張魯，乃從璋求萬兵及資實，欲以東行。璋但許兵四千，其餘皆給半。備因激怒其衆曰：「吾爲益州征强敵，師徒勤瘁，不遑寧居。今積帑藏之財，而悋於賞功，望士大夫爲出死力戰，其可得乎！」由是相與破璋。○張預曰：激吾士卒，使上下同怒，則敵可殺。

尉繚子曰「民之所以戰者，氣也」，謂氣怒則人人自戰。

取敵之利者，貨也〔二四〕。

曹操曰：軍無財，士不來；軍無賞，士不往。○李筌曰：利者，益軍實也。○杜牧曰：使士見取敵之利者，貨財也。謂得敵之貨財，必以賞之，使人皆有欲，各自爲戰。後漢荆州刺史度尚，討桂州賊帥卜陽、潘鴻等，入南海，破其三屯，多獲珍寶。而鴻等黨聚猶衆，士卒驕富，莫有鬬志。尚曰：「卜陽、潘鴻，作賊十年，皆習於攻守，當須諸郡併力，可攻之。今軍恣聽射獵。」兵士喜悦，大小相與從禽。尚乃密使人潛焚其營，珍積皆盡。獵者來還，莫不泣涕。尚曰：「卜陽等財貨足富數世，諸卿但不併力耳。所亡少少，何足介意！」衆聞，咸憤踴願戰。尚令秣馬蓐食，明晨徑赴賊屯。陽、鴻不設備，吏士乘鋭，遂破之。此乃是也。○孟氏同杜牧注。○杜佑曰：人知勝敵有厚賞之利，則冒白刃、當矢石而樂以進戰者，皆貨財酬勳賞勞之誘也。○梅堯臣曰：殺敵，則激吾人以怒；取敵，則利吾人以貨。○王晳曰：謂設厚賞耳。若使衆貪利自取，則或違節制耳。○張預曰：以貨啗士，使人自爲戰，則敵利可取。故曰：「重賞之下，必有勇夫。」皇朝太祖命將伐蜀，諭之曰：「所得州邑當與我，傾竭帑庫以饗士卒；國家所欲，惟土疆耳。」於是將吏死戰，所至皆下，遂平蜀。

故車戰，得車十乘已上，賞其先得者，

曹操曰：以車戰，能得敵車十乘已上，賞賜之。不言車戰得車十乘已上者賞之，而言賞得者何？言欲開示賞其所得車之卒也。陳車之法：五車爲隊，僕射一人；十車爲官，卒長一人；車滿十乘，將吏二人。因而用之，故别言賜之，欲使將恩下及也。或曰：言使自有車十乘已上與敵戰，但取其有功者賞之，其十乘已下，雖一乘獨得，餘九乘皆賞之，所以率進勵士也〔二五〕。○李筌曰：重賞而勸進也。○杜牧曰：夫得車十乘已上者，蓋衆人用命之所致也。若偏賞之，則力不足。與其所獲之車，公家仍自以財貨賞其唱謀先登者，此所以勸勵士卒，故上文云：「取敵之利者，貨也。」言十乘者，舉其綱目也。○賈林曰：勸未得者，使自勉也。○梅堯臣曰：偏賞則難周，故獎一而勸百也。○王晳曰：以財賞其所先得之卒。○張預曰：車一乘，凡七十五人。以車與敵戰，吾士卒能獲敵車十乘已上者，吾士卒必不下千餘人也。以其人衆，故不能偏賞，但以厚利賞其陷陳先獲者，以勸餘衆。古人用兵，必使車奪車，騎奪騎，步奪步，故吳起與秦人戰，令三軍曰：「若車不得車，騎不得騎，徒不得徒，雖破軍，皆無功。」

而更其旌旗，

曹操曰：與吾同也。○李筌曰：令色與吾同〔二六〕。○賈林曰：令不識也。○張預曰：變敵之色，令與己同。

車雜而乘之，

曹操曰：不獨任也。○李筌曰：夫降虜之旌旗，必更其色而雜其事，車乃可用也。○杜牧曰：士卒自獲敵車，任雜然自乘之，官不録也。○梅堯臣曰：車許雜乘，旗無因故。○王晳曰：謂得敵車，可與我車雜用之也。○張預曰：己車與敵車參雜而用之，不可獨任也。

卒善而養之〔二七〕，

張預曰：所獲之卒，必以恩信撫養之，俾爲我用。

是謂勝敵而益强。

曹操曰：益己之强。○李筌曰：後漢光武破銅馬賊於南陽，虜衆數萬，各配部曲，然人心未安。光武令各歸本營，乃輕行其間以勞之。相謂曰：「蕭王推赤心置人腹中，安得不投死乎！」於是漢益振，則其義也。○杜牧曰：得敵卒也，因敵之資，益己之强。○梅堯臣曰：獲卒，則任其所長，養之以恩，必爲我用也。○王晳曰：得敵卒則養之，與吾卒同。善者，謂勿侵辱之也。若厚撫初附，或失人心。○何氏曰：因敵以勝敵，何往不强？○張預曰：勝其敵，而獲其車與卒，既爲我用，則是增己之强。光武推赤心，人人投死之類也。

⑦**故兵貴勝，不貴久。**

曹操曰：久則不利。兵猶火也，不戢將自焚也。○孟氏曰：貴速勝疾還也。○梅堯臣曰：上所言皆貴速也。速則省財用、息民力也。○何氏曰：孫子首尾言兵久之理，蓋知兵不可玩、武不可黷之深也。○張預曰：久則師老財竭，易以生變，故但貴其速勝疾歸。

⑧故知兵之將，生民之司命，國家安危之主也〔二八〕。

曹操曰：將賢則國安也。○李筌曰：將有殺伐之權，威欲却敵，人命所繫，國家安危在於此矣。○杜牧曰：民之性命，國之安危，皆由於將也。○梅堯臣曰：此言任將之重。○王皙曰：將賢，則民保其生，而國家安矣；否，則民被毒殺，而國家危矣。明君任屬，可不精乎？○何氏曰：民之性命，國之治亂，皆主於將；將之材難，古今所患也。○張預曰：民之死生，國之安危，繫乎將之賢否。

校記

〔一〕本篇篇題，孫校本作「卷二計篇」，平津本及武經各本均作「作戰第二」，櫻田本作「戰篇第二」，李注亦止稱「戰」。諸本雖篇題有異，但其順序則均爲第二。唯清鄧廷羅集注列爲第三，而將下篇謀攻列爲第二。李注云「先定計，然後修戰具，是以戰次計之篇也」，是，故當仍之。

〔二〕「千駟」，御覽卷三〇六引作「千乘」，與下句重文，非是。諸本皆作「千駟」，故仍之。

〔三〕「駕駟馬」下，孫校本據御覽與王注增補「凡千乘」三字，而平津本則無。今並存之。

〔四〕「車駕駟馬，率三萬軍」，孫校本據御覽改爲「一車駕四馬，卒十騎一重」。今亦存之。

〔五〕 簡本與十一家注本「内外之費」上皆有「則」字，而平津本與武經則無，櫻田本同。校釋謂上文語氣至此並未轉折，乃一直貫下，故當無。此説可參考。又，通典卷一四八引無自上「馳車千駟」至此處「車甲之奉」數句，乃佑省併之也。至於末句「十萬之師」，諸本皆如此，唯通典卷一四八引「師」作「衆」，御覽卷三〇六引同，且「膠漆之材」又誤作「膠漆之財」。

〔六〕 孫校本改「購賞」爲「贈賞」，並稱牧注亦云「贈賞」。按：「購」字即有懸賞之義。史記淮陰傳稱韓信令軍中勿殺廣武君，曰「有能生得者，購千金」，即言賞千金。故原本作「購」不誤，而「贈賞」之説則所未聞。故仍之。

〔七〕 御覽卷二九三引「其用戰也」下無「勝」字，簡本及其他通行諸本皆有之，孫校本同。趙注則謂「勝」上脱「貴」字，原文當作「其用戰也貴勝」。清朱墉武經滙解引沈友注亦有「貴」字。而清左樞箋校本曹注則謂「勝」字乃衍文，當作「其用戰也」，易培基從之。按：斟酌諸説，依沈注與趙説增補「貴」字，或依御覽與左、易説删「勝」字，於文意之疏通，固可稱善。但簡本有「勝」字，杜牧等家亦注「勝久」，且下文亦有「兵貴勝，不貴久」之言，故亦未可遽予增删。今兩存之。唯覺「勝久」費解，故屬上讀，作「其用戰也勝，久則……」。俞樾古書疑義舉例謂「勝」字在此當讀如「速」。「勝」、「速」雙聲，例可通假。但「勝」字古屬紐蒸韻，而「速」字則屬紐屋韻，似非雙聲。故此説亦似有疑。今並存之，以資參較。

〔八〕 「屈力殫貨」，通典卷一四八引作「力屈貨殫」，御覽卷二九三引同。

〔九〕 此句長短經懼誡引作「兵以拙速，不聞巧遲」。御覽卷二九三引「睹」字亦作「聞」。「巧久」，亦有引作「工久」或「工遲之久」者，文字雖稍有差異，而文意則無不同，故不具述。

〔一〇〕 御覽卷二九三引「兵久」二字作「久兵」，「國」字作「圖」，皆非是。

〔一一〕 以上兩句，櫻田本脱「害者則不能盡知用兵之」十字。「不能盡知」，通典卷一四八引作「不能得」，御覽卷三三二又引作「不得盡知」，皆非是。

〔一二〕 「取利」，通典卷一四八引作「使利」。

〔一三〕 「三載」，御覽卷三三二引作「再載」，菁華録從之。按：「三」字在此，非如某些注家所説「往則隨」、「缺則繼」與「歸則迎」，乃「三思」、「三復」之「三」，亦即不可執之虚數，而非實指，泛言其多也，故與「不再」實異詞同義，皆言一次而足，不可再也。故原本作「三」不誤。又御覽引「籍」字作「藉」，孫校謂字之譌。按：二字古通，常互用，如漢書義縱傳「治敢往，少温籍」，史記本傳作「藉」，故作「藉」亦無不可，唯原本固作「籍」也。

〔一四〕 「始載糧」，平津本「載」作「用」。

〔一五〕 「入」，原本作「人」，孫校本已正，是。

〔一六〕 此句諸通行本無異文，唯俞樾改「貧於師」爲「遠於師」，菁華録又改「百姓貧」爲「國貧」。按：此句文意似有未順，唯如此改動，雖不無一定道理，但缺乏版本依據，故未可遽從。且主要問題尚不在此，而在「遠輸」。通典卷一五六引二「遠輸」並作「遠師遠輸」，御覽卷三三二引同，簡本前一「遠輸」作「遠者」，即作「遠者遠輸」。因簡身殘缺，不知此處是否有重文號，若有，則與通典所引畧同，唯「遠師」作「遠者」。校釋則參酌簡本與通典，改此句爲「國之貧於師者：遠師者遠輸，遠輸則百姓貧」，如此非唯文意明析，且亦可與下文「貧於師者貴賣」相對應。今仍依原文，並存上説。

〔一七〕「近於師」，諸本皆如此，唯通典卷一五六與御覽卷三三二引無「於」字，簡本同，校釋從之，以與上「遠師」對應。但簡本「師」作「市」，則或涉「貴賣」而訛。又「百姓財竭」，御覽卷三三二引作「百姓虚，虚則竭」，于鬯則謂「財竭」乃指軍中財竭，非指百姓，因若貴賣，正百姓之利，何竭之有？故謂「百姓」二字爲衍文。校釋又參酌簡文此處作「近市者貴□□□□則□及丘役」的事實，謂其間必無「百姓」二字，並依于説删之。按：當以無「百姓」爲是。

〔一八〕財殫，武經本無，御覽卷三三二引同，簡本亦無，且「力屈」作「屈力」。但十一家注本、平津本、直解本、櫻田本等則皆有之。按：上文言「屈力殫貨」，既「力」、「貨」並提，注家亦並及之，故當以有「財殫」爲善。「十去其七」，諸本亦皆如此，而簡本則「七」作「六」。按：此句之「七」與下句「十去其六」之「六」，乃錯綜其詞以成其義，皆言其太半也，故先言「七」後言「六」，或先言「六」而後言「七」，義無不同，故仍之。

〔一九〕如上曹注，平津本衹有「丘，十六井也」五字。是宋本十一家注所據曹注本當係未經删定者。

〔二〇〕「公家之費」，御覽引「費」作「用」。「甲冑矢弩，戟楯蔽櫓」，十一家注本皆如此，而平津與武經各本則作「甲冑弓矢，戟楯矛櫓」，御覽卷三三二引與櫻田本同，校釋從之，善。今兩存之，以相參校。

〔二一〕「丘牛」，平津本無「牛」字，脱。

〔二二〕以上曹注，平津本無「六斛四斗爲鍾」與「一云」以下諸句。孫校本復據御覽於「四斗爲鍾」之下增補「計千里轉運二十鍾，而致一鍾于軍中也」十餘字。

〔二三〕「犲」，孫校本改爲「豺」。按：「豺」亦作「犲」，原文不誤。

〔二四〕此句諸本無異，唯直解作「取敵之貨者，利也」。按：「貨」在此乃賞義，言凡取敵之利者，則我有財貨之賞也，非指士卒因貪利而取敵之財貨。故當仍之，直解未可從。

〔二五〕以上曹注，平津本無，或盡删之也。

〔二六〕「令」，原本作「惡」，談本同，而孫校本則作「令」。按：據各家注意，當作「令」，故從之。

〔二七〕簡本「善」作「共」，按「共」有摻雜之義，故亦可通。

〔二八〕「知兵之將」，御覽卷二七二引誤作「知兵之術」。又「生民之司命」，原本如此，明本同，孫校本則據通典、御覽删「生」字，校釋從之，是。平津、武經與櫻田等本亦皆無此字。又，「國家安危之主」，潛夫論勸將「國家」作「而國」，御覽卷二七二引「安危」又作「安民」，皆無取。

謀攻篇〔一〕

曹操曰：欲攻敵，必先謀。○李筌曰：合陳爲戰，圍城曰攻。以此篇次戰之下。○杜牧曰：廟堂之上，計算已定，戰争之具，糧食之費，悉已用備，可以謀攻，故曰「謀攻」也。○王晳曰：謀攻敵之利害，當全策以取之，不鋭於伐兵、攻城也。○張預曰：計議已定，戰具已集，然後可以智謀攻，故次作戰。

①**孫子曰：凡用兵之法：全國爲上，破國次之；**

曹操曰：興師深入長驅，距其城郭〔二〕，絶其内外，敵舉國來服爲上。以兵擊破，敗而得之，其次也。○李筌曰：不貴殺也。韓信虜魏王豹、擒夏説、斬成安君，此爲破國者。及用廣武君計，北首燕路，遣一介之使，奉咫尺之書，燕從風而靡，則全國也。○賈林曰：全得其國，我國亦全，乃爲上。○杜佑曰：敵國來服爲上，以兵擊破爲次〔三〕。○王晳曰：若韓信舉燕是也。○何氏曰：以方畧氣勢，令敵人以國降，上策也。○張預曰：尉繚子曰：「講武料敵，使敵氣失而師散，雖形全而不爲之用，此道勝也。破軍殺將，乘堙發機，會衆奪地，此力勝也。」然則所謂道勝、力勝者，即全國、破國之謂也。夫弔民伐罪，全勝爲上；爲不得已而至於破，則其次也。

全軍爲上，破軍次之〔四〕；

曹操、杜牧曰：司馬法曰：「一萬二千五百人爲軍〔五〕。」○何氏曰：降其城邑，不破我軍也。

全旅爲上，破旅次之〔六〕；

曹操曰：五百人爲旅。

全卒爲上，破卒次之；

曹操曰：一校已下至一百人也〔七〕。○李筌曰：百人已上爲卒。○杜佑曰：一校下至百人也。

全伍爲上，破伍次之。

曹操曰：百人已下至五人。○李筌曰：百人已下爲伍。○杜牧曰：五人爲伍。○梅堯臣曰：謀之大者，全得之。○王皙曰：國、軍、卒、伍，不問小大，全之則威德爲優，破之則威德爲劣〔八〕。○何氏曰：自軍至伍，皆次序上下言之。此意以策畧取之爲妙，不惟一軍，至於一伍，不可不全。○張預曰：周制：萬二千五百人爲軍，五百人爲旅，百人爲卒，五人爲伍。自軍至伍，皆以不戰而勝之爲上。

是故百戰百勝，非善之善者也；

曹操曰：未戰而戰自屈，勝善也〔九〕。○李筌曰：以計勝敵也〔一〇〕。○陳皥曰：戰必殺人故也。

○賈林曰：兵威遠振，全來降伏，斯爲上也；詭詐爲謀，摧破敵衆，殘人傷物，然後得之，又其次也。○杜佑曰：未戰而敵自屈服〔一〕。○梅堯臣曰：惡乎殺傷殘害也。○張預曰：戰而後能勝，必多殺傷，故云非善。

不戰而屈人之兵，善之善者也。

曹操曰：未戰而敵自屈服。○杜牧曰：以計勝敵。○陳皞曰：韓信用李左車之計，馳咫尺之書，不戰而下燕城也。○孟氏曰：重廟勝也。○王晳曰：兵貴伐謀，不務戰也。○何氏曰：後漢王霸討周建、蘇茂，既戰歸營，賊復聚挑戰，霸堅卧不出。方饗士作倡樂，茂雨射營中，中霸前酒罇，霸安坐不動。軍吏曰：「茂已破，今易擊。」霸曰：「不然。茂客兵遠來，糧食不足，故挑戰，以徼一切之勝。今閉營休士，所謂不戰而屈人兵，善之善也。」茂乃引退。○張預曰：明賞罰，信號令，完器械，練士卒，暴其所長，使敵從風而靡，則爲大善。若吴王黄池之會〔二〕，晉人畏其有法而服之者是也。

②故上兵伐謀，

曹操曰：敵始有謀，伐之易也。○李筌曰：伐其始謀也。後漢寇恂圍高峻，峻遣謀臣皇甫文謁恂，辭禮不屈。恂斬之，報峻曰：「軍師無禮，已斬之。欲降，急降；不欲，固守。」峻即日開壁而降。諸將曰：「敢問殺其使而降其城何也？」恂曰：「皇甫文，峻之心腹，其取謀者。留之，則文得其計，殺之，則峻亡其膽，所謂上兵伐謀。」諸將曰：「非所知也。」○杜牧曰：晉平公欲攻齊，使范昭往觀之，景公觴之。酒酣，范昭請君之鐏酌。公曰：「寡人之鐏進客。」范昭已飲，晏子徹鐏更爲酌。范昭佯醉，不悦而起舞，謂太師曰：「能爲我奏成周之樂乎？吾爲舞之。」太師曰：「瞑臣不習。」范昭趨出。景公曰：「晉，大國也，來觀吾政。今子怒大國之使者，將奈何？」晏子曰：「觀范昭非陋於禮者，且欲慙於國，臣故不從也。」太師曰：「夫成周之樂，天子之樂也，惟人主舞之。今范昭人臣，而欲舞天子樂，臣故不爲也。」范昭歸，報晉平公曰：「齊未可伐。臣欲辱其君，晏子知之；臣欲犯其禮，太師識之。」仲尼曰：「不越鐏俎之間，而折衝千里之外，晏子之謂也。」春秋時，秦伐晉，晉將趙盾禦之，上軍佐臾駢曰：「秦不能久，請深壘固軍以待之。」秦人欲戰，秦伯謂士會曰：「若何而戰？」對曰：「趙氏新出其屬曰臾駢，必實爲此謀，將以老我師也。趙有側室曰穿，晉君之壻也，有寵而弱，不在軍事，好勇而狂，且惡臾駢之佐上軍。若使輕者肆焉，其可。」秦軍掩晉上軍，趙穿追之不及，返，怒曰：「裹糧坐甲，固敵是求；敵至不擊，將何俟焉？」軍吏曰：「將有待也。」穿曰：「我不知謀，將獨出。」乃以其屬出。趙盾曰：「秦獲穿也，獲一卿矣！秦以勝歸，我何以報？」乃皆出戰，交綏而退。夫晏子之對，是敵人將謀伐我，我先伐其謀，故敵人不得而伐我。士會之對，是我將謀伐敵，敵人有謀拒我，乃伐其謀，敵人不得與我戰。斯二者，皆伐謀也。故敵欲謀我，伐其未形之謀；我若伐敵，敗其已成之計，固非止於一也。○孟氏曰：九攻九拒，是其謀也。○杜佑曰：敵方設謀，欲舉衆師，伐而抑之，是其上。故太公云「善除患者，理於未生；善勝敵者，勝於無形」也〔一三〕。○梅堯臣曰：以智勝。○王晳曰：以智謀屈人最爲上。○何氏曰：敵始謀攻我，我先攻之，易也。揣知敵人謀之趣向，因而加兵，攻其彼心之發也。○張預曰：敵始發謀，我從而攻之，彼必喪計而屈服，若晏子之沮范昭是也。或曰：伐謀者，用謀以伐人也，言以奇策祕算，取勝於不戰，兵之上也。

其次伐交，

曹操曰：交，將合也。○李筌曰：伐其始交也。蘇秦約六國不事秦，而秦閉關十五年，不敢窺山東也。○杜牧曰：非止將合而已，合之者，皆可伐也。張儀願獻秦地六百里於楚懷王，請絶齊交。隨何於黥布坐上殺楚使者，以絶項羽。曹公與韓遂交馬語，以疑馬超。高洋以蕭深明請和於梁，以疑侯景，終陷臺城。此皆伐交。權道變化，非一途也。○陳皥曰：或云敵已興師交合，伐而勝之，是其次也。若晉文公敵宋，攜離曹、衛也。○孟氏曰：交合强國，敵不敢謀。○梅堯臣曰：以威勝。○王晳曰：謂未能全屈敵謀，當且間其交，使之解散。彼交，則事鉅敵堅；彼不交，則事小敵脆也。○何氏曰：杜稱已上四事，乃親而離之之義也。伐交者，兵欲交合，設疑兵以懼之，使進退不得，因來屈服。旁鄰既爲我援，敵不得不孤弱也。○張預曰：兵將交戰，將合則伐之。傳曰：「先人有奪人之心。」謂兩軍將合，則先薄之，孫叔敖之敗晉師，厨

人濮之破華氏是也。或曰：伐交者，用交以伐人也，言欲舉兵伐敵，先結鄰國爲掎角之勢，則我彊而敵弱。〇〔一四〕

其次伐兵，

曹操曰：兵形已成也。〇李筌曰：臨敵對陳，兵之下也。〇賈林曰：善於攻取，舉無遺策，又其次也。故太公曰：「争勝於白刃之前者，非良將也。」〇梅堯臣曰：以戰勝。〇王晳曰：戰者危事。〇張預曰：不能敗其始謀，破其將合，則犀利兵器以勝之。兵者，器械之總名也。太公曰：「必勝之道，器械爲寶。」

其下攻城〔一五〕。

曹操曰：敵國已收其外糧城守，攻之爲下政也〔一六〕。〇李筌曰：夫王師出境，敵則開壁送款，舉櫬轅門，百姓怡悦，政之上也。若頓兵堅城之下，師老卒惰，攻守勢殊，客主力倍，以此政之爲下也〔一七〕。〇杜佑曰：言攻城屠邑，政之下者，所害者多〔一八〕。〇梅堯臣曰：費財役爲最下。〇王晳曰：士卒殺傷，城或未克。〇張預曰：夫攻城屠邑，不惟老師費財，兼亦所害者多，是爲攻之下者。

攻城之法，爲不得已〔一九〕**，**

張預曰：攻城則力屈，所以必攻者，蓋不獲已耳。

修櫓轒轀，具器械，三月而後成；距闉，又三月而後已〔二〇〕。

曹操曰：修，治也。櫓，大楯也。轒轀者，轒牀也。轒牀其下四輪，從中推之至城下也。具，備也。器械者，機關攻守之總名，飛樓、雲梯之屬。距闉者，踊土積高而前，以附其城也〔二一〕。○李筌曰：櫓，楯也，以蒙首而趨城下。轒轀者，四輪車也，其下藏兵數十人，填隍推之，直就其城，木石所不能壞也。器械，飛樓、雲梯、板屋、木幔之類也。距闉者，土木山乘城也〔二二〕。東魏高歡之圍晉州，侯景之攻臺城，則其器也。役約三月，恐兵久而人疲也。○杜牧曰：櫓，即今之所謂彭排。轒轀，四輪車，排大木爲之，上蒙以生牛皮，下可容十人，往來運土填塹，木石所不能傷，今俗所謂木驢是也。距闉者，積土爲之，即今之所謂壘道也。三月者，一時也。言修治器械，更其距闉，皆須經時精好成就，恐傷人之甚也。管子曰：「不能致器者困。」言無以應敵也。太公曰：「必勝之道，器械爲寶。」漢書志曰：「兵之伎巧，一十有三家，習手足，便器械機關，以立攻守之勝者。」夫攻城者，有撞車、劖鈎車、飛梯、蝦蟇木、解合車、狐鹿車、影車、高障車、馬頭車、獨行車、運土豚魚車。○陳皥曰：杜稱櫓爲彭排，非也。若是彭排，即當用此楯字。曹云大楯，庶或近之。蓋言侯器械全具須三月，距闉又三月，已計六月；將若不待此而生忿速，必多殺士卒。故下云「將不勝其忿而蟻附之」，「災也」。○杜佑曰：轒轀，上汾下溫。修櫓，長櫓也。轒轀，四輪車。皆可推而往來，冒以攻城。器械，謂雲梯、浮格衡、飛石、連弩之屬。攻城總名，言修其攻具，經一時乃成也〔二三〕。距闉者，踊土積高而前，以附於城也。積土爲山曰堙，以距敵城，觀其虛實，春秋傳曰「楚司馬子反乘堙而闚宋城」也。梅堯臣曰：威智不足以屈人，不獲已而攻城也，治攻具須經時也。曹公曰：「櫓，大楯也。轒轀者，轒牀也，其下四輪，從中推至城下也。器械，機關攻守之總名，蜚梯之屬也。」謂櫓爲大楯，非也。兵之具甚衆，何獨言修大楯耶？今城上守禦樓曰櫓，櫓是轒牀上革屋，以蔽矢石者歟？○張預曰：脩櫓，大楯也。傳曰：「晉侯登巢車以望楚軍。」注云：「巢車，車上爲櫓。」又：「晉師圍偪陽，魯人建大車之輪，蒙之以甲，以爲櫓，左執之，右拔戟，以成一隊。」注云：「櫓，大楯也。」以此觀之，脩櫓爲大楯明矣。轒轀，四輪車，其下可覆數十人，運土以實隍者。器械，攻城總名也。三月者，約經時成也。或曰：孫子戒心忿而亟攻之，故權言以三月成器械，三月起距堙，其實不必三月也。城尚不能下，則又積土與城齊，使士卒上之，或觀其虛實，或毁其樓櫓，欲必取也。土山曰堙，楚子反乘堙而闚宋城是也。器械言成者，取其久而成就也。距堙言已者，以其經時而畢上也。皆「不得已」之謂。

將不勝其忿而蟻附之，殺士三分之一，而城不拔者，此攻之災也〔二四〕。

曹操曰：將忿，不待攻器成，而使士卒緣城而上，如蟻之緣牆，必殺傷士卒也〔二五〕。○李筌曰：將怒而不待攻城，而使士卒肉薄登城，如蟻之所附牆，爲木石所殺之者，三有一焉，而城不拔者，此攻之災也。〇杜牧曰：此言爲敵所辱，不勝忿怒也。後魏太武帝率十萬衆，寇宋臧質於盱眙。太武帝始就質求酒，質封溲便與之。太武大怒，遂攻城。乃命肉薄登城，分番相代，墜而復昇，莫有退者，屍與城平，復殺其高梁王。如此三旬，死者過半。太武聞彭城斷其歸路，見疾疫甚衆，乃解退。傳曰：「一女乘城，可敵十夫。」以此校之，尚恐不啻。〇賈林曰：但使人心外附，士卒内離，城乃自拔。〇杜佑曰：守過二時，敵人不服，將不勝心之忿，多使士卒蟻附其城，殺傷我士民三分之一也。言攻趣不拔〔二六〕，還爲己害。故韓非曰：「夫一戰不勝，則禍暨矣〔二七〕。」〇何氏曰：將心忿急，使士卒如蟻緣而登，死者過半，城且不下，斯害也已。〇張預曰：攻逾二時，敵猶不服，將心忿躁，不能持久，使戰士蟻緣而登城，則其士卒爲敵人所殺三中之一，而堅城終不可拔，茲攻城之害也已。或曰：將心忿速，不俟六月之久，而亟攻之，則其害如此。

③故善用兵者，屈人之兵而非戰也，

李筌曰：以計屈敵，非戰之屈者。晉將郭淮圍麴城，蜀將姜維來救。淮趨牛頭山，斷維糧道及歸路。維大震，不戰而遁，麴城遂降。則不戰而屈之義也。〇杜牧曰：周亞夫敵七國，引兵東北，壁昌邑，以梁委吴，使輕兵絶吴餉道。吴、梁相弊而食竭，吴遁去，因追擊，大破之。蜀將姜維使將勾安、李韶守麴城，魏將陳泰圍之。姜維來救，出自牛頭山，與泰相對。泰曰：「兵法貴在不戰而屈人，今絶牛頭，維無返道，則我之擒也。諸軍各守勿戰，絶其還路。」維懼，遁走，安等遂降。○梅堯臣曰：戰則傷人。○王晳曰：若李左車説成安君，請以奇兵三萬人扼韓信於井陘之策是也。○何氏曰：言伐謀、伐交，不至於戰。故司馬法曰：「上謀不鬭。」其旨見矣。○張預曰：前所陳者，庸將之爲耳。善用兵者則不然，或破其計，或敗其交，或絶其糧，或斷其路，則可不戰而服之。若田穰苴明法令，拊士卒，燕晉聞之，不戰而遁亦是也。

拔人之城而非攻也，

李筌曰：以計取之。後漢臧宮圍妖賊於原武，連月不拔，士卒疾癘。東海王謂宮曰：「今擁兵圍必死之虜，非計也。宜撤圍，開其生路而示之，彼必逃散，一亭長足擒也。」從之，而拔原武。魏攻壺關，亦其義也。○杜牧曰：司馬文王圍諸葛誕於壽春，議者多欲急攻之。文王以誕城固衆多，攻之力屈，若有外救，表裏受敵，此至危之道也。吾當以全策縻之，可坐制也。誕二年五月反，三年二月破滅。六軍按甲，深溝高壘，而誕自困。十六國前燕將慕容恪率兵討段龕於廣固〔二八〕，恪圍之。諸將勸恪急攻之，恪曰：「軍勢有緩而克敵，有急而取之。若彼我勢既均，外有强援，力足制之，當羈縻守之，以待其斃。」乃築室反耕，嚴固圍壘，終克廣固，曾不血刃也。○孟氏曰：言以威刑服敵，不攻而取，若鄭伯肉袒以迎楚莊王之類。○梅堯臣曰：攻則傷財。○王晳曰：若唐太宗降薛仁杲是也。○張預曰：或攻其所必救，使敵棄城而來援，則設伏取之。若耿弇攻臨淄而克西安，脅巨里而斬費邑是也。或外絶其强援，以久持之，坐俟其斃，若楚師築室反耕以服宋是也。兹皆不攻而拔城之義也。

毁人之國而非久也〔二九〕。

曹操曰：毁滅人國，不久露師也。○李筌曰：以術毁人國，不久而斃。隋文問僕射高熲伐陳之策，熲曰：「江外田收，與中國不同。伺彼農時，我正暇豫，徵兵掩襲，彼釋農守禦，候其聚兵，我便解退。再三若此，彼農事疲矣。又南方地卑，舍悉茅竹，倉庫儲積，悉依其間，密使行人，因風縱火，候其營立，更爲之。」行其謀，陳始病也。○杜牧曰：因敵有可乘之勢，不失其機，如摧枯朽。沛公入關，晉降孫皓，隋取陳氏，皆不久之。○賈林曰：兵不可久，久則生變。但毁滅其國，不傷殘於人，若武王伐殷，殷人稱爲父母。○杜佑曰：若誅理暴逆，毁滅敵國，不暴師衆也。○梅堯臣曰：久則生變。○王晳同梅堯臣注。○何氏曰：善攻者，不以兵攻，以計困之，令其自拔，令其自毁，非勞久守而取之也。○張預曰：以順討逆，以智伐愚，師不久暴，而敵國滅，何假六月之稽乎！

必以全争於天下〔三〇〕，**故兵不頓而利可全，此謀攻之法也。**

曹操曰：不與敵戰，而必完全得之，立勝於天下，不頓兵血刃也。○李筌曰：以全勝之計争天下，是以不頓收利也。○梅堯臣曰：全争者，兵不戰，城不攻，毁不久，皆以謀而屈敵，是曰「謀攻」，故不鈍兵利自完。○張預曰：不戰則士不傷，不攻則力不屈，不久則財不費。以完全立勝於天下，故無頓兵血刃之害，而有國富兵强之利，斯良將計攻之術也。

④故用兵之法：十則圍之，

曹操曰：以十敵一則圍之，是將智勇等而兵利鈍均也；若主弱客强，不用十也〔三二〕。操所以倍兵圍下邳生擒呂布也。○杜牧曰：圍者，謂四面壘合，使敵不得逃逸。凡圍四合，必須去敵城稍遠，占地既廣，守備須嚴，若非兵多，則有闕漏，故用兵有十倍也。呂布敗，是上下相疑，侯成執陳宫委布降，所以能擒，非曹公兵力而能取之。若上下相疑，政令不一，設使不圍，自當潰叛，何況圍之？固須破滅。孫子所言「十則圍之」，是將勇智等而兵利鈍均，不言敵人自有離叛。曹公稱倍兵降布，蓋非圍之力窮也，此不可以訓也。○李筌曰：愚智、勇怯等，十倍於敵則圍之，攻守殊勢也。○杜佑曰：以十敵一則圍之，是爲將智勇等而兵利鈍均也。若主弱客勁，不用十也。曹公操所以倍兵圍下邳，生擒呂布。若敵堅壘固守〔三三〕，依附險阻，彼一我十，乃可圍也。敵雖盛，所據不便，未必十倍然後圍之。○梅堯臣曰：彼一我十，可以圍。○何氏曰：圍者，四面合兵以圍城。而校量彼我兵勢，將才愚智、勇怯等，而我十倍勝於敵人，是以十對一，可以圍之，無令越逸也。○張預曰：吾之衆十倍於敵，則四面圍合以取之，是爲將智勇等而兵利鈍均也。若主弱客强，不必十倍然後圍之。尉繚子曰：「守法：一而當十，十而當百，百而當千，千而當萬。」言守者十人，而當圍者百人，與此法同。

五則攻之，

曹操曰：以五敵一，則三術爲正，二術爲奇〔三三〕。○李筌曰：五則攻之，攻守勢殊也。○杜牧曰：術，猶道也，言以五敵一，則當取己三分爲三道，以攻敵之一面；留己之二，候其無備之處，出奇而乘之。西魏末，梁州刺史宇文仲和據州，不受代。魏將獨孤信率兵討之，仲和嬰城固守，信夜令諸將以衝梯攻其東北，信親帥將士襲其西南，遂克之也。○陳皞曰：兵既五倍於敵〔三四〕，自是我有餘力，彼之勢分也，豈止分爲三道以攻敵？此獨説攻城，故下文云：「小敵之堅，大敵之擒也。」○杜佑曰：若敵并兵自守，不與我戰，彼一我五，乃可攻戰也。或與敵人內外之應〔三五〕，未必五倍然後攻。○梅堯臣同杜佑注。○王晳曰：謂十圍而取五，則攻者皆勢力有餘，不待其虛懈也。此以下亦謂智勇、利鈍均耳。○何氏曰：愚智勇怯等〔三六〕，量我五倍多於敵人，可以三分攻城，二分出奇以取勝。○張預曰：吾之衆五倍於敵，則當驚前掩後，衝東擊西；無五倍之衆，則不能爲此計。曹公謂三術爲正，二術爲奇，不其然乎？若敵無外援，我有內應，則不須五倍然後攻之。

倍則分之，

曹操曰：以二敵一，則一術爲正，一術爲奇。○李筌曰：夫兵者倍於敵，則分半爲奇；我衆彼寡，動而難制。苻堅至淝水，不分而敗；王僧辯至張公洲，分而勝也。○杜牧曰：此言非也。此言以二敵一，則當取己之一，或趣敵之要害，或攻敵之必救，使敵一分之中，復須分減相救，因以一分而擊之。夫戰法，非論衆寡，每陳皆有奇正，非待人衆，然後能設奇。項羽於烏江，二十八騎尚不聚之，猶設奇正，循環相救，況於其他哉！○陳皞曰：直言我倍於敵，分兵趨其所必救，即我倍中更倍，以擊敵之中分也。杜雖得之，未盡其説也。○杜佑曰：己二敵一，則一術爲正，一術爲奇。彼一我二，不足爲變，故疑兵分離其軍也。故太公曰：「不能分移，不可以語奇。」○梅堯臣曰：彼一我二，可分其勢。○王晳曰：謂分者，分爲二軍，使其腹背受敵，則我得一倍之利也。○何氏曰：兵倍於敵，則分半爲奇；我衆彼寡，足可分兵。主客力均，善戰者勝也。○張預曰：吾之衆一倍於敵，則當分爲二部：一以當其前，一以衝其後。彼應前，則後擊之；應後，則前擊之。兹所謂「一術爲正，一術爲奇」也。杜氏不曉兵分則爲奇，聚則爲正，而遽非曹公，何誤也！

敵則能戰之〔三七〕，

曹操曰：己與敵人衆等，善者猶當設伏奇以勝之。○李筌曰：主客力敵，惟善者戰。○杜牧曰：此説非也。凡己與敵人兵衆多少、智勇利鈍一旦相敵，則可以戰。夫伏兵之設，或在敵前，或在敵後，或因深林叢薄，或因暮夜昏晦，或因隘阨山阪，擊敵不備，自名伏兵，非奇兵也。

○陳皞曰：料己與敵人衆寡相等，先爲奇兵可勝之計，則戰之。故下文云：「不若則能避之。」杜說奇伏，得之也。○梅堯臣曰：勢力均，則戰。○王晳曰：謂能者能感士卒心，得其死戰耳。若設奇伏以取勝，是謂智優，不在兵敵也。○何氏曰：敵，言等敵也。唯能者可以戰勝耳。○張預曰：彼我相敵，則以正爲奇，以奇爲正，變化紛紜，使敵莫測，以與之戰。茲所謂設奇伏以勝之也。杜氏不曉凡置陳皆有揚奇備伏，而云伏兵當在山林，非也。

少則能逃之〔三八〕，

曹操曰：高壁堅壘，勿與戰也。○李筌曰：量力不如，則堅壁不出，挫其鋒，待其氣懈，而出奇擊之。齊將田單守即墨，燒牛尾，即殺騎刧，則其義也。○杜牧曰：兵不敵，且避其鋒，當俟隙〔三九〕，便奮決求勝。言能者，謂能忍忿受耻，敵人求挑不出也，不似曹咎汜水之戰也。○陳皞曰：此說非也。但敵人兵倍於我，則宜避之，以驕其志，用爲後圖，非謂忍忿受耻。太宗辱宋老生以虜其衆，豈是兵力不等也？○賈林曰：彼衆我寡，逃匿兵形，不令敵知，當設奇伏以待之，設詐以疑之，亦取勝之道。又，一云：逃匿兵形，敵不知所備，懼其變詐，全軍亦逃。○杜佑曰：高壁堅壘，勿與戰也。彼之衆，我之寡，不可敵，則當自逃，守匿其形〔四〇〕。○梅堯臣曰：彼衆我寡，去而勿戰。○王晳曰：逃，伏也，謂能倚固逃伏以自守也。傳曰：「師逃于夫人之宮。」或兵少而有以勝者，蓋將優卒强耳。○何氏曰：兵少固壁，觀變潛形，見可則進。○張預曰：彼衆我寡，宜逃去之，勿與戰，是亦爲將智勇等而兵利鈍均也。若我治彼亂，我奮彼怠，則敵雖衆，亦可以合戰。若吴起以五百乘破秦五十萬衆，謝玄以八千卒敗苻堅一百萬，豈須逃之乎？

不若則能避之。

曹操曰：引兵避之也。○杜牧曰：言不若者，勢力、交援俱不如也，則須速去之，不可遷延也。如敵人守我要害，發我津梁，合圍於我，則欲去，不復得也。○杜佑曰：引兵備之〔四一〕，强弱不敵，勢不相若，則引軍避，待利而動。○梅堯臣曰：勢力不如，則引而避。○王晳曰：將與兵俱不若，遇敵攻，必敗也。○張預曰：兵力、謀勇皆劣於敵，則當引而避之，以伺其隙。

故小敵之堅，大敵之擒也。

曹操曰：小不能當大也。○李筌曰：小敵不量力而堅戰者，必爲大敵所擒也。漢都尉李陵以步卒五千之衆，對十萬之軍，而見殁匈奴也。○杜牧曰：言堅者，將性堅忍，不能逃，不能避，故爲大者之所擒也。○孟氏曰：小不能當大也，言小國不量其力，敢與大邦爲讎，雖權時堅城固守，然後必見擒獲。春秋傳曰：「既不能强，又不能弱，所以敗也。」○梅堯臣曰：不逃、不避，雖堅亦擒。○王晳注同梅堯臣。○何氏曰：如右將軍蘇建、前將軍趙信將兵三千餘人，與大將軍衛青分行，獨逢單于兵數萬，力戰一日，漢兵且盡。前將軍信胡人，降爲翕侯；匈奴誘之，遂將其餘騎可八百餘奔降單于。右將軍蘇建遂盡亡其軍，獨以身得亡自歸。大將軍問其正閎、長史安、議郎周霸等，建爲云何？霸曰：「自大將軍出，未嘗斬一裨將。今建棄軍，可斬以明威重。」閎、安曰：「不然。兵法：『小敵之堅，大敵之擒也。』今建獨以數千當單于數萬，力戰一日，餘士盡不敢有二心，自歸而斬之，是示後人無歸意也。」○張預曰：小敵不度强弱而堅戰，必爲大敵之所擒，息侯屈於鄭伯、李陵降於匈奴是也。孟子曰：「小固不可以敵大，弱固不可以敵强，寡固不可以敵衆。」

⑤夫將者，國之輔也，輔周則國必强，

曹操曰：將周密，謀不泄也。○李筌曰：輔，猶助也。將才足，則兵必强。○杜牧曰：才周也。○賈林曰：國之强弱，必在於將。將輔於君而才周，其國則强；不輔於君，内懷其貳，則弱。擇人授任，不可不慎。○何氏曰：周，謂才智具也。得才智周備之將，國乃安强也。

輔隙則國必弱。

曹操曰：形見於外也。○李筌曰：隙，缺也。將才不備，兵必弱。○杜牧曰：才不周也。○梅堯臣曰：得賢則周備，失士則隙缺。○王晳曰：周，謂將賢則忠才兼備；隙，謂有所缺也。○何氏曰：言其才不可不周，用事不可不周知也。故將在軍，必先知五事、六行、五權之用，與夫九變、四機之説，然後可以内御士衆，外料戰形；苟昧於玆，雖一日，不可居三軍之上矣。○張預曰：將謀周密，則敵不能窺，故其國强；微缺，則乘釁而入，故其國弱。太公曰：「得士者昌，失士者亡。」

⑥故君之所以患於軍者三〔四二〕：

梅堯臣曰：患君之所不知。○孟氏曰：已下語是。○張預曰：下三事也。

不知軍之不可以進，而謂之進；不知軍之不可以退，而謂之退，是謂縻軍〔四三〕。

曹操曰：縻，御也。○李筌曰：縻，絆也。不知進退者，軍必敗，如絆驥足，無馳騁也。楚將龍且逐韓信而敗，是不知其進；秦將苻融揮軍少却而敗，是不知其退。○杜牧曰：猶駕御縻絆，使不自由也。君，國君也。患於軍者，爲軍之患害也。夫授鉞凶門，推轂，閫外之事，將軍裁之。如趙充國欲爲屯田，漢宣必令決戰；孫皓臨滅，賈充尚請班師，此不知進退之謂也。○賈林曰：軍之進退，將可臨時制變，君命内御，患莫大焉。故太公曰：「國不可以從外治，軍不可以從中御。」○杜佑曰：縻，御也，靡爲反。君不知軍之形勢，而欲從中御也。故太公曰：「國不可以從外治，軍不可以從中御〔四四〕。」○梅堯臣曰：君不知進退之宜，而專進退，是縻繫其軍，六韜所謂「軍不可以從中御」。○王晳曰：縻，繫也。去此患，則當託以不御之權，故必忠才兼備之臣爲之將也。○張預曰：軍未可以進，而必使之進；軍未可以退，而必使之退，是謂縻絆其軍也。故曰：進退由内御，則功難成。

不知三軍之事，而同三軍之政者，則軍士惑矣〔四五〕。

曹操曰：「軍容不入國，國容不入軍」，禮不可以治兵也。○李筌曰：任將不以其人也。燕將慕容評出軍，所在因山泉賣樵水，貪鄙積貨，爲三軍帥，不知其政也。○杜牧曰：「蓋謂禮度法令，自有軍法從事，若使同於尋常治國之道，則軍士生惑矣。至如周亞夫見天子不拜，漢文知其勇不可犯。魏尚守雲中，上首級，爲有司所劾，馮唐所以發憤也。」○杜佑曰：「軍容不入國，國容不入軍」，禮不可以治兵也〔四六〕。夫治國尚禮義，兵貴於權詐，形勢各異，教化不同，而君不知其變，軍國一政，以用治民，則軍士疑惑，不知所措。故兵經曰「在國以信，在軍以詐」也。○陳皥曰：言不知三軍之事，違衆沮議。左傳稱晉彘季不從軍師之謀，而以偏師先進，終爲楚之所敗也。○梅堯臣曰：不知治軍之務，而參其政，則衆惑亂也。曹公引司馬法曰「軍容不入國，國容不入軍」是也。○何氏曰：軍、國異容，所治各殊。欲以治國之法以治軍旅，則軍旅惑亂。○張預曰：仁義可以治國，而不可以治軍；權變可以治軍，而不可以治國，理然也。虢公不修慈愛，而爲晉所滅；晉侯不守四德，而爲秦所克，是不以仁義治國也。齊侯不射君子，而敗於晉，宋公不擒二毛，而衂於楚，是不以權變治軍也。故當仁義而用權譎，則國必危，晉虢是也；當變詐而尚禮義，則兵必敗，齊宋是也。然則治國之道，固不可以治軍也。

不知三軍之權，而同三軍之任，則軍士疑矣〔四七〕。

曹操曰：不得其人也〔四八〕。○杜牧曰：謂將無權智，不能銓度軍士，各任所長，而雷同使之，不盡其材，則三軍生疑矣。黄石公曰：「善任人者，使智、使勇、使貪、使愚，智者樂立其功，勇者好行其志，貪者邀趨其利，愚者不顧其死。」○陳皥曰：將在軍，權不專制，任不自由，三軍之士自然疑也。○杜佑曰：不得其人也。君之任將，當精擇焉。將若不知權變，不可付以勢位。苟授非其人，則舉措失所，軍覆敗也。若趙不用廣武君而用成安君〔四九〕。○梅堯臣曰：不知權謀之道，而參其任用，則衆疑貳也。○王晳曰：政也，權也，使不知者同之，則動有違異，必相牽制也，是則軍衆疑惑矣。裴度所以奏去監軍平蔡州也，此皆由君上不能專任賢將，則使同之，故通謂之三患。○何氏曰：不知用兵權謀之人，用之爲將，則軍不治而士疑。○張預曰：軍吏中有不知兵家權謀之人，而使同居將帥之任，則政令不一，而軍疑矣。若邲之戰，中軍帥荀林父欲還，裨將先縠不從，爲楚所敗是也。近世以中官監軍，其患正如此。高崇文伐蜀，因罷之，遂能成功。

三軍既惑且疑，則諸侯之難至矣，是謂亂軍引勝〔五〇〕。

曹操曰：引，奪也。○李筌曰：引，奪也。兵，權道也，不可謬而使處。趙上卿藺相如言趙括徒能讀其父書，然未知合變，王今以名使括，如膠柱鼓瑟。此則「不知三軍之權〔五一〕，而同三軍之任」。趙王不從，果有長平之敗，諸侯之難至也。○杜牧曰：言我軍疑惑，自致擾亂，如引敵人使勝我也。○孟氏曰：三軍之衆，疑其所任，惑其所爲，則鄰國諸侯因其乖錯，作難而至也。太公曰：「疑志不可以應敵。」○梅堯臣曰：君徒知制其將，不能用其人，而乃同其政、任，俾衆疑惑，故諸侯之難作，是自亂其軍，自去其勝。○王晳曰：引諸侯勝己也。○何氏曰：士疑惑而無畏則亂，故敵國得以乘我隙釁而至矣。○張預曰：軍士疑惑，未肯用命，則諸侯之兵乘隙而至，是自潰其軍、自奪其勝也。

⑦故知勝有五：

李筌曰：謂下五事也。○張預曰：下五事也。

知可以戰與不可以戰者勝〔五二〕**；**

○孟氏曰：能料知敵情、審其虛實者勝也。○李筌曰：料人事逆順，然後以太一遁甲算三門遇奇五將無關格，迫脅主客之計者，必勝也。○杜牧曰：下文所謂「知彼知己」是也。○梅堯臣曰：知可不可之宜。○王晳曰：可則進，否則止，保勝之道也。○何氏曰：審己與敵。○張預曰：可戰則進攻，不可戰則退守。能審攻守之宜，則無不勝。

識衆寡之用者勝〔五三〕**；**

李筌曰：量力也。○杜牧曰：先知敵之衆寡，然後起兵以應之，如王翦伐荊，曰「非六十萬不可」是也。○杜佑曰：言兵之形，有衆而不可擊寡，或可以弱制强，而能變之者勝也，故春秋傳曰「師克在和，不在衆」是也。○梅堯臣曰：量力而動。○王晳曰：謂我對敵兵之衆寡，圍、攻、分、戰是也。○張預曰：用兵之法，有以少而勝衆者，有以多而勝寡者，在乎度其所用，而不失其宜則善，如吳子所謂「用衆者務易，用少者務隘」是也。

上下同欲者勝〔五四〕；

曹操曰：君臣同欲。○李筌曰：觀士卒心，上下同欲，如報私仇者勝。○陳皞曰：言上下共同其利欲，則三軍無怨，敵可勝也。傳曰「以欲從人則可，以人從欲鮮濟」也。○杜佑曰：言君臣和同，勇而戰者勝。故孟子曰：「天時不如地利，地利不如人和。」○梅堯臣曰：心齊一也。○王晳曰：上下一心。若先穀剛愎以取敗，吕布違異以致亡，皆上下不同欲之所致。○何氏曰：書云：「受有億兆夷人，離心離德；予有亂臣十人，同心同德。」商滅而周興。○張預曰：百將一心，三軍同力，人人欲戰，則所向無前矣。

以虞待不虞者勝；

李筌、杜牧曰：有備預也。○孟氏曰：虞，度也。左傳曰「不備不虞，不可以師」，待敵之可勝也。○陳皞曰：謂先爲不可勝之師，待敵之可勝也。○杜佑曰：虞，度也。以我有法度之師，擊彼無法度之兵。故春秋傳曰「不備不虞，不可以師」是也〔五五〕。○梅堯臣曰：慎備非常。○王晳曰：以我之虞，待敵之不虞也。○何氏曰：春秋時，城濮之後，晉無楚備，以敗於邲。邲之後〔五六〕，楚無晉備，以敗於鄢。自鄢已來，晉不失備，而加之以禮，重之以睦，是以楚弗能加晉。又，周末，荆人伐陳，吴救之，軍行三十里，雨十日夜，不見星。左史倚相謂大將子期曰：「雨十日夜，甲輯兵聚，吴人必至，不如備之。」乃爲陳。而吴人至，見荆有備而反。左史曰：「其反覆六十里，其君子休，小人爲食；我行三十里，擊之必克。」從之，遂破吴軍。魏大將軍南征吴，到積湖。魏將滿寵帥諸軍在前，與敵隔水相對。寵令諸將曰：「今夕風甚猛，賊必來燒營，宜豫爲之備。」諸軍皆警。夜半，賊果遣十部來燒營，寵掩擊破之。又，春秋衛人以燕師伐鄭，鄭祭足、原繁、洩駕以三軍軍其前，使曼伯與子元潛軍軍其後。燕人畏鄭三軍，而不虞制人。六月，鄭二公子以制人敗燕師於北制。君子曰：「不備不虞，不可以師。」又，楚子重自陳伐莒，圍渠丘。渠丘城惡，衆潰奔莒，楚入渠丘。莒人囚楚公子平。楚人曰：「勿殺，吾歸而俘。」莒人殺之，楚師圍莒，莒城亦惡。庚申，莒潰，楚遂入鄆。莒無備故也。君子曰：「恃陋而不備，罪之大者也；備豫不虞，善之大者也。」莒恃其陋而不修城郭，浹辰之間，而楚克其三都，無備也夫！○張預曰：常爲不可勝以待敵，故吴起曰：「出門如見敵。」士季曰：「有備不敗。」

將能而君不御者勝。

曹操曰：司馬法曰「進退惟時，無曰寡人」也。○李筌曰：將在外，君命有所不受者勝，真將軍也。吴伐楚，吴公子光弟夫槩王至，請擊楚子常，不許。夫槩曰：「所謂見義而行，不待命也。

今日我死，楚可入也。」以其屬五千，先擊子常，敗之。審此，則將能而君不能御也。晉宣帝拒諸葛於五丈原，天子使辛毗仗節軍門，曰：「敢問戰者，斬！」亮聞，笑曰：「苟能制吾，豈千里請戰？假言天子不許，示武於衆，此是不能之將。」○杜牧曰：尉繚子曰：「夫將者，上不制乎天，下不制乎地，中不制乎人。故兵者，凶器也；將者，死官也。」○杜佑曰：司馬法曰：「進退唯時，無曰寡人〔五七〕。」將既精能，曉練兵勢；君能專任，事不從中御。故王子曰「指授在君，決戰在將」也。○梅堯臣曰：自閫以外，將軍制之。○王晳曰：君御能將者，不能絶疑忌耳。若賢明之主，必能知人，固當委任以責成效，推轂授鉞，是其義也。況臨敵乘機，間不容髪，安可遥制之乎？攻戰之事，一以專之，不從中御，所以一威，且盡其才也。○何氏曰：古者，遣將於太廟，親操鉞，持其首，授其柄，曰：「從是以上至天者，將軍制之。」乃復操柄，授與刃，曰：「從是以下至淵者，將軍制之。」故李牧之爲趙將，居邊，軍市之租，皆自用饗士，賞賜決於外，不從中御也。周亞夫之軍細柳，軍中唯聞將軍之命，不聞天子之詔也。蓋用兵之法，一步百變，見可則進，知難而退。而曰：有王命焉，是白大人以救火也，未及反命，而煨燼久矣！曰：有監軍焉，是作舍道邊也，謀無適從，而終不可成矣。故御能將而責平猾虜者，如絆韓盧而求獲狡兔者，又何異焉？○張預曰：將有智勇之能，則當任以責成功，不可從中御也，故曰：「閫外之事，將軍裁之。」

此五者，知勝之道也。

曹操曰：此上五事也。

⑧故曰：知彼知己者，百戰不殆〔五八〕；

李筌曰：量力而拒敵，有何危殆乎？○杜牧曰：以我之政，料敵之政；以我之將，料敵之將；以我之衆，料敵之衆；以我之食，料敵之食；以我之地，料敵之地。校量已定，優劣短長皆先見之，然後兵起，故有百戰百勝也。○孟氏曰：審知彼己强弱、利害之勢，雖百戰，實無危殆也。○梅堯臣曰：彼己五者盡知之，故無敗。○王晳曰：殆，危也。謂校盡彼我之情，知勝而後戰，則百戰不危。○張預曰：知彼知己者，攻守之謂也。知彼則可以攻，知己則可以守。攻是守之機，守是攻之策。苟能知之，雖百戰不危也。或曰：士會察楚師之不可敵，陳平料劉項之長短，是知彼知己也。

不知彼而知己，一勝一負；

李筌曰：自以己强，而不料敵，則勝負未定。秦主苻堅以百萬之衆南伐，或謂曰：「彼有人焉。謝安、桓沖，江表偉才，不可輕之。」堅曰：「我以八州之衆，士馬百萬，投鞭可斷江水，何難之有？」後果敗績，則其義也。○杜牧曰：恃我之强，不知敵不可伐者，一勝一負。王猛將終，諫苻堅曰：「晉氏雖在江表，而正朔所稟；謝安、桓沖，江表偉人，不可伐也。」及堅南伐，曰：「吾士馬百萬，投鞭可濟。」遂有淝水之敗也。○陳皞曰：杜説乃是出兵無名，而伐無罪，所以敗也，非「一勝一負」之義。○杜佑曰：雖不知敵之形勢，恃己能克之者，勝負各半。○梅堯臣曰：自知己者，勝負半也。○王晳曰：但能計己，不知敵之强弱，則或勝或負。○張預曰：唐太宗曰：「今之將臣，雖未能知彼，苟能知己，則安有不利乎？」所謂知己者，守吾氣而有待焉者也。故知守而不知攻，則勝負之半。

不知彼，不知己，每戰必殆〔五九〕。

李筌曰：是謂狂寇，不敗何待也？○杜佑曰：外不料敵，内不知己，用戰必殆。○梅堯臣曰：一不知，何以勝？○王晳曰：全昧於計也。○張預曰：攻守之術皆不知，以戰則敗。

校記

〔一〕本篇平津本與武經各本作「謀攻第三」，櫻田本無「謀」字，鄧廷羅集注又將此篇列爲第二，此皆無取。

〔二〕「城郭」，平津本作「都邑」。

〔三〕「兵」，原本脱，據通典卷一四八補。

〔四〕「破軍」，御覽卷二七〇引作「破國」，非是。

〔五〕「一萬二千五百」，原本誤作「一萬五千五百」，孫校本已正，是。穀梁傳襄公十一年注引司馬法即云「萬有二千五百人爲軍」。

〔六〕通典卷一四八引無此句，御覽卷二七〇引同，非是。

〔七〕「二校已下」，原本作「一校已上」，明本同，平津本亦同，孫校則謂字之譌，而改爲「一旅以下」。按：各本皆作「校」，通典佑注亦然，且古部曲之制亦確有校（見通典卷一四八與勢篇「治衆如治寡」句張注），故曹以「校」作注，雖非古制，迨亦可信，未可據謂字譌。唯原本作「一校已上」確有字譌。據通典，二「部」爲「校」共八百人，遠較「旅」大，豈可稱「一校已上至一百人」？必當如佑注作「一校已下至百人」而後可，故改「上」爲「下」。唯孫校本作「一旅已下」，於理亦可通，亦予存之。

〔八〕以上王注，孫校謂書鈔引之，如此則非王注矣。此或係王氏引書鈔之文以述己意，亦未可知。

〔九〕此句曹注，孫校本未見，亦無校語。查平津本亦無，而詳審注意，則與下句「不戰而屈人之兵」之旨正合，且與該句曹注「未戰而敵自屈服」全同（此句之「戰自屈」迨即「敵自屈」之誤），故可删。

〔一〇〕此句李注，孫校本亦無，而與下句杜注全同，且皆合該句之旨，故此句無之亦可。

〔一一〕此句佑注，孫校本亦無，而與下句曹注全同，且通典卷一四八即在「不戰而屈人之兵」句之下，故此句亦可無之。

〔一二〕「黄池」，原本誤作「黄地」，今改正。

〔一三〕此句佑注，孫校本同，而通典卷一五八引則祇有「敵始有設謀伐之易」八字。

〔一四〕通典卷一五八此句經文下又有佑注「不令合」三字。

〔一五〕此句諸本皆如此，孫校本據通典作「下政攻城」，御覽卷三一七引作「下攻攻城」，上「攻」字或「政」字之訛。按：作「下政」，言策之下者，義固可通，唯查簡本亦作「其下」，故兩存之。

〔一六〕「攻之爲下政」，原本「政」作「攻」，孫校本改爲「政」，而平津本則無此字，直作「攻之爲下」。查此句李注亦稱「攻之爲下」，故無「政」字亦可通。唯孫校本改「攻」爲「政」，亦可爲有理有據，通典卷一六〇佑注即明言「政之下者」。「下攻」迨即「下政」之訛，今亦兩存之。

〔一七〕「政之上」與「以此政之爲下」兩「政」字，原本均作「攻」。按：孫子既主「不戰而屈人之兵」，且又明言「上兵伐謀」，故「攻」固不可言「上」；且據注意，敵既「開壁送款」、「百姓怡悦」，豈可再言「攻」乎？故「攻之上」當即「政之上」之訛誤，而攻城則實政之爲下也。故當依孫校本改。

〔一八〕「政之下者」，原本作「攻之下者」。今據通典卷一六〇改。

〔一九〕「爲不得已」，御覽卷一九三引無，而通典卷一六〇引有，今仍之。又總要卷一〇「爲」作「必」，非是。

〔二〇〕以上諸句，各本文字稍有參差，或「轒轀」作「枌榲」，或「距闉」作「距堙」，簡本「三月而後成」作「三月而止」，皆無碍文意，故不具列。

〔二一〕此處曹注，平津本無「轒牀也，轒牀」五字。「踴土積高而前」，原本「積」作「稍」，平津本同，孫校本據御覽與通典佑注改，是，從之。

〔二二〕「土木山乘城也」，意不可曉，疑當作「積土爲山，以乘城也」，因無旁證，故存疑待詳。

〔二三〕以上自「修櫓」至「經一時乃成也」，據通典卷一六〇補。蓋佑注原分在「轒輼」、「而後成」與「而後已」之下，是原本編者編輯時誤脱「而後成」句之注耳。孫校本已補，是，從之。

〔二四〕通行諸本無大歧異，唯通典卷一六〇引「其忿」作「心之忿」，御覽卷三一七又引作「心怒」，「殺士」作「殺士卒」。櫻田本「忿」作「怒」，「此攻之災」又作「此攻城之災」。

〔二五〕「不待攻器成」，原本作「不待攻城器」，且末句上脱「必」字。孫校本未正，今據平津本正之。

〔二六〕「攻趣不拔」，孫校本改作「攻取不拔」，而通典卷一六〇引仍作「趣」。按「取」、「趣」古通，不改亦可。

〔二七〕「禍」，原本誤作「過」，孫校本已據通典改，是，從之。

〔二八〕「段」，原本誤作「叚」，今亦從孫校本改。

〔二九〕簡本「毀」作「破」。通典卷一六〇引「非久」作「不久」。

〔三〇〕菁華録「争」下無「于」字，非是。

〔三一〕「不用十也」，原本脱，平津本同，致使上下文意不接，孫校本據通典佑注引補，是，從之。

〔三二〕「敵堅壘固守」，原本與通典卷一六〇引俱無「堅」字，孫校補之，善，今亦從之。

〔三三〕「二術」，原本誤作「一術」，孫校本已據牧注與張注正之，查平津本曹注固作「二」也。

〔三四〕此句原本作「兵說五倍于敵」，明本同，孫校本改「說」爲「既」，今從之。

〔三五〕「或與」，原本作「或無」，今據通典卷一六〇改正。

〔三六〕「勇怯」，原本「怯」作「恃」。按：「勇恃」二字於義難通，孫校本改「恃」爲「怯」，是。今亦從之。

〔三七〕此句與上句，諸本無異，唯後人引録稍有不同。如後漢書袁紹傳作「敵則能戰」，但史記淮陰侯傳則作「倍則戰」。校釋謂當作「倍則戰之，敵則能分之」，詳該書第四二頁。今並存之。

〔三八〕通典卷一五五引此句作「少而逃之」，各本亦多作「逃」，但亦有作「守」者，四庫、孫吴司馬法本曹注即作「守」。校釋據經文有「守則不足」與該句曹注，謂當作「守」。

〔三九〕「當」，原本作「尚」。按：二字雖古通，而隋、唐以還，尚未見有以「尚」爲「當」者。杜牧唐人，何用借爲？故當爲「當」。孫校本作「當」，是。

〔四〇〕「高壁堅壘」，原本脱「堅」字，通典卷一五五同。孫校本與中華本補之，是。「彼之衆，我之寡，不可敵」，通典作「彼衆，我之師寡，不可敵」，孫校本「不可敵」又作「不可戰」。今均予存之。「之」猶「若」也，見王引之經傳釋詞，故原本作「之」固無不可。

〔四一〕「引兵備之」，孫校本「備」作「避」。查通典卷一五五固作「備」也。「備」亦有避義，故仍之。

〔四二〕此句諸本皆如此，唯直解「君」、「軍」互倒。按：此句言「君」對「軍」造成的危害或者説是軍所受君之危害，其義一也，唯説法不同而已，今仍之。又，御覽卷二七二引「三」字下又有「三者何也曰」五字，迨非經文，故無取。

〔四三〕如上諸句，趙注兩「不知軍」均作「不知三軍」，通典卷一四八引「謂」下又有「之」字。

〔四四〕如上佑注，自「故太公曰」以下原本無，孫校本據通典補，從之。

〔四五〕 以上二「三軍」，晉寫殘卷與通典卷一四八引並作「軍中」，「同」上又有「欲」字，下句同。易培基雜記又謂「同」當作「司」，今並存之。

〔四六〕 以上兩句，原本無，孫校本據通典補，從之，唯今本通典卷一四八删「容不入軍」四字而連讀爲「國禮不可以治兵也」。按：「軍容不入國，國容不入軍」乃曹注所引司馬法成文，而佑注多常先引曹注再附以己意。故「軍容不入國，國容不入軍」乃所引成語，而「禮不可以治軍也」乃是杜佑之私意。而今改作「國禮不可以治軍」，雖於理可通，唯既破壞了成語，又錯亂了注意，故删之非善也。

〔四七〕 御覽卷二七二引「權」作「任權」，「同」作「欲同」，「則軍士疑矣」作「則軍事覆疑」，皆無取。又，櫻田本句末又有「是謂亂軍」四字，是其將「是謂亂軍引勝」分置於此也。

〔四八〕 原本「人」下衍「意」字，今據平津本删。

〔四九〕 此處佑注，孫校本同原本，而通典卷一四八則作「不得其人之意志知之，君既闇於用臣，不知權變，而謬以爲勢位，授非其人，則舉措失所，軍覆敗也。若趙不用廣武君而任成安君」。該書校勘記亦謂語意不够明晰。故此佑注或非原文，今仍依原本。

〔五〇〕 「既惑且疑」，御覽卷二七二「且」亦作「既」，總要又「既」、「且」互倒，皆非是。又，櫻田本無「亂軍」二字，是其將此句分置於前也。

〔五一〕 「知」，原本作「如」，孫校改作「知」，是。

〔五二〕 此句十一家注各本均如此，通典卷一五〇引同，而平津本與武經諸本則作「知可以與戰、不可以與戰者勝」，簡本兩「以」字均作「而」，御覽卷三二二引同，今並存之。

〔五三〕通典卷一五〇引「識」作「知」，御覽卷三二二引同。

〔五四〕御覽卷三二二引脱「欲」字。

〔五五〕「故春秋傳曰」以下，原本無，孫校本據通典、御覽補，從之。

〔五六〕此句「邲之後」與上句「城濮之後」之二「後」字，原本均誤作「役」，孫校本已正，是。

〔五七〕以上兩句原本無，今亦依孫校本據通典、御覽補。又，通典卷一五〇「專任」二字下又有一「任」字，且句末「也」字上又有「者是」二字。

〔五八〕通典卷一五〇引「彼」、「己」互倒，孫校本已正，並删「者」字，是。

〔五九〕平津本與武經諸本「必殆」作「必敗」，櫻田本同，而十家注各本與通典、御覽引則作「必殆」。按：上句既言「不殆」，則此句亦當如此，故仍之。

形篇〔一〕

曹操曰：軍之形也。我動彼應，兩敵相察情也。○李筌曰：形，謂主客、攻守、八陳、五營、陰陽、向背之形。○杜牧曰：因形見情。無形者情密，有形者情疎；密則勝，疎則敗也。○王晳曰：形者，定形也，謂兩敵强弱有定形也。善用兵者，能變化其形，因敵以制勝。○張預曰：兩軍攻守之形也。隱於中，則人不可得而知；見於外，則敵乘隙而至。形因攻守而顯，故次謀攻。

①**孫子曰：昔之善戰者〔二〕，先爲不可勝，**

張預曰：所謂「知己」者也。

以待敵之可勝。

梅堯臣曰：藏形内治，伺其虚懈。○張預曰：所謂「知彼」者也。

不可勝在己，可勝在敵〔三〕。

曹操曰：守固備也〔四〕。自修理，以待敵之虚懈也。○李筌曰：夫善用兵者，守則深壁，多具軍食，善其教練；攻其城，則尚橦棚、雲梯、土山、地道；陳，則左川澤、右丘陵〔五〕，背孤向虚，從疑擊間；善戰者，掎角勢連，首尾相應者，爲不可勝也。夫善戰者，能爲不可勝，不能使敵之必可勝，故曰：「勝可知而不可爲，不可勝者守也，可勝者攻也。」此數者，以爲可勝也。○杜牧曰：自整軍事，長有待敵之備；閉跡藏形，使敵人不能測度，因伺敵人有可乘之便，然後出而攻之。○杜佑曰：先咨之廟堂，慮其危難，然後高壘深溝，使兵士練習，以此守備之固，待敵之闕，則可勝之。言守備之固，制敵在外。守備之固自修理，以俟敵之虛懈；已見敵有闕漏之形，然後可勝〔六〕。○王晳曰：不可勝者，修道保法也；可勝者，有所隙耳。○張預曰：守之故在己，攻之故在彼。

故善戰者〔七〕，能爲不可勝，

杜牧曰：不可勝者，上文注解所謂修整軍事、閉形藏跡是也。此事在己，故曰「能爲」。○張預曰：藏形晦跡，居常嚴備，則己能焉。

不能使敵之可勝〔八〕。

杜牧曰：敵若無形可窺，無虛懈可乘，則我雖操可勝之具，亦安能取勝敵乎？○賈林曰：敵有智謀，深爲己備，不能强令不己備〔九〕。○杜佑曰：若敵曉練兵事，策與道合，深爲己備者，亦不可强勝之〔一〇〕。○梅堯臣曰：在己故能爲，在敵故無必。○王晳曰：在敵不在我也。○張預曰：若敵强弱之形不顯於外，則我豈能必勝於彼？

故曰：勝可知，

曹操曰：見成形也。○杜牧曰：知者，但能知己之力，可以勝敵也。○陳皥曰：取勝於形，勝可知也。

而不可爲。

曹操曰：敵有備故也。○杜牧曰：言我不能使敵人虛懈，爲我可勝之資。○賈林曰：敵若隱而無形，不可强爲勝敗。○杜佑曰：敵有備也。已料敵，見敵形者，則勝負可知；若敵密而無形，亦不可强使爲敗，故范蠡曰：「時不至，不可强生；事不究，不可强成。」○梅堯臣曰：敵有闕，則可知；敵無闕，則不可爲。○何氏曰：可知之勝在我，我有備也；不可爲之勝在敵，敵無形也。○張預曰：己有備，則勝可知；敵有備，則不可爲。

不可勝者，守也；

曹操曰：藏形也。○杜牧曰：言未見敵人有可勝之形，己則藏形，爲不可勝之備，以自守也。○杜佑曰：藏形也。若未見其形，彼衆我寡，則自守也。○梅堯臣曰：且有待也。○何氏曰：未見敵人形勢虛實有可勝之理，則宜固守。○張預曰：知己未可以勝，則守其氣而待之。

可勝者，攻也〔一一〕。

曹操曰：敵攻己，乃可勝。○李筌曰：夫善用兵者：守，則高壘堅壁也；攻其城，則尚橦棚、雲梯、土山、地道；陳，左川澤、右丘陵，背孤向虛，從疑擊間，識辨五令以節衆，犄角勢連、首尾相應者，爲不可勝也。無此數者，以爲可勝也〔一二〕。○杜牧曰：敵人有可勝之形，則當出而攻之。○杜佑曰：敵攻己，乃可勝也。已見其形，彼寡我衆，則可攻〔一三〕。○梅堯臣曰：見其闕也。○王晳曰：守者，以於勝不足；攻者，以於勝有餘。○張預曰：知彼有可勝之理，則攻其心而取之。

守則不足，攻則有餘〔一四〕。

曹操曰：吾所以守者，力不足也；所以攻者，力有餘也。○李筌曰：力不足者，可以守；力有餘者，可以攻也。○梅堯臣曰：守則知力不足，攻則知力有餘。○張預曰：吾所以守者，謂取勝之道有所不足，故且待之；吾所以攻者，謂勝敵之事已有其餘，故出擊之。言非百勝不戰，非萬全不鬬也。後人謂「不足」爲弱、「有餘」爲强者非也。

善守者，藏於九地之下；善攻者，動於九天之上，故能自保而全勝也〔一五〕。

曹操曰：因山川、丘陵之固者，藏於九地之下；因天時之變者，動於九天之上〔一六〕。○李筌曰：天一遁甲經云：「九天之上可以陳兵，九地之下可以伏藏。」常以直符加時干，後一所臨宮爲九天，後二所臨宮爲九地。地者，靜而利藏；天者，運而利動。故魏武不明二遁，以九地爲山川、九天爲天時也。夫以天一、太一之遁幽微，知而用之，故全也。經云：「知三避五，魁然獨處；能知三五，横行天下。」以此法出，不拘諸咎，則其義也〔一七〕。○杜牧曰：守者，韜聲滅跡，幽比鬼神，在於地下，不可得而見之；攻者，勢迅聲烈，疾若雷電，如來天上，不可得而備也。九者，高深，數之極。○陳皞曰：春三月，寅功曹爲九天之上，申傳送爲九地之下；夏三月，午勝先爲九天之上，子神后爲九地之下；秋三月，申傳送爲九天之上，寅功曹爲九地之下；冬三月，子神后爲九天之上，午勝先爲九地之下也。○杜佑曰：善守備者，務因其山川之阻、丘陵之固，使不知所攻，言其深密，藏於九地之下；善攻者，務因天時、地利，爲水火之變，使敵不知所備，言其雷震發動，若動於九天之上也〔一八〕。○梅堯臣曰：九地，言深不可知；九天，言高不可測。蓋守備密，而攻取迅也。○王皙曰：守者，爲未見可攻之利，當潛藏其形，沉静幽默，不使敵人窺測之也；攻者，爲見可攻之利，當高遠神速，乘其不意，懼敵人覺我而爲之備也。九者，極言之耳。○何氏曰：九地、九天，言其深微。尉繚子曰：「治兵者，若祕於地，若邃於天。」言其祕密邃遠之甚也。後漢，涼州賊王國圍陳倉，左將軍皇甫嵩督前軍董卓救之。卓欲速進赴陳倉，嵩不聽。卓曰：「智者不後時，勇者不留決。速救則城全，不救則城滅。全、滅之勢，在於此也。」嵩曰：「不然。百戰百勝，不如不戰而屈人之兵。是以先爲不可勝，以待敵之可勝。不可勝在我，可勝在彼。彼守不足，我攻有餘。有餘者，動於九天之上；不足者，陷於九地之下。

今陳倉雖小，城守固備，非九地之陷也。王國雖强，而攻我之所不救，非九天之勢也。夫勢非九天，攻者受害；陷非九地，守者不拔。國今已陷受害之地，而陳倉保不拔之城，我可不煩兵動衆，而取全勝之功，將何救焉？」遂不聽。王國圍陳倉，自冬迄春，八十餘日，城堅守固，竟不能拔。賊衆疲弊，果自解去。○張預曰：藏於九地之下，喻幽而不可知也；動於九天之上，喻來而不可備也。尉繚子曰「若祕於地，若邃於天」是也。守則固，是自保也；攻則取，是全勝也。

②**見勝不過衆人之所知，非善之善者也；**

曹操曰：當見未萌。○李筌曰：知不出衆知，非善也。韓信破趙，未餐而出井陘，曰：「破趙會食。」時諸將噍然，佯應曰：「諾。」乃背水陳。趙乘壁望見，皆大笑，言漢將不便兵也。乃破趙，食，斬成安君。此則衆所不知也。○杜牧曰：衆人之所見，破軍殺將，然後知勝；我之所見，廟堂之上，罇俎之間，已知勝負者矣。○賈林曰：守必固，攻必克，能自保全，而常不失勝；見未然之勝，善知將然之敗，謂實微妙通玄，非衆人之所見也。○孟氏曰：當見未萌。言兩軍已交，雖料見勝負，策不能過絶於人，但見近形非遠。太公曰：「智與衆同，非國師也。」○梅堯臣曰：人所見而見，故非善。○王晳曰：衆常之人，見所以勝，而不知制勝之形。○張預曰：衆人所知，已成已著也；我之所見，未形未萌也。

戰勝而天下曰善，非善之善者也〔一九〕。

曹操曰：争鋒也〔二〇〕。○李筌曰：争鋒力戰，天下易見，故非善也。○杜牧曰：天下，猶上文言衆也。言天下人皆稱戰勝者，故破軍殺將者也；我之善者，陰謀潛運，攻必伐謀，勝敵之日，曾不血刃。○陳皥曰：潛運其智，專伐其謀，未戰而屈人之兵，乃是善之善者也。○梅堯臣曰：見不過衆，戰雖勝，天下稱之，猶不曰善。○王晳曰：以謀屈人，則善矣。○張預曰：戰而後能勝，衆人稱之曰善，是有智名、勇功也，故云「非善」；若見微察隱，取勝於無形，則真善者也。

故舉秋毫不爲多力，見日月不爲明目〔二一〕，**聞雷霆不爲聰耳。**

曹操曰：易見聞也。○李筌曰：易見聞也。以爲攻戰勝，而天下不曰善也。夫智能之將，人所莫測，爲之深謀，故孫武曰「難知如陰」也。○王晳曰：衆人之所知，不爲智；力戰而勝人，不爲善。○何氏曰：此言衆人之所見所聞，不足爲異也。昔烏獲舉千鈞之鼎爲力，離朱百步覩纖芥之物爲明，師曠聽蚊行螘步爲聰也。兵之成形而見之，誰不能也？故勝於未形，乃爲知兵矣。○張預曰：人皆能也。引此以喻衆人之見勝也。秋毫，謂兔毛至秋而勁細，言至輕也。

古之所謂善戰者，勝於易勝者也〔二二〕。

曹操曰：原微易勝，攻其可勝，不攻其不可勝也。○杜牧曰：敵人之謀，初有萌兆，我則潛運以能攻之，用力既少，制勝既微，故曰「易勝」也。○梅堯臣曰：力舉秋毫，明見日月，聰聞雷霆，不出衆人之所能也。故見於著則勝於艱，見於微則勝於易。○何氏曰：言敵人之謀，初有萌兆，我則潛運己能攻之，用力既少，制敵甚微，故曰「易勝」也。○張預曰：交鋒接刃，而後能制敵者，是其勝難也；見微察隱，而破於未形者，是其勝易也。故善戰者，常攻其易勝，而不攻其難勝也。

故善戰者之勝也，無智名，無勇功〔二三〕。

曹操曰：敵兵形未成〔二四〕，勝之無赫赫之功也。○李筌曰：勝敵而天下不知，何智名之有？○杜牧曰：勝於未萌，天下不知，故無智名；曾不血刃，敵國已服，故無勇功也。○梅堯臣曰：大智不彰，大功不揚，見微勝易，何勇何智？○何氏曰：患銷未形，人誰稱智？不戰而服人，誰言勇？漢之子房、唐之裴度能之。○張預曰：陰謀潛運，取勝於無形，天下不聞料敵制勝之智，不見搴旗斬將之功，若留侯未嘗有戰鬭功是也。

故其戰勝不忒〔二五〕，

李筌曰：百戰百勝，有何疑貳也？此筌以「忒」字爲「貳」也。○陳皞曰：籌不虚運，策不徒發。○張預曰：力戰而求勝，雖善者亦有敗時；既見於未形，察於未成，則百戰百勝，而無一差忒矣。

不忒者，其所措必勝〔二六〕，**勝已敗者也。**

曹操曰：察敵必可敗，不差忒也。○李筌曰：置勝於已敗之師，何忒焉？師老卒惰，法令不一，謂「已敗」也。○杜牧曰：措，猶置也。忒，差忒也。我能置勝不忒者何也？蓋先見敵人已敗之形，然後攻之，故能致必勝之功，不差忒也。○賈林曰：讀「措」爲「錯」，錯雜也。取敵之勝，理非一途，故雜而料之也。常於勝未形〔二七〕，已見敵之敗。○梅堯臣曰：睹其可敗，勝則不差。○何氏曰：善料也。○張預曰：所以能勝而不差者，蓋察知敵人有必可敗之形，然後措兵以勝之云耳〔二八〕。

故善戰者，立於不敗之地，而不失敵之敗也〔二九〕。

李筌曰：兵得地者昌，失地者亡。地者，要害之地。秦軍敗趙，先據北山者勝；宋師伐燕，過大峴而勝，皆得其地也。○杜牧曰：不敗之地者，爲不可勝之計，使敵人必不能敗我也。不失敵人之敗者，言窺伺敵人可敗之形，不失毫髮也。○陳皥注同李筌。○杜佑注同杜牧。○梅堯臣曰：善候敵隙，我則常勝。○王晳曰：常爲不可勝，待敵可勝，不失其機。○何氏曰：自恃有備，則無患；常伺敵隙，則勝之不失也。立於不敗之地利也，言我常爲勝所。○張預曰：審吾法令，明吾賞罰，便吾器用，養吾武勇，是立於不敗之地也。我有節制，則彼將自衂，是不失敵之敗也。

是故勝兵先勝而後求戰，敗兵先戰而後求勝〔三〇〕。

曹操曰：有謀與無慮也。○李筌曰：計與不計也。是以薛公知黥布之必敗，田豐知魏武之必勝，是其義也。○杜牧曰：管子曰：「天時、地利，其數多少，其要必出於計數。故凡攻伐之道，計必先定於內，然後兵出乎境。不明敵人之政，不能加也；不明敵人之積，不能約也；不明敵人之將，不見先軍；不明敵人之士，不見先陳。故以衆擊寡，以治擊亂〔三二〕，以富擊貧，以能擊不能，以教士練卒擊敺衆白徒，故能百戰百勝。」此則先勝而後求戰之義也。衛公李靖曰：「夫將之上務，在於明察而衆和，謀深而慮遠，審於天時，稽乎人理。若不料其能，不達權變，及臨機對敵，方始趑趄，左顧右盼，計無所出，信任過說，一彼一此，進退狐疑，部伍狼藉，何異趣蒼生而赴湯火、驅牛羊而啗狼虎者乎？」此則先戰而後求勝之義也。○賈林曰：不知彼我之情，陳兵輕進，意雖求勝，而終自敗也。○梅堯臣曰：可勝而戰，戰則勝矣；未見可勝，勝可得乎？○何氏曰：凡用兵，先定必勝之計，而後出軍。若不先謀，唯欲恃强，勝未必也。○張預曰：計謀先勝，然後興師，故以戰則克。尉繚子曰：「兵不必勝，不可以言戰；攻不必拔，不可以言攻。」謂危事不可輕舉也。又曰：「兵貴先勝於此，則勝彼矣；弗勝於此，則弗勝彼矣。」此之謂也。若趙充國常先計而後戰，亦是也。不謀而進，欲幸其成功，故以戰則敗。

善用兵者，修道而保法，故能爲勝敗之政〔三三〕。

曹操曰：善用兵者，先自修治，爲不可勝之道，保法度，不失敵之敗亂也。○李筌曰：以順討逆，不伐無罪之國；軍至，無虜掠，不伐樹木、污井竈；所過山川、城社、陵祠，必滌而除之，不習亡國之事，謂之道法也。軍嚴肅〔三三〕，有死無犯，賞罰信義，立將若此者，能勝敵之敗政也。○杜牧曰：道者，仁義也；法者，法制也。善用兵者，先修治仁義，保守法制，自爲不可勝之政；伺敵有可敗之隙，則攻能勝之。○賈林曰：常修用兵之勝道，保賞罰之法度，如此則常爲勝，不能則敗，故曰「勝敗之政」也。○梅堯臣曰：攻守自修，法令自保，在我而已。○王晳曰：法者，下之五事也。○張預曰：修治爲戰之道，保守制敵之法，故能必勝。或曰：先修飾道義，以和其衆；後保守法令，以戢其下，使民愛而畏之，然後能爲勝敗。

③**兵法**〔三四〕：**一曰度，**

賈林曰：度土地也。○王晳曰：丈尺也。

二曰量，

賈林曰：量人力多少，倉廩虚實。○王晳曰：斗斛也。

三曰數，

賈林曰：算數也，以數推之，則衆寡可知，虚實可見。○王晳曰：百千也。

四曰稱，

賈林曰：既知衆寡，兼知彼我之德業輕重、才能之長短。○王晳曰：權衡也。

五曰勝。

曹操曰：勝敗之政，用兵之法，當以此五事稱量，知敵之情。○張預曰：此言安營布陳之法也。李衛公曰：「教士猶布碁於盤，若無畫路，碁安用之？」

地生度，

曹操曰：因地形勢而度之。○李筌曰：既度有情，則量敵而禦之。○杜牧曰：度者，計也。言度我國土大小，人户多少，徵賦所入，兵車所籍，山河險易，道里迂直，自度此事與敵人如何，然後起兵。夫小不能謀大，弱不能擊强，近不能襲遠，夷不能攻險，此皆生於地，故先度也。○梅堯臣曰：因地以度軍勢。○王晳曰：地，人所履也。舉兵攻戰，先本於地，由地故生度。度，所以度長短、知遠近也。凡行軍臨敵，先須知遠近之計。○何氏曰：地者，遠近、險易也。度，計也。未出軍，先計敵國之險易，道路迂直，兵甲孰多，勇怯孰是，計度可伐，然後興師動衆，可以成功。

度生量，

杜牧曰：量者，酌量也。言度地已熟，然後能酌量彼我之强弱也。○梅堯臣曰：因度地以量敵情。○王晳曰：謂量有大小。言既知遠近之計，則須更量其敵之大小也。○何氏曰：量酌彼己之形勢。

量生數，

曹操曰：知其遠近、廣狹，知其人數也。○李筌曰：量敵遠近、强弱，須備士卒、軍資之數而勝也。○杜牧曰：數者，機數也。言强弱已定，然後能用機變數也。○賈林曰：量地遠近、廣狹，則知敵人人數多少也。○梅堯臣曰：因量以得衆寡之數。○王晳曰：數，所以紀多少。言既知敵之大小，則更計其精劣、多少之數。曹公曰：「知其人數。」○何氏曰：數，機變也。先酌量彼我强弱、利害，然後爲機數。○張預曰：地有遠近、廣狹之形，必先度知之，然後量其容人多少之數也。

數生稱，

曹操曰：稱量己與敵孰愈也〔三五〕。○李筌曰：分數既定，賢智之多少，得賢者重，失賢者輕，如韓信之論楚漢也，須知輕重、别賢愚而稱之，錙銖則强。○杜牧曰：稱，校也。機權之數已行，然後可以稱校彼我之勝負也。○梅堯臣曰：因數以權輕重。○王晳曰：稱所以知重輕，喻强弱之形勢也。能盡知遠近之計，大小之舉，多少之數，以與敵相形，則知重輕所在。○何氏同杜牧注。

稱生勝。

曹操曰：稱量之，故知其勝負所在〔三六〕。○李筌曰：稱知輕重，勝敗之數可知也。○杜牧曰：稱校既熟，我勝敵敗，分明見也。○梅堯臣曰：因輕重以知勝負。○王皙曰：重勝輕也。○陳皞、杜佑同杜牧上「五事」注〔三七〕。○何氏曰：上五事，未戰先計必勝之法，故孫子引古法，以疏勝敗之要也〔三八〕。○張預曰：稱，宜也。地形與人數相稱，則踈密得宜，故可勝也。尉繚子曰：「無過在於度數。」度謂尺寸，數謂什伍。度以量地，數以量兵；地與兵相稱則勝。五者皆因地形而得，故自地而生之也。李靖「五陣」，隨地形而變是也。

④故勝兵若以鎰稱銖，

梅堯臣曰：力易舉也。

敗兵若以銖稱鎰。

曹操曰：輕不能舉重也。○李筌曰：二十兩爲鎰。銖之於鎰，輕重異位，勝敗之數，亦復如之。○梅堯臣曰：力難制也。○王皙曰：言銖鎰者，以明輕重之至也。○張預曰：二十兩爲鎰，二十四銖爲兩。此言有制之兵對無制之兵，輕重不侔也。

勝者之戰民也〔三九〕，**若決積水於千仞之谿者，形也。**

曹操曰：八尺曰仞。決水千仞，其勢疾也〔四〇〕。○李筌曰：八尺曰仞，言其勢也。杜預伐吴，言兵如破竹，數節之後，皆迎刃自解，則其義也。○杜牧曰：夫積水在千仞之谿，不可測量，如我之守不見形也。及決水下，湍湶奔注，如我之攻，不可禦也。○梅堯臣曰：水決千仞之谿，莫測其迅；兵動九天之上，莫見其跡，此軍之形也。○王晳曰：千仞之谿，至陗絶也。喻不可勝對可勝之形，乘機攻之，決水是也。○張預曰：水之性避高而趨下，決之赴深谿，固湍浚而莫之禦也。兵之形象水，乘敵之不備，掩敵之不意，避實而擊虚，亦莫之制也。或曰：千仞之谿謂不測之淵，人莫能量其淺深。及決而下之，則其勢莫之能禦。如善守者匿形晦跡，藏於九地之下，敵莫能測其强弱；及乘虚而出，則其鋒莫之能當也。

校記

〔一〕簡本「形」借作「刑」。

〔二〕長短經先勝「善戰者」作「善用兵者」。

〔三〕長短經「己」、「敵」作「此」、「彼」。

〔四〕此四字原本無，孫校本同，今據平津本補，唯原文「守固備也」疑當作「守備固也」。又，此注本原在上句經文「不可勝在己」句下，今原本將其與「可勝在敵」句連屬，故兩句注文亦予合併。

〔五〕「左川澤、右丘陵」，原本作「在山川丘陵」，孫校本據下「可勝者攻也」句李注改。按：孫校善，從之。

〔六〕此處佑注，原係編者綜合上述諸句之注文而成，故文意多不銜接，且有錯漏。「使兵士練習」脱「士」

字，「以此守備之固」作「以此守備之故」，「制敵在外」上又脱「守備之固」，「守備之固自修理」又作「故自修理」。今均據通典卷一五二補正。

〔七〕簡本無「戰」字。

〔八〕「敵之可勝」，簡本無「之」字，平津本與武經本「之」下有「必」字，櫻田本同。通典卷一五二與御覽卷三二二引「之」則作「必」。御覽卷三一九又引作「必不可勝已」。孫校本據通典改「之」爲「必」，校釋從之，善。據各家注意，當作「必」。

〔九〕「强令」，原本誤作「强今」，孫校本已正，是。

〔一〇〕此處佑注首句原本作「在己故練兵士」，非唯語意不明，且與經意亦有未合，故據通典卷一五二改。

〔一一〕以上兩句，御覽卷三一九引作「不可勝則守，可勝則攻」。又，原文「備」上脱「己」字，今亦據補。

〔一二〕此處李注「攻其城，則尚橦棚……」，原文作「攻則橦棚……」，無「其」、「城」、「尚」三字，孫校本據上「不可勝在己，可勝在敵」句李注增改。「犄角勢連」之「犄角」亦然。按：孫校本增改之，善，非唯使注文前後一致，且亦可使文意更加明晰，從之。

〔一三〕「彼寡我衆」，孫校説原本誤作「彼衆我寡」，因予改之。唯此宋本則固作「彼寡我衆」，不誤，是其所據本誤也。

〔一四〕此句通行諸本無異，簡本則作「守則有餘，攻則不足」，校釋從改。按：漢人言兵，固有以「攻不足」而

「守有餘」立説者，如漢書趙充國傳即稱「臣聞兵法：攻不足者守有餘」。但亦有言「守不足」而「攻有餘」者，如後漢書皇甫嵩傳即稱「彼守不足，我攻有餘」。此句曹注亦如此。按此二説皆可通，唯角度不同而已，今兩存之。

〔一五〕此處經文簡本誤脱「善攻者」三字，如此則「藏於九地」與「動於九天」兩句之主語即皆爲「善守者」矣。按：此節皆以「攻」、「守」相對成文，而「動於九天之上」又顯係以「善攻者」爲言，故當有此三字。

〔一六〕以上曹注，平津本止存「喻其深微」四字。而由下佑注觀之，原注似不止此，故並存之。

〔一七〕如上李注「魏武不明二遁」，孫校本改「二」爲「于」，是其疏於「遁甲」之術矣。又，「知三避五」，原文「知」作「之」，孫校本正之，是。

〔一八〕以上佑注「爲水火之變」，原本脱「爲」字；「若動於九天之上」，原本又脱「動」字，今均據通典卷一六〇補。

〔一九〕以上兩句之「非善之善者也」，簡本無「善之」二字，御覽卷三二二引無「者」字，且「曰」下又有「軍」字，皆無取。

〔二〇〕此處曹注，平津本同，唯多一「者」字，孫校本據御覽改爲「交争勝也」，且下又補「故太公曰：『争勝於白刃之□，非良將也』」十餘字。今仍之，並存孫説。

〔二一〕「見」，簡本作「視」。

〔二二〕「勝於易勝」，諸通行本無異，簡本無「於」字，御覽卷三二二引「於」亦作「勝」，孫校本從之，作「勝勝易勝」。按：「勝」字重文，迨有字誤，似未足據，今仍之。

〔二三〕「善戰者之勝也」，簡本作「善者之戰」，御覽卷三二二引「之勝」作「之所勝」。「無智名」前簡本又有「無奇勝」三字，校釋據補。「無勇功」，御覽引「功」作「攻」，亦非是。

〔二四〕「敵兵形未成」，孫校説原本作「敵兵形未形」，是孫氏所據本如此，此宋本則固作「未成」也。

〔二五〕簡本無「戰」字。

〔二六〕平津本與武經各本無「必」字，櫻田本同。

〔二七〕「常於勝未形」，原本如此，孫校本同。按：此句文意不順，似當作「常勝於未形」。

〔二八〕「措兵以勝之」，原本「勝」作「能」，孫校本改爲「勝」，是，從之。

〔二九〕「立於不敗之地」，御覽卷三二二引作「立於不敢敗之地」，且於「不失敵之敗也」下又有「勝者」二字。

〔三〇〕此處簡本上句無「求」字，長短經料敵與御覽卷三二二引同。「勝兵」、「敗兵」，御覽又作「勝者之兵」、「敗者之兵」。

〔三一〕「治」，原本作「理」，乃避唐諱而改，今予正之，下同，不另出校。

〔三二〕簡本「善用兵者」作「故善者」，「勝敗之政」作「勝敗正」，校釋從之。按：原文固可通，且諸通行本亦皆如此，故並存之。

〔三三〕「軍嚴肅」，疑作「軍令嚴肅」，語意方爲完足。

〔三四〕「兵法」，簡本無「兵」字，校釋從之。

〔三五〕 原本脱「已與」二字，今據平津本補。

〔三六〕 「故」，原本誤作「數」，今亦據平津本改。

〔三七〕 原本「杜佑」下又有「李筌」二字。按：李注上文已見，此處不當再出，孫校本與中華本均予删之，是。

〔三八〕 「勝敗之要」，原本「敗」誤作「則」，孫校本已正，是。

〔三九〕 此句簡本作「稱勝者戰民也」，校釋從之，善。平津本與武經諸本作「勝者之戰」，亦可通；唯御覽二九一引作「勝之戰者」，則似有誤。

〔四〇〕 「其勢疾也」，原本作「其高勢疾也」，而平津本曹注本則無「高」字。按「高」字迨涉「千仞」之義而衍，孫校本删，是，從之。

十一家注孫子卷中

勢篇〔一〕

曹操曰：用兵任勢也。○李筌曰：陳以形成，如決建瓴之勢，故以是篇次之。○王晳曰：勢者，積勢之變也。善戰者，能任勢以取勝，不勞力也。○張預曰：兵勢已成，然後任勢以取勝，故次形。

①**孫子曰：凡治衆如治寡，分數是也；**

曹操曰：部曲爲分，什伍爲數。○李筌曰：善用兵者，將鳴一金，舉一旌，而三軍盡應；號令既定，如寡焉。○杜牧曰：分者，分別也；數者，人數也。言部曲行伍，皆分別其人數多少，各任偏裨長伍，訓練昇降，皆責成之〔二〕，故我所治者寡也，韓信曰「多多益辦」是也。○陳皥曰：若聚兵既衆，即須多爲部伍。部伍之内，各有小吏以主之。故分其人數，使之訓齊決斷；遇敵臨陳，授以方畧，則我統之雖衆，治之益寡。○孟氏曰：分，隊伍也；數，兵之大數也。分數多少，制置先定。○梅堯臣曰：部伍、奇正之分數，各有所統。○王晳曰：分數，謂部曲也。偏裨各有部，分與其人數，若師、旅、卒、兩之屬。○張預曰：統衆既多，必先分偏裨之任，定行伍之數，使不相亂，然後可用。故治兵之法：一人曰獨，二人曰比，三人曰參，比參爲伍，五人爲列，二列爲火，五火爲隊，二隊爲官，二官爲曲，二曲爲部，二部爲校，二校爲裨，二裨爲軍。遞相統屬，各加訓練，雖治百萬之衆，如治寡也。

鬭衆如鬭寡〔三〕，形名是也；

曹操曰：旌旗曰形，金鼓曰名。○杜牧曰：旌旗、鐘鼓〔四〕，敵亦有之，我安得獨爲形名？鬭衆如鬭寡也。夫形者，陳形也；名者，旌旗也。戰法曰：「陳間容陳，足曳白刃。」故大陳之中，復有小陳，各占地分，皆有陳形。旗者，各依方色，或認以鳥獸，某將某陳，自有名號。形名已定，志專勢孤，人自爲戰，敗則自敗，勝則自勝，戰百萬之兵，如戰一夫，此之是也。○陳皡曰：夫軍士既衆，分布必廣，臨陳對敵，遞不相知，故設旌旗之形，使各認之。進退遲速，又不相聞，故設金鼓以節之。所以令之曰：「聞鼓則進，聞金則止。」曹説是也。○梅堯臣曰：形以旌旗，名以采章；指麾應速，無有後先。○王晳曰：曹公曰：「旌旗曰形，金鼓曰名。」晳謂：形者，旌旗、金鼓之制度；名者，各有其名號也。○張預曰：軍政曰：「言不相聞，故爲鼓鐸；視不相見，故爲旌旗。」今用兵既衆，相去必遠，耳目之力，所不聞見。故令士卒望旌旗之形而前却，聽金鼓之號而行止，則勇者不得獨進，怯者不得獨退，故曰：「此用衆之法也。」

三軍之衆，可使必受敵而無敗者，奇正是也〔五〕；

曹操曰：先出合戰爲正，後出爲奇。○李筌曰：當敵爲正，傍出爲奇。將三軍，無奇兵，未可與人爭利。漢吴王濞擁兵入大梁，吴將田伯禄説吴王曰：「兵屯聚而西，無他奇道，難以立功。臣願得五萬人，别循江淮而上，收淮南、長沙，入武關，與大王會。此亦一奇也。」不從。遂爲周亞夫所敗。此則有正無奇。○杜牧曰：解在下文。○賈林曰：當敵以正陳，取勝以奇兵，前後左右俱能相應，則常勝而不敗也。○梅堯臣曰：動爲奇，静爲正；静以待之，動以勝之。○王晳曰：「必」當作「畢」，字誤也。奇正還相生，故畢受敵而無敗也。○何氏曰：兵體萬變，紛紜混沌，無不是正，無不是奇。若兵以義舉者，正也；臨敵合變者，奇也。我之正，使敵視之爲奇；我之奇，使敵視之爲正。正亦爲奇，奇亦爲正。大抵用兵皆有奇正；無奇正而勝者，幸勝也，浪戰也。如韓信背水而陳，以兵循山，而拔趙幟，以破其國，則背水正也，循山奇也。信又盛兵臨晉，而以木罌從夏陽襲安邑，而虜魏王豹，則臨晉正也，夏陽奇也。由是觀之，受敵無敗者，奇正之謂也。尉繚子曰：「今以鏌鋣之利、犀兕之堅，三軍之衆有所奇正，則天下莫當其戰矣。」○張預曰：三軍雖衆，使人人皆受敵而不敗者，在乎奇正也。奇正之説，諸家不同。尉繚子則曰：「正兵貴先，奇兵貴後。」曹公則曰：「先出合戰爲正，後出爲奇。」李衛公則曰：「兵以前向爲正，後却爲奇。」此皆以正爲正，以奇爲奇，曾不説相變循環之義。唯唐太宗曰：「以奇爲正，使敵視以爲正，則吾以奇擊之；以正爲奇，使敵視以爲奇，則吾以正擊之。混爲一法，使敵莫測。」茲最詳矣。

兵之所加，如以碫投卵者，虚實是也〔六〕；

曹操曰：以至實擊至虚。○李筌曰：碫實卵虚，以實擊虚，其勢易也。○孟氏曰：碫，石也。兵若訓練至整，部領分明，更能審料敵情，委知虚實，後以兵而加之，實同以碫石投卵也。○梅堯臣曰：碫，石也，音遐。以實擊虚，猶以堅破脆也。○王晳曰：鍛，治鐵也。○何氏曰：用兵識虚實之勢，則無不勝。○張預曰：下篇曰「善戰者，致人而不致於人」，此虚實彼我之法也。引致敵來，則彼勢常虚；不往赴彼，則我勢常實。以實擊虚，如舉石投卵，其破之必矣。夫合軍聚衆，先定分數；分數明，然後習形名；形名正，然後分奇正；奇正審，然後虚實可見矣。四事所以次序也。

②**凡戰者，以正合，以奇勝**〔七〕。

曹操曰：正者當敵，奇兵從傍擊不備也。○李筌曰：戰無其詐，難以勝敵。○杜佑曰：正者當敵，奇者從傍擊不備。以正道合戰，以奇變取勝也。○梅堯臣曰：用正合戰，用奇勝敵。○何氏曰：如戰國廉頗爲趙將，秦使間曰：「秦獨畏趙括耳，廉頗易與，且降矣。」會頗軍多亡失，數敗，堅壁不戰。又聞秦反間之言，使括代頗。至，則出軍擊秦。秦軍佯敗而走，張二奇兵以刼之。趙軍逐勝，追造秦壁，壁堅拒不得入。而秦奇兵二萬五千絶趙軍後，又五千騎絶趙壁間。趙兵分爲二，糧道絶〔八〕，括卒敗。又，隋突厥犯塞〔九〕，煬帝令唐高祖與馬邑太守王仁恭率衆備邊〔一〇〕。會虜寇馬邑，仁恭以衆寡不敵，有懼色。高祖曰：「今主上遐遠，孤城絶援，若不死戰，難以圖全。」於是親選精騎四千，出爲遊軍，居處飲食，隨逐水草，一同於突厥。見虜候騎，但馳騁獵耳，若輕之。及與虜相遇，則掎角置陳，選善射者爲别隊，持滿以待之。虜莫能測，不敢決戰。因縱奇兵擊走之，獲其特勒所乘駿馬，斬首千餘級。又，太宗選精鋭千餘騎爲奇兵，皆黑衣玄甲，分爲左右隊，建大旗，令騎將秦叔寶、程齩金等分統之。每臨寇，太宗躬被玄甲，先鋒率之，候機而進，所向摧殄，常以少擊衆，賊徒氣懾。又，五代漢高祖在晉陽，郭進往依之，漢祖壯其材。會北虜屠安陽城，因遣進攻拔之，戎人遁去，授坊州刺史。虜主道斃，高祖出奇兵井陘，進以間道先入洺北，因定河北。此皆以奇勝之迹也。〇張預曰：兩軍相臨，先以正兵與之合戰，徐發奇兵或擣其旁、或擊其後以勝之，若鄭伯禦燕師，以三軍軍其前，以潛軍軍其後是也。

故善出奇者〔一一〕，無窮如天地，

李筌曰：動静也。

不竭如江河〔一二〕。

李筌曰：通流不絶。○杜佑曰：言應變出奇無窮竭。○張預曰：言應變出奇，無有窮竭。

終而復始，日月是也；死而復生〔一三〕，**四時是也。**

李筌曰：奇變如日月、四時，虧盈、寒暑不停。○杜佑曰：日月運行，入而復出；四時更王〔一四〕，興而復廢。言奇正變化，或若日月之進退、四時之盛衰也。○張預曰：日月運行，入而復出；四時更王〔一五〕，盛而復衰。喻奇正相變，紛紜渾沌，終始無窮也。

聲不過五〔一六〕，

李筌曰：宮、商、角、徵、羽也。

五聲之變，不可勝聽也〔一七〕。

李筌曰：變入八音，奏樂之曲，不可盡聽。

色不過五，

李筌曰：青、黄、赤、白、黑也。

五色之變，不可勝觀也〔一八〕。**味不過五，**

李筌曰：酸、辛、鹹、甘、苦也。

五味之變，不可勝嘗也。

曹操曰：自「無窮如天地」已下，皆以喻奇正之無窮也。○李筌曰：五味之變，庖宰鼎飪也。○杜牧曰：自「無窮如天地」已下，皆喻八陳奇正也。○張預曰：引五聲、五色、五味之變，以喻奇正相生之無窮。

戰勢不過奇正〔一九〕，奇正之變，不可勝窮也。

李筌曰：邀截掩襲，萬途之勢，不可窮盡也。○梅堯臣曰：奇正之變，猶五聲、五色、五味之變，無盡也。○王皙曰：奇正者，用兵之鈐鍵，制勝之樞機也。臨敵運變，循環不窮，窮則敗也。○孟氏曰：六韜云：「奇正發於無窮之源。」○張預曰：戰陳之勢，止於奇正一事而已；及其變而用之，則萬途千轍，烏可窮盡？

奇正相生，如循環之無端〔二〇〕，孰能窮之？

李筌曰：奇正相依而生，如環團圓，不可窮端倪也。○梅堯臣曰：變動周旋之不極。○王皙曰：敵不能窮我也。○何氏曰：奇正生而轉相爲變，如循歷其環，求首尾之莫窮也。○張預曰：奇亦爲正，正亦爲奇，變化相生，若循環之無本末，誰能窮詰？

③激水之疾，至於漂石者，勢也〔二一〕；

孟氏曰：勢峻，則巨石雖重，不能止。○杜佑曰：言水性柔弱，石性剛重，至於漂轉大石，投之洿下，皆由急疾之流，激得其勢。○張預曰：水性柔弱，險徑要路，激之疾流，則其勢可以轉巨石也。

鷙鳥之疾，至於毁折者，節也〔二二〕。

曹操曰：發起擊敵。○李筌曰：柔勢可以轉剛，況於兵者乎？彈射之所以中飛鳥者，善於疾而有節制。○杜牧曰：勢者，自高注下，得險疾之勢，故能漂石也。節者，節量遠近則搏之，故能毁折物也。○杜佑曰：發起討敵，如鷹鸇之攫撮也〔二三〕，必能挫折禽獸者，皆由伺候之明，邀得屈折之節也。王子曰：「鷹隼一擊，百鳥無以争其勢；猛虎一奮，萬獸無以争其威。」○梅堯臣曰：水雖柔，勢迅則漂石；鷙雖微，節勁則折物。○王晳曰：鷙鳥之疾，亦勢也，由勢然後有搏擊之節。下要云險，故先取漂石以喻也。○何氏曰：水能動石，高下之勢也；鷙能搏物，能節其遠近也。○張預曰：鷹鸇之擒鳥雀，必節量遠近，伺候審而後擊，故能折物。尉繚子曰：「便吾器用，養吾武勇，發之如鳥擊。」李靖曰：「鷙鳥將擊，卑飛斂翼。」皆言待之而後發也。

是故善戰者，其勢險，

曹操、李筌曰：險，猶疾也。○杜牧曰：險者，言戰争之勢，發則殺人，故下文喻如彍弩。○王晳曰：險者，折以致其疾也，如水得險隘而成勢。

其節短〔二四〕。

曹操、李筌曰：短，近也。○杜牧曰：言以近節也。如鷙鳥之發，近則搏之，力全志專，則必獲也。○杜佑曰：短，近也；節，斷也。短近，言能因危取勝，以卒擊近也。○梅堯臣曰：險則迅，短則勁，故戰之勢，當險疾而短近也。○王晳曰：鷙之能搏者，發必中，來勢遠，而所搏之節至短也。兵之乘機，當如是耳。曹公曰：「短者，近也。」○孟氏同杜牧注。○張預曰：險，疾；短，近也。言善戰者，先度地之遠近、形之廣狹，然後立陳，使部伍行列相去不遠。其進擊，則以五十步爲節，不可過遠，故勢迅則難禦，節近則易勝。

勢如彍弩，節如發機。

曹操曰：在度不遠，發則中也。○李筌曰：弩不疾，則不遠；矢不近，則不中。勢尚疾，節務速。○杜牧曰：彍，張也。如弩已張，發則殺人，故上文云「其勢險」也。機者，固須以近節量之，然後必能中，故上文云「其節短」。短，乃近也。此言戰陳不可遠逐敵人，恐有隊伍離散斷絶，反爲敵所乘也。故牧野誓曰「六步、七步，四伐、五伐」，是以近也。○陳皞曰：弩之發機，近則易中；戰之遇敵，疾則易捷。若趨馳不速，奮擊不近，則不能克敵而全勝。○賈林曰：戰之勢，如弩之張；兵之勢，如機之發。○梅堯臣曰：彍，音霍，彍張也。如弩之張，勢不逡巡；如機之發，節近易中也。○王晳曰：戰勢如弩之張者，所以有待也；待其有可乘之勢，如發其機。○何氏曰：險，疾也；短，近也。此言擊戰得形，便如張弩發機，勢宜疾速，仍利於便近，不得追擊過差也。故太公曰：「擊如發機者，所以破精微也。」○張預曰：如弩之張，勢不可緩；如機之發，

節不可遠。言趨利尚疾，奮擊貴近也。故太公曰：「擊如發機者，所以破精微也。」○〔二五〕

④**紛紛紜紜，鬭亂而不可亂也；渾渾沌沌，形圓而不可敗也**〔二六〕。

曹操曰：旌旗亂也；示敵若亂，以金鼓齊之。車騎轉而形圓者，出入有道，齊整也〔二七〕。○李筌曰：紛紜而鬭，示如可亂；建旌有部，鳴金有節，是以不可亂也。渾沌，合雜也。形圓，無向背也。示敵可敗而不可敗者，號令齊整也。○杜牧曰：此言陳法也。風后握奇文曰：「四爲正，四爲奇，餘奇爲握。奇音機，或總稱之。先出游軍定兩端。」此之是也。奇者，零也。陳數有九，中心有零者，大將握之不動，以制四面八陳，而取準則焉。其人之列，面面相向，背背相承也。周禮：「蒐苗獮狩，車驟徒趨，及表乃止；進退疾徐，疏密之節，一如戰陳。」表，乃旗也。旗者，蓋與民期於下也。握奇文曰：「先出游軍定兩端，然後軍士赴之，兵於旗下，乃出奇正，變爲陳也。」周禮「蒐苗獮狩，車驟徒趨，及表乃止」，此則八陳遺制。握奇之文，止此而已；其餘之詞，乃後之作者增加之，以重難其事耳。夫五兵之利，無如弧矢之利，以威天下。五兵同致，天獨有弧矢星。聖人獨言弧矢能威天下，不言他兵，何也？蓋戰法利於弧矢者，非得陳不見其利。故黄帝勝於蚩尤，以中夏車徒制夷虜騎士，此乃弧矢之利也。在於近代，可以驗之者，晉武時，羌陷涼州，司馬督馬隆請募勇士三千平之，募腰引弩三十六鈞，弓四鈞，立標簡試。軍西渡温水，虜樹機能以衆萬計遏隆。隆依八陳法，且戰且前，弓矢所及〔二八〕，人皆應弦而倒，誅殺萬計，涼州遂平。隋時，突厥入寇，楊素擊之。先是諸將與虜戰，每虞胡騎奔突，皆戎車徒步相參，舁鹿角爲方陳，騎在其内。素至，悉除舊法，令諸軍各爲步騎。突厥聞之，以手加額，仰天曰：「天賜我也〔二九〕。」大率精騎十餘萬而至。素一戰大破之。此乃以徒步制騎士，若非有陳法，知開闔首尾之道，安能致勝也？曲禮曰：「行前朱雀而後玄武，左青龍而右白虎，招摇在上，急繕其怒。」鄭司農云：「以四獸爲軍陳，象天也。」孔疏曰：「此言軍行象天文而作陳法，但不知作之何如耳。」何徹云：「畫此四獸於旌旗上，以標前後左右之陳也。『急繕其怒』，言其卒之勁利威怒如天之怒也。『招摇』，北斗杓第七星也。舉此，則六星可知也。陳象天文，即北斗也。」復曰：「進退有度。」鄭司農注曰：「度，謂伐與步數也。」孔疏曰：「如牧野誓云『六步、七步，四伐、五伐』是也。」復曰：「左右有局。」鄭司農注曰：「局是步分。」孔疏曰：「言軍之左右各有部分，進則就敵，退則就列，不相差濫也。」下文復曰：「父之讎，弗與共戴天；兄弟之讎，不返兵；交遊之讎，不同國。四郊多壘，此卿大夫之辱也。」此言讎辱至於戰爭，期在必勝，固不可不知陳法也。其文故相次而言，乃聖賢之深旨矣。軍志曰：「陳間容陳，足曳白刃；隊間容隊，可與敵對。前禦其前，後當其後；左防其左，右防其右。行必魚貫，立必鴈行；長以參短，短以參長。回軍轉陳，以前爲後，以後爲前。進無奔迸，退無違走。四頭八尾，觸處爲首；敵衝其中，兩頭俱救。」此亦與曲禮之說同。數起於五，而終於八。今夔州州前，諸葛武侯以石縱横八行，布爲方陳，奇正之出，皆生於此，奇亦爲正之正，正亦爲奇之奇，彼此相用，循環無窮也。諸葛出斜谷，以兵少，但能正用六數。今盩厔司竹園乃有舊壘。司馬懿以十萬步騎不敢決戰，蓋知其能也。○杜佑曰：旌旗亂也；示敵若亂，以金鼓齊之。紛紛，旌旗像；紜紜，士卒貌。言旌旗翻轉，一合一離。士卒進退，或往或來。視之若散，擾之若亂。然其法令素定，度職分明，各有分數，擾而不亂者也。車騎齊轉，形圓者，出入有道，齊整也。渾渾，車輪轉行；沌沌，步驟奔馳。視其行陳縱横，圓而不方，然而指趨各有所應。故王子曰：「將欲内明而外暗，内治而外混，所以示敵之輕已者也〔三〇〕。」○梅堯臣曰：分數已定，形名已立，離合散聚，似亂而不能亂。形無首尾，應無前後，陽旋陰轉，欲敗而不能敗。○王晳曰：曹公曰：「旌旗亂也；示敵若亂，以金鼓齊之矣。」晳謂紛紜，鬬亂之貌也；不可亂者，節制嚴明耳。又，曹公曰：「車騎轉而形圓者，出入有道，齊整也。」晳謂渾沌，形圓不測之貌也；不可敗者，無所隙缺，又不測故也。○何氏曰：此言鬬勢也。善將兵者，進退紛紛，似亂；然士馬素習，旌旗有節，非亂也。渾沌，形勢乍離乍合，人以爲敗；而號令素明，離合有勢，非可敗也。形圓，無行列也。○張預曰：此八陳法也。昔黄帝始立丘井之法，因以制兵，故井分四道，八家處之。「井」字之形，開方九焉，五爲陳法，四爲閑地，所謂「數起於五」也。虚其中，大將居之，環其四面，諸部連繞，所謂「終於八」也。及乎變化制敵，則紛紜聚散，鬬雖亂而法不亂；渾沌交錯，形雖圓而勢不散。所謂分而成八、復而爲一也。後世武侯之方陳，李靖之「六花」，唐太宗之破陳樂舞，皆其遺制也。

⑤**亂生於治，怯生於勇，弱生於彊。**

曹操曰：皆毀形匿情也。○李筌曰：恃治之整，不撫其下而多怨，其亂必生。秦并天下，銷兵焚書，以列國爲郡縣，而秦自稱始皇，都關中，以爲至萬代有之。至胡亥矜驕，陳勝、吴廣乘弊而起，所謂「亂生於治」也。以勇陵人，爲敵所敗。秦王苻堅鼓行伐晉，勇也；及其敗，聞風聲鶴唳，以爲晉軍，是其怯也，所謂「怯生於勇」也。吴王夫差兵無敵於天下，陵齊於黄池，陵越於會稽，是其彊也；爲越所敗，城門不守，兵圍王宫，殺夫差而併其國，所謂「弱生於彊」也。○杜牧曰：言欲僞爲亂形以誘敵人，先須至治，然後能爲僞亂也。欲僞爲怯形以伺敵人，先須至勇，然後能爲僞怯也。欲僞爲弱形以驕敵人，先須至彊，然後能爲僞弱也。○賈林曰：恃治則亂生，恃勇彊則怯弱生。○梅堯臣曰：治則能僞爲亂，勇則能僞爲怯，彊則能僞爲弱。○王皙同梅堯臣注。○何氏曰：言戰時爲奇正形勢以破敵也。我兵素治矣，我士素勇矣，我勢素彊矣，若不匿治、勇、彊之勢，何以致敵？須張似亂、似怯、似弱之形，以誘敵人，彼惑我誘之之狀，破之必矣。○張預曰：能示敵以紛亂，必己之治也；能示敵以懦怯，必己之勇也；能示敵以羸弱，必己之强也。皆匿形以誤敵人。

治亂，數也；

曹操曰：以部分名數爲之，故不可亂也〔三二〕。○李筌曰：歷數也。百六之災，陰陽之數，不由人興，時所會也。○杜牧曰：言行伍各有分畫，部曲皆有名數，故能爲治，然後能爲僞亂也。夫爲僞亂者，出入不時，樵採縱橫，刁斗不嚴是也。○賈林曰：治亂之分，各有度數。○梅堯臣曰：以治爲亂，存之乎分數。○王皙曰：治亂者，數之變。數，謂法制。○張預曰：實治而僞示以亂，明其部曲行伍之數也，上文所謂「治衆如治寡，分數是也」。

勇怯，勢也；

李筌曰：夫兵，得其勢則怯者勇，失其勢則勇者怯。兵法無定，惟因勢而成也。○杜牧曰：言以勇爲怯者也。見有利之勢而不動，敵人以我爲實怯也。○陳皞曰：勇者，奮速也；怯者，淹緩也。敵人見我欲進不進，即以我爲怯也。必有輕易之心，我因其懈惰，假勢以攻之。龍且輕韓信，鄭人誘我師是也。○孟氏注同陳皞。○梅堯臣曰：以勇爲怯，示之以不取。○王皙曰：勇怯者，勢之變。○張預曰：實勇而僞示以怯，因其勢也。魏將龐涓攻韓，齊將田忌救之。孫臏謂忌曰：「彼三晉之兵，素悍勇而輕齊，齊號爲怯。善戰者，因其勢而利導之，使齊軍入魏地，日減其竈。」涓聞之大喜，曰：「吾素知齊怯。」乃倍日并行逐之，遂敗於馬陵。

彊弱，形也。

曹操曰：形勢所宜。○杜牧曰：以彊爲弱，須示其形，匈奴冒頓示婁敬以羸老是也。○陳皞曰：楚王毁中軍以張隨人，用爲後圖，此類也。○梅堯臣曰：以彊爲弱，形之以羸懦。○王晳曰：彊弱者，形之變。○何氏曰：形勢暫變，以誘敵戰，非怯非弱也。示亂不亂，隊伍本整也。○張預曰：實彊而僞示以弱，見其形也。漢高祖欲擊匈奴，遣使覘之。匈奴匿其壯士肥馬，見其弱兵羸畜。使者十輩，皆言可擊。惟婁敬曰：「兩國相攻，宜矜誇所長；今徒見老弱，必有奇兵，不可擊也。」帝不從，果有白登之圍。

⑥故善動敵者，形之，敵必從之〔三二〕；

曹操曰：見羸形也。○李筌曰：善誘敵者，軍或彊，能進退其敵也。晉人伐齊，斥山澤之險，雖所不至，必旆而疏陳之，輿曳柴從之。齊人登山而望晉師，見旌旗揚塵，謂其衆而夜遁。則晉弱齊爲彊也。齊伐魏，將田忌用孫臏謀，減竈而趨大梁。魏將龐涓逐之，曰：「齊虜何其怯也〔三三〕！入吾境，亡者半矣。」及馬陵，爲齊人所敗，殺龐涓，虜魏太子而旋。形以弱，而敵從之也。○杜牧曰：非止於羸弱也。言我彊敵弱，則示以羸形，動之使來；我弱敵彊，則示之以彊形，動之使去。敵之動作，皆須從我。孫臏曰：「齊國號怯，三晉輕之。令入魏境爲十萬竈，明日爲五萬竈。」魏龐涓逐之，曰：「齊虜何怯也！入吾境土，亡者太半。」因急追之。至馬陵，道狹，臏乃斫木書之曰：「龐涓死此樹下。」伏弩於側，令曰：「見火始發。」涓至，鑽燧讀之；萬弩齊發，龐涓死。此乃示以羸形，能動龐涓，遂來從我而殺之也。隋煬帝於鴈門爲突厥始畢可汗所圍，太宗應募救援，隸將軍雲定興營。將行，謂定興曰：「必多齎旗鼓，以設疑兵。且始畢可汗敢圍天子，必以我倉卒無援；我張吾軍容，令數十里〔三四〕，晝則旌旗相續，夜則鉦鼓相應，虜必以爲救兵雲集，覩塵而遁。不然，彼衆我寡，不能久矣。」定興從之，師次崞縣，始畢遁去。此乃我弱敵彊，示之以彊，動之令去。故敵之來去，一皆從我之形也。○梅堯臣曰：形亂弱而必從。○王晳曰：誘敵使必從。○何氏曰：移形變勢，誘動敵人；敵昧於戰，必落我計中而來，力足制之。○張預曰：形之以羸弱，敵必來從。晉楚相攻，苗賁皇謂晉侯曰：「若欒、范易行以誘之，中行、二郤必克二穆。」果敗楚師。又，楚伐隨〔三五〕，羸師以張之。季良曰：「楚之羸，誘我也。」皆此二義也〔三六〕。

予之，敵必取之。

曹操曰：以利誘敵，敵遠離其壘，而以便勢擊其空虛孤特也。○杜牧曰：曹公與袁紹相持官渡，曹公循河而西，紹於是渡河追公。公營南阪，下馬解鞍。時白馬輜重就道，諸將以爲敵騎多，不如還營。荀攸曰：「此所以餌敵也，安可去之？」紹將文醜與劉備將五六千騎，前後繼至，或分趨輜重。公曰：「可矣。」乃皆上馬。時騎不滿六百人，遂大破之，斬文醜。○梅堯臣曰：示畏怯而必取。○王晳曰：餌敵使必取。「予」、「與」同。○張預曰：誘之以小利，敵必來取。吴以囚徒誘越，楚以樵者誘絞是也。

以利動之，以卒待之〔三七〕。

曹操曰：以利動敵也。○李筌曰：後漢大司馬鄧禹之攻赤眉也，赤眉佯北，棄輜重而遁，車皆載土，覆之以豆。禹軍乏食，競趨之，不爲行列。赤眉伏兵奄至，擊之，禹大敗。則其義也。○杜牧曰：以利動敵，敵既從我，則嚴兵以待之。上文所解是也。○梅堯臣曰：以上數事，動誘敵而從我〔三八〕，則以精卒待之。○王晳曰：或使之從，或使之取，必先嚴兵以待之也。○何氏曰：敵貪我利，則失行列；利既能動，則以所待之卒擊之，無不勝也。如曹公西征馬超，與超夾關爲軍。公急持之，而潛遣徐晃、朱靈等夜渡蒲坂津，據河西爲營。公自潼關北渡，未濟。超赴船急戰，公放牛馬以餌賊。賊亂取牛馬，公得渡，循河爲甬道而南。賊退距渭口，公乃多設疑兵，潛以舟載兵入渭，爲浮橋，夜分兵結營於渭南。賊夜攻營，伏兵奮擊，破之。十六國南涼秃髮傉檀守姑臧〔三九〕，後秦姚興遣將姚弼等至於城下，傉檀驅牛羊於野，弼衆採掠；傉檀分兵擊，大破之。後魏末，大將廣陽王元深伐北狄，使于謹單騎入賊中，示以恩信。於是西部鐵勒酋長乜列河等三萬餘户並款附，相率南遷。廣陽欲與謹至折敷嶺迎接之，謹曰：「破六汗拔陵兵衆不少，聞乜列河等歸附，必來邀擊。彼若先據險要，則難與争鋒。今以乜列河等餌之，當競來抄掠，然後設伏而待，必指掌破之。」廣陽然其計。拔陵果來邀擊，破乜列河於嶺上，部衆皆没。謹伏兵發，賊遂大敗，悉收得也列河之衆。○張預曰：形之既從，予之又取，是能以利動之而來也，則以勁卒待之。李靖以「卒」爲「本」，「以本待之」者，謂正兵節制之師。

⑦故善戰者〔四〇〕，求之於勢，不責於人，

杜佑曰：言勝負之道，自圖於中，不求之下，責怒師衆，彊使力進也，若秦穆悔過，不替孟明也。

故能擇人而任勢。

一作「故能擇人而任之」。諸家作「任勢」者多矣。○曹操曰：求之於勢者，專任權也；不責於人者，權變明也〔四一〕。○李筌曰：得勢而戰，人怯者能勇，故能擇其所能任之。夫勇者可戰，謹慎者可守，智者可説，無棄物也。○杜牧曰：言善戰者，先料兵勢，然後量人之材，隨短長以任之，不責成於不材者也。曹公征張魯於漢中，張遼、李典、樂進將七千餘人守合淝〔四二〕，教與護軍薛悌，署函邊曰：「賊至乃發。」俄而吴孫權十萬人衆圍合淝，乃共發教曰：「若孫權至者，張、李將軍出戰，樂將軍守，護軍勿得與戰。」諸將皆疑。遼曰：「公征在外，比救至，彼破我必矣。是以教及其未合逆擊之，折其威勢，以安衆心，然後可守。成敗之機，在此一舉。」典與遼同出，果大破孫權。吴人奪氣，還修守備，衆心乃安。權攻城，十日不拔，乃退。孫盛論曰：「夫兵，詭道也。至於合淝之守，懸弱無援，專任勇者，則好戰生患；專任怯者，則懼心難保。且彼衆我寡，衆者必懷貪惰；我以致命之師，擊貪惰之卒，其勢必勝。勝而後守，則必固矣。是以

魏武雜選武力，參以異同，爲之密教，節宣其用，事至而應，若合符契也。」○賈林曰：讀爲「擇人而任勢」，言示以必勝之勢，使人從之，豈更外責於人，求其勝敗？擇勇怯之人，任進退之勢。○陳皥曰：善戰者專求於勢，見利速進，不爲敵先，專任機權，不責成於人。苟不獲已而用人，即須擇而任之。○杜佑曰：權變之明，能簡置於人，任己之形勢也。○梅堯臣曰：用人以勢則易，責人以力則難；能者，當在擇人而任勢。○何氏曰：得勢自勝，不專責人以力也。○王晳曰：謂將能擇人任勢以戰，則自然勝矣。人者，謂偏裨與？○張預曰：任人之法，使貪、使愚、使智、使勇，各任自然之勢，不責人之所不能，故隨材大小，擇而任之。尉繚子曰：「因其所長而用之。」言三軍之中，有長於步者，有長於騎者，因能而用，則人盡其材。又，晉侯類能而使之是也。

任勢者〔四三〕**，其戰人也，如轉木石；木石之性，安則靜，危則動，方則止，圓則行。**

曹操曰：任自然勢也。○李筌曰：任勢御衆，當如此也。○杜佑曰：言投之安地則安，投之危地則危，不知有所回避也。任勢，自然也。方圓之形，猶兵勝負之形。○梅堯臣曰：木石，重物也，易以勢動，難以力移；三軍，至衆也，可以勢戰，不可以力使，自然之道也。○何氏同梅堯臣注。○張預曰：木石之性，置之安地則靜，置之危地則動，方正則止，圓斜則行，自然之勢也。三軍之衆，甚陷則不懼，無所往則固，不得已則鬭，亦自然之道。

故善戰人之勢〔四四〕，如轉圓石於千仞之山者，勢也。

李筌曰：蒯通以爲坂上走丸，言其易也。○杜牧曰：轉石於千仞之山，不可止遏者，在山不在石也；戰人有百勝之勇，彊弱一貫者，在勢不在人也。杜公元凱曰：「昔樂毅藉濟西一戰，能併彊齊，今兵威已成，如破竹數節之後，迎刃自解，無復著手，此勢也。勢不可失。」乃東下建鄴，終滅吴。此篇大抵言兵貴任勢，以險迅疾速爲本，故能用力少而得功多也。○梅堯臣曰：圓石在山，屹然其勢；一人推之，千人莫制也。○王晳曰：石不能自轉，因山之勢而不可遏也；戰不能妄勝，因兵之勢而不可支也。○張預曰：石轉於山而不可止遏者，由勢使之也；兵在於險而不可制禦者，亦勢使之也。李靖曰：「兵有三勢：將輕敵，士樂戰，志勵青雲，氣等飄風，謂之氣勢；關山狹路，羊腸狗門，一夫守之，千人不過，謂之地勢；因敵怠慢，勞役飢渴，前營未舍，後軍半濟，謂之因勢。故用兵任勢，如峻坂走丸，用力至微，而成功甚博也。」

校　記

〔一〕本篇篇題，平津本與武經諸本作「兵勢第五」，櫻田本作「勢篇第五」。孫校本改「勢」爲「埶」，簡本亦正作「埶」。按：「埶」與「勢」乃古今字，孫校本雖確，唯「埶」已不用，故仍依原本。

〔二〕「責」，原本訛作「貴」，孫校本已正，是。

〔三〕御覽卷二七〇引「寡」作「少」。

〔四〕「鐘」，原本誤作「鍾」，今亦依孫校本改正。

〔五〕「可使必受敵而無敗」，此句諸本皆如此，唯簡本「必」作「畢」，校釋從之。王注亦謂當作「畢」，張注亦云「皆受敵」。按：作「畢」善，唯作「必」亦可通，故兩存之。

〔六〕「碬」，孫子諸本皆如此，唯御覽卷二七〇引作「瑕」。孫校謂當作「碫」。簡本作「段」，當爲「碫」之假。校釋從之。菁華録則謂孫校誤，仍當作「碬」。按：菁華録誤也。清孫志祖讀書脞録對此字致訛之由有詳考，謂説文本有「碫」、「碬」二字，今本脱去「碫」字之注，又脱去「碬」字，而以「碫」字之注入於「碬」字之下；楚金不考，而誤因之，反以左傳鄭公孫段作「段」爲誤，謬矣。其説甚碻，故當據改。孫校謂當從「段」作「碫」，頗爲有見，唯其又謂諸本作「碬」者，乃唐以後多「遐」音，因字之譌而作音，則似牽附。故無論經文、注文，凡作「碬」者，皆當爲「碫」。

〔七〕此句長短經奇正作「兵以正合，事以奇勝」，非是。諸本無異文，今仍之。

〔八〕「糧」，原本誤作「被」，明本與孫校本已正，是。

〔九〕「隋」，原本作「唐」，談本同，孫校本亦未改。按：文中雖稱唐高祖備邊，但却爲煬帝所遣，時高祖尚未稱帝，故此朝代仍當爲隋。

〔一〇〕「馬邑」，「邑」原本作「也」，顯誤，今正之。

〔一一〕孫校謂書鈔作「善出兵」於義爲長；遺説則謂原文當作「善出奇正」，不言「正」者，闕文也；御覽卷二一八二引又作「善奇」。按：孫子之意，重在善出「奇」，故仍依原本。

〔一二〕「江河」，十一家注各本皆如此，而曹注本與武經各本則作「江海」，簡本則又作「河海」，今並存之。

〔一三〕「復生」，平津本與武經諸本作「更生」，櫻田本與御覽卷二八二引同，今亦兩存之。

〔一四〕「更王」，原本及明本皆如此，孫校本同，而中華校點本則改「王」爲「互」，查通典卷一五六佑注作「更王」，而卷一六一「五行無常勝，四時無常位」佑注「言五行更王，四時迭用」，亦作「更王」。按：此「王」通「旺」，莊子養生主「神雖王，不善也」，即言「旺」，盛也。故四時更迭，互爲盛衰，固可言「更王」，原文不誤，故仍之。唯作「互」亦可通，故亦存之。

〔一五〕「四時更王」之「王」字，原本殘，明本與孫校本作「互」。按：上佑注及通典兩引皆作「王」，且可通，故仍之，不必改字。

〔一六〕「聲不過五」，長短經還師作「聲不過五聲」，以下「色不過五」與「味不過五」之下亦重「色」、「味」二字。

〔一七〕「聽」，御覽卷二八二引作「聞」。

〔一八〕「觀」，書鈔卷一一〇引作「視」。

〔一九〕「戰勢」，長短經奇正引作「戰勝」，御覽卷二八二引又作「戰數」，皆非是。

〔二〇〕如上兩句，通行諸本皆如此，而簡本「相生」作「環相生」，「如循環」無「循」字，長短經奇正與御覽卷二八二引亦無，史記田單列傳贊與文選張景陽雜詩注引並同。校釋從刪。按：孫子故書當止有「環」字，且「環」

指玉環，作「如環之無端」文意已足，何必「循」之而始知其無端乎？故有此字反覺複贅，當以無之爲善。

〔二一〕「激水之疾」，此句諸本亦無歧異，唯簡本無「激」字，御覽卷二八二引同，而通典卷一五四引則有，長短經勢略引則又作「水之弱」，今仍之。

〔二二〕「鷙鳥之疾」，此句諸本皆如此，唯御覽卷二八二引「疾」作「擊」，孫校是之，校釋亦從之。按：除孫校引呂覽作「擊」外，史記越王句踐世家與淮南兵略引亦並言「擊」，曹、杜、張等家注亦作「擊」，故以作「擊」爲是。

〔二三〕「如鷹鸇之攫撮」，孫校本改「撮」爲「搏」，中華校點本同。按：通典卷一五四引作「撮」，取也，於義固通，並非字誤，故當仍之。唯通典「鸇」作「鷂」，且「之」下又有「所」字，此其有異於原本也。

〔二四〕以上兩句「其勢險，其節短」，總要卷三引文互倒，非是。

〔二五〕通典卷一五四此句經文下又有杜佑注云：「在度之内，不遠發則中。彍，張也，言形勢之彍，如弩之張；奔擊之易，如機之發也。故太公曰：『擊之如發機，所以破精微也。』」

〔二六〕此句之下，長短經教戰又有「此用衆之法也」，迨非經文，乃趙氏注語，故無取。

〔二七〕此處曹注，平津本原爲兩節，分置於經文「不可亂」與「不可敗」兩句之後，且文字與此有異，作「亂旌旗以示敵，以金鼓齊之也。車騎轉也，形圓者，出入有道，齊整也」。今並存之，以相參較。唯原本「車騎」作「卒騎」，孫校本據通典改「卒」爲「車」，是，今從之。

〔二八〕「及」，原本無，今依孫校本補。

〔二九〕「仰天」，原本「天」誤作「大」，依孫校本正之。

〔三〇〕以上佑注，通典卷一四九畧同，唯「然而」作「然則」，句末又有「渾，胡本反；沌，陟損反」八字。

〔三一〕此句曹注，原本「部」下有「曲」字，「不」下無「可」字，今據平津本删「曲」字，並補「可」字。

〔三二〕此句諸本無異，唯總要卷三引作「善動者形之，形之，敵必從之」，無取。總要引文，殊不嚴謹，率多改易，以下凡無關文意者，概不出校。

〔三三〕「齊虜」，原本誤作「齊」。孫校本已改，是。下牧注所引即作「齊虜」，今從之。

〔三四〕「令」，原本又誤作「今」。亦從孫校本改。

〔三五〕「楚伐隨」，原本「隨」作「隋」，亦誤。孫校本已改，是，從之。

〔三六〕「皆此二義」，原本皆如此，孫校本同。疑「二」乃「之」字之訛。

〔三七〕以上二句，十一家注各本皆如此，平津本與武經各本「卒」作「本」，趙注並謂作「卒」爲非；櫻田本則作「率」。簡本即作「卒」，是孫子故書本作「卒」也。今仍依原本作「卒」，張注云「李靖以『卒』爲『本』」，此説雖無確證，但「本」乃後人所改，迨無疑議。又，「以利動之」，簡本作「以此動之」，校釋從改，並謂「此」乃指上「形之」與「予之」而言，有理，今並存之。

〔三八〕「動誘敵而從我」，原本「敵」亦誤作「動」。孫校本已改，是。

〔三九〕「南涼」，原本「涼」作「梁」，非是，五胡十六國有南涼，而無南梁。孫校未及，中華校點本正之，是，從之。

〔四〇〕長短經理亂引無「戰」字。

〔四一〕 此處曹注，平津本止有「專任權也」四字。

〔四二〕 「七千餘人」，原本「七」作「十」，孫校本改爲「一」，中華校點本作「七」。按：作「七」是，三國志張遼傳正作「七」，孫校失之。

〔四三〕 通典卷一五〇引無「任」字。

〔四四〕 通典卷一五〇引無「善」字。

虛實篇〔一〕

曹操曰：能虛實彼己也。○李筌曰：善用兵者，以虛爲實；善破敵者，以實爲虛，故次其篇。○杜牧曰：夫兵者，避實擊虛，先須識彼我之虛實也。○王晳曰：凡自守以實，攻敵以虛也。○張預曰：形篇言攻守，勢篇説奇正。善用兵者，先知攻守兩齊之法，然後知奇正；先知奇正相變之術，然後知虛實。蓋奇正自攻守而用，虛實由奇正而見，故次勢。

①孫子曰：凡先處戰地而待敵者佚〔二〕，

曹操、李筌並曰：力有餘也。○賈林曰：先處形勝之地以待敵者，則有備豫，士馬閑逸。○杜佑同賈林注。○王晳同曹操注。○張預曰：形勢之地，我先據之，以待敵人之來，則士馬閑逸，而力有餘。

後處戰地而趨戰者勞。

李筌曰：力不足也。太一遁甲云：「彼來攻我，則我爲主，彼爲客，主易客難也。」是以太一遁甲言其定計之義，故知勞佚事不同，先後勢異。○杜牧曰：後周遣將，帥突厥之衆逼齊，齊將段韶禦之。時大雪之後，周人以步卒爲前鋒，從西而下，去城二里。諸將欲逆擊之，韶曰：「步人氣力勢自有限，今積雪既厚，逆戰非便，不如陳以待之；彼勞我佚，破之必矣。」既而交戰，大破之，前鋒盡殪，自餘遁矣〔三〕。○賈林曰：敵處便利，我則不往，引兵別據，示不敵其軍；敵謂我無謀，必來攻襲。如此，則反令敵倦，而我不勞。○孟氏曰：若敵已處便勢之地，己方赴利，士馬勞倦，則不利矣。○梅堯臣曰：先至待敵則力完，後至趨戰則力屈。○何氏曰：戰國秦師伐韓，圍閼與，趙遣將趙奢救之。軍士許歷曰：「秦人不意趙師至此，其來氣盛。將軍必厚集其陳以待之，不然必敗。」又曰：「先據北山者勝，後至者敗。」趙奢即發萬人趨之。秦兵後至，爭山，不得上。趙奢縱兵擊之，大破秦軍，遂解閼與之圍。後漢初，諸將征隗囂，爲囂所敗。光武令悉軍栒邑。未及至，隗囂乘勝使其將王元、行巡將二萬餘人下隴，因分遣巡取栒邑。漢將馮異即馳馬欲先據之。諸將皆曰：「虜兵盛而新乘勝，不可與争，宜止軍便地，徐思方畧。」異曰：「虜兵方盛臨境，狃忕小利，遂欲深入；若得栒邑，三輔動摇，是吾憂也。夫攻者不足，守者有餘，今先據城，以佚待勞，非所以争鋒也。」遂潛往，閉城，偃旗鼓。行巡不知，馳赴之。異乘其不意，卒擊鼓建旗而出，巡軍驚亂奔走，追而大破之。東魏將齊神武伐西魏，軍過蒲津，涉洛，至許原。西魏將周文帝軍至沙苑。齊神武聞周文至，引軍來會。詰朝，候騎告齊神武軍且至，周文步將李弼曰：「彼衆我寡，不可平地置陳；此東十里有渭曲，可先據以待之。」遂軍至渭曲，背水東西爲陳。合戰，大破之。○張預曰：便利之地，彼已據之，我方趨彼以戰，則士馬勞倦，而力不足。或謂所戰之地，我宜先到，立陳以待彼，則己佚矣。彼先結陳，我後至，則我勞矣。若宋人已成列，楚師未既濟之類。

故善戰者，致人而不致於人。

李筌曰：故能致人之勞，不致人之佚也。○杜牧曰：致令敵來就我，我當蓄力待之，不就敵人，恐我勞也。後漢張步將費邑分遣其弟敢守巨里。耿弇進兵，先脅巨里，使多伐樹木，揚言以填坑塹。數日，有降者言：邑聞弇欲攻巨里，謀來救之。弇乃嚴令軍中趨修攻具，宣勒諸部，後三日當悉力攻巨里城。陰緩生口，令得亡歸。歸者以弇期告邑。至日，果自將精兵三萬餘人來救之。弇喜謂諸將曰：「吾修攻具者，欲誘致邑耳；今來，適其所求也。」即分三千人守巨里，自引精兵上岡阪，乘高大破之，遂臨陳斬費邑。○杜佑曰：言兩軍相遠，彊弱俱敵，彼可使歷險而來，我不可歷險而往；必能引致敵人，己不往從也。○梅堯臣曰：能令敵來，則敵勞；我不往就，則我佚。○王晳曰：致人者，以佚乘其勞；致於人者，以勞乘其佚。○何氏曰：令敵自來。○張預曰：致敵來戰，則彼勢常虛；不往赴戰，則我勢常實。此乃虛實彼我之術也。耿弇先逼巨里以誘致費邑，近之。

②**能使敵人自至者，利之也；**

曹操曰：誘之以利也。○李筌曰：以利誘之，敵則自遠而至也。趙將李牧誘匈奴，則其義也。

○杜牧曰：李牧大縱畜牧，人衆滿野，匈奴小入，佯北不勝，以數千人委之。單于大喜，率衆來入，牧大破之，殺匈奴十萬騎。單于奔走，歲餘不敢犯邊也。○梅堯臣曰：何能自來？示之以利。○何氏曰：以利誘之而來，我佚敵勞。○張預曰：所以能致敵之來者，誘之以利耳。李牧佯北以致匈奴，楊素毁車以誘突厥是也。

能使敵人不得至者，害之也〔四〕。

曹操曰：出其所必趨，攻其所必救。○李筌曰：害其所急，彼必釋我而自固也。魏人寇趙邯鄲，乞師於齊。齊將田忌欲救趙，孫臏曰：「夫解紛者不控捲，救鬭者不搏撠；批亢擣虛，形格勢禁，則自解爾。今二國相持，輕鋭竭於外，疲老殆於内，我襲其虛，彼必解圍而奔命，所謂一舉存趙而弊魏也。」後魏果釋趙而奔大梁，遭齊人於馬陵，魏師敗績。○杜牧曰：曹公攻河北，師次頓丘，黑山賊于毒等攻武陽。曹公乃引兵西入山，攻毒本屯。毒聞之，棄武陽還。曹公要擊於内，大破之也。○陳皥曰：子胥疲楚師，孫臏走魏將之類也。○杜佑曰：致其所必走，攻其所必救，能守其險害之要路，敵不得自至。故王子曰：「一猫當穴，萬鼠不敢出；一虎當溪，萬鹿不敢過。」言守之上也〔五〕。○梅堯臣曰：敵不得來，當制之以害。○王晳曰：以害形之，敵患之而不至。○張預曰：所以能令敵人必不得至者，害其所顧愛耳。孫臏直走大梁，而解邯鄲之圍是也。

故敵佚能勞之，

曹操曰：以事煩之。○李筌曰：攻其不意，使敵疲於奔命。○杜牧曰：高熲言平陳之策於隋祖曰：「江北地寒，田收差晚。江南土熱，水田早熟。量彼收穫之際，微徵士馬〔六〕，聲言掩襲，彼必屯兵禦守，足得廢其農時。彼既聚兵，我便解甲。」於是，陳人始病。○梅堯臣曰：撓之，使不得休息。○王皙曰：巧致之也。○何氏曰：春秋時，吳王闔閭問於伍員曰：「伐楚何如？」對曰：「楚執政衆，莫適任患，若爲三師以肄焉：一師至，彼必皆出；彼出則歸，彼歸則出，彼必道弊。亟肄以疲之，多方以誤之；既罷而後，以三軍繼之，必大克之。」闔閭從之，楚於是乎始病。吳遂入郢。○張預曰：爲多方以誤之之術，使其不得休息。或曰：彼若先處戰地以待我，則是彼佚也，我不可趨而與之戰。我既不往，彼必自來，即是變佚爲勞也。

飽能饑之〔七〕，

曹操曰：絶糧道以饑之〔八〕。○李筌曰：焚其積聚，芟其禾苗，絶其糧道。○杜牧曰：我爲主，敵爲客，則可以絶糧道而饑之。如我爲客，敵爲主，則如之何？答曰：饑敵之術，非止絶糧道，但能饑之則是。隋高熲平陳之策曰：「江南土薄，舍多茅竹，有畜積〔九〕，皆非地窖。密遣人因風縱火，待敵修立，更復燒之，不出數年，自可財力俱盡。」遂行其策，由是陳人益困。三國時，諸葛誕、文欽據壽春。及招吳請援，司馬景王討之，謂諸將曰：「彼當突圍，決一朝之命；

或謂大軍不能久，省食減口，冀有他變。料賊之情，不出此二者。當多方以亂之。」因命合圍，遣羸疾寄穀淮北廩，軍士豆人三升。誕、欽聞之，果喜。景王愈羸形以示之。誕等益寬，恣食。俄而城中糧盡，攻而拔之。隋末，宇文化及率兵攻李密於黎陽，密知化及糧少，因僞和之，以弊其衆。化及大喜，恣其兵食，冀密饋之。其後食盡，其將王智畧、張童仁等率所部兵歸於密，前後相繼，化及以此遂敗。○陳皥曰：饑敵之術，在臨事應機。○梅堯臣曰：要其糧，使不得饋。○王晳曰：謂敵人足食，我能使之饑乏耳。曹公曰「絶其糧道」，晳謂火積亦是也。○何氏曰：如吴楚反，周亞夫曰：「楚兵剽輕〔一〇〕，難與争鋒，願以梁委之，絶其食道，乃可制也。」亞夫會兵滎陽，吴攻梁，梁急，請救。亞夫引兵東北，走昌邑，深壁而守，使輕騎弓高侯等絶吴、楚兵後食道。兵乏糧，饑，欲退，數挑戰，終不出，乃引兵去。精兵追擊，大破之。王莽末，天下亂，光武兄伯升起兵討莽，爲莽將甄阜、梁丘賜所敗，復收會兵衆，還保於棘陽。阜、賜乘勝留輜重於藍鄉，引精兵十餘萬人南渡，横臨沘水〔一一〕。阻兩山間爲營，絶後橋，示無還心。伯升於是大饗軍士，設盟約，休卒三日，爲六部，潛師夜起，襲取藍鄉，盡獲其輜重。明晨，自南攻甄阜，下江兵自東南攻梁丘賜。乏食陳潰，遂斬阜、賜。唐輔公祏遣其僞將馮惠亮、陳當世領水軍屯於博望山，陳正通、徐紹宗率步騎軍於青州山〔一二〕。河間王孝恭至，堅壁不與鬭，使奇兵斷其糧道。賊漸餒，夜薄我營，孝恭安卧不動。明日，縱羸兵以攻賊壘，使盧祖尚率精騎列陳以待之。俄而攻壘者敗走，出追，奔數里，遇祖尚軍，與戰，大敗之，正通棄營而走。○張預曰：我先舉兵，則我爲客，彼爲主。爲客，則食不足；爲主，則飽有餘。若奪其畜積，掠其田野，因糧於彼，館穀於敵，則我反飽，彼反饑矣，則是變客爲主也。不必焚其積聚，廢其農時，然後能饑敵矣。或彼爲客，則絶其糧道，廣武君欲請奇兵以遮絶韓信軍後是也。

安能動之〔一三〕，

曹操曰：攻其所必愛，出其所必趨，則使敵不得不相救也。○李筌曰：出其所必趨，擊其所不意，攻其所必愛，使不得不救也〔一四〕。○杜牧曰：司馬宣王攻公孫文懿於遼東，阻遼水以拒魏軍。宣王曰：「賊堅營高壘以老我師，攻之正入其計。古人云：敵雖高壘，不得不與我戰者，攻其所必救。我今直指襄平，則人懷内懼，懼而求戰，破之必矣。」遂整陳而過。賊見兵出其後，果來邀之，乃縱擊，大破之，竟平遼東。○陳皞曰：左傳楚伐宋，宋告急於晉。晉先軫曰：「我執曹君，而分曹衛之田以賜宋人，楚愛曹衛，必不許也。喜賂怒頑，能無戰乎？」遂破楚師。○孟氏注同曹操。○梅堯臣曰：趨其所顧，使不得止。○王晳同李筌注。○何氏曰：攻其所愛，豈能安視而不動哉？○張預曰：彼方安守，以爲自固之術，不欲速戰，則當攻其所必救，使不得已而須出。臾駢堅壁，秦伯挑其裨將，遂皆出戰是也。○〔一五〕

出其所不趨，趨其所不意〔一六〕。

曹操曰：使敵不得相往而救之也〔一七〕。○何氏曰：令敵人須應我。

行千里而不勞者〔一八〕，行於無人之地也。

曹操曰：出空擊虚，避其所守，擊其不意〔一九〕。○李筌曰：出敵無備，從孤擊虚，何人之有？○杜牧曰：梁元帝時，西蜀稱帝，率兵東下，將攻元帝。西魏大將周文帝曰：「平蜀制梁，在兹一舉。」諸將多有異同。文帝謂將軍尉遲迥曰：「伐蜀之事，一以委公。然計將安出？」迥曰：「蜀與中國隔絶百餘年矣，恃其山川險阻，不虞我師之至，宜以精甲鋭騎星夜奔襲之。平路則倍道兼行，險途則緩兵漸進。出其不意，衝其腹心，必向風不守。」竟以平蜀。言不勞者，空虚之地，無敵人之虞，行止在我，故不勞也。○陳皥曰：夫言空虚者，非止爲敵人不備也，但備之不嚴，守之不固，將弱兵亂，糧少勢孤，我整軍臨之，彼必望風自潰。是我不勞苦，如行無人之地。○梅堯臣曰：出所不意。○何氏曰：曹公北征烏桓，謀臣郭嘉曰：「兵貴神速〔二〇〕，今千里襲人，輜重多，難以趨利。且彼聞之，得以爲備，不如留輜重，輕兵兼道以出，掩其不意。」公乃密出盧龍塞，直指單于庭。虜卒聞公至，惶怖合戰，大破之，斬蹋頓及名王已下。又，唐吐谷渾寇邊，以李靖爲西海道行軍大總管，輕途二千里，行空虚之地，平吐谷渾而還。故太宗曰：「且李靖三千輕騎，深入虜庭，克復定襄，古今未有也。」○張預曰：掩其空虚，攻其無備，雖千里之征，人不疲勞。若鄧艾伐蜀，由陰平之徑，行無人之地七百餘里是也。

攻而必取者，攻其所不守也；

李筌曰：無虞易取。○杜牧曰：警其東，擊其西；誘其前，襲其後。後漢張步都劇，使弟藍守西安，又令别將守臨淄，去臨淄四十里，耿弇引軍營其間。弇視西安城小而堅，藍兵又精；臨淄名雖大，其實易攻。弇令軍吏治攻具，後五日攻西安，縱生口令歸。藍聞之，晨夜守城。至期，夜半，弇勒諸將蓐食，及明，至臨淄城下。護軍荀梁等争之，以爲宜速攻西安。弇曰：「西安聞吾欲攻，日夜爲備；臨淄出其不意，至必驚擾，吾攻之，一日必拔。拔臨淄，即西安勢孤，所謂擊一得兩。」盡如其策。後漢末，朱儁擊黄巾賊帥韓忠於宛。儁作長圍，起土山，以臨其城内。因鳴鼓攻其西南，賊悉衆赴之；儁自將精兵五千，掩其東北，乘城而入。忠乃退保小城，惶懼乞降。○陳皞曰：國家征上黨，王宰知劉稹恃天井之險，不爲固守之計。宰悉力攻奪而後守，稹失其險，終陷其巢穴也。○梅堯臣曰：言擊其南，實攻其北。○王晳曰：攻其虚也，謂將不能、兵不精、壘不堅、備不嚴、救不及、食不足、心不一爾。○張預曰：善攻者，動於九天之上，使敵人莫之能備；莫之能備，則吾之所攻者，乃敵之所不守也。耿弇之克臨淄，朱儁之討黄巾，但其一端耳。

守而必固者，守其所不攻也〔二二〕。

杜牧曰：不攻尚守，何況其所攻乎？漢太尉周亞夫擊七國於昌邑也，賊奔壁東南陬，亞夫使備其西北。俄而賊精卒攻西北，不得入，因遁走，追破之。○陳皥曰：無慮敵不攻，慮我不守。無所不攻，無所不守，乃用兵之計備也。○梅堯臣曰：賊擊我西，亦備乎東。○王晳曰：守以實也，謂將能、兵精、壘堅、備嚴、救及、食足、心一爾。○張預曰：善守者，藏於九地之下，使敵人莫之能測；莫之能測，則吾之所守者，乃敵之所不攻也。周亞夫擊東南而備西北，亦是其一端也。

故善攻者，敵不知其所守；善守者，敵不知其所攻。

曹操曰：情不泄也。○李筌曰：善攻者，器械多也，東魏高歡攻鄴是也；善守，謹備也，周韋孝寬守晉州是也。○杜牧曰：攻取備禦之情不泄也。○賈林曰：教令行，人心附，備守堅固，微隱無形，敵人猶豫，智無所措也。○梅堯臣曰：善攻者，機密不泄；善守者，周備不隙。○王晳曰：善攻者，待敵有可勝之隙，速而攻之，則使其不能守也；善守者，常爲不可勝，則使其不能攻也。云不知者，攻守之計不知所出耳。○何氏曰：言攻守之謀，令不可測。○張預曰：夫守則不足，攻則有餘。所謂不足者，非力弱也，蓋示敵以不足，則敵必來攻，此是敵不知其所攻也；所謂有餘者，非力彊也，蓋示敵以有餘，則敵必自守，此是敵不知其所守也。情不外泄，積乎攻守者也。

微乎微乎，至於無形；神乎神乎，至於無聲，故能爲敵之司命〔三〕。

李筌曰：言二遁用兵之奇正，攻守微妙，不可形於言說也。微妙神乎，敵之死生，懸形於我，故曰「司命」。〇杜牧曰：微者，静也；神者，動也。静者守，動者攻，敵之死生，悉懸於我，故如天之司命。〇杜佑曰：言其微妙，所不可見也。言變化之形，倏忽若神，故能料敵死生，若天之司命也。〇梅堯臣曰：無形則微密，不可得而窺；無聲則神速，不可得而知。〇王晳曰：微密則難窺，神速則難應，故能制敵之命。〇何氏曰：武論虛實之法，至於神微，而後見成功之極也。吾之實，使敵視之爲虛；吾之虛，使敵視之爲實。敵之實，吾能使之爲虛；敵之虛，吾能知其非實。蓋敵不識吾虛實，而吾能審敵之虛實也。吾欲攻敵也，知彼所守者爲實，而所不守者爲虛，吾將避其堅而攻其脆，批其亢而擣其虛。敵欲攻我也，知彼所攻者爲不急，而所不攻者爲要。吾將示敵之虛，而鬬吾之實。彼示形在東，而吾設備於西。是故，吾之攻也，彼不知其所當守；吾之守也，敵不料其所當攻。攻守之變，出於虛實之法。或藏九地之下，以喻吾之守；或動九天之上，以比吾之攻。滅跡而不可見，韜聲而不可聞。若從地出天下，倏出間入，星耀鬼行，入乎無間之域，旋乎九泉之淵。微之微者，神之神者，至於天下之明目不能窺其形之微，天下之聰耳不能聽其聲之神。有形者至於無形，有聲者至於無聲。非無形也，敵人不能窺也；非無聲也，敵人不能聽也，虛實之變極也。善學兵者，通於虛實之變，遂可以入於神微之奥；不善者，案然尋微窮神，而泥其用兵之跡，不能泯其形聲，而至於聞見者，是不知神微之妙固在虛實之變也。三軍之衆，百萬之師，安得無形與聲哉？但敵人不能窺聽耳。○張預曰：攻守之術，微妙神密，至於無形之可覩，無聲之可聞，故敵人死生之命，皆主於我也。

③**進而不可禦者，衝其虛也；退而不可追者，速而不可及也**〔二三〕。

曹操曰：卒往進攻其虛懈，退又疾也。○李筌曰：進者，襲空虛懈怠；退者，必輜重在先，行遠而大軍始退，是以不可追。後趙王石勒兵在葛陂，苦雨，欲班師於鄴，懼晉人躡其後，用張賓計，令輜重先行，遠而不可及也。此筌以「速」字爲「遠」者也。○杜牧曰：既攻其虛，敵必敗喪之後，安能追我？我故得以疾退也。○陳皥曰：杜説非也。曹公之圍張繡也，城未拔，力未屈而去之，繡兵出襲其後，賈詡止之，繡不聽，果被曹公所敗。繡謂詡曰：「公既能知其敗，必能知其勝。」詡曰：「復以敗卒襲之。」繡從之，曹公果敗，豈是敗喪之後不能追之哉？蓋言乘虛而進，敵不知所禦；逐利而退，敵不知所追也。○杜佑曰：衝突其虛空也。○梅堯臣曰：進乘其虛，則莫我禦；退因其弊，則莫我追。○何氏曰：兵進則衝虛，兵退則利速。我能制敵，而敵不能制我也。○張預曰：對壘相持之際，見彼之虛隙，則急進而擣之，敵豈能禦我也？獲利而退，則速還壁以自守，敵豈能追我也？兵之情主速，風來電往，敵不能制。

故我欲戰，敵雖高壘深溝，不得不與我戰者，攻其所必救也；

曹操、李筌曰：絕其糧道，守其歸路，攻其君主也。○杜牧曰：我爲主，敵爲客，則絕其糧食，守其歸路；若我爲客，敵爲主，則攻其君主。司馬宣王攻遼東，直指襄平是也。○梅堯臣曰：攻其要害。○王晳曰：曹公曰：「絶糧道，守歸路，攻君主也。」晳謂敵若堅守，但能攻其所必救，則與我戰矣。若耿弇欲攻巨里以致費邑亦是也。○何氏曰：如魏將司馬宣王征公孫文懿，汎舟潛濟遼水，作長圍，忽棄賊而向襄平。諸將言：「不攻賊，而作長圍，非所以示衆也。」宣王曰：「賊堅營高壘，欲以老吾兵也。古人言曰：敵雖高壘，不得不與我戰者，攻其所必救也。賊大衆在此，則窟穴虚矣。我直指襄平，必人懷内懼；懼而求戰，破之必矣。」遂整陳而過。賊見兵出其後，果邀之。宣王謂諸將曰：「所以不攻其營，正欲致此，不可失也。」乃縱兵逆擊，大破之。三戰皆捷。唐馬燧討田悦，時軍糧少，悦深壁不戰。燧令諸軍持十日糧，進次倉口，與悦夾洹水而軍。李抱真、李艽問曰：「糧少而深入，何也？」燧曰：「糧少，利速戰。兵法：善於致人，不致於人。今田悦與淄、青、兖三軍爲首尾，計欲不戰，以老我師。若分兵擊其左右，兵少未可必破，悦且來救，是前後受敵也。兵法所謂攻其必救，彼固當戰也。燧爲諸軍合而破之。」燧乃造三橋，道逾洹水，日挑戰。悦不敢出。恒州兵以軍少，懼爲燧所併，引軍合於悦。悦與燧明日復挑戰，乃伏兵萬人，欲邀燧。燧乃引諸軍半夜皆食，先雞鳴時，擊鼓吹角，潛師傍洹水，徑赴魏州，令曰：「聞賊至，則止爲陳。」又令百騎吹鼓角，皆留於後，仍抱薪持火，待軍畢發，止鼓角，匿其旁，伺悦軍畢渡，焚其橋。軍行十數里，乃率淄、青、兖州步騎四萬餘人，踰橋掩其後，乘風縱火，鼓譟而進。燧乃坐甲，令無動，命前除草、斬荆棘，廣百步以爲陳。募勇力得五千餘人，分爲前列，以俟賊至。比悅軍至，則火止，氣乏，力少衰，乃縱兵擊之，悅軍大敗。悅走橋，橋已焚矣。悅軍亂，赴水，斬首二萬，淄、青軍殆盡。○張預曰：我爲客，彼爲主，我兵彊而食少，彼勢弱而糧多，則利在必戰。敵人雖有金城湯池之固，不得守其險，而必來與我戰者，在攻其所顧愛，使之相救援也。若楚人圍宋，晉將救之，狐偃曰：「楚始得曹，而新婚於衛；若伐曹衛，楚必救之，則宋免矣。」從之而解。又，晉宣帝討公孫文懿，忽棄賊而走襄平，討其巢穴。賊果出邀之，遂逆擊，三戰皆捷，亦其義也。

我不欲戰，畫地而守之，

曹操曰：軍不欲煩也。○李筌曰：拒境自守也。若入敵境，則用天一遁甲真人閉六戊之法，以刀畫地爲營也。○孟氏曰：以物畫地而守，喻其易也。蓋我能戾敵人之心，不敢至也。

敵不得與我戰者，乖其所之也〔二四〕。

曹操曰：乖，戾也。戾其道，示以利害，使敵疑也〔二五〕。○李筌曰：乖，異也。設奇異而疑之，是以敵不可得與我戰。漢上谷太守李廣縱馬卸鞍，疑也〔二六〕。○杜牧曰：言敵來攻我，我不與戰，設權變以疑之，使敵人疑惑不決，與初來之心乖戾，不敢與我戰也。曹公争漢中地，蜀先主拒之。時將趙雲守别屯，將數十騎輕出，卒遇大軍。雲且鬭且却。公軍追至，圍雲。入營，使大開門〔二七〕，偃旗息鼓。曹公軍疑有伏，引去。諸葛武侯屯於陽平，使魏延諸將并兵東下，武侯惟留萬人守城。候白司馬宣王曰：「亮在城中，兵少力弱。」將士失色，亮時意氣自若，勑軍中悉卧旗息鼓，不得輒出，開四門，掃地却灑。宣王疑有伏，於是引去，趨北山。亮謂參佐曰：「司馬懿謂吾有設伏，循山走矣。」宣王後知，頗以爲恨。曹公與吕布相持，公軍出收麥，布領衆卒至。公營止有千人出陳，半隱於堤下，吕布遲疑不敢進，曰：「曹操多詐，勿入伏中。」遂引兵去。○陳皞曰：左傳楚令尹子元伐鄭，入自純門，至於逵市，懸門不發。子元曰：「鄭有人焉。」乃還。○賈林曰：置疑兵於敵惡之所，屯營於形勝之地，雖未修壘壍，敵人不敢來攻我也。○梅堯臣曰：畫地，喻易也。乖其道而示以利，使其疑而不敢進也。○王晳曰：畫地，言易，且明制之必有道也。○張預曰：我爲主，彼爲客。我糧多而卒寡，彼食少而兵衆，則利在不戰。雖不爲營壘之固，敵必不敢來與我戰者，示以疑形，乖其所往也。若楚人伐鄭，鄭懸門不發，効楚言而出，楚師不敢進而遁。又，司馬懿欲攻諸葛亮，亮偃旗卧鼓，開門却灑，懿疑有伏兵，遂引而去，亦其義也。

④**故形人而我無形，則我專而敵分**〔二八〕。

杜佑曰：我專一而敵分散。○梅堯臣曰：他人有形，我形不見，故敵分兵以備我。○張預曰：吾之正，使敵視以爲奇；吾之奇，使敵視以爲正，形人者也。以奇爲正，以正爲奇，變化紛紜，使敵莫測，無形者也。敵形既見，我乃合衆以臨之；我形不彰，彼必分勢以防備。

我專爲一，敵分爲十，是以十攻其一也〔二九〕，

杜佑曰：我料見敵形，審其虛實，故所備者少，專爲一屯。以我之專，擊彼之散卒，爲十共擊一也。○梅堯臣曰：離一爲十，我常以十分擊一分。

則我衆而敵寡〔三〇〕，

杜佑曰：我專爲一，故衆；敵分爲十，故寡。○張預曰：見敵虛實，不勞多備，故專爲一屯。彼則不然，不見我形，故分爲十處。是以我之十分擊敵之一分也。故我不得不衆，敵不得不寡。

能以衆擊寡者，則吾之所與戰者，約矣。

杜牧曰：約，猶少也。我深壍高壘，滅跡韜聲，出入無形，攻取莫測。或以輕兵健馬衝其空虛，或以彊弩長弓奪其要害。觸左履右，突後驚前。晝日誤之以旌旗，暮夜惑之以火鼓。故敵人畏懾，分兵防虞。譬如登山瞰城，垂簾視外，敵人分張之勢，我則盡知；我之攻守之方，敵則不測。故我能專一，敵則分離。專一者力全，分離者力寡。以全擊寡，故能必勝也。○杜佑曰：言約少而易勝。○梅堯臣曰：以專擊分，則我所敵少也。○王晳曰：多爲之形，使敵備己，其實攻者則無形也，故我專敵分矣。專則衆，分則寡。十攻一者，大約言耳。○何氏同杜牧注。○張預曰：夫勢聚則彊，兵散則弱。以衆彊之勢，擊寡弱之兵，則衆力少而成功多矣。

吾所與戰之地不可知，杜佑曰：言舉動微密，情不可見，使彼知所出而不知吾所舉，知所舉而不知吾所集。○張預曰：無形勢故也。

不可知，則敵所備者多；梅堯臣曰：敵不知，則處處爲備。

敵所備者多，則吾所與戰者，寡矣〔三一〕。曹操曰：形藏敵疑，則分離其衆備我也，言少而易擊也〔三二〕。○王皙曰：與敵必戰之地，不可使敵知之；知則并力得拒於我。曹公曰：「形藏則敵疑。」○張預曰：不能測吾車果何出，騎果何來，徒果何從，故分離其衆，所在輒爲備，遂致衆散而弱，勢分而衰，是以吾所與接戰之處，以大衆臨孤軍也。

故備前則後寡，備後則前寡；備左則右寡，備右則左寡。無所不備，則無所不寡〔三三〕。杜佑曰：言敵之所備者多，則士卒無不分散而少。○梅堯臣曰：所備皆寡也。

寡者，備人者也；衆者，使人備己者也。曹操曰：上所謂形藏敵疑，則分離其衆，以備我也〔三四〕。○李筌曰：陳兵之地，不可令敵人知之；彼疑，則謂衆離而備我也。○杜牧曰：所戰之地，不可令敵人知之。我形不泄，則左右、前後、遠近、險易，敵人不知，亦不知我何處來攻，何地會戰，故分兵徹衛，處處防備。形藏者衆，分多者寡。故衆者必勝也，寡者必敗也。○孟氏曰：備人則我散，備我則彼分。○杜佑曰：敵分散而少者，皆先備人也；敵所以備己多者，由我專而衆故也。○梅堯臣曰：使敵愈備，則愈寡也。○王皙曰：左右前後俱備，則俱寡。○何氏同諸注。○張預曰：左右前後，無處不爲備，則無處不兵寡也。所以寡者，爲兵分而廣備於人也；所以衆者，爲勢專而使人備己也。

⑤**故知戰之地，知戰之日，則可千里而會戰**〔三五〕。

曹操曰：以度量知空虛會戰之日。○李筌曰：知戰之地，則舟車步騎之所便也。魏武以北土未安，捨鞍馬，仗舟楫，與吴越争彊，是以有黄蓋之敗。吴王濞驅吴楚之衆，奔馳於梁鄭之間，此不知戰地日者。故太一遁甲曰：「計法三門五將，主客成敗則可知也，於是千里會戰而勝。」○杜牧曰：宋武帝使朱齡石伐譙縱於蜀，宋武曰：「往年，劉敬宣出内水向黄武，無功而退。賊謂我今應從外水來，而料我當出其不意，猶從内水來也。如此，必以重兵守涪城，以備内道，若向黄武，正墮其計。今以大衆自外取成都，疑兵向内水，此則制敵之奇也。」而慮此聲先馳，賊知虛實，别有函書，全封付齡石。函邊書曰：「至白帝乃開。」諸軍未知處分所由。至白帝，發書曰：「衆軍悉從外水取成都，臧熹、朱林於中水取廣漢，使羸弱乘高艦十餘，由内水向黄武。」譙縱果以重兵備內水，齡石滅之。○陳皞曰：杜注止言知戰之地，未敘知戰之日。我若伐敵，至期不得與我戰，敵來侵我，我必預備以應之。項羽謂曹咎曰：「我十五日必定梁地，復與將軍會。」苟不知必戰之日，安能爲約？○孟氏曰：以度量知空虛，先知戰地之形，又審必戰之日，則可千里期會，先往以待之。若敵已先至，可不往以勞之。○杜佑曰：夫善戰者，必知戰之日，知戰之地。度道設期，分軍雜卒，遠者先進，近者後發，千里之會，同時而合，若會都市。其會地之日，無令敵知，知之則所備處少，不知則所備處多。備寡則專，備多則分。分則力散，專則力全。○梅堯臣曰：若能度必戰之地，必戰之日，雖千里之遠，可剋期而與戰。○王皙曰：必先知地利敵情，然後以兵法之度量，計其遠近，知其空虛，審敵趣應之所及戰期也。如是，則雖千里可會戰而破敵矣。故曹公曰「以度量知虛空會戰之日」者是也。○張預曰：凡舉兵伐敵，所戰之地，必先知之。師至之日，能使敵人如期而來，以與我戰。知戰地日，則所備者專，所守者固，雖千里之遠可以赴戰。若蹇叔知晉人禦師必於殽，是知戰地也；陳湯料烏孫圍兵五日必解，是知戰日也。又若孫臏要龐涓於馬陵〔三六〕，度日暮必至是也。

不知戰地，不知戰日，則左不能救右，右不能救左，前不能救後，後不能救前，而況遠者數十里〔三七〕、近者數里乎？

杜牧曰：管子曰：「計未定而出兵，則戰而自毀也。」○杜佑曰：敵已先據形勢之地，己方趣利欲戰，則左右前後疑惑進退，不能相救，況數十里之間也〔三八〕？○梅堯臣曰：不能救者，寡也。左右前後尚不能救，況遠乎？○張預曰：不知敵人何地會兵、何日接戰，則所備者不專，所守者不固；忽遇勍敵，則倉遽而與之戰，左右前後猶不能相援，又況首尾相去之遼乎？

以吾度之，越人之兵雖多，亦奚益於勝敗哉〔三九〕？

曹操曰：越人相聚，紛然無知也。或曰：吴越，讎國也〔四〇〕。○李筌曰：越，過也。不知戰地及戰日，兵雖過人，安能知其勝敗乎？○陳皞曰：孫子爲吴王闔閭論兵，吴與越讎，故言越；謂過人之兵，非義也。○賈林曰：不知戰地，不知戰日，士衆雖多，不能制勝敗之政，亦何益也？○梅堯臣曰：吴越，敵國也。言越人雖多，亦當爲我分之而寡也。○王晳曰：此武相時料敵也。言越兵雖多，苟不善相救，亦無益於勝敗之數。○張預曰：「吾」字作「吴」，字之誤也。吴、越鄰國，數相侵伐，故下文云「吴人與越人相惡也」。言越國之兵雖曰衆多，但不知戰地、戰日，當分其勢而弱也。

故曰：勝可爲也〔四一〕，

杜牧曰：爲勝在我，故言可爲也。○孟氏曰：若使敵不知戰地、期日，我之必勝可常有也。○梅堯臣同杜牧注。○王晳、何氏同孟氏注。○張預曰：爲勝在我故也。形篇云「勝可知而不可爲」，今言「勝可爲」者何也？蓋形篇論攻守之勢，言敵若有備，則不可必爲也，今則主以越兵而言，度越人必不能知所戰之地日，故云「可爲」也。

敵雖衆，可使無鬭。

杜牧曰：以下四事度量之，敵兵雖衆，使其不能與我鬭勝也。○孟氏曰：敵雖多兵，我能多設變詐，分其形勢，使不能併力也。○賈林曰：敵雖衆多，不知己之兵情，常使急自備，不暇謀鬭。○梅堯臣曰：苟能寡，何有鬭？○王晳曰：多益不救，奚所恃而鬭？○張預曰：分散其勢，不得齊力同進，則焉能與我爭？

⑥故策之而知得失之計〔四二〕，

李筌曰：用兵者，取勝之法〔四三〕，可制太一遁甲「五將」之計，以定關格掩迫之數，得失可知也。○孟氏曰：策度敵情，觀其施爲，則計數可知。○賈林曰：樽俎帷幄之間，以策籌之，我得彼失之計皆先知也。○杜佑曰：策度敵情，觀其所施，計數可知。○梅堯臣曰：彼得失之計，我以算策而知。○王晳曰：策其敵情，以見得失之數。○張預曰：籌策敵情，知其計之得失，若薛公料黥布之三計是也。

作之而知動靜之理〔四四〕，

李筌曰：候望雲氣、風鳥、人情，則動靜可知也。王莽時，王尋征昆陽，有雲氣如壞山，當營而墜，去地數丈，而光武知其必敗。梁王僧辯營上有如堤之氣，侯景知其必勝。風鳥，貪犲之類也〔四五〕。此筌以「作」字爲「候」字者也。○杜牧曰：作，激作也。言激作敵人，使其應我，然後觀其動静理亂之形也。魏武侯曰：「兩軍相當，不知其將，如何？」吴起曰：「令賤勇者將鋭而擊，交合而北，北而勿罰，觀敵進退，一坐一起，其政以理，奔北不追，見利不取，此將有謀。若其悉衆追北，旗幡雜亂，行止縱横，貪利務得，若此之類，將令不行，擊而勿疑。」○陳皥曰：作，爲也。爲之利害，使敵赴之，則知進退之理也。○賈林曰：善覘候者，必知其動静之理。○杜佑曰：喜怒動作，察其舉止，則情理可得。故知動静權變，爲其勝負也。○梅堯臣曰：彼動静之理，因我所發而見。○王晳曰：候其理當動以否。○張預曰：發作久之，觀其喜怒，則動静之理可得而知也。若晉文公拘宛春，以怒楚將子玉，子玉遂乘晉軍，是其躁動也。諸葛亮遺巾幗婦人之飾，以怒司馬宣王，宣王終不出戰，此是其安静也。

形之而知死生之地，

李筌曰：夫破陳設奇，或偃旗鼓，形之以弱；或虚列竈火旛幟，形之以彊。投之以死，致之以生，是以死生因地而成也。韓信下井陘，劉裕過大峴，則其義也。○杜牧曰：死生之地，蓋戰地也。投之死地必生，置之生地必死。言我多方誤撓敵人，以觀其應我之形，然後隨而制之，則死生之地可知也。○陳皥曰：敵人既有動静，則我得見其形。有謀者，所處之地必生；無謀者，所投之地必死也。○孟氏曰：形相敵情，觀其所據，則地形勢生死可得而知。○賈林曰：

見所理兵形，則可知其死所。○梅堯臣曰：彼生死之地，我因形見而識。○何氏同杜牧注。○張預曰：形之以弱，則彼必進；形之以彊，則彼必退。因其進退之際，則知彼所據之地死與生也。上文云「善動敵者，形之，敵必從之」是也。死地，謂傾覆之地；生地，謂便利之地。

角之而知有餘不足之處〔四六〕。

曹操曰：角，量也。○李筌曰：角，量也。量其力精勇，則虛實可知也。○杜牧曰：角，量也。言以我之有餘，角量敵人之有餘；以我之不足，角量敵人之不足。管子曰：「善攻者，料衆以攻衆，料食以攻食，食不存不攻，備不存不攻。」司馬宣王伐遼東，司馬陳珪曰：「昔攻上庸，八部並進，晝夜不息，故能一旬之半，拔堅城，斬孟達；今者遠來，而更安緩，愚切惑焉〔四七〕。」王曰：「孟達衆少，而食支一年；吾將四倍於達，而糧不淹一月。以一月圖一年，安可不速？以四擊一，正命半解，猶當爲之。是以不計死傷，與糧競也。今賊衆我寡，賊飢我飽，雨水乃爾，功力不設，賊糧垂盡，當示無能以安之。」既而雨止，晝夜攻之，竟平遼東。○梅堯臣曰：彼有餘不足之處，我以角量而審。○王晳曰：角，謂相角也。角彼我之力，則知有餘不足之處，然後可以謀攻守之利也。此而上亦所以量敵知戰。○張預曰：有餘，彊也；不足，弱也。角量敵形，知彼彊弱之所。唐太宗曰：「凡臨陣，常以吾彊對敵弱，常以吾弱對敵彊。」苟非角量，安得知之？○〔四八〕

⑦**故形兵之極，至於無形；無形，則深間不能窺，智者不能謀**〔四九〕。

李筌曰：形敵之妙，入於無形。間不可窺，智不可謀，是謂形也。○杜牧曰：此言用兵之道，至於臻極，不過於無形。無形，則雖有間者深來窺我，不能知我之虚實。彊弱不泄於外，雖有智能之士，亦不能謀我也。○梅堯臣曰：兵本有形，虚實不露，是以無形，此極致也。雖使間者以情鈞，智者以謀料，可得乎？○王晳曰：制兵形於無形，是謂極致，孰能窺而謀之哉？○何氏曰：行列在外，機變在内，因形制變，人難窺測，可謂神微。○張預曰：始以虚實形敵，敵不能測，故其極致，卒歸於無形。既無形可覩，無迹可求，則間者不能窺其隙，智者無以運其計。

因形而錯勝於衆，衆不能知〔五〇〕。

曹操曰：因敵形而立勝〔五一〕。○李筌曰：錯，置也。設形險之勢，因士卒之勇，而取勝焉。軍事尚密，非衆人之所知也。○杜牧曰：窺形可置勝敗，非智者不能，固非衆人所能得知也。○梅堯臣曰：衆知我能置勝矣，不知因敵之形。○何氏曰：因敵置勝，衆不能知。○張預曰：因敵變動之形以置勝，非衆人所能知。

人皆知我所以勝之形，而莫知吾所以制勝之形。

曹操曰：不以一形之勝萬形。或曰：不備知也。制勝者，人皆知吾所以勝，莫知吾因敵形制勝也〔五二〕。○李筌曰：戰勝，人知之；制勝之法幽密，人莫知。○杜牧曰：言已勝之後，但知我制敵人，使有敗形，本自於我，然後我能勝之也。上文云「近而示之遠，遠而示之近，利而誘之，亂而取之，實而備之，彊而避之〔五三〕，怒而撓之，卑而驕之，佚而勞之，親而離之」，斯皆制勝之道，人莫知之也。○陳皞曰：人但知我勝敵之善，不能知我因敵之敗形。○梅堯臣曰：知得勝之跡，而不知作勝之象。○王晳曰：若韓信背水拔幟是也。人但見水上軍殊死戰，不可敗；及趙軍驚亂遁走，不知吾能制使之然者以何道也。○張預曰：立勝之迹，人皆知之，但莫測吾因敵形而制此勝也。

故其戰勝不復，而應形於無窮〔五四〕。

曹操曰：不重復動而應之也。○李筌曰：不復前謀以取勝，隨宜制變也。○杜牧曰：敵每有形，我則始能隨而應之以取勝。○杜佑曰：死官也。○賈林曰：應敵形而制勝，乃無窮。○梅堯臣曰：不執故態，應形有機。○王晳曰：夫制勝之理惟一，而所勝之形無窮也。○何氏曰：已勝之分，不再用也。敵來斯應，不循前法，故不窮。○張預曰：已勝之後，不復更用前謀，但隨敵之形而應之，出奇無窮也。

⑧夫兵形象水，

孟氏曰：兵之形勢如水流，遲速之勢無常也。

水之形，避高而趨下〔五五〕**；**

梅堯臣曰：性也。

兵之形，避實而擊虚〔五六〕**。**

梅堯臣曰：利也。○張預曰：水趨下則順，兵擊虚則利。

水因地而制流〔五七〕**，**

杜牧曰：因地之下。○梅堯臣曰：順高下也。○張預曰：方圓斜直，因地而成形。

兵因敵而制勝。

李筌曰：不因敵之勢，吾何以制哉？夫輕兵不能持久，守之必敗；重兵挑之必出。怒兵辱之，彊兵緩之，將驕宜卑之，將貪宜利之，將疑宜反間之，故因敵而制勝。○杜牧曰：因敵之虚也。○賈林曰：見敵盛衰之形，我得因而立勝。○杜佑曰：言水因地之傾側而制其流，兵因敵之虧闕而取其勝者也。○梅堯臣曰：隨虚實也。○王晳曰：謂隄防疏導之也。○何氏曰：因敵彊弱而成功。○張預曰：虚實彊弱，隨敵而取勝。

故兵無常勢，

梅堯臣曰：應敵爲勢。○張預曰：敵有變動，故無常勢。

水無常形〔五八〕，

梅堯臣曰：因地爲形。○孟氏曰：兵有變化，地有方圓。○張預曰：地有高下，故無常形。○〔五九〕

能因敵變化而取勝者，謂之神〔六〇〕。

曹操曰：勢盛必衰，形露必敗，故能因敵變化，取勝若神。○李筌曰：能知此道，謂之神兵也。○杜牧曰：兵之勢，因敵乃見，勢不在我，故無常勢。如水之形，因地乃有，形不在水，故無常形。水因地之下，則可漂石；兵因敵之應，則可變化如神者也。○梅堯臣曰：隨而變化，微不可測。○王晳曰：兵有常理，而無常勢；水有常性，而無常形。兵有常理者，擊虚是也；無常勢者，因敵以應之也。水有常性者，就下是也；無常形者，因地以制之也。夫兵勢有變，則雖敗卒，尚復可使擊勝兵，況精鋭乎？○何氏曰：行權應變在智畧，智畧不可測，則神妙者也。○張預曰：兵勢已定，能因敵變動，應而勝之，其妙如神。

故五行無常勝，

杜佑曰：五行更王〔六一〕。○王晳曰：迭相克也。

四時無常位，

杜佑曰：四時迭用〔六二〕。○王晳曰：迭相代也。

日有短長，月有死生〔六三〕。

曹操曰：兵無常勢，盈縮隨敵。○李筌曰：五行者，休囚王相遞相勝也。四時者，寒暑往來無常定也。日月者，周天三百六十五度四分度之一。百刻者，春秋二分，則日夜均；夏至之日，晝六十刻、夜四十刻，冬至之日，晝四十刻，夜六十刻，長短不均也。月初爲朔，八日爲上弦，十五日爲望，二十四日爲下弦，三十日爲晦，則死生義也。孫子以爲五行、四時、日月盈縮無常，況於兵之形變，安常定也？○梅堯臣曰：皆所以象兵之隨敵也。○王晳曰：皆喻兵之變化非一道也。○張預曰：言五行之休王，四時之代謝，日月之盈昃，皆如兵勢之無定也。○〔六四〕

校記

〔一〕「虛實」，通行本皆如此，唯簡本作「實虛」。按：「虛實」已成習慣用語，各家亦多以「虛實」爲說，且二者含義全同，故仍之。又，平津本與武經各本中卷自此篇始。

〔二〕櫻田本句首「凡」下有「用兵」二字。又，此句之「先處」與下句之「後處」，御覽卷二七〇引「處」俱作「據」。且「佚」作「失」，「趨」作「趣」，古通。

〔三〕「自餘遁矣」，原本如此，孫校本同。按：此似不詞，疑「自」乃「其」字之訛。

〔四〕　此句御覽卷三三四引句首無「能」字，「害之也」又作「險害之地」。

〔五〕　此上佑注首句「致其所必走」，通典卷一六〇引同，孫校本據上曹注改爲「出其所必趨」，並謂：「字之誤也。」按：佑注每先引曹注，再述己意。由上曹注觀之，此句當有誤，應據孫校本改。唯原本如此，今仍其舊。又，末句「言守之上也」，原本無，孫校本亦未補，今據通典補之。

〔六〕　以上牧注「江北地寒，田收差晚」，原本無「地」字，孫校本改爲「江北寒地，收差晚」。按：孫校本所改非善，今依隋書高熲傳改。又「微徵士馬」，原本作「徵兵上馬」，亦似不詞，今亦據高熲傳正之。

〔七〕　「饑」，十一家注宋明諸本皆如此，孫校本則依通典、御覽改作「飢」。簡本、平津本與武經各本亦正作「飢」。按：孫校本改「饑」爲「飢」，是。「飢」者，餓飯也；而「饑」之本義乃穀不熟也。而此句與「飽」相對，自當是「飢」字。且下軍爭篇有「以飽待飢」，即作「飢」。唯二字古通，商君書靳令「有饑寒死亡，不爲利禄之故戰，此亡國之俗也」，此「饑」即通「飢」，故可不必改字。又，簡本句末有「者」字，是其與上句「佚能勞之」並爲下句「出其所必趨」之從句。

〔八〕　此句平津本作「絶其糧道」，與原本稍異。

〔九〕　「畜積」，孫校本改「畜」爲「蓄」。按：「畜」亦有貯積之義，古與「蓄」常雜用，穀梁傳莊二八年「國無九年之畜曰不足」，禮王制「畜」即作「蓄」，故可不必改字。若必改之，當據隋書本傳改爲「儲」。

〔一〇〕　「楚兵剽輕」，原本「兵」作「丘」，誤。孫校本已正，是。

〔一一〕　「沘水」，原本作「泚水」。按：據後漢書光武紀，當是沘水，李賢注云：「在沘陽縣南。沘音比。」沘陽即今河南泌陽。

〔一二〕「陳正通」下，原本有「河間王孝恭」五字。孫校本亦有。按：陳正通乃輔公祏叛將，而河間王李孝恭乃唐室宗親，行軍大總管兼討叛主帥，分屬不同陣營，怎可並稱「率步騎軍於青州山」？故此四字迨涉下句「河間王孝恭至」而衍。今據舊唐書卷十六宗室傳刪。又，「青州山」，舊唐書作「青林山」。

〔一三〕此句諸本皆有，唯簡本獨無。查諸家亦多注此句，故當仍之。

〔一四〕「攻其所必愛」，原文「必」誤作「不」，孫校本已正，是。

〔一五〕此句除上述諸家注外，尚有杜佑注「攻其所愛」四字，見通典卷一五八。

〔一六〕此二句十一家注諸本、平津與武經各本皆如此，唯簡本止作「出於其所必」，下空三字，即接下句「行千里而不勞」。空處當有「趨」字，且必無下句「趨其所不意」五字。查御覽卷二七〇與卷三〇六兩引均作「必趨」，長短經格形同，且均無「趨其所不意」句。櫻田本亦作「必趨」。曹、李上句「安能動之」注亦均明言「出其所必趨」。且若作「不趨」，則焉能使敵「佚能勞之」、「飽能飢之」？而欲使敵「佚之」、「飢之」，必出其所「必趨」而後可。孫校謂「作『不趨』者，誤也」，應依御覽作「必趨」，其説甚爲有見。校釋從之，改「不」爲「必」，另於「趨」下加「也」字，並刪「趨其所不意」，是。

〔一七〕此句曹注，平津本無，孫校本雖有，但又於「不得」二字下加一「不」字。按：如此則與上句「安能動之」句注意全同；但如依原文，則與該句意相乖，故此句可據平津本刪。

〔一八〕「不勞」，簡本作「不畏」，今仍之。

〔一九〕平津本無「避其所守」四字。

〔二〇〕「兵貴神速」，原本誤「貴」爲「遺」，今亦正之。

〔二一〕此句諸本皆如此，校釋據簡本改「守其所不攻」爲「守其所必攻」，並謂守而必固者，因料敵之所必攻，從而加强守備使之牢固也。按：此説固有理。然如梅注「賊擊我西，亦備乎東」，或如周亞夫守昌邑，賊攻東南，而亞夫命守西北，不亦「守其所不攻」之義乎？故兩存之。

〔二二〕以上諸句，通典卷一六〇引作「微乎微微，至於無形；神乎神神，至於無聲，故能爲變化司命」。御覽卷三一七引「至於無形」作「故能隱於常形」，且無「至於無聲」一句，「故能爲變化司命」句同通典。皆無取，今仍之。

〔二三〕首句「進而不可禦」，簡本作「進不可迎」，「不可追」作「不可止」，「速而不可及」之「速」字作「遠」。御覽卷三一七引末句亦作「遠而不可及」，今均仍依原本。

〔二四〕「乖」，簡本作「膠」，迨「謬」之借，其義可同「乖」。

〔二五〕此處曹注，平津本與原本無異，唯孫校本據御覽又於末句之下續補「我未修壘塹，敵人不以形勢之長就能加之於我者，不敢攻我也」。今並録此，以相參較。

〔二六〕「縱馬卸鞍」，原本「鞍」誤作「安」，今予正之。

〔二七〕「使大開門」，原本「使」誤作「史」，今亦正之。

〔二八〕「形人而我無形」，簡本作「善將者形人而無形」。「我專而敵分」，道藏本「分」作「忿」，孫校亦謂原作

「忿」，故而改爲「分」。按：孫改是，宋本正作「分」，是明本誤也。

〔二九〕「以十攻其一」，各本皆如此，簡本「攻」作「擊」，而孫校本則據通典、御覽改「攻」爲「共」，並謂作「攻」爲誤。按：改作「共」固可，然謂作「攻」爲誤，則非是。二字聲近義通，古可通假。書甘誓「左不攻於左，右不攻於右」，墨子明鬼則作「左不共於左，右不共於右」，故原本不誤，今兩存之。

〔三〇〕此句各本皆如此，唯簡本作「我寡而敵衆」，校釋謂其無「則」字，説明其非承接上文，而是另起一節，故下文有「敵雖衆，可使無鬭」，今並存之，以相參較。

〔三一〕以上諸句，簡本作「所備者多，則所戰者寡矣」。

〔三二〕此處曹注，平津本無，而通典卷一五八佑注則有之，且與此全同。再，王注亦引有曹注，可知原有曹注，平津本無者，迨爲後人所删也。

〔三三〕以上諸句，各本皆同，唯簡本自「備前」至「右寡」之間空字無多，或僅有「備前者後寡，備左者右寡」，而無「備後」與「備右」兩句。又，末兩句，簡本作「無不備者，無不寡」，通典卷一五八與御覽卷三一三引同。

〔三四〕此處曹注，平津本同，唯無「上所謂」三字。按：有無此三字無關緊要，問題是此句重見於上「敵所備者多」注。而該注雖爲平津本所未見，但從佑注與王注所引觀之，當屬該句。而此句注意則與經文不相應，佑注亦未再引，故疑此曹注乃前句之注而重出於此者。

〔三五〕以上諸句，通行各本無異，唯簡本「日」、「地」互倒。通典卷一五八引無「可」字，御覽卷三一三引同。

〔三六〕「孫臏要龐涓」，原本無「要」字，孫校本補之，是。

〔三七〕以上諸句，簡本「地」、「日」互乙，且以「前」、「後」、「左」、「右」爲序。又，「遠者數十里」，櫻田本作「數千里」。按：古代戰争，戰地百里，即爲罕見，況數千里之遥乎！故無取。

〔三八〕「數十里」，原本作「十數里」，通典卷一五八引同，唯通典注稱，通典舊本原作「數十里」，今本乃據孫子此句佑注而改。按：通典舊本不誤，是今本改之誤也。孫校即作「數十里」。且經文亦明言「數十里」，既如此，何注文又稱「十數里」乎？故當據孫校本回改爲是。

〔三九〕「以吾度之」，十一家注各本如此，平津本與櫻田本同，而武經各本則「吾」作「吴」，趙注同，而張注又謂作「吴」乃字之誤。按：「吾」、「吴」乃一聲之轉，古嘗相亂。如韓非子飾邪有云「勾踐恃大朋之龜，與吴戰而不勝」，明道本「吴」即作「吾」。故作「吴」不誤。今兩存之。又，「亦奚益於勝敗哉」，十一家注各本「勝」下皆有「敗」字，但簡本却無，平津本與武經各本以及趙注與櫻田本等亦皆無，校釋亦予删除。按：此句乃接上文，言不知戰地，不知戰日，兵衆雖多，亦未必有益於勝利之獲得，豈可言對失敗有所裨益哉？故删之非爲無理。唯「勝敗」亦可視爲偏義複合詞，雖「勝」、「敗」連稱，而旨在言「勝」，故不删亦可。

〔四〇〕此處曹注，平津本止有「吴越仇國也」五字。

〔四一〕此句御覽卷三二二引作「勝可知而不可爲也」，孫校謂其因形篇之語而致誤，或如是。今仍依原文。

〔四二〕簡本此句在下「死生之地」句下，且「策」字作「計」。至於「得失之計」又作何字，因簡身殘缺，不可得知。

〔四三〕「取勝之法」，原本作「取勝之兵法」，「兵」字顯係涉上「兵」字而衍。孫校未及，失之。又，中華本又以此與下句「可制」連讀，並斷句。如此，則下文「太一遁甲五將之計」即無所主矣，故未可據，而當讀爲「取勝之法，可制太一遁甲五將之計」。如此則文通義順矣。

〔四四〕「作之」，諸本皆如此，但遺説却引作「候之」，御覽卷二九〇與長短經料敵引同，且李、賈、王注亦皆言「候」，通典故本亦作「候」，今本則據十家注回改爲「作」。按作「作」或作「候」，於義均可通，今並存之。

〔四五〕「犲」，孫校本改作「豺」。按：「豺」可作「犲」，改否均可。

〔四六〕此句諸本皆以「有餘不足」爲言，簡本同，唯通典卷一五〇引作「不足有餘」，御覽卷二九〇引同。今亦兩存之。

〔四七〕「愚切惑焉」，原本如此，孫校本同。按：「切」疑「竊」字之誤。

〔四八〕通典卷一五〇此句經文下又有杜佑注云：「角，量也。角量彼我軍馬，則長短可知也。」

〔四九〕以上諸句，御覽卷三二一引「形兵」二字互乙，趙注不重「無形」二字，御覽引「深間」又誤作「深淵」。

〔五〇〕「錯」，平津本與武經本作「措」，前形篇「其所措必勝」，亦作「措」，二字古通，亦常相亂，今仍之。唯長短經料敵作「作勝」，則非是。

〔五一〕孫校謂御覽引此曹注「敵形」作「地形」，並指其爲非，是。

〔五二〕此句曹注，平津本無「一形」下「之」字，且無「或曰不備知也」六字，較原本簡練。

〔五三〕「彊而避之」，原本「彊」誤作「疆」，孫校本與中華本均已改正，是。「彊」乃「强」之本字，而「疆」乃指土域，故此句自當爲「彊」。

〔五四〕　御覽卷三二二引此句「其」誤作「兵」，且無「於」字。

〔五五〕　「水之形」，各本皆如此，唯簡本作「水行」，治要卷三三、通典卷一五八與御覽卷二七〇引亦均作「水之行」，孫校亦謂作「形」爲誤，校釋據改。按：改之善。又，通典引「趨」作「就」，義同，今仍之。

〔五六〕　「兵之形」，原本及通行諸本皆如此，唯簡本作「兵勝」，校釋亦從作「兵之勝」，以與下「兵因敵而制勝」相應。今並存之。

〔五七〕　「制流」，原本及其他通行諸本亦皆如此，唯簡本作「制行」。治要卷三三引與書鈔卷一一三引並同。再查文選求自試表、西征賦、張景陽雜詩、趙充國頌與褚淵碑等注引亦皆作「制行」。而通典卷一五八與一六一兩引則均作「制形」，十一家注與武經則又作「制流」，是孫子故書本作「制行」，唐、宋以後，始有「形」、「流」之異。校釋從作「制行」，以與上句「水之行」相應。按：作「行」善。

〔五八〕　以上兩句「兵無常勢，水無常形」，諸本皆同，唯簡本「常勢」作「成勢」，「常形」作「恒刑」，且無「水」字。治要卷三三引「常勢」亦作「成勢」，計篇「不可先傳」句曹注、御覽卷二七〇引同，是孫子故書或本作「成勢」。按：「成勢」與「常勢」義同。簡本作「恒」而原本作「常」者，蓋避真宗諱而改。「刑」、「形」古通用。故「恒刑」與「常形」亦義同。唯簡本無「水」字，則「無恒刑」之主語亦爲「兵」矣。如此雖亦可通，唯此節乃以水喻兵，以上各句亦「水」、「兵」相屬成文，各家注亦皆「水」、「兵」對舉，故有「水」字，言兵無常勢猶水無常形，於義爲善。今仍依原文。

〔五九〕　通典卷一六一此句經文下又有杜佑注云：「言兵有變化，故地有方圓。」

〔六〇〕 簡本此句作「能與敵化之胃神」。通典卷一六一引「因」作「隨」。

〔六一〕 「五行」二字之上，通典卷一六一又有「五行謂金、木、水、火、土」八字。

〔六二〕 「四時」之上，通典又有「四時謂春、夏、秋、冬」七字。

〔六三〕 「死生」，通典引作「生死」。

〔六四〕 通典卷一六一此句經文下又有杜佑注云：「兵無成勢，盈縮隨敵。日月盛衰，猶兵之形勢，或弱或强也。」

軍争篇〔一〕

曹操曰：兩軍争勝。○李筌曰：争者，趨利也。虚實定，乃可與人争利。○王晳曰：争者，争利；得利則勝。宜先審輕重，計迂直，不可使敵乘我勞也。○張預曰：以「軍争」爲名者，謂兩軍相對而争利也。先知彼我之虚實，然後能與人争勝，故次虚實。

①孫子曰：凡用兵之法：將受命於君，

李筌曰：受君命也。遵廟勝之算，恭行天罰。○張預曰：受君命，伐叛逆。

合軍聚衆，

曹操曰：聚國人，結行伍，選部曲，起營爲軍陳〔二〕。○梅堯臣曰：聚國之衆，合以爲軍。○王晳曰：大國三軍，總三萬七千五百人；若悉舉其賦，則總七萬五千人。此所謂「合軍聚衆」。○張預曰：合國人以爲軍，聚兵衆以爲陳。

交和而舍〔三〕，

曹操曰：軍門爲和門，左右門爲旗門，以車爲營曰轅門，以人爲營曰人門，兩軍相對爲交和。○李筌曰：交間和雜也。合軍之後，彊弱、勇怯、長短、向背，間雜而伴之；力相兼，後合諸營壘，與敵爭之。○杜牧曰：周禮「以旌爲左右和門」，鄭司農曰：「軍門曰和，今謂之壘門，立兩旌旗表之，以敘和出入，明次第也。」交者，言與敵人對壘而舍，和門相交對也。○賈林曰：舍，止也。士衆交雜和合，而止於軍中，趨利而動。○梅堯臣曰：軍門爲和門，兩軍交對而舍也。○何氏曰：和門相望，將合戰爭利，兵家難事也。○張預曰：軍門爲和門。言與敵對壘而舍，其門相交對也。或曰：與上下交相和睦，然後可以出兵爲營舍。故吴子曰：「不和於國，不可以出軍；不和於軍，不可以出陳。」

莫難於軍爭。

曹操曰：從始受命，至於交和，軍爭難也〔四〕。○杜牧曰：於爭利害難也。○梅堯臣曰：自受命至此，爲最難。○張預曰：與人相對而爭利，天下之至難也。○〔五〕

軍爭之難者，以迂爲直，以患爲利。

曹操曰：示以遠，邇其道里〔六〕，先敵至也。○杜牧曰：言欲爭奪，先以迂遠爲近，以患爲利，誑紿敵人，使其慢易，然後急趨也。○陳皞曰：言合軍聚衆，交和而舍，皆有舊制，惟軍爭最難也。苟不知以迂爲直、以患爲利者，即不能與敵爭也。○賈林曰：全軍而行，爭於便利之地，而先據之；若不得其地，則輸敵之勝，最其難也。○杜佑曰：敵途本迂，患在道遠，則先處形勢之地，故曰「以患爲利」〔七〕。○梅堯臣曰：能變迂爲近，轉患爲利，難也。○王晳曰：曹公曰：

「示以遠，邇其道里，先敵至。」晳謂示以遠者，使其不虞而行，或奇兵從間道出也。○何氏曰：謂所征之國，路由山險，迂曲而遠，將欲争利，則當分兵出奇，隨逐鄉導，由直路乘其不備，急擊之，雖有陷險之患，得利亦速也。如鍾會伐蜀，而鄧艾出奇，先至蜀，蜀無備而降。故下云「不得鄉導，不能得地利」是也。○張預曰：變迂曲爲近直，轉患害爲便利，此軍争之難也。

故迂其途，而誘之以利，後人發，先人至，此知迂直之計者也〔八〕。

曹操曰：迂其途者，示之遠也。後人發、先人至者，明於度數，先知遠近之計也。○李筌曰：故迂其途，示不速進，後人發，先人至也。用兵若此，以患爲利者。○杜牧曰：上解曰以迂爲直，是示敵人以迂遠；敵意已怠，復誘敵以利，使敵心不專；然後倍道兼行，出其不意，故能後發先至，而得所争之要害也。秦伐韓，軍於閼與，趙王令趙奢往救之。去邯鄲三十里，而令軍中曰：「有以軍事諫者死。」秦軍武安西。秦軍鼓譟勒兵，武安屋瓦皆震。軍中候有一人言急救武安，奢立斬之。堅壁留二十八日不行，復益增壘。秦間來，奢善食而遣之。間以報秦，秦將大喜，曰：「夫去國三十里而軍不行，乃增壘，閼與非趙地也。」奢既遣秦間，乃卷甲而趨，二日一夜至，令善射者去閼與五十里而軍。秦人聞之，悉甲而至。有一卒曰：「先據北山者勝。」奢使萬人據之，秦人來争不得。奢因縱擊，大破之，閼與遂得解。○賈林曰：敵途本近，我能迂之者，或以羸兵，或以小利，於他道誘之，使不得以軍争赴也。○梅堯臣曰：遠其途，誘以利，款之也；後其發，先其至，争之也。能知此者，變迂轉害之謀也。○何氏曰：迂途者，當行之途也。以分兵出奇，則當行之途，示以迂險，設勢以誘敵，令得小利縻之，則出奇之兵，雖後發亦先至也。言争利，須料迂直之勢出奇，故下云「分合爲變」，「其疾如風」是也。○張預曰：形勢之地，争得則勝。凡欲近争便地，先引兵遠去，復以小利啗敵，使彼不意我進，又貪我利，故我得以後發而先至，此所謂「以迂爲直，以患爲利」也。趙奢據北山而敗秦軍，郭淮屯北原而走諸葛是也。能後發先至者，明於度數，知以迂爲直之謀者也。○〔九〕

②故軍争爲利，軍争爲危〔一〇〕。

曹操曰：善者則以利，不善者則以危。○李筌曰：夫軍者，將善則利，不善則危。○杜牧曰：善者，計度審也。○賈林曰：我軍先至，得其便利之地，則爲利；彼敵先據其地，我三軍之衆馳往争之，則敵佚我勞，危之道也。○梅堯臣曰：軍争之事，有利也，有危也。又一本作「軍争爲利，衆争爲危」。○何氏曰：此又言出軍行師，驅三軍之衆，與敵人相角逐，以争一日之勝，得之則爲利，失之則爲危，不可輕舉。○張預曰：智者争之則爲利，庸人争之則爲危。明者知迂直，愚者昧之故也。○〔一一〕

舉軍而争利，則不及；

曹操曰：遲不及也。○李筌曰：輜重行遲。○賈林曰：行軍用師，必趨其利，遠近之勢，直以舉軍往争其利，難以速至；可以潛設奇計，迂敵途程，敵不識我謀，則我先而敵後也。○杜佑曰：遲不及也。舉軍悉行，争赴其利，則道路悉不相逮。○梅堯臣曰：舉軍中所有而行，則遲緩。○王晳曰：以輜重故。○張預曰：竭軍而前，則行緩而不能及利。

委軍而争利，則輜重捐〔一二〕。

曹操曰：置輜重，則恐捐棄也。○李筌曰：委棄輜重，則軍資闕也。○杜牧曰：舉一軍之物行，則重滯遲緩，不及於利；委棄輜重，輕兵前追，則恐輜重，因此棄捐也。○賈林曰：恐敵知而絶我後糧也。○杜佑曰：委置庫藏，輕師而行，若敵乘虚而來，抄絶其後，則己輜重皆悉棄捐。○梅堯臣曰：委軍中所有而行，則輜重棄。○王晳同曹操注。○何氏同杜佑注。○張預曰：委置重滯，輕兵獨進，則恐輜重爲敵所掠，故棄捐也。

是故卷甲而趨，日夜不處〔一三〕，

曹操曰：不得休息，罷也〔一四〕。

倍道兼行，百里而争利，則擒三將軍〔一五〕，

杜佑曰：若不慮上二事〔一六〕，欲從速疾，卷甲束仗，潛軍夜行；若敵知其情，邀而擊之，則三軍之將爲敵所擒也。若秦伯襲鄭，三帥皆獲是也。

勁者先，疲者後，其法十一而至〔一七〕。

曹操曰：百里而争利，非也，三將軍皆以爲擒〔一八〕。○李筌曰：一日行一百二十里，則爲倍道兼行；行若如此，則勁健者先到，疲者後至。軍健者少，疲者多，且十人可一人先到，餘悉在後，以此遇敵，何三將軍不擒哉？魏武逐劉備，一日一夜行三百里，諸葛亮以爲彊弩之末不能穿魯縞，言無力也，是以有赤壁之敗。龐涓追孫臏，死於馬陵，亦其義也。○杜牧曰：此説未盡也。凡軍一日行三十里爲一舍，倍道兼行者，再舍，晝夜不息，乃得百里。若如此争利〔一九〕，衆疲倦，則三將軍皆須爲敵所擒。其法什一而至者，不得已必須争利，凡十人中擇一人最勁者先往，其餘者則令繼後而往。萬人中先擇千人〔二〇〕，平旦先至，其餘繼至，有巳午時至者，有申未時至者，各得不竭其力，相續而至，與先往者足得聲響相接。凡争利，必是争奪要害，雖千人守之，亦足以拒抗敵人，以待繼至者。太宗以三千五百騎先據武牢，竇建德十八萬衆而不能前，此可知也。○陳皥曰：杜説別是用兵一途，非「什一而至」之義也。蓋言百里争利，勁者先，疲者後，十中得一而至，九皆疲困，一則勁者也。○賈林曰：路遠人疲，奔馳力盡，如此則我勞敵佚，被擊何疑？百里争利，慎勿爲也。○杜佑曰：百里争利，非也，三將軍皆爲擒也。彊弱不復相待〔二一〕，率十有一人至軍也〔二二〕。罷音疲。○梅堯臣曰：軍日行三十里而舍，今乃晝夜不休，行百里，故三將軍爲其擒也。何則？涉途既遠，勁者少，罷者多，十中得一至耳。

三將軍者，三軍之師也。○王晳曰：罷，羸也。此言争利之道，宜近不宜遠耳。夫衝風之衰，不能起毛羽；彊弩之末，不能穿魯縞。苟日夜兼行，百里趨利，縱使一分勁者能至，固已困乏矣。即敵人以佚擊我之勞，自當不戰而敗。故司馬宣王曰：「吾倍道兼行，此曉兵者之所忌也。」或曰：趙奢亦卷甲而趨，二日一夜卒勝秦者何也？曰：奢久并氣積力，增壘遣間，示怯以驕之，使秦不意其至，兵又堅，奢又去閼與五十里而軍，比秦聞之，及發兵至，非二三日不能也。能來，是彼有五十里趨敵之勞，而我固已二三日休息，士卒不勝其佚；且又投之險難，先據高陽，奇正相因，曷爲不勝哉？○何氏曰：言三將出奇求利，委軍衆輜重，卷甲務速；若晝夜百里不息，則勁者能十至其一。我勞敵佚，敵衆我寡，擊之未必勝也，敗則三將俱擒。以此見武之深戒也。○張預曰：卷甲，猶悉甲也。悉甲而進，謂輕重俱行也。凡軍日行三十里則止，過六十里已上爲倍道，晝夜不息爲兼行。言百里之遠，與人争利，輕兵在前，輜重在後，人罷馬倦，渴者不得飲，飢者不得食，忽遇敵，則以勞對佚，以飢敵飽，又復首尾不相及，故三軍之帥必皆爲敵所擒。若晉人獲秦三帥是也。輕兵之中，十人得一人勁捷者先至，下九人悉疲困而在後，況重兵乎？何以知輕重俱行？下文云「五十里而争利，則半至」，若止是輕兵，則一日行五十里不爲遠也，焉有半至之理？是必重兵偕行也。

五十里而争利，則蹷上將軍，其法半至〔二三〕。

曹操曰：蹷，猶挫也。○李筌曰：百里則十人一人至，五十里十人五人至，挫軍之威，不至擒也。言道近不至疲。○杜牧曰：半至者，凡十人中擇五人勁者先往也。○賈林曰：上，猶先也。○杜佑曰：蹷，猶挫也。前軍之將，已爲敵所蹷敗。○梅堯臣曰：十中得五，猶遠不能勝。○王晳曰：罷勞之患，減於太半，止挫敗而已。○張預曰：路不甚遠，十中五至，猶挫軍威，況百里乎？蹷上將，謂前軍先行也。或問曰：唐太宗征宋金剛，一日一夜行二百餘里，亦能克勝者何也？答曰：此形同而勢異也。且金剛既敗，衆心已沮，迫而滅之，則河東立平。若其緩之，賊必生計，此太宗所以不計疲頓而力逐也。孫子所陳争利之法，蓋與此異矣。

三十里而争利，則三分之二至〔二四〕。

曹操曰：道近，至者多，故無死敗也。○李筌曰：近不疲也，故無死亡。○杜牧曰：三十里內，凡十人中可以六七人先往也。不言「其法」者，舉上文可知也。○杜佑曰：道近，則至者多，故無死敗。古者用師，日行三十里，步騎相須；今走而趨利，三分之二至〔二五〕。○梅堯臣曰：道近至多，庶或有勝。○王晳曰：計彼我之勢，宜須争者，或亦當然。雖三分二至，蓋其精鋭者之力未至勞乏，不可決以爲敗，故不云「其法」也。○張預曰：路近不疲，至者太半，不失行列之政，不絶人馬之力，庶幾可以争勝。上三事皆謂舉軍而争利也。

是故軍無輜重則亡，無糧食則亡，無委積則亡。

曹操曰：無此三者，亡之道也。○李筌曰：無輜重者，闕所供也。袁紹有十萬之衆，魏武用荀攸計，焚燒紹輜重，而敗紹於官渡。無糧食者，雖有金城，不重於食也。夫子曰：「足食、足兵，民信之矣。」故漢赤眉百萬衆無食，而君臣面縛宜陽。是以善用兵者，先耕而後戰。無委積者，財乏闕也。漢高祖無關中，光武無河内，魏武無兖州，軍北身遁，豈能復振也？○杜牧曰：輜重者，器械及軍士衣裝；委積者，財貨也。○陳皥曰：此説委軍争利之難也。○梅堯臣曰：三者不可無，是不可委軍而争利也。○王晳曰：委積，謂薪蒭蔬材之屬；軍恃此三者以濟，不可輕離也。○張預曰：無輜重，則器用不供；無糧食，則軍餉不足；無委積，則財貨不充，皆亡覆之道。此三者謂委軍而争利也。○〔二六〕

③**故不知諸侯之謀者，不能豫交；**

曹操曰：不知敵情謀者，不能結交也。○李筌曰：豫，備也。知敵之情，必備其交矣。○杜牧曰：非也。豫，先也；交，交兵也。言諸侯之謀先須知之，然後可交兵合戰；若不知其謀，固不可與交兵也。○陳皥曰：曹説以爲不先知敵人之作謀，即不能預結外援。二説並通。○梅堯臣曰：不知敵國之謀，則不能預交鄰國以爲援助也。○張預曰：先知諸侯之實情，然後可與結交；不知其謀，則恐翻覆爲患。其鄰國爲援，亦軍争之事。故下文云「先至而得天下之衆者，爲衢地」是也。

不知山林、險阻、沮澤之形者，不能行軍；

曹操曰：高而崇者爲山，衆樹所聚者爲林，坑壍者爲險，一高一下者爲阻，水草漸洳者爲沮，衆水所歸而不流者爲澤。不先知軍之所據及山川之形者，則不能行師也〔二七〕。○梅堯臣曰：山林險阻之形，沮澤濘淖之所，必先審知。○張預曰：高而崇者爲山，衆木聚者爲林，坑坎者爲險，一高一下者爲阻，水草漸洳者爲沮，衆水所歸而不流者爲澤。凡此地形，悉能知之，然後可與人争利而行軍。○〔二八〕

不用鄉導者，不能得地利〔二九〕。

李筌曰：入敵境，恐山川隘狹，地土泥濘，井泉不利，使人導之以得地利。易曰「即鹿無虞」，則其義也。○杜牧曰：管子曰：「凡兵主者，必先審知地圖。轘轅之險，濫車之水，名山通谷，經川陵陸丘阜之所在，苴草林木蒲葦之所茂，道里之遠近，城郭之大小，名邑廢邑園殖之地，必盡知之，地形出入之相錯者盡藏之，然後不失地利。」衛公李靖曰：「凡是賊徒，好相掩襲，須擇勇敢之夫，選明察之士，兼使鄉導，潛歷山林，密其聲，晦其跡。或刻爲獸足，而却履於中途；或上冠微禽，而幽伏於叢薄。然後傾耳以遠聽，竦目而深視，專智以度事機，注心而視氣色。覘水痕，則知敵濟之早晚；觀樹動，則可辨來寇之驅馳。故烽火莫若謹而審，旌旗莫若齊而一。賞罰必重而不欺，刑戮必嚴而不捨。敵之動静，而我有備也；敵之機謀，而我先知也。」○

陳皞曰：凡此地利，非用鄉人爲導引，則不能知地利也。○杜佑曰：不任彼鄉人而導軍者，則不能得道路之便利也。○梅堯臣曰：凡丘陵原衍之向背，城邑道路之迂直，非人引導不能得也。○何氏曰：鄉導署曰：從禽者，若無山虞之官，度其形勢之可否，則徒入於林中，終不能獲鹿矣。出征者，若無彼鄉之人導其道路之迂直，則雖至於境外，終不能獲寇矣。夫以奉辭致討，趨未歷之地，聲教未通，音驛所絶，深入其阻，不亦艱哉！我孤軍以往，彼密嚴而待，客主之勢已相遠矣；況其專任詭譎，多方以誤我。苟不計而直進，冒危而長驅，躋險則有壅決之害，晝行則有暴來之鬬，夜止則有虛驚之憂。倉卒無備，落其彀中，是乃擁熊虎之師，自投於死地，又安能摩逆壘、蕩狡穴乎？故敵國之山川，陵陸、丘阜之可以設險者，林木、蒲葦、茂草之可以隱藏者，道里之遠近，城郭之小大，邑落之寬狹，田壤之肥瘠，溝渠之深淺，蓄積之豐約，卒乘之衆寡，器械之堅脆，必能盡知之，則虜在目中，不足擒也。昔張騫嘗使大夏，留匈奴中久，導軍知利，善水草處，其軍得以無飢渴，兹亦能獲其便利也。凡用鄉導，或軍行虜獲其人，須防賊謀，陰持姦計，爲其誘誤。必在鑒其色，察其情，參驗數人之言，始終如一，乃可爲準。厚其頒賞，使之懷恩；豐其室家，使之係心。即爲吾人，當無翻覆，然不如素畜堪用者，但能諳練行途，不必土人，亦可任也。仍選腹心智勇之士，挾而偕往，則巨細必審，指蹤無失矣。○張預曰：山川之夷險，道路之迂直，必用鄉人引而導之，乃可知其所利而争勝。吴伐魯，鄫人導之以克武城是也。

④**故兵以詐立，**

杜牧曰：詐敵人，使不知我本情，然後能立勝也。○梅堯臣曰：非詭道，不能立事。○王晳曰：謂以迂爲直，以患爲利也。○何氏曰：張形勢，以誤敵也。○張預曰：以變詐爲本，使敵不知吾奇正所在，則我可爲立。

以利動，

杜牧曰：利者，見利始動也。○梅堯臣曰：非利不可動。○王晳曰：誘之也。○何氏曰：量敵可擊，則擊。○張預曰：見利乃動，不妄發也。傳曰：「三軍以利動。」

以分合爲變者也。

曹操曰：兵一分一合，以敵爲變也。○李筌曰：以詭詐乘其利動，或合或分，以爲變化之形。○杜牧曰：分合者，或分或合，以惑敵人；觀其應我之形，然後能變化以取勝也。○陳皞曰：乍合乍分，隨而更變之也。○孟氏曰：兵法詭詐，以利動敵心；或合或離，爲變化之術。○梅堯臣、王晳同曹操注。○張預曰：或分散其形，或合聚其勢，皆因敵動静而爲變化也。或曰：變謂奇正相變，使敵莫測。故衞公兵法云：「兵散則以合爲奇，兵合則以散爲奇。三令五申，三散三合，復歸於正焉。」

故其疾如風〔三〇〕，

曹操曰：擊空虚也。○李筌曰：進退也。其來無跡，其退至疾也。○梅堯臣曰：來無形跡。○王晳曰：速乘虚也。○何氏同梅堯臣注。○張預曰：其來疾暴，所向皆靡。○〔三一〕

其徐如林，

曹操曰：不見利也。○李筌曰：整陳而行。○杜牧曰：徐，緩也。言緩行之時，須有行列如林木也，恐爲敵人之掩襲也。○孟氏曰：言緩行須有行列如林，以防其掩襲。○杜佑曰：不見利不前，如風吹林，小動而其大不移。○梅堯臣曰：如林之森然不亂也。○王晳曰：齊肅也。○張預曰：徐，舒也。舒緩而行，若林木之森森然，謂未見利也。尉繚子曰「重者如山如林，輕者如炮如燔」也。

侵掠如火，

曹操曰：疾也。○李筌曰：如火燎原，無遺草。○杜牧曰：猛烈不可嚮也。○賈林曰：侵掠敵國，若火燎原，不可往復。○張預曰：詩云：「如火烈烈，莫我敢遏。」言勢如猛火之熾，誰敢禦我！○〔三二〕

不動如山，

曹操曰：守也。○李筌曰：駐軍也〔三三〕。○杜牧曰：閉壁屹然，不可摇動也。○賈林曰：未見便利，敵誘誑我，我因不動，如山之安。○梅堯臣曰：峻不可犯。○王晳曰：堅守也。○何氏曰：止如山之鎮静。○張預曰：所以持重也。荀子議兵篇云：「圓居而方正，則若盤石然，觸之者角摧。」言不動之時，若山石之不可移；犯之者，其角立毁。○〔三四〕

難知如陰〔三五〕，

李筌曰：其勢不測如陰，不能覩萬象。○杜牧曰：如玄雲蔽天，不見三辰。○梅堯臣曰：幽隱莫測。○王晳曰：形藏也。○何氏曰：暗祕而不可料。○張預曰：如陰雲蔽天，莫覩辰象。○〔三六〕

動如雷震〔三七〕，

李筌曰：盛怒也。○杜牧曰：如空中擊下，不知所避也。○賈林曰：其動也，疾不及應。太公曰：「疾雷不及掩耳。」○梅堯臣曰：迅不及避。○王晳曰：不虞而至。○何氏曰：藏謀以奮如此。○張預曰：如迅雷忽擊，不知所避，故太公曰：「疾雷不及掩耳，迅電不及瞬目。」○〔三八〕

掠鄉分衆〔三九〕，

曹操曰：因敵而制勝也。○李筌曰：抄掠必分兵爲數道，懼不虞也。○杜牧曰：敵之鄉邑聚落無有守兵，六畜財穀易於剽掠，則須分番次第，使衆人皆得往也，不可獨有所往。如此，則大小强弱皆欲與敵争利也。○陳皞曰：夫鄉邑村落，因非一處，察其無備，分兵掠之。○「掠鄉」一作「指向」。○賈林曰：三軍不可言遺，故以旌旗指向；隊伍不可語傳，故以麾幟分衆。故因敵陳形可爲勢，此尤順，訓練分明，師徒服習也。○梅堯臣曰：以饗士卒。○王晳曰：指所鄉以分其衆。「鄉」音「向」。○何氏曰：得掠物，則與衆分。○張預曰：用兵之道，大率務因糧於敵；然而鄉邑之民，所積不多，必分兵隨處掠之，乃可足用。○〔四〇〕

廓地分利，

曹操曰：分敵利也〔四一〕。○李筌曰：得敵地，必分守利害。○杜牧曰：廓，開也。開土拓境，則分割與有功者。韓信言於漢王曰：「項王使人有功當封爵者，刻印刓忍不能與；今大王誠能反其道，以天下城邑封功臣，天下不足取也。」三畧曰：「獲地裂之。」○陳皞曰：言獲其土地，則屯兵種蒔，以分敵之利也。○賈林曰：廓，度也。度敵所據地利，分其利也。○梅堯臣曰：與有功也。○王晳曰：廓視地形，以據便利，勿使敵專也。○張預曰：開廓平易之地，必分兵守利，不使敵人得之。或云：得地則分賞有功者，今觀上下之文，恐非謂此也。

懸權而動。

曹操曰：量敵而動也。○李筌曰：權，量秤也。敵輕重與吾有銖鎰之别，則動。夫先動爲客，後動爲主，客難而主易。太一遁甲定計之算，明動易也。○杜牧曰：如衡懸權，秤量已定，然後動也。○何氏同杜牧注。○張預曰：如懸權於衡，量知輕重然後動也。尉繚子曰：「權敵審將而後舉。」言權量敵之輕重，審察將之賢愚，然後舉也。

先知迂直之計者勝，此軍争之法也。

李筌曰：迂直，道路。勞佚餒寒，生於道路。○杜牧曰：言軍争者，先須計遠近迂直，然後可以爲勝。其計量之審，如懸權於衡，不失錙銖，然後可以動而取勝，此乃軍争勝之法也。○梅堯臣曰：稱量利害而動，在預知遠近之方則勝。○王晳曰：量敵審輕重而動，又知迂直必勝之道也。○張預曰：凡與人争利，必先量道路之迂直，審察而後動，則無勞頓寒餒之患，而且進退遲速不失其機，故勝也。

⑤**軍政曰：**

梅堯臣曰：軍之舊典。○王晳曰：古軍書。

「言不相聞，故爲金鼓〔四二〕**；**

杜佑曰：金，鉦鐸也。聽其音聲，以爲耳候〔四三〕。○梅堯臣曰：以威耳也。耳威於聲，不可不清。○王晳曰：鼓鼙、鉦鐸之屬。坐作、進退，疾徐、疏數，皆有其節。

視不相見，故爲旌旗。」

杜佑曰：瞻其指麾，以爲目候。○梅堯臣曰：以威目也。目威於色，不得不明。○王皙曰：表部曲行列齊整也。

夫金鼓旌旗者，所以一人之耳目也〔四四〕**；**

李筌曰：鼓進鐸退，旌賞而旗罰。耳聽金鼓，目視旌旗，故不亂也。勇怯不能進退者，由旗鼓正也。○張預曰：夫用兵既衆，占地必廣，首尾相遼，耳目不接，故設金鼓之聲，使之相聞，立旌旗之形，使之相見。視聽均齊，則雖百萬之衆，進退如一矣，故曰：「鬭衆如鬭寡，形名是也。」○〔四五〕

人既專一，則勇者不得獨進，怯者不得獨退，此用衆之法也。

杜牧曰：旌以出令，旗以應號。蓋旗者，即今之信旗也。軍法曰：「當進不進，當退不退者，斬之。」吴起與秦人戰，戰未合，有一夫不勝其勇，前獲雙首而返，吴起斬之。軍吏進諫曰：「此材士也，不可斬。」吴起曰：「信材士，非令也。」乃斬之。○梅堯臣曰：一人之耳目者，謂使人之視聽齊一而不亂也。鼓之則進，金之則止；麾右則右，麾左則左，不可以勇怯而獨先也。○王皙曰：使三軍之衆，勇怯、進退齊一者，鼓鐸旌旗之爲也。○張預曰：士卒專心一意，惟在於金鼓旌旗之號令。當進則進，當退則退，一有違者，必戮。故曰：令不進而進，與令不退而退，厥罪惟均。尉繚子曰：「鼓鳴旗麾，先登者未嘗非多力國士也，將者之過也。」言不可賞先登獲雋

者，恐進退不一耳。○〔四六〕

故夜戰多火鼓，晝戰多旌旗，所以變人之耳目也〔四七〕。

李筌曰：火鼓，夜之所視聽；旌旗，晝之所指揮。○杜牧曰：令軍士耳目，皆隨旌旗火鼓而變也。或曰：夜戰多火鼓，其旨如何？夜黑之後，必無原野列陳，與敵刻期而戰也。軍襲敵營，鳴鼓然火，適足以警敵人之耳，明敵人之目，於我返害，其義安在？答曰：富哉問乎〔四八〕！此乃孫武之微旨也。凡夜戰者，蓋敵人來襲我壘，不得已而與之戰，其法在於立營之法與陳小同。故志曰：「止則爲營，行則爲陳。」蓋大陳之中，必包小陳；大營之內，亦包小營。蓋前後左右之軍，各自有營環遶。大將之營，居於中央，諸營環之，隅落鈎聯，曲折相對，象天之壁壘星。其營相去上不過百步，下不過五十步，道徑通達，足以出隊列部，壁壘相望，足以弓弩相救。每於十字路口，必立小堡，上致柴薪，穴爲暗道，胡梯上之，令人看守。夜黑之後，聲鼓四起，即以燔燎。是以賊夜襲我，雖入營門，四顧屹然，復有小營，各自堅守，東西南北，未知所攻。大將營或諸小營中，先知有賊至者，放令盡入，然後擊鼓，諸營齊應，衆堡燎火，明如晝日。諸營兵士，於是閉門登壘，下瞰敵人，勁弩彊弓，四向俱發。敵人雖有韓、白之將，鬼神之兵，亦無能計也。唯恐夜不襲我，來則必敗。若敵人或能潛入一營，即諸營舉火出兵，四面繞之，號令營中，不得輒動，須臾之際，善惡自分。賊若出走，皆在羅網矣。故司馬宣王入諸葛亮營壘，見其曲折，曰：「此天下之奇才也！」今之立營，通洞豁達，雜以居之，若有賊夜來斫營，萬人一時驚擾，雖多致斥候，嚴爲備守，晦黑之後，彼我不分，雖有衆力，亦不能用。○陳皥曰：杜言夜黑之後，必無原野列陳，與敵人刻期而戰，非也。天寶末，李光弼以五百騎趨河陽，多列火炬，首尾不息。史思明數萬之衆，不敢逼之，豈止待賊斫營而已？○賈林曰：火鼓旌旗，可以聽望，故晝夜異用之。○梅堯臣曰：多者，欲以變惑敵人耳目。○王晳曰：多者，所以震駭視聽，使慹我之威武聲氣也。傳曰：「多鼓鈞聲，以夜軍之。」○張預曰：凡與敵戰，夜則火鼓不息，晝則旌旗相續，所以變亂敵人之耳目，使不知其所以備我之計。越伐吴，夾水而陳。越爲左右句卒，使夜或左或右，鼓譟而進。吴師分以禦之，遂爲越所敗。是惑以火鼓也。晉伐齊，使司馬斥山澤之險，雖所不至，必斾而疏陳之。齊侯畏而脱歸。是惑以旌旗也。

⑥故三軍可奪氣，

曹操曰：左氏言：「一鼓作氣，再而衰，三而竭〔四九〕。」○李筌曰：奪氣，奪其鋭勇。齊伐魯，戰於長勺。齊人一鼓，公將戰，曹劌曰：「未可。」齊人三鼓，劌曰：「可矣。」乃戰。齊師敗績。公問其故，劌曰：「夫戰，勇氣也，一鼓作氣，再而衰，三而竭。彼竭我盈，故克之。」奪三軍之氣也。○杜牧曰：司馬法：「戰以力久，以氣勝。」齊伐魯，莊公將戰於長勺。公將鼓之，曹劌曰：「未可。」齊人三鼓，劌曰：「可矣。」齊師敗績。公問其故，對曰：「夫戰，勇氣也，一鼓作氣，再而衰，三而竭。彼竭我盈，故克之。」晉將毌丘儉、文欽反，諸軍屯樂嘉，司馬景王銜枚徑造之。欽子鴦，年十八，勇冠三軍，曰：「及其未定，請登城鼓譟擊之，可破。」既而三譟之，欽不能應。鴦退，相與引而東。景王謂諸將曰：「欽走矣。」發鋭軍以追之。諸將曰：「欽舊將鴦小而鋭，引軍内入，未有失利，必不走也。」王曰：「一鼓作氣，再而衰，三而竭。鴦鼓而欽不應，其勢已屈，不走何待？」欽果引去。○王晳曰：震慹衰惰，則軍氣奪矣。○何氏曰：淮南子曰：「將充勇而輕敵，卒果敢而樂戰，三軍之衆，百萬之師，志厲青雲，氣如飄風，聲如雷霆，誠積踰而威加敵人，此謂氣勢。」吴子曰：「三軍之衆，百萬之師，張設輕重，在於一人，是謂氣機。」故奪氣者有所待，有所乘，則可矣。○張預曰：氣者，戰之所恃也。夫含生稟血，鼓作鬬争，雖死不省者，氣使然也。故用兵之法，若激其士卒，令上下同怒，則其鋒不可當。故敵人新來而氣鋭，則且以不戰挫之，伺其衰倦而後擊，故彼之鋭氣可以奪也。尉繚子謂「氣實則鬬，氣奪則走」者，此之謂也。曹劌言「一鼓作氣」者，謂初來之氣盛也；「再而衰，三而竭」者，謂陳久而人倦也。又，李靖曰：「守者，不止完其壁、堅其陳而已，必也守吾氣而有待焉。」所謂守其氣者，常養吾之氣，使鋭盛而不衰，然後彼之氣可得而奪也。

將軍可奪心。

李筌曰：怒之令憤，撓之令亂，間之令疎，卑之令驕，則彼之心可奪也。○杜牧曰：心者，將軍心中所倚賴以爲軍者也。後漢寇恂征隗囂，囂將高峻守高平第一。峻遣軍將皇甫文出謁恂，辭禮不屈，恂怒斬之，遣其副。峻惶恐，即日開城門降。諸將曰：「敢問殺其使而降其城，何也！」恂曰：「皇甫文，峻之腹心，其所取計者。今來，辭氣不屈，必無降心。全之，則文得其計；殺之，則峻亡其膽，是以降耳。」後燕慕容垂遣子寶率衆伐後魏。始寶之來，垂已有疾。自到五原，道武帝斷其來路，父子問絶。道武乃詭其行人之辭，令臨河告之曰：「父已死，何不遽還？」寶兄弟聞之，憂懼以爲信然，因夜遁去。道武襲之，大破於參合陂。○梅堯臣曰：以鼓旗之變，惑奪其氣；軍既奪氣，將亦奪心。○王皙曰：紛亂諠譁，則將心奪矣。○何氏曰：先須己心能固，然後可以奪敵將之心。故傳曰「先人有奪人之心」，司馬法曰「本心固，新氣勝」者是也。○張預曰：心者，將之所主也。夫治亂、勇怯，皆主於心。故善制敵者，撓之而使亂，激之而使惑，迫之而使懼，故彼之心謀可以奪也。傳曰「先人有奪人之心」，謂奪其本心之計也。又，李靖曰：「攻者，不止攻其城、擊其陳而已，必有攻其心之術焉。」所謂攻其心者，常養吾之心，使安閑而不亂，然後彼之心可得而奪也。

是故朝氣鋭，

陳皥曰：初來之氣，氣方盛鋭，勿與之争也。○孟氏曰：司馬法曰：「新氣勝舊氣。」新氣即朝氣也。○王皙曰：士衆凡初舉，氣鋭也。

晝氣惰，

王皙曰：漸久少怠。

暮氣歸。

孟氏曰：朝氣，初氣也；晝氣，再作之氣也；暮氣，衰竭之氣也。○梅堯臣曰：朝，言其始也；晝，言其中也；暮，言其終也。謂兵始而鋭，久則惰而思歸，故可擊。○王皙曰：怠久意歸，無復戰理。

故善用兵者，避其鋭氣，擊其惰歸，此治氣者也。

李筌曰：氣者，軍之氣勇。○杜牧曰：陽氣生於子，成於寅，衰於午，伏於申。凡晨朝，陽氣初盛，其來必鋭，故須避之；候其衰，伏擊之，必勝。武德中，太宗與竇建德戰於汜水東，建德列陳，彌亘數里〔五〇〕。太宗將數騎登高觀之，謂諸將曰：「賊度險而囂，是軍無政令；逼城而陳，有輕我心。按兵不出，待敵氣衰，陳久卒飢，必將自退，退而擊之，何往不克！」建德列陳，自卯至午，兵士飢倦，悉列坐右，又争飲水。太宗曰：「可擊矣！」遂戰，生擒建德。○陳皥曰：有辰巳列陳，至午未未勝者，午未列陳，至申酉未勝者，不必事須晨旦而爲陽氣，申午而爲衰氣也。太宗之攻建德也，登高而望之，謂諸將曰：「賊盡鋭來攻，我當少避之；退，則可以騎留之。」以明不須晨旦也。凡彼有鋭，則如此避之，不然則否。○杜佑曰：避其精鋭之氣，擊其懈惰、欲歸，此理氣者也。曹劌之説是也〔五二〕。○梅堯臣曰：氣盛勿擊，衰懈易敗。○何氏曰：夫人情，莫不樂安而惡危，好生而懼死，無故驅之就卧尸之地，樂趨於兵戰之場，其心之所畜，非有忿怒欲鬭之氣，一旦乘而激之，冒難而不顧，犯危而不畏，則未嘗不悔而怯矣。今夫天下懦夫，心有所激，則率爾争鬭，不啻諸、劌。至於操刃而求鬭者，氣之所乘也；氣衰則息，惻然而悔矣。故三軍之視强寇如視處女者，乘其忿怒而有所激也。是以即墨之圍，五千人擊却燕師者，乘燕劓降掘塚之怒也。秦之鬭士倍我者，因三施無報之怒，所以我怠而秦奮也。二者，治氣有道，而所用乘其機也。○張預曰：朝喻始，晝喻中，暮喻末，非以早晚爲辭也。凡人之氣，初來新至則勇鋭，陳久人倦則衰。故善用兵者，當其鋭盛，則堅守以避之；待其惰歸，則出兵以擊之。此所謂善治己之氣，以奪人之氣者也。前趙將游子遠之敗伊餘羌，唐武德中太宗之破竇建德，皆用此術。

以治待亂，以静待譁，此治心者也；

李筌曰：伺敵之變，因而乘之。○杜牧曰：司馬法曰：「本心固。」言料敵制勝，本心已定，但當調治之，使安静堅固，不爲事撓，不爲利惑，候敵之亂，伺敵之譁，則出兵攻之矣。○陳皡曰：政令不一，賞罰不明，謂之亂；旌旗錯雜，行伍輕囂，謂之譁。審敵如是，則出攻之。○賈林曰：以我之整治，待敵之撓亂；以我之清淨，待敵之諠譁，此治心者也。故太公曰「事莫大於必克，用莫大於玄默」也。○梅堯臣曰：鎮静待敵，衆心則寧。○王晳同陳皥注。○何氏曰：夫將以一身之寡、一心之微，連百萬之衆，對虎狼之敵，利害之相雜，勝負之紛揉，權智萬變，而措置於胷臆之中，非其中廓然，方寸不亂，豈能應變而不窮，處事而不迷，卒然遇大難而不驚，案然接萬物而不惑？吾之治足以待亂，吾之静足以待譁，前有百萬之敵，而吾視之，則如遇小寇。亞夫之禦寇也，堅卧而不起；欒鍼之臨敵也，好以整，又好以暇。夫審此二人者，蘊以何術哉？蓋其心治之有素、養之有餘也。○張預曰：治以待亂，静以待譁，安以待躁，忍以待忿，嚴以待懈，此所謂善治己之心以奪人之心者也。

以近待遠，以佚待勞，以飽待飢，此治力者也。

李筌曰：客主之勢。○杜牧曰：上文云「致人而不致於人」是也。○杜佑曰：以我之近，待彼之遠；以我之閑佚，待彼之疲勞；以我之充飽，待彼之飢虚。此理人力者也。○梅堯臣曰：無困竭人力以自弊。○王晳曰：以餘制不足，善治力也。○張預曰：近以待遠，佚以待勞，飽以待飢，誘以待來，重以待輕，此所謂善治己之力，以困人之力者也。

無邀正正之旗，勿擊堂堂之陳，此治變者也。

曹操曰：正正，齊也；堂堂，大也〔五二〕。○李筌曰：正正者，齊整也；堂堂者，部分也。○杜牧曰：堂堂者，無懼也。兵者，隨敵而變；敵有如此，則勿擊之，是能治變也。後漢曹公圍鄴，袁尚來救，公曰：「尚若從大道來，當避之；若循西山來，此成擒耳。」尚果循西山來，逆擊，大破之也。○梅堯臣曰：正正而來，堂堂而陳，示無懼也，必有奇變。○王晳曰：本可要擊，以視整齊盛大，故變。○何氏曰：所謂「强則避之」。○張預曰：正正，謂形名齊整也；堂堂，謂行陳廣大也。敵人如此，豈可輕戰？軍政曰：「見可而進，知難而退。」又曰：「强而避之。」言須識變通。此所謂善治變化之道，以應敵人者也。○〔五三〕

⑦故用兵之法：高陵勿向，背丘勿逆〔五四〕，

李筌曰：地勢也。○杜牧曰：向者，仰也。背者，倚也。逆者，迎也。言敵在高處，不可仰攻；敵倚丘山下來求戰，不可逆之。此言自下趨高者力乏，自高趨下者勢順也。故不可向迎。○孟氏曰：敵背丘陵爲陳，無有後患，則當引軍平地，勿迎擊之。○杜佑曰：敵若據山陵依附險阻，陳兵待敵，勿輕攻趨也。既地勢不便有殞石之衝也。敵背丘陵爲陣，無有後患，則當引置平地，勿迎而擊也〔五五〕。○梅堯臣曰：高陵勿向者，敵處其高，不可仰擊。背丘勿逆者，敵自高而來，不可逆戰，勢不便也。○王晳曰：如此不便，則當嚴陳以待變也。○何氏曰：秦伐韓，趙王令趙奢救之。秦人聞之，悉甲而至。軍士許歷請以軍事諫，曰：「秦人不意趙師至此，其來氣盛，將軍必厚集其陳以待之，不然必敗。今先據北山上者勝，後至者敗。」奢從之，即發萬人趨之。秦兵後至，争山不得上，奢縱兵擊之，大破秦軍。後周遣將伐高齊，圍洛陽。齊將段韶

禦之，登邙坂，聊欲觀周軍形勢。至太和谷，便值周軍，即遣馳告諸營，與諸將結陳以待之。周軍以步人在前，上山逆戰。韶以彼步我騎，且却且引，得其力弊，乃遣下馬擊之。短兵始交，周人大潰，並即奔遁。○張預曰：敵處高爲陳，不可仰攻，人馬之馳逐，弧矢之施發，皆不便也。故諸葛亮曰：「山陵之戰，不仰其高。敵從高而來，不可迎之，勢不順也；引至平地，然後合戰。」

佯北勿從，

李筌、杜牧曰：恐有伏兵也。○賈林曰：敵未衰，忽然奔北，必有奇伏要擊我兵，謹勒將士，勿令逐追。○杜佑曰：北，奔走也。敵方戰，氣勢未衰，便奔走而陳兵者，必有奇伏，勿深入從之。故太公曰：「夫出甲陳兵，縱卒亂行者，欲以爲變也〔五六〕。」○梅堯臣同杜牧注。○王晳曰：勢不至北，必有詐也，則勿逐。○何氏曰：如戰國秦師伐趙，趙奢之子括代廉頗將，拒秦於長平。秦陰使白起爲上將軍。趙出兵擊秦，秦軍佯敗而走，張二奇兵以劫之。趙軍逐勝，追造秦壁，壁堅不得入。而秦奇兵二萬五千人絶趙軍後，又一軍五千騎絶趙壁間。趙軍分而爲二，糧道絶。而秦出輕兵擊之。趙戰不利，因築壁堅守，以待救至。秦聞趙食道絶，王自之河內，發卒遮絶趙救及糧食。趙卒不得食四十六日，陰相殺食。括中射而死。蜀劉表遣劉備北侵至鄴，曹公遣夏侯惇、李典拒之。一朝備燒屯去，惇遣諸將追擊之。典曰：「賊無故退，疑必有伏。南道窄狹，草木深，不可追也。」不聽。惇等果入賊伏裏。典往救，備見救至，乃退。西魏末，遣將史寧與突厥同伐吐谷渾，遂至樹敦，即吐谷渾之舊都，多儲珍藏〔五七〕，而其主先已奔賀真城，留其征南王及數千人固守。寧攻之，僞退。吐谷渾人果開門逐之，因回兵奪門，門未及闔，寧兵遂得入，生獲其征南王，俘獲男女財寶，盡歸諸突厥。北齊高澄立，侯景叛歸梁，而圍彭城。澄遣慕容紹宗討之。將戰，紹宗以梁人剽悍，恐其衆之撓也，召將帥而語之曰：「我當佯退，誘梁人使前，汝可擊其背。」申明誡之。景又命梁人曰：「逐北勿過二里。」會戰，紹宗走，梁人不用景言，乘敗深入。魏人以紹宗之言爲信，争掩擊，遂大敗之。唐安禄山反，郭子儀圍衛州，僞鄭王慶緒率兵來援，分爲三軍。子儀陳以待之，預選射者三千人伏於壁内，誡之曰：「俟吾小却，賊必争進，則登城鼓譟，弓弩齊發以逼之。」既戰，子儀僞退，而賊果乘之。乃開壘門，遽聞鼓譟，矢注如雨，賊徒震駭。整衆追之，遂虜慶緒。○張預曰：敵人奔北，必審真僞。若旗鼓齊應，號令如一，紛紛紜紜，雖退走，非敗也，必有奇也，不可從之。若旗靡轍亂，人囂馬駭，此真敗却也。

鋭卒勿攻，

李筌曰：避彊氣也。○杜牧曰：避實也。楚子伐隋，隋臣季良曰：「楚人尚左，君必左，無與王遇。且攻其右，右無良焉，必敗。偏敗，衆乃攜矣。」隋少師曰：「不當王，非敵也。」不從。隋師敗績。○陳皞曰：此説是避敵所長，非「鋭卒勿攻」之旨也。蓋言士卒輕鋭，且勿攻之，待其懈惰，然後擊之。所謂千里遠鬭，其鋒莫當，蓋近之爾。○梅堯臣曰：伺其氣挫。○何氏曰：如蜀先主率大衆東伐吴，吴將陸遜拒之，蜀主從建平連圍至夷陵界，立數十屯，以金帛爵賞誘動諸夷。先遣將吴班以數千人於平地立營，欲以挑戰。諸將皆欲擊之，遜曰：「備舉軍東至，鋭氣始盛，且乘高守險，難可卒攻；攻之縱下，猶難盡克，若有不利，損我必大。今但且獎勵將士，廣施方畧，以觀其變。」備知其計不行，乃引伏兵八千人從谷中出。遜曰：「所以不聽諸軍擊班者，揣之必有巧故也。」諸將並曰：「攻備當在初，今乃令人五六百里相銜持，經七八月，其諸要害，賊已固守，擊之必無利矣。」遜曰：「備是猾虜，其軍始集，思慮精專，未可干也。今住已久，不得我便，兵疲意沮，計不復生。犄角此寇，正在今日！」乃先攻一營，不利。遜曰：「吾已曉破之之術。」乃令各持一把茅，以火攻，拔之。備因夜遁。魏末，吴將諸葛恪圍新城，司馬景王使毌丘儉、文欽等拒之。儉、欽請戰，景王曰：「恪卷甲深入，投兵死地，其鋒未易當；且新城小而固，攻之未可拔。」遂令諸將高壘以弊之。相持數日，恪攻城力屈，死傷大半。景王乃令欽督鋭卒趣合榆，斷其歸路。恪懼而遁。前趙劉曜遣將討羌，大酋權渠率衆保險阻，曜將游子遠頻敗之。權渠欲降，其子伊餘大言於衆中曰：「往年劉曜自來，猶無若我何。」晨，壓子遠壘門。左右勸出戰。子遠曰：「吾聞伊餘有專諸之勇、慶忌之捷，其父新敗，怒氣甚盛，且西戎勁悍，其鋒不可擬也，不如緩之，使氣竭而擊之。」乃堅壁不戰。伊餘有驕色。子遠候其無備，夜分誓衆，秣馬蓐食，先晨具甲掃壘而出，遲明設覆而戰，生擒伊餘於陳。唐武德中，太宗率師往河東討劉武周，江夏王道宗從軍。太宗登玉壁城覩賊，顧謂道宗曰：「賊恃其衆，來邀我戰，汝謂如何？」對曰：「羣賊鋒不可當，易以計屈，難與力争。今衆深壁高壘，以挫其鋒。烏合之徒，莫能持久，糧運致竭，自當離散，可不戰而擒。」太宗曰：「汝意見暗與我合。」後賊食盡夜遁，一戰敗之。又，太宗征薛仁杲於折墌城，賊十有餘萬，兵鋒甚鋭，數來挑戰。諸將請戰，太宗曰：「我卒新經挫衂，鋭氣猶少；賊驟勝，必輕進好鬬。我且閉壁以折之，待其氣衰而後擊，可一戰而破，此萬全計也。」因令軍中曰：「敢言戰者斬！」相持久之，賊糧盡，軍中頗攜貳，其將相繼來降。太宗知仁杲心腹内離〔五八〕，謂諸將曰：「可以戰矣。」令總管梁實營於淺水原以誘之。賊大將宗羅睺自恃驕悍，求戰不得，氣憤者久之，及是盡鋭攻梁實，冀逞其志。梁實固險不出，以挫其鋒。羅睺攻之愈急。太宗度賊已疲，復謂諸將曰：「彼氣將衰，吾當取之必矣。」申令諸將，遲明合戰。令將軍龐玉陳於淺水原南，出賊之右，先餌之。羅睺併軍共戰。玉軍幾敗。太宗親御大軍〔五九〕，奄自原北，出其不意。羅睺回師相拒，我師表裏齊奮，呼聲動天。羅睺氣奪，於是大潰。又，李靖從河間王孝恭討蕭銑，兵至夷陵，銑將文士弘率精卒數萬屯清江。孝恭欲擊之，靖曰：「士弘，銑之健將，士卒驍勇。今新出荆門，盡兵出戰，此是救敗之師，恐不可當也。宜且泊南岸，勿與争鋒；待其氣衰，然後奮擊，破之必矣。」孝恭不從，留靖守營，與賊戰，孝恭果敗，奔於南岸。○張預曰：敵若乘鋭而來，其鋒不可當，宜少避之，以伺疲挫。晉楚相持，楚晨壓晉軍而陳，軍吏患之。欒書曰：「楚師輕窕，固壘以待之，三日必退，退而擊之，必獲勝焉。」又，唐太宗征薛仁杲，賊兵鋒甚鋭，數來挑戰，諸將咸請戰，太宗曰：「當且閉壘以折之，待其氣衰，可一戰而破也。」果然。

餌兵勿食〔六〇〕，

李筌曰：秦人毒涇上流。○杜牧曰：敵忽棄飲食而去，先須嘗試，不可便食，慮毒也。後魏文帝時，庫莫奚侵擾，詔濟陰王新成率衆討之。王乃多爲毒酒；賊既漸逼，使棄營而去。賊至，喜，競飲，酒酣毒作。王簡輕騎縱擊，俘虜萬計。○陳皞曰：此之獲勝，蓋亦偶然〔六一〕，固非爲將之道、垂後世法也。孫子豈以他人不能致毒於人腹中哉？此言喻魚若見餌，不可食也。敵若懸利，不可貪也。曹公與袁紹將文醜等戰，諸將以爲敵騎多，不如還營，荀攸曰：「此所以餌敵也，安可去之？」即知餌兵非止謂置毒也。「食」字疑或爲「貪」字也。○梅堯臣曰：魚貪餌而亡，兵貪餌而敗。敵以兵來釣我，我不可從。○王晳曰：餌我以利，必有奇伏。○何氏曰：如春秋時楚伐絞，軍其南門，莫敖屈瑕曰：「絞小而輕，輕則寡謀。請無扞采樵者以誘之。」從之。絞人獲三十人。明日，絞人争出。驅楚役徒於山中。楚人坐其北門，而覆諸山下，大敗之，爲城下之盟而還。又如，赤眉佯敗，棄輜重走，車載土，以豆覆其上，鄧弘取之，爲赤眉所敗。曹公未得濟而放牛馬，馬超取之，而公得渡。又如，曹公棄輜重，文醜、劉備分取之，而爲公所破。又如，後魏廣陽王元深以乜列河誘拔陵，竟來抄掠，拔陵爲于謹伏兵所破。此皆餌之之術也。○張預曰：三略曰：「香餌之下，必有懸魚。」言魚貪餌，則爲釣者所得；兵貪利，則爲敵人所敗。夫餌兵，非止謂置毒於飲食，但以利留敵，皆爲餌也。若曹公以畜産餌馬超，以輜重餌袁紹；李矩以牛馬餌石勒之類，皆是也。○〔六二〕

歸師勿遏，

李筌曰：士卒思歸，志不可遏也。○杜牧曰：曹公自征張繡於穰，劉表遣兵救繡，以絶軍後。公將引還，繡兵來追。公軍不得進，表與繡復合兵守險，公軍前後受敵。公乃夜鑿險爲地道，悉過輜重，設奇兵。會明，賊謂公爲遁也，悉軍來追。乃縱奇兵，步騎夾攻〔六三〕，大破之。公謂荀文若曰：「虜遏吾歸師，而與吾死地，吾是以知勝矣。」○孟氏曰：人懷歸心，必能死戰，則不可止而擊也。○杜佑曰：若窮寇遠還，依險而行，人人懷歸，敢能死戰，徐觀其變，而勿遠遏截之〔六四〕。○梅堯臣曰：敵必死戰。○王晳曰：人自爲戰也，勿遏塞之。若猶有他慮，則可要而擊。曹公攻鄴，袁尚來救。諸將以爲歸師，不如避之，公曰：「尚從大道來，則避之；若循西山來者，此成擒耳。」蓋大道來則歸意全，循山來則顧負險，且有懼心也。○何氏曰：如魏初曹操圍張繡於穰，劉表遣兵救繡，以絶軍後。公將引還，繡兵來追，公軍不得進，連營稍前到安衆，繡與表合兵守險，公軍前後受敵。公乃夜鑿險爲地道，悉過輜重，設奇兵。會明，賊謂公爲遁也，悉軍來追。乃縱奇兵，步騎夾攻，大破之。公謂荀彧曰：「虜遏吾歸師，與吾死地，是以知勝。」齊建武二年，魏圍鍾離，張欣泰爲軍主，隨崔慧景救援。及魏軍退，而邵陽洲上餘兵萬人，求輸馬五百匹假道。慧景欲斷路攻之，欣泰説慧景曰：「歸師勿遏，古人畏之。兵在死地，不可輕也。」慧景乃聽過也。前秦苻堅征晉，至壽春，兵敗還長安。慕容泓起兵於華澤，堅將苻叡、竇衝、姚萇討之。苻叡勇果輕敵，不恤士衆。泓聞其至也，懼，率衆將奔關東，叡馳兵邀之。姚萇諫曰：「鮮卑有思歸之心，宜驅令出關，不可遏也。」叡弗從。戰於華澤，叡敗績被殺。後涼呂弘攻段業於張掖，不勝，將東走。業議欲擊之，其將沮渠蒙遜諫曰：「歸師勿遏，窮寇勿追，此兵家之戒；不如縱之，以爲後圖。」業曰：「一日縱敵，悔將無及。」遂率衆追之，爲弘所敗。○張預曰：兵之在外，人人思歸，當路邀之，必致死戰。韓信曰：「從思東歸之士，何所不克？」曹公既破劉表，謂荀彧曰：「虜遏吾歸師，吾是以知勝。」又，呂弘攻段業，不勝，將東走。業欲擊之，或諫曰：「歸師勿遏，兵家之戒；不如縱之，以爲後圖。」業不從，率衆追之，爲弘所敗。古人似此者多，不可悉陳。

圍師必闕〔六五〕，

曹操曰：司馬法曰：「圍其三面，闕其一面，所以示生路也。」○李筌曰：夫圍敵，必空其一面，示不固也；若四面圍之，敵必堅守不拔也。項羽坑外黃，魏武圍壺關，即其義也。○杜牧曰：示以生路，令無必死之心，因而擊之。後漢妖巫維汜弟子單臣、傅鎮等，相聚入原武城，劫掠吏人，自稱將軍。光武遣臧宮將北軍數千人圍之。賊食多，數攻不下，士卒死傷。帝召公卿諸侯王問方畧，明帝時爲東海王，對曰：「妖巫相劫，勢無久立，其中必有悔者；但外圍急，不得走耳。小挺緩，令得逃亡，則一亭長足以擒矣。」帝即勑令開圍緩守，賊衆分散，遂斬臣、鎮等。大唐天寶末，李光弼領朔方軍與史思明戰於土門。賊衆退散，四面圍合。光弼令開東南角以縱之。賊見開圍，棄甲急走，因追擊之，盡殲其衆，是開一面也。○杜佑曰：若圍敵平陸之地，必空一面，以示其虛，欲使戰守不固，而有去留之心。若敵臨危據險，彊救在表，當堅固守之，未必闕也，此用兵之法〔六六〕。○梅堯臣同曹操注。○何氏曰：如後漢初，張步據齊地，漢將耿弇總兵討之。步使其大將費邑軍歷下，又分守祝阿、鍾城。弇先擊祝阿，自晨攻城，未日中而拔。故開圍一角，令其衆得奔歸鍾城。鍾城人聞祝阿已潰，大恐懼，遂空壁亡去。又，朱儁與徐璆共討黃巾餘賊，韓忠據宛乞降，不許。因急攻之，連城不克。儁登山覩之，顧謂張超曰：「吾知之矣。賊今外圍周固，內營急逼，乞降不受，欲出不得，所以死戰也。萬人一心，猶不可當，況十萬乎？其害甚矣。今不如徹圍，并兵入城。忠見圍解，則勢必自出；出則意散，易破之道也。」既而解圍，忠果出戰，儁因破之。又，魏太祖圍壺關，下令曰：「城拔，皆坑之！」連月不下。曹仁曰：「圍城，必示之活門，所以開其生路也。今公告之必死，將人自爲守；且城固而糧多，攻之則士卒傷，守之則日久。今頓兵堅城之下，攻必死之虜，非良計也。」太祖從之，開城遂降。又，後魏末，齊神武起義兵於河北，尒朱兆、天光、度律、仲遠等四將同會鄴南，士馬精彊，號二十萬，圍神武於南陵山。是時，神武馬二千，步卒不滿三萬人。兆等設圍不合，神武連繫牛驢，自塞歸道。於是，將士死戰，四面奮擊，大破兆等。〇張預曰：圍其三面，開其一角，示以生路，使不堅戰。後漢朱儁討賊帥韓忠於宛，急攻不克，因謂軍吏曰：「賊今外圍周固，所以死戰；若我解圍，勢必自出，出則意散，易破之道也。」果如其言。又，曹公圍壺關，謂之曰：「城破，皆坑之。」連攻不下。曹仁謂公曰：「夫圍城，必示之活門，所以開其生路也。今公許之必死，令人自守，非計也。」公從之，遂拔其城是也。

窮寇勿迫〔六七〕。

杜牧曰：春秋時，吴伐楚，楚師敗走，及清發，闔閭復將擊之。夫槩王曰：「困獸猶鬬，況人乎？若知不免而致死，必敗我。若使半濟，而後可擊也。」從之，又敗之。漢宣帝時，趙充國討先零羌。羌覩大軍，棄輜重，欲渡湟水，道阨狹，充國徐行驅之。或曰：「逐利行遲。」充國曰：「窮寇也，不可迫。緩之則走不顧，急之則還致死。」諸將曰：「善。」虜果赴水，溺死者數萬，於是大破之也。○陳皞曰：鳥窮則搏，獸窮則噬也。○梅堯臣曰：困獸猶鬭，物理然也。○何氏曰：前燕呂護據野王，陰通晉。事覺，燕將慕容恪等率衆討之。將軍傅顔言之恪曰：「護窮寇假合，王師既臨，則上下喪氣。殿下前以廣固天險，守易攻難，故爲長久之策；今賊形不與往同，宜急攻之，以省千金之費。」恪曰：「護，老賊，經變多矣；觀其爲備之道，則未易卒圖也。今圍之於窮城，樵採路絶，内無蓄積，外無彊援，不過於十旬，斃之必矣，何必殘士卒之命，而趨一時之利哉！此謂兵不血刃，而坐以制勝也。」遂列長圍守之。凡經六月，而野王潰，護南奔於晉，悉降其衆。五代晉將符彦卿、杜重威經略北鄙〔六八〕，遇虜於陽城。戎人十萬，圍晉師於中野，乏水，軍人鑿井，取泥衣絞而吮之，人馬渴死甚衆。彦卿曰：「與其束手就擒，曷若以身徇國？我今窮蹙！」乃率勁騎出擊之。會大風揚塵，乘勢決戰，戎人大潰。此彦卿爲虜十萬所圍，乃窮蹙之寇，遂致死力以求生；戎人不悟之，致敗也。○張預曰：敵若焚舟破釜，來決一戰，則不可逼迫，蓋獸窮則搏也。晉師敗齊於鞌，齊侯請盟，晉人不許。齊侯曰：「請收合餘燼，背城借一。」晉人懼而與之盟。吴夫槩王謂「困獸猶鬭」，漢趙充國言「緩之則走不顧，急之則還致死」，蓋亦近之。

此用兵之法也〔六九〕。

校記

〔一〕本篇篇題，櫻田本無「軍」字，止作「争篇第七」。按：無「軍」字非是，篇内皆言「軍争」。簡本雖有「軍」字，但却列在上篇虚實之前。張注云：「以『軍争』爲名者，謂兩軍相對而争利也。先知彼我之虚實，然後能與人争勝，故次虚實。」説甚是，故仍之。

〔二〕「起營爲軍陳」，平津本曹注作「起營陣也」。

〔三〕通典卷一五四引無上「將受命於君，合軍聚衆，交和而舍」三句，省併之也。

〔四〕「軍争難」，平津本「難」上有「爲」字，通典卷一五四杜佑引曹注則無「爲」字。按：以有「爲」爲善，唯無亦可通，今兩存之。

〔五〕通典卷一五四此句經文下又有杜佑注云：「從受命始，至於交和，軍争難也。軍門謂之和門。兩軍對争，交門而止。先據便勢之地，最其難者，相去迫促，動則生變化。」

〔六〕「邇其道里」，原本「邇」作「速」，諸本與下王注引、孫校本及中華本並同，唯平津本作「邇」，通典卷一五四原作「近」，而今本則據十家注回改爲「速」。按：「邇」即「近」義，而此句曹注亦正釋「以迂爲直」，亦即變迂遠爲近直之義，且「道里」似未可言「速」。故依文意，當以作「邇」爲是。通典故本作「近」，似於義不誤。今據平津本改。下王注同，不另出校。

〔七〕如上佑注，通典卷一五引同曹注，而此數句則無。

〔八〕「此知迂直之計」，通典卷一五四引「知」上有「先」字，非是。

〔九〕通典卷一五四此處經文下又有杜佑注云：「示之遠也。已外張形勢，迴從遠道，敵至於應，争從其近，皆得敵情，誑之以利。明於度數，先知遠近之計。」唯此佑注原在「迂其途」、「誘之以利」與「先人至」三句之後，今因原本正文合併，故其注亦從而併之。此注孫校本雖補，但有缺文。

〔一〇〕此句十一家注各本皆如此，簡本同，而平津本與武經各本則作「軍争爲利，衆争爲危」，趙注、遺説以及櫻田本並同，通典卷一五四引亦作「衆争」，是孫子故書本作「軍争」，隋唐以後，始生歧異。按：當以作「軍争」爲是。「軍争爲利，軍争爲危」，梅注云「軍争之事，有利也，有危也」，説最簡明。「爲」在此乃「有」義。孟子滕文公上「夫滕，壤地褊小，將爲君子焉，將爲小人焉」，即言既有君子，又有小人。于鬯亦謂「同一軍争而有利有危，『軍争』字不當有異」，説亦甚是，故當仍之。

〔一一〕通典卷一五四此句經文下又有杜佑注云：「善者則以利，不善者則以危也。言兩軍交争，有所奪取，得之則利，失之則危也。」

〔一二〕通典卷一五四引無此句。

〔一三〕「卷甲而趨」，通典卷一五四引「趨」下又有「利」字，非是。

〔一四〕平津本曹注無「罷也」二字。

〔一五〕「三將軍」，諸本皆如此，唯菁華録謂當作「三軍將」，校釋從之。按：此「三將軍」，即指三軍主帥，而非指一般將領，故作「三軍將」雖切，而依各本作「三將軍」於義亦可通，故兩存之。

〔一六〕此句通典卷一五四引無「不」字。按：據注意，當有此字。「二事」指上「舉軍」與「委軍」而言，言若不慮此二事，而趨百里以争利，則必擒三將軍也。秦伯襲鄭，三帥皆獲，正是此例。故無「不」字非是，今仍之。

〔一七〕此句通典卷一五引「疲」作「罷」，「十一而至」作「十而一至」。孫校謂作「疲」爲非。按：二字音同義通，且亦古今字，故不誤，亦仍之。

〔一八〕此句曹注、平津本在上句「擒三將軍」句下，而佑注所引仍在此句下，今兩存之。

〔一九〕「若如此争利」上，原本有「爲一舍倍道」五字，蓋涉上文而衍，孫校本與中華本删之，是，從之。

〔二〇〕「千人」，原本作「十人」，孫校本已改，是，亦從改之。

〔二一〕「不復相待」，原本「復」誤作「伏」，孫校本與中華本正之，是。

〔二二〕「率」，孫校本與中華本改爲「卒」。按：作「卒」固可通，唯通典卷一五四引此佑注則仍作「率」，約畧之意，故可不改字。

〔二三〕「上將軍」，菁華録謂當作「上軍將」，校釋從之。按：「上將軍」乃指上軍主將或前軍主帥，而非指軍銜之上者，故可不改字。簡本無「軍」，直稱「上將」，史記孫臏傳「孫子謂田忌曰：兵法：百里而趨利者蹶上將」，亦直稱「上將」，蓋「上將軍」之簡稱。又，「其法半至」，通典卷一五四引「法」下有「以」字。

〔二四〕通典卷一五四引此句後又有「以是知軍争之難」七字。按：此或佑之評語而誤爲經文矣。各本均無此句。

〔二五〕以上佑注「故無死敗」，原本作「故不言死敗」，且其下又有「勝負未可知也」六字，下「走而趨利」又作「徒而趨利」，孫校均未及，今均據通典卷一五四删改。

〔二六〕通典卷一六〇此處經文下又有佑注云：「無此三者，亡之道也。委積，芻草之屬。」

〔二七〕以上曹注，平津本無「不先知軍之所據及山川之形者，則不能行師也」句。

〔二八〕通典卷一五九此處經文下佑注全同曹注，唯「坑壍」作「塠」，「漸洳」作「坑壍」，孫校謂通典誤，是。

〔二九〕「不能得地利」，通典卷一五七引無「能」字。

〔三〇〕書鈔卷一一六與御覽卷二七〇引「其」作「兵」。

〔三一〕此句通典卷一六三此句經文下又有佑注云：「進退應機。」

〔三二〕此句通典卷一六二此句經文下又有佑注云：「猛烈也。」

〔三三〕「駐軍」，原本作「駐車」，孫校本同，中華本則改爲「軍」，是，從之。

〔三四〕此句通典卷一六二此句經文下又有佑注云：「守也。不信敵之誑惑，安固如山。」

〔三五〕櫻田本「陰」作「陰陽」，非是。又，直解引張賁説謂此句當與上句「不動如山」互乙，如此則可使「侵掠如火」與「難知如陰」以及「不動如山」與下句「動如雷震」兩兩相對。按：張説不謂無理，今予存之。

〔三六〕通典卷一六二此句經文下又有佑注云：「莫測如天之阴雲，不見列宿之象。」

〔三七〕「震」，各本多如此，孫校本據通典、御覽引改作「霆」。按：二字雖文字有異，但其義實無不同，故改否均可，今兩存之。

〔三八〕通典卷一六二此句經文下又有佑注云：「疾速不及應也。故太公曰『疾雷不及掩耳，疾電不及瞑目』也。」

〔三九〕「掠」，十一家注與武經各本多如此，通典卷一六二與御覽卷三一三引則作「指」。諸家注亦紛紛不一。按：孫子掠鄉之説，十三篇屢見之，故無庸諱言，唯作「指鄉（向）」於義亦通，故兩存之。

〔四〇〕通典卷一六二此句經文下又有佑注云：「因敵而制勝也。旌旗之所指嚮，則分離其衆。」

〔四一〕此句曹注，平津本作「廣地以分敵利」。

〔四二〕「金鼓」，十一家注與武經各本皆如此，櫻田本同，而孫校本則依通典舊本與御覽引改爲「鼓鐸」，簡本作「鼓金」。按：「金」在此即指鉦鐸，故二者於義無異，而「金鼓」已成慣語，史籍多稱之，且下句亦以「金鼓旌旗」并提，而不説「鼓鐸旌旗」，故可不改字。今本通典卷一四九已據十一家注回改，是。

〔四三〕此處佑注，通典卷一四九同，唯孫校本既依通典舊本改「金鼓」爲「鼓鐸」，故遂改佑注「金，鉦鐸也」爲「鐸，金鉦也」。孫校謂原文本作「鼓鐸」，後人改爲「金鼓」，而自佑注觀之，恐非是，故當仍之，孫校本未可從。

〔四四〕「一人之耳目」，諸本皆如此，孫校本據書鈔、御覽改「人」爲「民」，簡本亦正作「民」，可知孫子故書本作「民」，因避唐諱而改爲「人」，後沿而襲之，未予回改。「人」、「民」在此，其義雖無不同，而終以回改爲善。下同。

〔四五〕通典卷一四九此處經文下又有佑注云：「齊一耳目之視聽，使知進退之度。」

〔四六〕通典卷一四九此處經文下又有佑注云：「齊之以法教，使强弱不得相踰。」

〔四七〕以上三句，十一家注本如此，平津本同，武經各本「火鼓」則作「金鼓」。簡本前兩句互乙，「火鼓」作

「鼓金」，又無末句，且此三句在上句「故爲旍旗」之後。御覽卷三三八引亦如此，唯首句之文字及順序同傳本，而與簡本有異。校釋據簡本與御覽並參諸他本，删去「變人之耳目」一句，並將前二句移至上「故爲旍旗」句下。而長短經則以此上三句爲注文，且在上「一人之耳目」句下。按：此處文意斷續，文字似有錯亂，上述易移亦各有道理，今并存之，以相參較。

〔四八〕「富哉問乎」，中華本改「富」爲「當」，孫校未及。按：所提問題比較複雜，需用很多言詞才能回答明白，可以説「富哉問乎」，故可不改字，且改作「當哉問乎」亦似未安，蓋答問可言「當」否，提問言「當」則所未聞。

〔四九〕此處曹注，平津本無。

〔五〇〕「數里」，原本誤「里」爲「理」，孫校本已正，是。

〔五一〕此處佑注，孫校本據通典改「曹劌之説是也」爲「故曹劌曰：『夫戰，勇氣也。一鼓作氣，再而衰，三而竭，彼竭我盈，故克之』」。

〔五二〕平津本「齊」上又有一「整」字。

〔五三〕通典卷一五五此處經文下又有佑注云：「正正者，整齊也；堂堂者，大也，威盛貌。正正者，孤特之象也。言敵前有孤特之兵，後有堂堂之陳，必有倚伏詐誘之謀，審察以待，勿輕邀截也。此理變詐。」孫校本已據補，唯文字稍有參差。「倚伏」當作「奇伏」。

〔五四〕「背丘勿逆」，簡本作「倍丘勿迎」，通典卷一五六引「逆」亦作「迎」。御覽卷二七〇引「丘」誤作「兵」，且下又有「丘阪勿迎」四字。櫻田本又無此下至篇末諸句。今皆仍之。

〔五五〕以上佑注，原本止有自「敵若據山陵」至「殞石之衝也」幾句，而此乃「高陵勿向」之注；自「敵背丘陵」以下諸句乃「背丘勿逆」之注，原本誤脱。孫校本已據通典卷一五六補，從之。原文之失，如前兩句作「敵若依據丘陵、險阻」，「地勢」作「馳勢」，「有殞石之衝」前又有「及」字等，亦據通典與孫校本予以訂正。

〔五六〕「欲以爲變」，通典卷一五四作「所以多爲變」，餘同。

〔五七〕「多儲珍藏」，原本「儲」訛作「諸」。孫校本未及。今改正。

〔五八〕「心腹内離」，原本「心」作「必」。孫校本已正，是。

〔五九〕「親御大軍」，原本又誤「御」作「禦」，孫校本未及，中華本正之，是。

〔六〇〕「餌兵勿食」，諸本皆如此，唯通典卷一五六引作「餌兵勿貪」，孫校本已據御覽與李、杜等家注正之，是。

〔六一〕「蓋亦偶然」，原本「亦」作「非」，孫校未及，中華本改爲「亦」。按：改「亦」是，從之。

〔六二〕通典卷一五六此句經文下又有佑注云：「以小利來餌己士卒，無取也。」

〔六三〕原本「設奇兵」下即接「步騎夾攻」，孫校本增補自「會明」至「乃縱奇兵」幾句，查與三國志武帝紀正合，從之。

〔六四〕此處佑注，原本爲「人人有室家鄉國之往，不可遏截之，徐觀其變而制之」，孫校謂此「似後人所改」，故據通典、御覽更易此注，唯個别文字稍有出入。按：此既爲佑注，固當以通典爲據，今從孫校本。

〔六五〕簡本此句「必闕」作「遺闕」，且與上句「歸師勿遏」互乙。櫻田本「必闕」又作「勿周」。

〔六六〕據通典卷一六〇，如上佑注在「此用兵之法」句下，而該句經文原本却在篇末。此「圍師必闕」句佑注，通典則與上曹注同。通典引文常係摘録，故文字次序有時與原本不同。

〔六七〕「勿迫」，諸通行本多如此，櫻田本則作「勿逼」，遺説又作「勿追」，簡本無此句。按：「迫」、「逼」二字雙聲義同，而「追」亦「迫」也，故并存之。

〔六八〕「經畧」，原本誤「畧」爲「恪」，孫校本已正，是。

〔六九〕「用兵之法」，諸本無異，唯遺説作「用兵之法妙」，並詳爲解説，孫校已謂其衍文，是，今仍之。

九變篇〔一〕

曹操曰：變其正，得其所用九也。○王晳曰：晳謂：九者數之極；用兵之法，當極其變耳。逸詩云：「九變復貫。」不知曹公謂何爲九？或曰：九地之變也。○張預曰：變者，不拘常法，臨事適變，從宜而行之之謂也。凡與人争利，必知九地之變，故次軍争。

①**孫子曰：凡用兵之法，將受命於君，合軍聚衆，**

張預曰：已解上文。

圮地無舍〔二〕，

曹操曰：無所依也。水毁曰圮。○李筌曰：地下曰圮，行必水淹也。○陳皥曰：圮，低下也。孔明謂之地獄。獄者，中下，四面高也。○孟氏曰：太下則爲敵所囚。○杜佑曰：擇地頓兵，當趨利而避害也。○梅堯臣曰：山林、險阻、沮澤之地，不可舍止，無所依也。○何氏曰：下篇言「圮地則吾將進其塗」，謂少固之地，宜速去之也。○張預曰：山林、險阻、沮澤，凡難行之道，爲圮地。以其無所依，故不可舍止。

衢地交合〔三〕，

曹操曰：結諸侯也〔四〕。○李筌曰：四通曰衢，結諸侯之交地也。○賈林曰：結諸侯以爲援。○梅堯臣曰：夫四通之地，與旁國相通，當結其交也。○何氏曰：下篇云「衢地吾將固其結」，言交結諸侯，使牢固也。○張預曰：四通之地，旁有鄰國，先往結之，以爲交援。

絶地無留〔五〕，

曹操曰：無久止也。○李筌曰：地無泉井、畜牧、采樵之處〔六〕，爲絶地，不可留也。○賈林曰：谿谷坎險，前無通路，曰絶，當速去無留。○梅堯臣曰：始去國，始出境，猶不居輕地，是不可久留也。○張預曰：去國越境而師者，絶地也。危絶之地，過於重地，故不可淹留久止也。

圍地則謀，

曹操曰：發奇謀也。○李筌曰：因地能通。○賈林曰：居四險之中，曰圍地，敵可往來，我難出入。居此地者，可預設奇謀，使敵不爲我患，乃可濟也。○梅堯臣曰：往返險迂，當出奇謀。○何氏曰：下篇亦云「圍地則謀」。言在艱險之地，與敵相持，須用奇險詭譎之謀，不至於害也。○張預曰：居前隘後固之地，當發奇謀，若漢高爲匈奴所圍，用陳平奇計得出，兹近之。

死地則戰〔七〕。

曹操曰：殊死戰也。○李筌曰：置兵於必死之地，人自爲私鬬，韓信破趙，此是也。○梅堯臣曰：前後有礙，決在死戰。此而上舉九地之大約也。○王晳注上之五地並同曹公。○何氏曰：下篇亦云「死地則戰」者，此地速爲死戰則生；若緩而不戰，氣衰糧絶，不死何待也！○張預曰：走無所往，當殊死戰，淮陰背水陳是也。從「圮地無舍」至此爲九變，止陳五事者，舉其大畧也。九地篇中説九地之變，唯言六事，亦陳其大畧也。凡地有勢有變，九地篇上所陳者，是其勢也，下所敘者，是其變也。何以知九變爲九地之變？下文云：「將不通九變，雖知地形，不能得地利。」又，九地篇云：「九地之變，屈伸之利，不可不察。」以此觀之，義可見也。下既説「九地」，此復言「九變」者，孫子欲敘五利，故先陳九變，蓋九變、五利相須而用，故兼言之。

②塗有所不由，

曹操曰：隘難之地，所不當從；不得已從之，故爲變〔八〕。○李筌曰：道有險狹，懼其邀伏，不可由也。○杜牧曰：後漢光武遣將軍馬援、耿舒討武陵五谿蠻，軍次下雋，今辰州也。有兩道可入：從壺頭則路近而水險，從充道則路夷而運遠。帝初以爲疑，及軍至，耿舒欲從充道，援以爲棄日費糧，不如進壺頭，搤其咽喉，則賊自破。以事上之帝，從援策，乃進營壺頭。賊乘高守隘，水疾，船不得上。會暑濕，士卒多疫死，援亦中病卒。耿舒與兄好時侯書曰：「舒前上言，當先擊充，糧雖難運〔九〕，而兵馬得用。軍人數萬，争欲先奮。今壺頭竟不得進，大衆怫鬱行死，誠可痛惜！」○賈林曰：由，從也。途且不利，雖近不從。○杜佑曰：阨難之地，所不當從也；不得已從之，故爲變也。道雖近而中不利，則不從也〔一〇〕。○梅堯臣曰：避其險阨也。○王晳曰：途雖可從而有所不從，慮奇伏也。若趙涉説周亞夫，避殽黽阨陿之間，慮置伏兵，請走藍田，出武關，抵洛陽，間不過差一二日是也。○張預曰：險阨之地，車不得方軌，騎不得成列，故不可由也；不得已而行之，必爲權變。韓信知陳餘不用李左車計，乃敢入井陘口是也。

軍有所不擊，

曹操曰：軍雖可擊，以地險難久，留之失前利，若得之，則利薄。困窮之兵，必死戰也。○杜牧曰：蓋以鋭卒勿攻，歸師勿遏，窮寇勿迫，死地不可攻。或我彊敵弱，敵前軍先至，亦不可擊，恐驚之退走也。言有如此之軍，皆不可擊。斯統言爲將須知有此不可擊之軍，即須不擊，益爲知變也。故列於九變篇中。○陳皥曰：見小利不能傾敵，則勿擊之，恐重勞人也。○賈林曰：軍可威懷，勢將降伏，則不擊。寇窮據險，擊則死戰，可自固守，待其心惰，取之。○杜佑曰：軍雖可擊，以地險難久，留之失前利，若得之，利薄也。窮困之卒，隘陷之軍，不可攻，爲死戰也；當固守之，以待隙也。○梅堯臣曰：往無利也。○王晳曰：曹公曰：「軍雖可擊，以地險難久，留之失前利，若得之，則利薄。」晳謂餌兵、鋭卒、正正之旗、堂堂之陳，亦是也。○張預曰：縱之而無所損，克之而無所利，則不須擊也。又若我弱彼彊，我曲彼直，亦不可擊。如晉楚相持，士會曰：「楚人德刑、政事、典禮不易，不可敵也，不爲是征。」義相近也。

城有所不攻，

曹操曰：城小而固，糧饒，不可攻也。操所以置華、費而深入徐州〔一一〕，得十四縣也。○杜牧曰：操捨華、費不攻，故能兵力完全，深入徐州，得十四縣也。蓋言敵於要害之地，深峻城隍，多積糧食，欲留我師；若攻拔之，未足爲利，不拔，則挫我兵勢，故不可攻也。宋順帝時，荆州守沈攸之反，素蓄士馬，資用豐積，戰士十萬，甲馬二千。軍至郢城，功曹臧寅以爲：攻守異勢，非旬日所拔；若不時舉，挫鋭損威。今順流長驅，計日可捷；既傾根本，則郢城豈能自固？故兵法曰「城有所不攻」是也。攸之不從。郢郡守柳世隆拒攸之，攸之盡鋭攻之，不克，衆潰走，入林自縊。後周武帝欲出兵於河陽以伐齊，吏部宇文弢進曰：「今用兵須擇地。河陽要衝，精兵所聚，盡力攻之，恐難得志。如臣所見，彼汾之曲，戍小山平，攻之易拔。用武之地，莫過於此。」帝不納，師竟無功。復大舉伐齊，卒用弢計以滅齊。國家自元和三年至於今，三十年間，凡四攻寇。魏薄攻寇之南宫縣，上黨攻寇之臨城縣，太原攻寇之河星鎮。是寇三城池浚壁堅，蒭粟米石、金炭麻膏，凡城守之資，常爲不可勝之計以備。官軍擊虜，攻既不拔，兵頓力疲。寇以勁兵來救，故百戰百敗。故三十年間，困天下之功力，攻數萬之寇，四圍其境，通計十歲，竟無尺寸之功者，蓋常墮寇計中，不能知變也。○賈林曰：臣忠義重稟命堅守者，亦不可攻也。○梅堯臣曰：有所害也。○王晳曰：城非控要，雖可攻，然懼於鈍兵挫鋭，或非堅實，而得士死力；又剋雖有期，而救兵至，吾雖得之，利不勝其所害也。○張預曰：拔之而不能守，委之而不爲患，則不須攻也。又若深溝高壘，卒不能下，亦不可攻。如士匄請伐偪陽，荀罃曰「城小而固，勝之不武，弗服爲笑」是也。

地有所不争，

曹操曰：小利之地，方争得而失之，則不争也〔一二〕。○杜牧曰：言得之難守，失之無害。伍子胥諫夫差曰：「今我伐齊，獲其地，猶石田也。」東晉陶侃鎮武昌，議者以武昌北岸有邾城，宜分兵鎮之。侃每不荅，而言者不已。侃乃渡水獵，引諸將佐語之曰：「我所以設險而禦寇，正以長江耳。邾城隔在江北，内無所倚，外接羣夷；夷中利深，晉人貪利，夷不堪命，必引寇虜，乃致禍之由，非禦寇也。且今縱有兵守之，亦無益於江南；若羯虜有可乘之會，此又非所資也。」後庾亮戍之，果大敗也。○梅堯臣曰：得之無益者。○王晳曰：謂地雖要害，敵已據之，或得之無所用，若難守者。○張預曰：得之不便於戰，失之無害於己，則不須争也。又若遼遠之地，雖得之，終非己有，亦不可争。如吴子伐齊，伍員諫曰：「得地於齊，猶獲石田也。不如早從事於越。」不聽，爲越所滅是也。○〔一三〕

君命有所不受〔一四〕。

曹操曰：苟便於事，不拘於君命也〔一五〕。○李筌曰：苟便於事，不拘君命。穰苴斬莊賈，魏絳戮楊干是也。○杜牧曰：尉繚子曰：「兵者，凶器也；争者，逆德也；將者，死官也。無天於上，無地於下，無敵於前，無主於後。」○賈林曰：決必勝之機，不可推於君命；苟利社稷，專之可也。○孟氏曰：無敵於前，無君於後，閫外之事，將軍制之。○梅堯臣曰：從宜而行也。此而上，五利也。○張預曰：苟便於事，不從君命。夫槩王曰「見義而行，不待命」是也。自「塗有所不由」至此，爲五利。或曰：自「圮地無舍」至「地有所不争」爲九變，謂此九事皆不從中覆，但臨時制宜，故統之以「君命有所不受」。○〔一六〕

故將通於九變之地利者，知用兵矣〔一七〕；

李筌曰：謂上之九事也。○杜佑曰：九事之變，皆臨時制宜，不由常道，故言變也。○賈林曰：九變，上九事。將帥之任機權，遇勢則變，因利則制，不拘常道，然後得其通變之利。變之則九，數之則十。故君命不在常變例也。○梅堯臣曰：達九地之勢，變而爲利也。○王晳曰：非賢智，不能盡事理之變也。○何氏曰：孫子以九變名篇，解者十有餘家，皆不條其九變之目者何也？蓋自「圮地無舍」而下，至「君命有所不受」，其數十矣，使人不得不惑。愚熟觀文意，上下止述其地之利害爾；且十事之中，「君命有所不受」且非地事，昭然不類矣。蓋孫子之意，言凡受命之將，合聚軍衆，如經此九地，有害而無利，則當變之，雖君命使之舍、留、攻、争，亦不受也。況下文言「將不通於九變之利者，雖知地形，不能得地之利矣」，其君命豈得與地形而同算也？況下之地形篇云：「戰道必勝，主曰無戰，必戰可也；戰道不勝，主曰必戰，無戰可也。」厥旨盡在此矣。○張預曰：更變常道而得其利者，知用兵之道矣。

將不通於九變之利者，雖知地形，不能得地之利矣。

賈林曰：雖知地形，心無通變，豈惟不得其利，亦恐反受害也。將貴適變也。○梅堯臣曰：知地不知變，安得地之利？○張預曰：凡地有形有變，知形而不曉變，豈能得地之利？

治兵不知九變之術，雖知五利，不能得人之用矣〔一八〕。

曹操曰：謂下五事也。○「九變」一云「五變」。○賈林曰：五利、五變，亦在九變之中。遇勢能變則利，不變則害。在人，故無常體。能盡此理，乃得人之用也。五變謂：途雖近，知有險阻、奇伏之變而不由；軍雖可擊，知有窮蹙、死鬭之變而不擊；城雖勢孤可攻，知有糧充、兵鋭、將智、臣忠不測之變而不攻；地雖可争，知得之難守、得之無利、有反奪傷人之變而不争；君命雖宜從之，知有内御不利之害而不受。此五變者，臨時制宜，不可預定。貪五利者：途近則由，軍勢孤則擊，城勢危則攻，地可取則争，軍可用則受命。貪此五利，不知其變，豈惟不得人用，抑亦敗軍傷士也。○梅堯臣曰：知利不知變，安得人而用？○王晳曰：雖知五地之利，不通其變，如膠柱鼓瑟耳。○張預曰：凡兵有利有變，知利而不識變，豈能得人之用？曹公言「下五事」爲五利者，謂「九變」之下五事也，非謂「雜於利害」已下五事也。

是故智者之慮，必雜於利害。

曹操曰：在利思害，在害思利，當難行權也〔一九〕。○李筌曰：害彼利此之慮。○賈林曰：雜一爲親，一爲難。言利害相參雜，智者能慮之慎之，乃得其利也。○梅堯臣同曹操注。○王晳曰：將通九變，則利害盡矣。○張預曰：智者慮事，雖處利地，必思所以害；雖處害地，必思所以利。此亦通變之謂也。

雜於利，而務可信也；

曹操曰：計敵不能依五地爲我害，所務可信也。○杜牧曰：信，申也。言我欲取利於敵人，不可但見取敵人之利，先須以敵人害我之事參雜而計量之，然後我所務之利，乃可申行也。○賈林曰：在利之時，則思害以自慎。一云：以害雜利行之，威令以臨之，刑法以戮之，已不二三〔二〇〕，則衆務皆信，人不敢欺也。○梅堯臣曰：以害參利，則事可行。○王晳曰：曲盡其利，則可勝矣。○張預曰：以所害而參所利，可以伸己之事。鄭師克蔡，國人皆喜，惟子産懼，曰：「小國無文德而有武功，禍莫大焉。」後楚果伐鄭。此是在利思害也。

雜於害，而患可解也。

曹操曰：既參於利，則亦計於害，雖有患可解也〔二一〕。○李筌曰：智者爲利害之事，必合於道，不至於極。○杜牧曰：我欲解敵人之患，不可但見敵能害我之事，亦須先以我能取敵人之利，參雜而計量之，然後有患乃可解釋也。故上文云「智者之慮，必雜於利害」也。譬如敵人圍我，我若但知突圍而去，志必懈怠，即必爲追擊；未若勵士奮擊，因戰勝之利以解圍也。舉一可知也。○賈林曰：在害之時，則思利而免害。故措之死地則生，投之亡地則存，是其患解也。○梅堯臣曰：以利參害，則禍可脱。○王晳曰：周知其害，則不敗矣。○何氏曰：利害相生，明者常慮。○張預曰：以所利而參所害，可以解己之難。張方入洛陽，連戰皆敗。或勸方宵遁，方曰：「兵之利鈍是常，貴因敗以爲成耳。」夜，潛進逼敵，遂致克捷。此是在害思利也。

③**是故屈諸侯者以害，**

曹操曰：害其所惡也。○李筌曰：害其政也。○杜牧曰：惡，音一路反。言敵人苟有其所惡之事，我能乘而害之，不失其機，則能屈敵也。○賈林曰：爲害之計，理非一途，或誘其賢智，令彼無臣；或遺以姦人，破其政令；或爲巧詐，間其君臣；或遺工巧，使其人疲財耗；或饋淫樂，變其風俗；或與美人，惑亂其心。此數事，若能潛運陰謀，密行不泄，皆能害人，使之屈折也。○梅堯臣曰：制之以害，則屈也。○王晳曰：窮屈於必害之地，勿使可解也。○張預曰：致之於受害之地，則自屈服。或曰：間之使君臣相疑，勞之使民失業，所以害之也。若韋孝寬間斛律光，高熲平陳之策是也。

役諸侯者以業，

曹操曰：業，事也。使其煩勞，若彼入我出，彼出我入也。○李筌曰：煩其農也。○杜牧曰：言勞役敵人，使不得休，我須先有事業，乃可爲也。事業者，兵衆、國富、人和、令行也。○杜佑曰：能以事勞役諸侯之人，令不得安佚。韓人令秦鑿渠之類是也。或以奇技藝業、淫巧功能，令其耽之心目，內役諸侯，若此而勞。○梅堯臣曰：撓之以事，則勞。○王晳曰：常若爲攻襲之業，以弊敵也。田常曰：「吾兵業已加魯矣。」○張預曰：以事勞之，使不得休。或曰：壓之以富彊之業，則可役使。若晉、楚國彊，鄭人以犧牲玉帛奔走以事之是也。

趨諸侯者以利。

曹操曰：令自來也。○李筌曰：誘之以利。○杜牧曰：言以利誘之，使自來至我也，墮吾畫中。○孟氏曰：趨，速也。善示以利，令忘變而速至，我作變以制之，亦謂得人之用也。○梅堯臣同杜牧注。○王晳曰：趨敵之間，當周旋我利也。○張預曰：動之以小利，使之必趨。

④故用兵之法：無恃其不來，恃吾有以待也；

梅堯臣曰：所恃者，不懈也。

無恃其不攻，恃吾有所不可攻也〔二二〕。

曹操曰：安不忘危，常設備也〔二三〕。○李筌曰：預備不可闕也。○杜佑曰：安則思危，存則思亡，常有備。○梅堯臣曰：所賴者，有備也。○王晳曰：備者，實也。○何氏曰：吴畧曰：「君子當安平之世，刀劒不離身。」古諸侯相見，兵衞不徹警，蓋雖有文事，必有武備，況守邊固圉，交刃之際歟？凡兵所以勝者，謂擊其空虚，襲其懈怠；苟嚴整終事，則敵人不至。傳曰：「不備不虞，不可以師。」昔晉人禦秦，深壘固軍以待之，秦師不能久。楚爲陳，而吴人至，見有備而返。程不識將屯，正部曲行伍營陳，擊刁斗，吏治軍簿〔二四〕，虜不得犯。朱然爲軍師，雖世無事，每朝夕嚴鼓兵，在營者咸行裝就隊，使敵不知所備，故出輙有功。是謂能外禦其侮者乎！常能居安思危，在治思亂，戒之於無形，防之於未然，斯善之善者也。其次莫如險其走集，明其伍候，慎固其封守，繕完其溝隍，或多調軍食，或益修戰械。故曰：物不素具，不可以應卒。又曰：惟事事乃其有備，有備無患。常使彼勞我佚，彼老我壯，亦可謂「先人有奪人之心」、「不戰而屈人之師」也。若夫莒以恃陋而潰，齊以狎敵而殲，虢以易晉而亡，魯以果邾而敗，莫敖小羅而無次，吴子入巢而自輕，斯皆可以作鑒也。故吾有以待、吾有所不可攻者，能豫備之之謂也。○張預曰：言須思患而預防之。傳曰：「不備不虞，不可以師。」

⑤**故將有五危：**

李筌、張預曰：下五事也。

必死，可殺也；

曹操曰：勇而無慮，必欲死鬭，不可曲撓，可以奇伏中之〔二五〕。○李筌曰：勇而無謀也。○杜牧曰：將愚而勇者，患也。黄石公曰：「勇者好行其志，愚者不顧其死。」吴子曰：「凡人之論將，常觀於勇；勇之於將，乃數分之一耳。夫勇者必輕合，輕合而不知利，未可將也。」○梅堯臣同李筌注。○何氏曰：司馬法曰：「上死不勝。」言貴其謀勝也。○張預曰：勇而無謀，必欲死鬭，不可與力争，當以奇伏誘致而殺之。故司馬法曰：「上死不勝。」言將無策畧，止能以死先士卒，則不勝也。

必生，可虜也；

曹操曰：見利畏怯不進也〔二六〕。○李筌曰：疑怯可虜也。○杜牧曰：晉將劉裕泝江追桓玄，戰於峥嶸洲。於時，義軍數千，玄兵甚盛；而玄懼有敗衂，常漾輕舸於舫側，故其衆莫有鬭心。義軍乘風縱火，盡鋭争先，玄衆是以大敗也。○孟氏曰：將之怯弱，志必生返，意不親戰，士卒不精，上下猶豫，可急擊而取之。新訓曰：「爲將怯懦，見利而不能進。」太公曰：「失利後時，反受其殃。」○梅堯臣曰：怯而不果。○王晳曰：無鬭志。曹公曰：「見利怯不進也。」晳謂見害亦輕走矣。○何氏曰：司馬法曰：「上生多疑。」疑爲大患也。○張預曰：臨陳畏怯，必欲生返，當鼓譟乘之，可以虜也。晉楚相攻，晉將趙嬰齊令其徒先具舟於河，欲敗而先濟是也。○〔二七〕

忿速，可侮也；

曹操曰：疾急之人，可忿怒侮而致之也〔二八〕。○李筌曰：急疾之人，性剛而可侮致也。太宗殺宋老生而平霍邑。○杜牧曰：忿者，剛怒也。速者，褊急也，性不厚重也。若敵人如此，可以陵侮，使之輕進而敗之也。十六國姚襄攻黄落，前秦苻生遣苻黄眉、鄧羌討之。襄深溝高壘，固守不戰。鄧羌説黄眉曰：「襄性剛很，易以剛動；若長驅鼓行，直壓其壘，必忿而出師，可一戰而擒也。」黄眉從之。襄怒出戰，黄眉等斬之。○杜佑曰：急疾之人，可忿怒而致死。忿速易怒者，狷戇疾急，不計其難，可動作欺侮。○梅堯臣曰：狷急易動。○王晳曰：將性貴持重，忿狷則易撓。○張預曰：剛愎褊急之人，可凌侮而致之。楚子玉剛忿，晉人執其使以怒之，果從晉師，遂爲所敗是也。

廉潔，可辱也；

曹操曰：廉潔之人，可汙辱致之也。○李筌曰：矜疾之人，可辱也。○杜牧曰〔二九〕：此言敵人若高壁固壘，欲老我師；我勢不可留，利在速戰。揣知其將多忿急，則輕侮而致之；性本廉潔，則汙辱之。如諸葛孔明遺司馬仲達以巾幗，欲使怒而出戰；仲達忿怒欲濟師，魏帝遣辛毗仗節以止之。仲達之才，猶不勝其忿，況常才之人乎！○梅堯臣曰：徇名不顧。○王晳同曹操注。○張預曰：清潔愛民之士，可垢辱以撓之，必可致也。

愛民，可煩也〔三〇〕。

曹操曰：出其所必趨，愛民者，則必倍道兼行以救之，救之則煩勞也〔三一〕。○李筌曰：攻其所愛，必卷甲而救；愛其人，乃可以計疲。○杜牧曰：言仁人愛人者，惟恐殺傷，不能捨短從長，棄彼取此，不度遠近，不量事力，凡爲我攻，則必來救，如此可以煩之，令其勞頓，而後取之也。○陳皞曰：兵有須救不必救者，項羽救趙，此須救也；亞夫委梁〔三二〕，不必救也。○賈林曰：廉潔之人，不好侵掠，愛人之仁，不好鬭戰，辱而煩之，其動必敗。○梅堯臣曰：力疲則困。○王晳曰：以奇兵若將攻城邑者，彼愛民，必數救，則煩勞也。○張預曰：民雖可愛，當審利害；若無微不救，無遠不援，則出其所必趨，使煩而困也。

凡此五者，將之過也，用兵之災也。

陳皞曰：良將則不然。不必死，不必生，隨事而用；不忿速，不恥辱，見可如虎，否則閉户。動静以計，不可喜怒也。○梅堯臣曰：皆將之失，爲兵之凶。○何氏曰：將材古今難之，其性往往失於一偏爾。故孫子首篇言「將者，智、信、仁、勇、嚴」，貴其全也。○張預曰：庸常之將，守一而不知變，故取則於己，爲凶於兵。智者則不然，雖勇而不必死，雖怯而不必生，雖剛而不可侮，雖廉而不可辱，雖仁而不可煩也。

覆軍殺將〔三三〕**，必以五危，不可不察也。**

賈林曰：此五種之人，不可任爲大將，用兵必敗也。○梅堯臣曰：當愼重焉。○張預曰：言須識權變，不可執一道也。

校記

〔一〕「九變」，各本皆如此，下文「治兵不知九變之術」曹注之下有校語云：「『九變』一云『五變』。」御覽卷二七二引亦作「五變」，是孫子故書或有作「五變」者。鄧廷羅集注則又作「軍變」。按：文中皆稱「九變」，各家注亦未見有以「五變」或「軍變」爲稱者。今仍依各本作「九變」。

〔二〕「圮地」，各本亦皆如此，而簡本則作「泛地」，御覽卷二七二引又作「氾地」，長短經地形引同。按：「氾」、「泛」古通。孫子故書或本作「泛」，後又作「氾」，又因形近而訛作「圮」，亦未可知。唯據九地篇「圮地」釋爲「山林、險阻、沮澤，凡難行之道者」，而「氾」或「泛」其義則爲水洳或浸淹，如作「氾」或「泛」，則與其釋名及各家注意均有未切，故仍之。

〔三〕「交合」，平津本與武經各本皆作「合交」，九地篇亦明言「衢地則合交」，孫校本亦改爲「合交」，故當以作「合交」爲善。

〔四〕此句下平津本又有「衢地，四通之地」六字，孫校本未補。按此釋「衢地」之義，補否均可。

〔五〕「絶地」，遺説謂當作「輕地」，因九地篇有「輕地則無止」，「無留」、「無止」詞意相同。顧福棠集解是其說，並謂作「絶地」乃昔人傳寫之誤，未知是否。今仍之，並存此說。

〔六〕「采樵」，原本誤「采」爲「來」，孫校本正之，是。

〔七〕本篇自上「圮地」至此句「死地」共五句，其中除「絶地」一句外，其他四句，櫻田本並予删除，入於九地篇中，並將此一句連同軍争篇末節之「高陵」、「背丘」、「佯北」、「鋭卒」、「餌兵」、「歸師」、「圍師」與「窮寇」八句，共九句作爲本篇首節。該本雖未説明其校勘依據或理由，但却與直解所引張賁之説以及趙注完全相符（詳見直解與校解），或其所據也。按：孫子此處誠有錯亂，張、趙之説亦非毫無道理，提出校説縱有未周，亦不失其爲解決問題的積極態度。但問題確較複雜，審慎對待，亦屬應該。故仍依原文，並存上説，以待後賢。又，顧氏集解謂本篇既名「九變」，而下又云「九變之利」，故九地應有全文，而此處祗云五地者，蓋脱去其他四地耳。説亦存之。

〔八〕平津本曹注無「不得已從之，故爲變」兩句。

〔九〕「當先擊充，糧雖難運」，孫校本同，而中華本則改「糧」爲「道」，並讀作「當先擊充道，雖難運」。按：據後漢書馬援傳，「充」乃縣名；「充道」乃指經充而至武陵之道路，故非其地曰「充道」也。若作「當先擊充道，雖難運」，則是以「充道」爲地名，而「雖難運」亦懸空無主語矣。故當仍依原文，並據馬援傳正其校點。

〔一〇〕以上佑注末兩句「道雖近而中不利，則不從也」，原本脱，孫校本據通典補，是，從之。唯通典今本卷一五九「不從」作「不絶」，且注稱其所據通典原本作「由」，而清人妄改爲「從」，故依別本改爲「絶」。按：此改雖非爲無據，而此佑注前數句却皆言「從」或「不當從」，且此句孫子正文「塗有所不由」之「由」字正是「從」義，曹、李、賈、王諸家亦皆言「從」或「由」。故作「從」不誤，通典別本恐誤也。

〔一一〕「置華、費而深入徐州」，中華本將「華、費」連稱作「華費」，下牧注亦如此。按：「華」與「費」乃是二地，不當連稱。

〔一二〕此句曹注，平津本無。

〔一三〕通典卷一五九此句經文下又有佑注云：「皆與上同。曹公曰：『操所以置華、費而得入徐州十四縣。』縣小，地形可争，得而易失，則可争也。」唯通典將「縣小」以下諸句亦作爲操語，迨非是。據杜佑注例，每先引操語，再附以己意；而據上句「城有所不攻」曹注無此語，杜牧注引亦無，故此當是佑語。

〔一四〕此句諸本無異文，唯通典卷一五一引上有「將在軍」三字，孫校謂此乃沿孔明語而誤。但史記本傳、吴越春秋與長短經出軍等亦有此三字。故此三字雖爲十三篇所無，但未必係沿孔明之語而誤。今仍之。

〔一五〕此句曹注，平津本亦無。

〔一六〕通典卷一五一此句經文下又有佑注云：「苟便於事，不拘於君命也，故曰『不從中御』。」

〔一七〕「將通於九變之地利」，十一家注宋明諸本皆如此，遺説同，而平津本與武經各本則無「地」字，櫻田本亦無。孫校本據書鈔、御覽引删「地」字，校釋從之。按：删之是。下句「將不通於九變之利」即無「地」字。

〔一八〕「治兵不知九變之術」，御覽卷二七二引作「治人不知五變」。「五利」，趙注謂當作「地利」，于鬯則謂當作「九利」，今皆仍之。

〔一九〕平津本曹注無末句「當難行權也」。

〔二〇〕「己不二三」，原本作「已不二三」，孫校未及，中華本改「已」爲「己」，是。

〔二一〕此句曹注，亦爲平津本所無。

〔二二〕以上五句，通典卷一五五引文稍有參差，作「用兵之法：無恃其不來也，恃吾有能以待之也；無恃其不攻吾也，恃吾不可攻也」。御覽卷三三〇引同。今并録之，以相參較。

〔二三〕此句曹注，平津本亦無。

〔二四〕此處自「程不識」至「吏至軍簿」，中華本校點爲：「程不識將，屯正部曲行伍，營陳擊刁斗，吏治軍簿。」按：此校點失之。據史記李將軍列傳，程不識乃「以邊太守將軍屯」，「將屯」乃「將軍屯」之簡稱，故「將屯」二字不當分開。再，程不識治軍很嚴，其所「正」者非止爲「部曲行伍」，亦包括「營陳」在内，故「部曲行伍」與「營陳」亦應連讀，不應分開。故今據該傳正之。唯「吏治軍簿」該傳作「士吏治軍簿甚明」，與原本稍異。

〔二五〕平津本曹注止有「勇無慮也」四字。

〔二六〕「畏怯」，原本「怯」誤作「法」，今據平津本改正。

〔二七〕通典卷一六二此句經文下又有佑注云：「將怯懦，則有必生之意，可急擊而取之。」

〔二八〕此句曹注，平津本作「忿疾急之人，可怒侮而致之」。據下佑注所引曹注，可知平津本「疾急」上之「忿」字乃衍文。又「侮而致之」，孫校本改爲「而侮致之」，今仍依原本。

〔二九〕「杜牧」，原本誤作「杜佑」，孫校本與中華本均已改正，是，從之。

〔三〇〕此句御覽卷二七二引作「愛人而煩」，卷二七三引又作「愛人可煩」。

〔三一〕平津本無上「則」字，且不重「救之」二字。

〔三二〕「亞夫」，原本誤「夫」爲「父」，今亦正之。

〔三三〕「殺將」，御覽卷二七一引誤作「救將」。

行軍篇

曹操曰：擇便利而行也。○王晳曰：行軍當據地便、察敵情也。○張預曰：知九地之變，然後可以擇利而行軍，故次九變。

①孫子曰：凡處軍、相敵：

王晳曰：處軍凡有四，相敵凡三十有一。○張預曰：自「絶山依谷」至「伏姦之所處」，則處軍之事也；自「敵近而静」至「必謹察之」，則相敵之事也。相，猶察也，料也。

絶山依谷，

曹操曰：近水草利便也。○李筌曰：軍，我；敵，彼也。相其依止，則勝敗之數、彼我之勢可知也。絶山，守險也；依谷，近水草〔一〕。夫列營壘，必先分卒守隘，縱畜牧，收樵採，而後寧。○杜牧曰：絶，過也。依，近也。言行軍經過山險，須近谷而有水草之利也。吴子曰：「無當天竈大谷之口。」言不可當谷，但近谷而處可也。○賈林曰：兩軍相當敵，宜擇利而動。絶山，跨山；依谷，傍谷也。跨山，無後患；依谷，有水草也。○梅堯臣曰：前爲山所隔，則依谷以爲固。○王晳曰：絶，度也。依，謂附近耳。曹公曰：「近水草便利也。」○張預曰：絶，猶越也。

凡行軍越過山險，必依附溪谷而居，一則利水草，一則負險固。後漢武都羌爲寇，馬援討之。羌在山上，援據便地，奪其水草，不與戰。羌窮困，悉降。羌不知依谷之利也。

視生處高，

曹操曰：生者，陽也。○李筌曰：向陽曰生，在山曰高。生高之地，可居也。○杜牧曰：言須處高而面南也。○陳皥曰：若地有東西，其法何如？答曰：然則面東也。○賈林曰：居陽曰生。視生，爲無蔽冒物也。處軍當在高〔二〕。○杜佑曰：高，陽也。視，謂目前生地。處軍當在高〔三〕。○梅堯臣曰：若在陵之上，必向陽而居，處高乘便也。○張預曰：視生，謂面陽也。處軍當在高阜。

戰隆無登〔四〕，

曹操曰：無迎高也。○李筌曰：敵自高而下，我無登而取之。○杜牧曰：隆，高也。言敵人在高，我不可自下往高，迎敵人而接戰也。一作「戰降無登」，降，下也。○賈林曰：戰宜乘下，不可迎高也。○杜佑曰：無迎高也。降，下也〔五〕，謂山下也。戰於山下，敵引之上山，無登逐也。○梅堯臣曰：敵處地之高，不可登而戰。○張預曰：敵處隆高之地，不可登迎與戰。一本作「戰降無登迎」，謂敵下山來戰，引我上山，則不可登迎。

此處山之軍也〔六〕。

梅堯臣曰：處山，當知此三者。○張預曰：凡高而崇者，皆謂之山。處山拒敵，以上三事爲法。

絶水必遠水〔七〕；

曹操、李筌曰：引敵使渡。○杜牧曰：魏將郭淮在漢中，蜀主劉備欲渡漢水來攻，諸將議衆寡不敵，欲依水爲陳以拒之。淮曰：「此示弱而不足挫敵，不如遠水爲陳，引而致之，半濟而後擊，備可破也。」既列陳，備疑，不敢渡。○梅堯臣曰：前爲水所隔，則遠水以引敵。○王晳曰：我絶水也，曹説是也。○張預曰：凡行軍過水，欲舍止者，必去水稍遠，一則引敵使渡，一則進退無礙。郭淮遠水爲陳，劉備悟之而不渡是也。○〔八〕

客絶水而來，勿迎之於水内，令半濟而擊之，利；

李筌曰：韓信殺龍且於濰水，夫槩敗楚子於清發是也。○杜牧曰：楚漢相持，項羽自擊彭越，令其大司馬曹咎守成臯。漢軍挑戰，咎涉汜水戰。漢軍候半涉，擊，大破之。「水内」，乃「汭」也，誤爲「内」耳。○梅堯臣曰：敵之方來，迎於水濱，則不渡。○王晳曰：「内」當作「汭」。迎於水汭，則敵不敢濟；遠則趨利不及，當得其宜也。○何氏曰：如春秋時宋公及楚人戰於泓，宋人既成列，楚人未既濟。司馬曰：「彼衆我寡，及其未既濟也，請擊之。」公曰：「不可。」既濟，而未成列，又以告，公曰：「未可。」既陳而後擊之，宋師敗績，公傷股，門官殲焉。宋公違之，故敗也。吴伐楚，楚師敗；及清發，將擊之，夫槩王曰：「困獸猶鬭，況人乎？若知不免而致死，必敗我；若使先濟者知免，後者慕之，蔑有鬭心矣。半濟，而後可擊也。」從之，又敗之。魏將郭淮在漢中，蜀主劉備欲渡漢水來攻。時諸將等議曰：「衆寡不敵。」欲依水爲陳以拒之。淮曰：「此則示弱，而不足以挫敵，非算也。不如遠水爲陳，引而致之；半濟而後擊，備可破也。」既陳，備疑，不敢渡。唐武德中，薛萬均與羅藝守幽燕，竇建德率衆十萬寇范陽，萬均謂藝曰：「衆寡不敵，今若出鬭，百戰百敗，當以計取之。可令羸兵弱馬阻水背城爲陳以誘之。賊若渡水交兵，請公精騎百人伏於城側，待其半渡而擊之。」從之。建德渡水，萬均擊破之。○張預曰：敵若引兵渡水來戰，不可迎之於水邊，俟其半濟，行列未定，首尾不接，擊之必勝。公孫瓚敗黃巾賊於東光，薛萬均破竇建德於范陽，皆用此術也。○〔九〕

欲戰者，無附於水而迎客；

曹操曰：附，近也。○李筌曰：附水迎客，敵必不得渡而與我戰。○杜牧曰：言我欲用戰，不可近水迎敵，恐敵人疑我不渡也。義與上同，但客主詞異耳。○杜佑曰：附，近也。近水待敵，不得渡也。○梅堯臣曰：必欲戰，亦莫若遠水。○王晳曰：我利在戰，則當差遠，使敵必渡而與之戰也。○張預曰：我欲必戰，勿近水迎敵，恐其不得渡；我不欲戰，則阻水拒之，使不能濟。晉將陽處父與楚將子上夾泜水而軍。陽子退舍，欲使楚人渡；子上亦退舍，欲令晉師渡。遂皆不戰而歸。

視生處高，

曹操曰：水上亦當處其高也。前向水，後當依高而處之。○梅堯臣曰：水上亦據高而向陽。○王晳曰：曹公曰：「水上亦當處其高。」晳謂非謂近水之地。下曹注云：「恐溉我也。」疑當在此下。○何氏曰：視生，向陽，遠視也。軍處高，遠見敵勢，則敵人不得潛來出我不意也。○張預曰：或岸邊爲陳，或水上泊舟，皆須面陽而居高。

無迎水流，

曹操曰：恐溉我也。○李筌曰：恐溉我也。智伯灌趙襄子，光武潰王尋，迎水處高乃敗之。○杜牧曰：水流就下，不可於卑下處軍也，恐敵人開決，灌浸我也。上文云「視生處高」也。諸葛武侯曰：「水上之陳，不逆其流。」此言我軍舟船亦不可泊於下流，言敵人得以乘流而薄我也。○賈林曰：水流之地，可以溉吾軍，可以流毒藥。迎，逆也。一云：逆流而營軍，兵家所忌。○梅堯臣曰：無軍下流，防其決灌。舳艫之戰，逆亦非便。○王晳曰：當乘上流。魏曹仁征吴，欲攻濡須洲中。蔣濟曰：「賊據西岸，列船上流，而兵入洲中，是謂自内地獄，危亡之道也。」仁不從而敗。○何氏曰：順流而戰，則易爲力。○張預曰：卑地勿居，恐決水溉我。舟戰亦不可處下流，以彼沿我泝戰不便也。兼慮敵人投毒於上流。楚令尹拒吴，卜戰不吉。司馬子魚曰：「我得上流，何故不吉？」遂決戰，果勝。是軍須居上流也。○〔一〇〕

此處水上之軍也。

梅堯臣曰：處水上，當知此五者。○張預曰：凡近水爲陳，皆謂水上之軍。水上拒敵，以上五事爲法。

絶斥澤，惟亟去無留〔一一〕；

陳皞曰：斥，鹹鹵之地，水草惡，漸洳不可處軍。新訓曰「地固斥澤，不生五穀」者是也。○賈林曰：鹹鹵之地，多無水草，不可久留。○梅堯臣曰：斥，遠也。曠蕩難守，故不可留。○王晳曰：斥，鹵也。地廣且下，而無所依。○張預曰：刑法志云：「山川沈斥。」顔師古注曰：「沈，深水之下；斥，鹹鹵之地。」然則「斥澤」謂瘠鹵漸洳之所也。以其地氣濕潤，水草薄惡，故宜急過。○〔一二〕

若交軍於斥澤之中，必依水草而背衆樹〔一三〕；

曹操曰：不得已與敵會於斥澤中。○李筌曰：急過不得，戰必依水背樹。夫有水樹，其地無陷溺也。○杜牧曰：斥鹵之地，草木不生，謂之飛鋒。言於此忽遇敵，即須擇有水草林木而止之。○杜佑曰：一本作「背衆木」。言不得已與敵戰，而會斥澤之中，當背稠樹以爲固守，蓋地利，兵之助也〔一四〕。○梅堯臣曰：不得已而會敵，則依近水草，背倚衆木。○王晳曰：猝與敵遇於此，亦必就利而背固也。○張預曰：不得已而會兵於此地，必依近水草，以便樵汲；背倚林木，以爲險阻。

此處斥澤之軍也〔一五〕。

梅堯臣曰：處斥澤，當知此二者。○張預曰：處斥澤之地，以上二事爲法。

平陸處易，

曹操曰：車騎之利也。○杜牧曰：言於平陸，必擇就其中坦易平穩之處以處軍，使我車騎得以馳逐。○王晳同曹操注。○何氏同杜牧注。○張預曰：平原廣野，車騎之地，必擇其坦易無坎陷之處以居軍，所以利於馳突也。

而右背高，前死後生〔一六〕。

曹操曰：戰便也。○李筌曰：夫人利用，皆便於右，是以背之。前死，致敵之地；後生，我自處。○杜牧曰：太公曰：「軍必左川澤而右丘陵。」死者，下也；生者，高也。下不可以禦高，故戰便於軍馬也。○賈林曰：崗阜曰生，戰地曰死。後崗阜，處軍穩；前臨地，用兵便；高在右，回轉順也。○梅堯臣曰：擇其坦易，車騎便利；右背丘陵，勢則有憑；前低後隆，戰者所便。○王晳曰：凡兵皆宜向陽。既後背山，即前生後死，疑文誤也。○張預曰：雖是平陸，須有高阜，必右背之，所以恃爲形勢者也。前低後高，所以便乎奔擊也。

此處平陸之軍也。

梅堯臣曰：處平陸，當知此二者。○張預曰：居平陸之地，以上二事爲法。

凡此四軍之利，

李筌曰：四者，山、水、斥澤、平陸也。○張預曰：山、水、斥澤、平陸之四軍也。諸葛亮曰：「山陸之戰，不升其高；水上之戰，不逆其流；草上之戰，不涉其深；平地之戰，不逆其虚，此兵之利也。」

黄帝之所以勝四帝也〔一七〕。

曹操曰：黄帝始立，四方諸侯無不稱帝〔一八〕，以此四地勝之也。○李筌曰：黄帝始受兵法於風后，而滅四方，故曰「勝四帝」也。○梅堯臣曰：「四帝」當爲「四軍」，字之誤歟？言黄帝得四者之利，處山則勝山，處水上則勝水上，處斥澤則勝斥澤，處平陸則勝平陸也。○王晳曰：四帝，或曰當作「四軍」。曹公曰：「黄帝始立，四方諸侯無不稱帝，以此四地勝之也。」一本「無」作「亦」〔一九〕。○何氏曰：梅氏之説得之。○張預曰：黄帝始立，四方諸侯亦稱帝，以此四地勝之。按：史記黄帝紀云：「與炎帝戰於阪泉，與蚩尤戰於涿鹿，北逐葷粥。」又，太公六韜言黄帝七十戰而定天下。此即是有四方諸侯戰也。兵家之法，皆始於黄帝，故云然也。

②凡軍好高而惡下〔二〇〕，

梅堯臣曰：高則爽塏，所以安和，亦以便勢；下則卑濕，所以生疾，亦以難戰。○王晳曰：有降無登，且遠水患也。○張預曰：居高則便於覘望，利於馳逐；處下則難以爲固，易以生疾。

貴陽而賤陰，

梅堯臣曰：處陽則明順，處陰則晦逆。○王晳曰：久處陰濕之地，則生憂疾，且弊軍器也。○張預曰：東南爲陽，西北爲陰。○〔二一〕

養生而處實，

曹操曰：恃滿實也。養生，向水草，可放牧，養畜乘。實，猶高也〔二二〕。○梅堯臣曰：養生，便水草；處實，利糧道。○王晳曰：養生，謂水草糧糒之屬；處實者，倚固之謂。○張預曰：養生，謂就善水草放牧也；處實，謂倚隆高之地以居也。

軍無百疾，是謂必勝〔二三〕。

李筌曰：夫人處卑下必癘疾，惟高陽之地可居也。○杜牧曰：生者，陽也；實者，高也。言養之於高，則無卑濕陰翳，故百疾不生，然後必可勝也。○梅堯臣曰：能知上三者，則勢勝可必，疾氣不生。○張預曰：居高面陽，養生處厚，可以必勝。地氣乾熯，故疾癘不作。

丘陵隄防，必處其陽[二四]，而右背之。

杜牧曰：凡遇丘陵隄防之地，常居其東南也。○梅堯臣曰：雖非至高，亦當前向明而右依實。○王晳曰：處陽則人舒以和，器健以利也。○張預曰：面陽所以貴明顯，背高所以爲險固。

此兵之利，地之助也。

梅堯臣曰：兵所利者，得形勢以爲助。○張預曰：用兵之利，得地之助。

③上雨，水沫至，欲涉者，待其定也[二五]。

曹操曰：恐半涉而水遽漲也。○李筌曰：恐水暴漲。○杜牧曰：言過溪澗，見上流有沫，此乃上源有雨，待其沫盡水定，乃可涉；不爾，半涉恐有瀑水卒至也。○杜佑曰：恐半渡水而遂漲。上雨，水當清，而反濁沫至，此敵人上遏水之占也[二六]，欲以中絕軍。凡地有水欲漲，沫先至，皆爲絕軍，當待其定也。○梅堯臣曰：流沫未定，恐有暴漲。○王晳曰：水漲則沫。涉，步濟也。曹說是也。○張預曰：渡未及畢濟，而大水忽至也。沫，謂水上泡漚。

④凡地，有絕澗[二七]、

前後嶮峻，水横其中。

天井、

四面峻坂，澗壑所歸。

天牢、

三面環絶，易入難出。

天羅、

草木蒙密，鋒鏑莫施。

天陷、

卑下汙濘，車騎不通。

天隙〔二八〕**，**

兩山相向，洞道狹惡。六害皆梅堯臣注。

必亟去之，勿近也〔二九〕**；**

曹操曰：山深水大者，爲絶澗；四方高、中央下者爲天井；深山所過，若蒙籠者，爲天牢；可以羅絶人者，爲天羅；地形陷者，爲天陷；山澗道迫狹，地形深數尺、長數丈者，爲天隙〔三〇〕。○杜牧曰：軍讖曰：「地形坳下，大水所及，謂之天井；山澗迫狹，可以絶人，謂之天牢；澗水澄闊，不測淺深，道路泥濘，人馬不通，謂之天陷；地多溝坑、坎陷、木石，謂之天隙；林木隱蔽，葭深遠，謂之天羅。」○賈林曰：兩岸深闊，斷人行爲絶澗；下中之下爲天井；四邊澗險，水草相兼，中央傾側，出入皆難爲天牢；道路崎嶇，或寬或狹，細澀難行爲天羅；地多沮洳爲天陷；兩邊險絶，形狹長而數里，中間難通人行，可以絶塞出入爲天隙。此六害之地，不可近背也。○梅堯臣曰：六害尚不可近，況可留乎？○王晳曰：晳謂「絶澗」當作「絶天澗」，脱「天」字耳。此六者，皆自然之形也。牢，謂如獄牢；羅，謂如網羅也；陷，謂溝坑淤濘之屬；隙，謂木石若隙罅之地。軍行，過此勿近；不然，則脱有不虞，智力無所施也。○張預曰：谿谷深峻，莫可過者爲絶澗；外高中下，衆水所歸者爲天井；山險環繞，所入者隘爲天牢；林木縱横，葭葦隱蔽者爲天羅；陂池泥濘，漸車凝騎者爲天陷；道路迫狹，地多坑坎者爲天隙。凡遇此地，宜遠過，不可近之。○〔三一〕

吾遠之，敵近之；吾迎之，敵背之。

曹操曰：用兵常遠六害，令敵近背之〔三二〕，則我利敵凶。○李筌曰：善用兵者，致敵之受害之地也。○杜牧曰：迎，向也；背，倚也。言遇此六害之地，吾遠之、向之，則進止自由；敵人近之、倚之，則舉動有阻。故我利而敵凶也。○梅堯臣曰：言六害當使我遠而敵附，我向而敵倚，則我利敵凶。○張預曰：六害之地，我既遠之、向之，敵自近之、倚之；我則行止有利，彼則進退多凶也。

⑤軍行有險阻、潢井、葭葦、山林、蘙薈者，必謹覆索之，此伏姦之所處也〔三三〕。

曹操曰：險者，一高一下之地；阻者，多水也；潢者，池也；井者，下也；葭葦者，衆草所聚；山林者，衆木所居也；蘙薈者，可屏蔽之處也。此以上論地形也，以下相敵情也〔三四〕。○李筌曰：以下恐敵之奇伏誘詐也。○梅堯臣曰：險阻，隘也，山林之所産；潢井，下也，葭葦之所生。皆蘙薈足以蒙蔽，當掩搜，恐有伏兵。○張預曰：險阻，丘阜之地，多生山林；潢井，卑下之處，多産葭葦。皆蘙薈可以蒙蔽，必降索之，恐兵伏其中，又慮姦細潛隱，覘我虚實，聽我號令。

「伏」、「姦」，當爲兩事。○〔三五〕

⑥敵近而静者，恃其險也；

梅堯臣曰：近而不動，倚險故也。○王晳曰：恃險，故不恐也。

遠而挑戰者，欲人之進也〔三六〕。

杜牧曰：若近以挑我，則有相薄之勢，恐我不進，故遠也。○陳皞曰：敵人相近而不挑戰，恃其守險也；若遠而挑戰者，欲誘我使進，然後乘利而奮擊也。○梅堯臣同陳皞注。○王晳曰：欲致人也。挑，謂擿驍敵求戰。○張預曰：兩軍相近而終不動者，倚恃險固也；兩軍相遠而數挑戰者，欲誘我之進也。尉繚子曰：「分險者，無戰心。」言敵人先分得險地，則我勿與之戰也。又曰：「挑戰者，無全氣。」言相去遠，則挑戰，而延誘我進，即不可以全氣擊之，與此法同也。

其所居易者，利也〔三七〕。

曹操曰：所居利也〔三八〕。○李筌曰：居易之地，致人之利〔三九〕。○杜牧曰：言敵不居險阻，而居平易，必有以便利於事也。一本云：「士争其所居者，易利也。」○陳皞曰：言敵人得其地利，則將士争以居之也。○賈林曰：敵之所居，地多便利，故挑我，使前就己之便，戰則易獲其利，慎勿從之也。○梅堯臣曰：所居易利，故來挑戰。○王晳同曹操注。○張預曰：敵人捨險而居易者，必有利也。或曰：敵欲人之進，故處於平易，以示利而誘我也。

⑦衆樹動者，來也；

曹操曰：斬伐樹木，除道進來，故動〔四〇〕。○梅堯臣同曹操注。○張預曰：凡軍，必遣善視者登高覘敵，若見林木動摇者，是斬木除道而來也。或曰：不止除道，亦將爲兵器也。若晉人伐木益兵是也。

衆草多障者，疑也。

曹操曰：結草爲障，欲使我疑也。○杜牧曰：言敵人或營壘未成，或拔軍潛去，恐我來追，或爲掩襲，故結草使往往相聚，如有人伏藏之狀，使我疑而不敢進也。○賈林曰：結草多爲障蔽者，欲使我疑之，於中兵必不實，欲别爲攻襲，宜審備之。○杜佑曰：結草爲障，欲使我疑。稠草中多障蔽者，敵必避去，恐追及。多作障蔽，使人疑有伏焉〔四一〕。○張預曰：或敵欲追我，多爲障蔽，設留形而遁，以避其追；或欲襲我，叢聚草木，以爲人屯，使我備東而擊西。皆所以爲疑也。

鳥起者，伏也；

曹操曰：鳥起其上，下有伏兵〔四二〕。○李筌曰：藏兵曰伏。○杜佑曰：下有伏兵住藏，觸鳥而驚起也〔四三〕。○張預曰：鳥適平飛，至彼忽高起者，下有伏兵也。

獸駭者，覆也〔四四〕。

曹操曰：敵廣陳張翼，來覆我也。○李筌曰：不意而至曰覆。○杜牧曰：凡敵欲覆我，必由他道險阻林木之中，故驅起伏獸駭逸也。覆者，來襲我也。○陳皥曰：覆者，謂隱於林木之內，潛來掩我；候兩軍戰酣，或出其左右，或出其前後，若驚駭伏獸也。○梅堯臣曰：獸驚而奔，旁有覆。○張預曰：凡欲掩覆人者，必由險阻草木中來，故驚起伏獸奔駭也。○〔四五〕

塵高而鋭者，車來也；

杜牧曰：車馬行疾，仍須魚貫，故塵高而尖。○杜佑曰：車馬行疾，塵相衝，故高也。○梅堯臣曰：蹄輪勢重，塵必高鋭。○張預曰：車馬行疾而勢重，又轍迹相次而進，故塵埃高起而鋭直也。凡軍行，須有探候之人在前，若見敵塵，必馳報主將。如潘黨望晉塵，使騁而告是也。

卑而廣者，徒來也；

杜牧曰：步人行遲，可以並列，故塵低而闊也。○梅堯臣曰：人步低輕，塵必卑廣。○王皙曰：車馬起塵猛，步人則差緩也。○張預曰：徒步行緩而迹輕，又行列疎遠，故塵低而來。

散而條達者，樵採也〔四六〕**；**

李筌曰：煙塵之候，晉師伐齊，曳柴從之；齊人登山，望而畏其衆，乃夜遁。薪來即其義也。此筌以「樵採」二字爲「薪來」字。○杜牧曰：樵採者，各隨所向，故塵埃散衍。條達，縱橫斷絶貌也。○梅堯臣曰：樵採隨處，塵必縱横。○王晳曰：條達，纖微斷續之貌。○張預曰：分遣厮役，隨處樵採，故塵埃散亂而成隧道。○〔四七〕

少而往來者，營軍也。

杜佑曰〔四八〕：欲立營壘，以輕兵往來爲斥候，故塵少也。○梅堯臣曰：輕兵定營，往來塵少。○張預曰：凡分栅營者，必遣輕騎四面近視其地，欲周知險易廣狹之形，故塵微而來。

⑧**辭卑而益備者，進也；**

曹操曰：其使來辭卑〔四九〕，使間視之，敵人增備也。○杜牧曰：言敵人使來，言辭卑遜，復增壘塗壁，若懼我者，是欲驕我使懈怠，必來攻我也。趙奢救閼與，去邯鄲三十里，增壘不進秦間來，必善食遣之。間以報秦將。秦將果大喜，曰：「閼與非趙所有矣。」奢既遣秦間，乃倍道兼行，掩秦不備，擊之，遂大破秦軍也。◯梅堯臣曰：欲進者，外則卑辭，內則益備，款我也。◯張預曰：使來辭遜，敵復增備，欲驕我而後進也。田單守即墨，燕將騎劫圍之。單身操版插，與士卒分功，使妻妾編行伍之間，散食饗士，乃使女子乘城，約降，燕大喜。又收民金千鎰，令富豪遺使遺燕將書曰：「城即降，願無虜妻妾。」燕人益懈。乃出兵擊，大破之。

辭彊而進驅者，退也〔五〇〕。

曹操曰：詭詐也。◯杜牧曰：吳王夫差北征，會晉定公於黃池。越王句踐伐吳。吳晉方爭長未定，吳王懼，乃合大夫而謀曰：「無會而歸，與會而先晉，孰利？」王孫雒曰：「必會而先之。」吳王曰：「先之若何？」雒曰：「今夕必挑戰，以廣民心，乃能至也。」於是，吳王以帶甲三萬人去晉軍一里，聲動天地。晉使董褐視之，吳王親對曰：「孤之事君在今日，不得事君亦在今日！」董褐曰：「臣觀吳王之色，類有大憂；吳將毒我，不可與戰。」乃許先歃。吳王既會，遂還焉。◯杜佑曰：詭詐驅馳，示無所畏，是知欲退也。◯梅堯臣曰：欲退者，使既詞壯，兵又彊進，脅我也。◯王晳曰：辭彊示進形，欲我不虞其去也。◯張預曰：使來辭壯，軍又前進，欲脅我而求退也。秦行人夜戒晉師曰：「兩軍之士，皆未慭也。來日請相見。」晉臾駢曰：「使者目動而言肆，懼我也。」秦果宵遁。

輕車先出，居其側者，陳也〔五一〕。

曹操曰：陳兵欲戰也。○杜牧曰：出輕車，先定戰陳疆界也。○賈林曰：輕車前禦，欲結陳而來也。○張預曰：輕車，戰車也。出軍其旁，陳兵欲戰也。按：魚麗之陳，先偏後伍，言以車居前，以伍次之；然則是欲戰者，車先出其側也。○〔五二〕

無約而請和者，謀也〔五三〕。

李筌曰：無質盟之約請和者，必有謀於人。田單詐騎劫，紀信誑項羽，即其義也。○杜牧曰：貞元三年，吐蕃首領尚結贊因侵掠河曲，遇疫癘，人馬死者太半，恐不得回，乃詐與侍中馬燧款懇，因奏請盟會。燧乃盟之。時河中節度使渾瑊奏曰：「若國家勒兵境上，以謀伐爲計，蕃戎請盟，亦聽信之。今吐蕃無所求於國家，遽請盟會，必恐不實。」上不納。渾瑊率衆二萬，屯涇州平涼縣，盟壇在縣西三十里。五月十三日，瑊率三千人會壇所，吐蕃果衷甲劫盟焉。○陳皥曰：因盟相劫，不獨國朝。晉楚會於宋，楚人衷甲欲襲晉，晉人知之，是以失信也。今言無約而請和，蓋總論兩國之師，或侵或伐，彼我皆未屈弱，而無故請和好者，此必敵人國内有憂危之事，欲爲苟且暫安之計；不然，則知我有可圖之勢，欲使不疑，先求和好，然後乘我不備而來取也。石勒之破王浚也，先密爲和好，又臣服於浚；知浚不疑，乃請修朝覲之禮。浚許之。及入，因誅浚而滅之。○杜佑曰：未有要約，而便來請和，有間謀也〔五四〕。○梅堯臣曰：無約請和，必有姦謀。〇王皙曰：無故驟請和者，宜防他謀也。〇張預曰：無故請和，必有姦謀。漢高祖欲擊秦軍，使酈食其持重寶啗其將賈豎，秦將果欲連和。高祖因其怠而擊之，秦師大敗。又，晉將李矩守滎陽，劉暢以三萬人討之。矩遣使奉牛酒請降，潛匿精兵，見其弱卒。暢大饗士卒，人皆醉飽。矩夜襲之，暢僅以身免。

奔走而陳兵車者，期也〔五五〕；

李筌曰：戰有期，及將用，是以奔走之。〇杜牧曰：上文「輕車先出，居其側者，陳也」，蓋先出車定戰場界，立旗爲表，奔走赴表，以爲陳也。旗者，期也，與民期於下也。周禮大蒐曰「車驟徒趨，及表乃止」是也。〇賈林曰：尋常之期，不合奔走，必有遠兵相應；有晷刻之期，必欲合勢同來攻我，宜速備之。〇梅堯臣曰：立旗爲表，奔以赴列。〇王皙曰：陳而期民，將求戰也。〇張預曰：立旗爲表，與民期於下，故奔走以赴之。周禮曰「車驟徒趨，及表乃止」是也。〇〔五六〕

半進半退者，誘也。

李筌曰：散於前。〇杜牧曰：僞爲雜亂不整之狀，誘我使進也。〇梅堯臣曰：進退不一，欲以誘我。〇王皙曰：詭亂形也。〇張預曰：詐爲亂形，是誘我也。若吴子以囚徒示不整，以誘楚師之類也。

⑨杖而立者，飢也〔五七〕；

李筌曰：困不能齊。○杜牧曰：不食必困，故杖也。一本從此「仗」字。○杜佑曰：倚仗矛戟而立者，飢之意。○梅堯臣曰：倚兵而立者，足見飢弊之色。○王晳曰：倚仗者，困餒之相。○張預曰：凡人不食則困，故倚兵器而立，三軍飲食，上下同時，故一人飢，則三軍皆然。

汲而先飲者，渴也〔五八〕；

李筌曰：汲未至，先飲者，士卒之渴。○杜牧曰：命之汲水，未及而先取者，渴也。覩一人，三軍可知也。○梅堯臣同杜牧注。○王晳曰：以此見其衆行驅飢渴也。○張預曰：汲者未及歸營，而先飲水，是三軍渴也。

見利而不進者，勞也〔五九〕。

曹操曰：士卒疲勞也〔六〇〕。○李筌曰：士卒難用也。○杜佑曰：士疲勞也〔六一〕。敵人來，見我利而不能擊進者，疲勞也。○梅堯臣曰：人其困乏，何利之趨？○張預曰：士卒疲勞，不可使戰，故雖見利，將不敢進也。

烏集者，虛也；

李筌曰：城上有烏，師其遁也。○杜牧曰：設留形而遁。齊與晉相持，叔向曰：「烏烏之聲樂，齊師其遁。」後周齊王憲伐高齊，將班師，乃以柏葉爲幕，燒糞壤去。高齊視之，二日乃知其空營，追之不及，此乃設留形而遁走也。○陳皥曰：此言敵人若去，營幕必空；禽鳥既無畏，乃鳴集其上。楚子元伐鄭，將奔，諜者告曰：「楚幕有烏。」乃止。則知其是設留形而遁也。此篇蓋孫子辨敵之情僞也。○杜佑曰：敵大作營壘，示我衆；而烏集止其中者，虚也〔六二〕。○梅堯臣曰：敵人既去，營壘空虚，烏鳥無猜，來集其上。○張預曰：凡敵潛退，必存營幕；禽鳥見空，鳴集其上。楚伐鄭，鄭人將奔，諜告曰：「楚幕有烏。」乃止。又，晉伐齊，叔向曰：「城上有烏，齊師其遁。」此乃設留形而遁也。

夜呼者，恐也〔六三〕。

曹操曰：軍士夜呼，將不勇也。○李筌曰：士卒怯而將懦，故驚恐相呼。○杜牧曰：恐懼不安，故夜呼以自壯也。○陳皞曰：十人中一人有勇，雖九人怯懦，恃一人之勇亦可自安；今軍士夜呼，蓋是將無勇。曹説是也。○孟氏同陳皞注。○張預曰：三軍以將爲主，將無膽勇，不能安衆，故士卒恐懼而夜呼。若晉軍終夜有聲是也。○〔六四〕

⑩軍擾者，將不重也；

李筌曰：將無威重，則軍擾。○杜牧曰：言進退舉止輕佻率易，無威重，軍士亦擾亂也。○陳皞曰：將法令不嚴，威容不重，士因以擾亂也。○梅堯臣同陳皞注。○張預曰：軍中多驚擾者，將不持重也。張遼屯長社，夜，軍中忽亂，一軍盡擾。遼謂左右勿動，是必有造變者，欲以動亂人耳。乃令軍士安坐，遼中陳而立，有頃即定。此則能持重也。

旌旗動者，亂也；

杜牧曰：魯莊公敗齊於長勺，曹劌請逐之。公曰：「若何？」對曰：「視其轍亂而旗靡，故逐之。」○杜佑曰：旌旗謬動，抵東觸西傾倚者，亂也。○梅堯臣曰：旌旗輒動，偃亞不次，無紀律也。○張預曰：旌旗所以齊衆也，而動摇無定，是部伍雜亂也。

吏怒者，倦也。

杜牧曰：衆悉倦弊，故吏不畏而忿怒也。○陳皞曰：將興不急之役，故人人倦弊也。○賈林曰：人困則多怒。○梅堯臣曰：吏士倦煩，怒不畏避也。○張預曰：政令不一，則人情倦，故吏多怒也。晉楚相攻，晉裨將趙旃、魏錡怒而欲敗晉軍，皆奉命於楚。郤克曰「二憾往矣，弗備必敗」是也。○〔六五〕

粟馬肉食，軍無懸缻，不返其舍者，窮寇也〔六六〕。

一云：殺馬肉食者，軍無糧也；軍無懸缻，不返其舍者，窮寇也。○李筌曰：殺其馬而食肉，故曰軍無糧也；不返舍者，窮迫不及竈也。○杜牧曰：粟馬，言以糧穀秣馬也。肉食者，殺牛馬饗士也。軍無懸缻者，悉破之，示不復炊也。不返其舍者，晝夜結部伍也。如此皆是窮寇，必欲決一戰爾。「缻」音府，炊器也。○梅堯臣曰：給糧以秣乎馬，殺畜以饗乎士，棄缻不復炊，暴露不返舍，是欲決戰而求勝也。○王晳曰：粟馬肉食，所以爲力且久也。軍無缻，不復飲食也。不返舍，無回心也。皆謂以死決戰耳。敵如此者，當堅守以待其弊也。○張預曰：捐糧穀以秣馬，殺牛畜以饗士，破釜及甀不復炊爨，暴露兵衆不復反舍，兹窮寇也。孟明焚舟，楚軍破釜之類是也。○〔六七〕

諄諄翕翕，徐與人言者，失衆也〔六八〕。

曹操曰：諄諄，語貌；翕翕，失志貌。○李筌曰：諄諄翕翕，竊語貌。士卒之心恐，上則私語而言，是失衆也。○杜牧曰：諄諄者，乏氣聲促也；翕翕者，顛倒失次貌。如此者，憂在内，是自失其衆心也。○賈林曰：諄諄，竊議貌；翕翕，不安貌；徐與人言，遞相問貌。如此者，必散失部曲也。○梅堯臣曰：諄諄，吐誠懇也；翕翕，曠職事也。緩言彊安，恐衆離也。○王晳曰：諄諄，語誠懇之貌；翕翕者，患其上也。將失人心，則衆相與語，誠懇而患其上也。○何氏曰：兩人竊語，誹議主將者也。○張預曰：諄諄，語也；翕翕，聚也；徐，緩也。言士卒相聚私語，低緩而言，以非其上，是不得衆心也。○〔六九〕

數賞者，窘也〔七〇〕；

李筌曰：窘則數賞以勸進。○杜牧曰：勢力窮窘，恐衆爲叛，數賞以悦之。○孟氏曰：軍實窘也，恐士卒心怠，故别行小惠也。○梅堯臣曰：勢窮憂叛離，屢賞以悦衆。○王晳曰：衆窘而不和裕，則數賞以悦之。○張預曰：勢窘則易離，故屢賞以撫士。○〔七一〕

數罰者，困也〔七二〕**；**

李筌曰：困則數罰以勵士。○杜牧曰：人力困弊，不畏刑罰，故數罰以懼之。○梅堯臣曰：人弊不堪命，屢罰以立威。○王皙曰：衆困而不精勤，則數罰以脅之也。○張預曰：力困則難用，故頻罰以畏衆。○〔七三〕

先暴而後畏其衆者，不精之至也；

曹操曰：先輕敵，後聞其衆，則心惡之也。○李筌曰：先輕後畏，是勇而無剛者，不精之甚也。○杜牧曰：料敵不精之甚。○賈林曰：教令不能分明，士卒又非精練，如此之將，先欲彊暴伐人，衆悖則懼也，至懦之極也。○梅堯臣曰：先行乎嚴暴，後畏其衆離，訓罰不精之極也。○王皙曰：敵先行刻暴〔七四〕，後畏其衆離，爲將不精之甚也。○何氏曰：寬猛相濟，精於將事也。○張預曰：先輕敵，後畏人。或曰：先刻暴御下，後畏衆叛己，是用威行愛，不精之甚。故上文以數賞、數罰而言也。○〔七五〕

來委謝者，欲休息也。

李筌曰：徐前而疾後，曰委謝。○杜牧曰：所以委質來謝，此乃勢已窮，或有他故，必欲休息也。○賈林曰：氣委而言謝者，欲求兩解。○杜佑曰：戰未相伏，而下意氣相委謝者，欲休息也。○梅堯臣曰：力屈欲休兵，委質以來謝。○王皙曰：勢不能久。○張預曰：以所親愛委質來謝，是勢力窮極，欲休兵息戰也。

兵怒而相迎，久而不合，又不相去，必謹察之〔七六〕。

曹操曰：備奇伏也。○李筌曰：是軍必有奇伏，須謹察之。○杜牧曰：盛怒出陳，久不交刃，復不解去，有所待也，當謹伺察之，恐有奇伏旁起也。○孟氏曰：備有別應。○梅堯臣曰：怒而來逆我，久而不接戰，且又不解去，必有奇伏以待我。此以上論敵情。○張預曰：勇怒而來，既不合戰，又不引退，當密伺之，必有奇伏也。○〔七七〕

⑪**兵非益多也**〔七八〕，

曹操曰：權力均。○一云「兵非貴益多」。○賈林曰：不貴衆擊寡，所貴寡擊衆。○王皙曰：皙謂權力均足矣，不以多爲益。○張預曰：兵非增多於敵，謂權力均也。

惟無武進，

曹操曰：未見便也。○賈林曰：武不足專進，專進則暴。○王皙曰：不可但恃武也，當以計智料敵而行。○張預曰：武，剛也。未能用剛武以輕進，謂未見利也。

足以併力、料敵、取人而已。

曹操曰：廝養足也。○李筌曰：兵衆武，用力均，惟得人者勝也。○杜牧曰：言我與敵人兵力皆均，惟未能用武前進者，蓋未得見其人也。但能於廝養之中揀擇其材，亦足併力料敵而取勝，不假求於他也。○陳皞曰：言我兵力不多於敵，又無利便可進，不必他國乞師，但於廝養中併力取人，亦可破敵也。○賈林曰：雖無武勇之力而輕進，足以智謀料敵、併力而取敵人也。○梅堯臣曰：武，繼也。兵雖不足以繼進，足以併給役廝養之力，量敵而取勝也。○王晳曰：晳謂善分合之變者，足以併力乘敵間取勝人而已。故雖廝養之輩可也，況精兵乎？曹説是也。○張預曰：兵力既均，又未見便，雖未足剛進，足以取人於廝養之中，以併兵合力，察敵而取勝，不必假他兵以助己。故尉繚子曰：「天下助卒，名爲十萬，其實不過數萬。其兵來者，無不謂其將曰：無爲天下先戰。」此言助卒無益，不如己有兵法也。

夫惟無慮而易敵者，必擒於人〔七九〕。

杜牧曰：無有深謀遠慮，但恃一夫之勇，輕易不顧者，必爲敵人所擒也。○陳皞曰：惟，猶獨也。此言殊無遠慮，但輕敵者，必爲其所擒，不獨言其勇也。左傳曰：「蜂蠆有毒，而況國乎？」則小敵亦不可輕。○王晳曰：唯不能料敵，但以武進，則必爲敵所擒。明患不在於不多也。○張預曰：不能料人，反輕敵以武進，必爲人所擒也。齊晉相攻，齊侯曰：「吾姑滅此而朝食。」不介馬而馳之，爲晉所敗是也。○〔八〇〕

⑫卒未親附而罰之〔八一〕，**則不服；不服，則難用也；**

杜牧曰：恩信未洽，不可以刑罰齊之。○梅堯臣曰：傅，至也。德以至之，恩以親之；恩德未敷，罰則不服，故怨而難使。○王晳曰：恩信非素浹洽於人，心未附也。○張預曰：驟居將帥之位，恩信未加於民，而遽以刑法齊之，則怒恚而難用。故田穰苴曰：「臣素卑賤，士卒未附，百姓不信。」又，伍參曰「晉之從政者新，未能行令」是也。

卒已親附而罰不行，則不可用也〔八二〕。

曹操曰：恩信已洽，若無刑罰，則驕惰難用也〔八三〕。○梅堯臣曰：恩德既洽，刑罰不行，則驕不可用。○王晳曰：所謂「若驕子」也。○張預曰：恩信素洽，士心已附，刑罰寬緩，則驕不可用也。

故令之以文，齊之以武〔八四〕，

曹操曰：文，仁也；武，法也。○李筌曰：文，仁恩；武，威罰。○杜牧曰：晏子舉司馬穰苴，文能附衆，武能威敵也。○王晳曰：吳起云：「總文武者，軍之將；兼剛柔者，兵之事也。」

是謂必取。

杜牧曰：文武既行，必也取勝。○梅堯臣曰：令以仁恩，齊以威刑；恩威並著，則能必勝。○張預曰：文恩以悦之，武威以肅之；畏愛相兼，故戰必勝，攻必取。或問曰：書云：「威克厥愛，允濟；愛克厥威，允罔功。」言先威也。孫武先愛何也？曰：書之所稱，仁人之兵也。王者之於民，恩德素厚，人心已附，及其用之，惟患乎寡威也。武之所陳，戰國之兵也。霸者之於民，法令素酷，人心易離，及其用之，惟患乎少恩也。〔八五〕

令素行以教其民，則民服〔八六〕**；**

梅堯臣曰：素，舊也。威令舊立，教乃聽服。○張預曰：將令素行，其民已信；教而用之，人人聽服。

令不素行以教其民，則民不服〔八七〕。

王晳曰：民不素教，難卒爲用。○何氏曰：人既失訓，安得服教？

令素行者，與衆相得也〔八八〕。

杜牧曰：素，先也。言爲將，居常無事之時，須恩信威令先著於人，然後對敵之時，行令立法，人人信伏。韓信曰：「我非素得拊循士大夫，所謂驅市人而戰也。所以使之背水，令其人人自戰。」以其非素受恩信，威令之從也。○陳皥曰：晉文公始入國，教其民二年，欲用之。子犯曰：「民未知義，未安其居。」此言欲令民不苟其生也。於是出定襄王。此言示以事君之大義，入務利民，民懷生矣。又將用之，子犯曰：「民未知信，未宣其用。」於是伐原，以示之信。此言在往年伐原，不貪其利，而守其信，民易資者，不求豐焉。此言人無貪詐也，明徵其辭。公曰：「可矣。」子犯曰：「民未知禮，未生其恭。」於是大蒐，以示之禮。及戰之時，少長有禮，其可用也。此五者，教人之本也。夫令要在先申〔八九〕，使人聽之不惑；法要在必行，使人守之，無輕信者也。三令五申，示人不惑也。法令簡當，議在必行，然後可以與衆相得也。○梅堯臣曰：信服已久，何事不從？○王晳曰：知此者，始可言其併力勝敵矣。○張預曰：上以信使民，民以信服上，是上下相得也。尉繚子曰：「令之之法，小過無更，小疑無申。」言號令一出，不可反易；自非大過、大疑，則不須更改申明，所以使民信也。諸葛亮與魏軍戰，以寡對衆，卒有當代者，不留而遣之，曰：「信不可失。」於是人人願留一戰，遂大敗魏兵是也。

校記

〔一〕「依谷，近水草」，原本脱「依」字，作「谷近水草」。按：「近」乃釋「依」字之義，各家注文皆如此，且此釋「依谷」，亦正與上句釋「絶山」相對，故當據補。

〔二〕「視生，爲無蔽冒物也。處軍當在高」，文意本很明順，唯原本「也」字誤作「色」，致使産生疑問。中華校點本讀作「視生爲無蔽冒，物色處軍當在高」，以「物色」爲觀測察視之意，迨非是。今予正之。孫校本即作「也」，唯「物」上又加一「之」字，爲原本所無耳。

〔三〕此處佑注首句「高，陽也」，顯係以「陽」釋「高」之義，而孫校則説原本誤作「高揚也」，從而改爲「向陽也」。按：是孫校所據底本有誤，且其校説亦誤也。中華本即未改，是。

〔四〕「戰隆無登」，十一家注及其他傳本皆如此，簡本則作「戰降毋登」，通典卷一五六引同，且牧、張注亦云「一本作『戰降無登』」，是「隆」、「降」之異，由來已久。按：「隆」從「降」聲，古可通假，武威漢簡中之癃症，字即作「⿸疒夅」。可知二者雖措詞不同，而其意皆言勿登高迎敵作戰也。今兩存之。

〔五〕「降，下也」三字，原本無，孫校本據通典卷一五六補，是，從之。

〔六〕此句「處山之軍」，通典卷一五六引作「處山谷之軍」。

〔七〕「絶水」之上，通典卷一六〇引又有「敵若」二字，孫校謂「絶水」乃以我言，下句「客絶水而來」，方以敵言，故不當有此二字，説甚是。

〔八〕通典卷一六〇此句經文下又有佑注云：「引敵，使寬而渡之。」

〔九〕通典卷一六〇此處經文下又有佑注云：「半渡勢不并，故可敵。」

〔一〇〕通典卷一六〇此句經文下又有佑注云：「恐溉我也。逆水流，在下流也，不當處人之下流也，爲其水流溉灌人也，或投毒藥於上流也。」

〔一一〕「斥澤」，簡本「斥」作「沂」，或「泝」之形誤。簡本釋文注謂可讀「斥」。又，「無留」，御覽卷三〇六引作「無流」，櫻田本又作「莫留」，皆無取。

〔一二〕通典卷一五七、一六〇此處經文下又有佑注云：「斥，鹹鹵之地，水草惡，浸洳不可處軍也。」

〔一三〕「若交軍於斥澤之中」，通典卷一五七引「若」作「爲」，孫校以爲譌。御覽卷三〇六則無「若」字。按：「爲」猶「使」也，亦有假設之義，故亦可通。無「若」亦可通。唯諸本皆作「若」，故仍之。

〔一四〕　此處佑注，通典卷一五七無首句「一本作背衆木，言」七字與末句「蓋地利，兵之助也」七字。

〔一五〕　此句諸本無異文，唯其與上句「必依水草而背衆樹」之間，談本集注依次置入下文「吏怒者」至「必擒於人」，「奔走而陳兵」至「軍擾者，將不重也」，「鳥起者」至「無約而請和」，「凡地有絶澗」至「其所居易者，利也」，以及「衆樹動者」至「此處斥澤之軍也」，共三十餘句，而此三十餘句與原本相較，亦錯亂不堪。黄本集注全同，孫校因未見此本，故未置辭。今記於此，讀者察之。

〔一六〕　「而右背高」，御覽卷三〇六引作「左右背高」。「前死後生」，諸本皆如此，簡本亦然，唯王注疑此當作「前生後死」。按：孫子言地形，皆以高爲「生」，以下爲「死」，故上文有云：「視生處高。」此句牧注亦云：「死者，下也；生者，高也。」故王注未可據，當仍之。

〔一七〕　「四帝」，諸本皆如此，王注與梅注則謂當作「四軍」，趙注又説或作「四方」，于鬯又疑當作「炎帝」。按：此皆無取。簡本黄帝伐赤帝篇有「……東伐□帝，……西伐白帝，……北伐黑帝……已勝四帝，大有天下」，可知原文作「四帝」不誤。

〔一八〕　「無不稱帝」，平津本「無不」作「亦」。

〔一九〕　「一本『無』作『亦』」，原本如此，諸本亦然。如此，則上句「四方諸侯無不稱帝」即爲「四方諸侯亦不稱帝」，文意乖違矣，故「無」下當有「不」字。

〔二〇〕　「好高而惡下」，孫校本依通典、御覽改「好」字爲「喜」。御覽卷三〇六云：「『喜』一作『好』。」諸本皆作「好」，可仍之，不必改字。

〔二一〕通典卷一五六此句經文下又有佑注云：「山南曰陽，水北曰陰。」

〔二二〕此處曹注，平津本止有「恃實滿，向水草，放牧也」三句，意較明晰，今并録之，以相參較。

〔二三〕此二句，諸本亦無異文，唯簡本無「是謂必勝」，通典卷一五六引二句互乙，御覽卷三〇六引同，今仍之。

〔二四〕「必處其陽」，通典卷一五六、御覽卷三〇六引作「必處其高陽」。

〔二五〕此句諸本皆有，並皆在此處，各家亦多沿襲舊文，未予置辭，唯直解引張賁説，謂其當在上文「無附於水而迎客」句下。通典卷一六〇引亦緊接「此處水上之軍」句。按：此句在此，與上下文誠不相屬，若置於上，作爲「處水上之軍」的内容之一，如此固善，唯簡本亦在此處。故仍之，並存張説。至於具體文字，通行諸本無異，簡本作「上雨水，水流至，止涉，待其定」，通典、御覽引亦重「水」字。今亦存之。

〔二六〕「上過水」，原本「上」作「權」，孫校本同。按：「權過水」於義難通，今據通典卷一六〇改。

〔二七〕「凡地，有絶澗」，諸本皆如此，通典卷一五九引同，唯下有「遇」字，並接下文。而簡本此處則祇空三字，不能容納五字，御覽卷三〇六引亦祇有三字，作「絶澗過」，而無「凡地有」，王注亦謂「絶澗」脱「天」字，當作「絶天澗」。校釋據改，删「凡地有」，並改「絶澗」爲「絶天澗」，以與「天井」、「天牢」等名稱相類。今仍之，並存此説。

〔二八〕以上「六害」，簡本「絶澗」空缺，「天井」同，其餘四害依次爲「天窖」、「天離」、「天翹」、「天郄」。

〔二九〕「必亟去之」上，御覽卷三〇六引又有「大害」二字。

〔三〇〕如上曹注，平津本與孫校本畧同，唯原本「四方高」之「四」作「中」，顯係誤字，今據平津本與孫校本正之。「中央下者」之「者」字，亦據平津本補，以與各句同例。其他如首句「山深水大」，平津本作「山水深大」，以及末句「山澗道迫狹，地形深數尺、長數丈」，平津本作「澗道迫狹，深數丈者」，二者亦均稍有歧異。唯通典卷一五九佑注此句同原本，故兩存之，以相參較。

〔三一〕通典卷一五九此處經文下又有佑注云：「山水深大者，爲絶澗；四方高、中央下者，爲天井；深水大澤，葭葦蒙籠所隱蔽者，爲天牢；可以羅絶人者，爲天羅；陂湖泥濘，地形陷者，爲天陷；山澗迫狹，地形深數尺、長數丈者，或丘陵坑坎，地形墝埆，爲天郄也。」

〔三二〕「令」，原本誤作「今」，孫校本同，中華本改，是。通典一五九佑注正作「令」。

〔三三〕以上諸句，十一家注古本如此，平津本與武經各本「軍行」作「軍旁」，「葭葦」作「蒹葭」，「山林」作「林木」，「伏姦之所處」作「伏姦之所」，簡本作「……葦小林翳薈可伏匿者，謹復索之，姦之所處也」。孫校本依通典、御覽改爲「軍旁有險阻、蔣潢、井生葭葦，山林蘙薈，必謹覆索之，此伏姦之所藏處也」。校釋斟酌諸本，除改「軍行」爲「軍旁」外，均依原本。按：「行」或誤字，「軍行」費解，故改之善，其他文字參差，並予存之。

〔三四〕以上曹注，平津本「葭葦」作「蒹葭」，「山林」作「林木」，餘同。

〔三五〕通典卷一五〇此處經文下又有佑注云：「險者，一高一下之地。阻者，雨水地也。蔣者，水草之藂生也。潢者，池也。井者，下也。葭葦者，衆草所聚也。山林者，衆木所居也。蘙薈者，可以屏蔽之處也。此以上相地形，此以下察敵情也。」

〔三六〕「遠而挑戰者」上，通典卷一五〇引又有「敵」字。

〔三七〕此句平津本與武經同，簡本則作「其所居者易……」，通典卷一五〇引作「其所處者，居易利也」，御覽卷二九一引同。孫校本又改爲「其所居者，易利也」。按：「其所居易者，利也」與「其所居者易，利也」二者意同，皆可通，唯作「其所處者，居易利也」或「其所居者，易利也」爲不可取。故仍之。

〔三八〕此句曹注，平津本無。

〔三九〕「居易之地」，原本誤作「居勿之地」。孫校本已正，是。

〔四〇〕此句曹注，平津本「除道進來，故動」作「除道也」。

〔四一〕以上佑注，前數句文字及標點頗有歧異。原本作「結草多障欲使我度稠草中多障蔽者……」。按：通典杜注每先引曹注，再附以己意。而上曹注作「結草爲障，欲使我疑也」，平津本同。故此處佑注前兩句亦當據曹注改「多障」爲「爲障」，並改「度」爲「疑」，且應於「疑」字下斷句。通典卷一五〇雖作「爲障」，但因未改「度」爲「疑」，故下句仍讀作「欲使我度稠草中。多障蔽者……」。孫子此句正文既爲「衆草多障者，疑也」，「衆草」與「多障」連稱，故此注文亦當以讀「稠草中多障蔽者」爲善。

〔四二〕此句曹注，平津本止有「下有伏兵」四字。

〔四三〕「住藏」，原本作「往藏」，今據通典卷一五〇改正。

〔四四〕「獸」，長短經料敵作「禽」。按：「禽」上古爲鳥獸之總稱，後世專指羽族。今仍依原本。

〔四五〕經文下此句佑注同曹注，唯多「故獸驚駭也」五字。

〔四六〕「樵採」，諸本皆如此，杜、梅等家亦皆以「樵採」爲説，但長短經料敵却作「薪來」，通典卷一五〇與御覽卷二九一引作「薪采來」，李注亦謂當作「薪來」，校釋從之。按：李注所云晉師伐齊，曳柴從之，是其史証。城濮之役，欒枝曳柴僞遁，亦可証明當作「薪來」。唯其曳柴，烟塵才呈「散而條達」之狀；若是樵採山林，烟塵何致「散而條達」？故作「樵採」者誤，注「樵採」者亦誤。當從長短經、李注與校釋改而正之。

〔四七〕通典卷一五〇此句經文下又有佑注云：「塵散而條達，各行所求。」

〔四八〕原本「杜佑」作「杜牧」，孫校謂字誤。查此注文與通典佑注全同，故孫説是。從之。

〔四九〕「其使來辭卑」，原本「辭卑」二字互乙，今據平津本正之。

〔五〇〕「辭彊而進驅」，諸本皆如此，唯孫校本依曹注與通典舊本改作「辭詭而强進驅」，而簡本則作「辭强而□毆」，且曹注「詭詐也」乃係釋「辭强而進驅」之義，而非以「詐」釋「詭」——「詭」何勞曹公以「詐」釋之哉？故孫校本未可從，今本通典業已回改，是。

〔五一〕此句諸本亦無異文，唯通典卷一五〇引無「出」字，而御覽卷二九一引則有。今仍之。

〔五二〕通典卷一五〇此處經文下又有佑注云：「陳兵欲戰也。輕車，馳車，在陣側。」唯通典讀作「陳兵，欲戰也。輕車馳車在陣側」。按：此讀誤。「陳兵欲戰」應連讀，乃釋正文「輕車先出，居其側者，陳也」之義。「馳車，在陣側」乃釋「輕車」之義，故不應連讀，而應讀作「輕車，馳車，在陣側」。

〔五三〕此句各本皆如此，且皆在此處，歷來各家亦無異議，唯趙注謂當在上句「輕車先出，居其側者，陳也」之前，與「辭卑」、「辭强」諸本構成一節，以爲相使命，而長短經料敵亦正如此。簡本此句雖如今本次序，但原簡此句與上句「陣也」並不在同一簡上，如今本次序者，乃編者據今本次序排列也，故亦未足證明孫子故書必如今本順序。趙説有理，亦有據，今予存之。

〔五四〕「有間謀」，原本作「有間諜」，今據通典卷一五〇改。

〔五五〕此句十一家注各本皆如此，而平津本與武經各本則無「車」字，簡本、櫻田本與通典、御覽引並同，校釋從刪。今兩存之。

〔五六〕通典卷一五〇此處經文下又有佑注「自與偏將期也」一句。

〔五七〕此句諸本亦無異文，唯孫校本據通典、御覽及梅、張注意改「杖而立」爲「倚仗而立」。按：「杖」、「仗」古通。「杖而立」即倚兵而立，故梅、張注「倚兵而立」乃釋「杖而立」之義，並非「杖」上必有「倚」字也。孫校無取。又，櫻田本作「杖而後立」，亦非是。

〔五八〕「汲而先飲」，諸本皆如此，唯簡本作「汲役先歓(飲)」，通典、御覽引同，校釋從改。按：改之固可，唯原本亦可通，故兩存之。

〔五九〕通典引於句首又有「向人」二字，御覽引同，今仍之。

〔六〇〕原本「士卒」下衍「之」字，今據平津本刪。

〔六一〕「士疲勞」，原本「勞」作「倦」，今據通典卷一五〇改。

〔六二〕孫校本末句「而烏集止其中者，虛也」作「而烏集止其上者，其中虛也」。

〔六三〕「夜呼」，通典卷一五〇引作「夜喧呼」。原本及諸本均無「喧」字。

〔六四〕通典卷一五〇此句經文下又有佑注云：「軍士夜喧呼，將不勇也。相驚無備者，恐懼也。」

〔六五〕 通典卷一五〇此句經文下又有佑注云：「軍吏悉怒，將者疲倦也。」

〔六六〕 此句原本問題有二：一、十一家注各本皆作「粟馬肉食，軍無懸缻，不返其舍者，窮寇也」，亦即衹作一種軍情判斷，而平津本及武經各本則作「殺馬肉食者，軍無糧也；懸缻（缶）不返其舍者，窮寇也」，則作兩種判斷。通典、御覽引與長短經同前者，作一種判斷；而櫻田本與趙注等則同後者，作兩種判斷。李注所據本亦當同後者。簡本殘缺，未可斷定其屬於何種情況。查原本所列異文，此兩種文字、兩種風格同時存在。今兩存之。二、是個別文字上的歧異。如通典引「肉食」作「食肉」，「懸缻」之「缻」作「箠」。關於此字，簡本注考之頗詳，説可信。孫校謂「缻」乃「缶」之或字，武經與通典故本作「缶」，乃「⿱金缶」字之誤。「⿱金缶」，説文作「⿱垂缶」，即簡本之「⿱垂缶」，乃「甀」之古體。長短經料敵作「涶」，今本通典與御覽卷二九一又作「箠」，皆可引爲參證。故「缻」可斷爲「甀」之誤字。「甀」，説文：「小口罌也。」淮南子氾論訓「抱甀而汲」，即此盛水漿之尖底瓦器，用時以繩繫之以汲水，不用時則懸之，故曰「懸甀」。杜、梅、趙等家皆以「缻」爲炊器，今人亦有作此解者，皆失之。「缻」或「缶」，即今之瓦盆，可用以盛酒漿，也可用以節歌，見爾雅釋器。李斯諫逐客書所説「击甕叩缶……而歌呼嗚嗚」，即此物。故以「缻」爲炊器者，迨以「缻」爲「釜」耳。

〔六七〕 通典卷一五〇此處經文下又有佑注云：「穀馬食肉，不復蓄積，無懸箪之食，欲死戰，此窮寇也。箪，即箠之類也。」唯末句「箪，即箠之類也」，孫校引御覽作「箠，即箪之類」，並謂「『箠』、『箪』二字皆誤」，字當作「⿱金缶」，是。

〔六八〕 「徐與人言」，十一家注與武經等孫子傳本皆如此，而簡本則作「徐言人」。若「人」爲「入」之訛，且有重文號，則正文即作「徐言入入」。而通典卷一五〇、御覽卷二九一與長短經料敵以及黄鞏集注、曹家達菁華録亦正作「徐言入入」，孫校亦謂當作「徐言入入」，校釋亦據改之。按：作「入入」善，唯傳本亦可通，且賈注亦明著「徐與人言」之文，故兩存之。

〔六九〕通典卷一五〇此處經文下又有佑注云：「諄諄，語貌。翕翕者，不真也。其上失卒之心，少氣之意。徐言入入者，與之言安徐之貌也，此將失其衆也。諄，章倫反。翕，許及反。」

〔七〇〕「窘」，長短經料敵作「害」，誤。

〔七一〕通典卷一五〇此句經文下又有佑注云：「軍不素敵，數行賞，欲士卒之力戰者，此恐窘也。窘，渠殞反。」

〔七二〕此句之下，長短經料敵又有「數顧者，失其衆也」，爲他本所無，且與上「徐與人言者，失衆也」重文，故無取。

〔七三〕通典卷一五〇此句經文下又有佑注云：「數行刑罰者，教令弛廢，是困軍也。」

〔七四〕「刻暴」，原本作「列暴」，孫校本已正，是。

〔七五〕通典卷一五〇此處經文下又有佑注云：「先行卒暴於士卒，而後欲畏己者，此將不精之極也。」

〔七六〕「久而不合」，御覽卷二九五引作「交而不合」，誤。「又不相去」，櫻田本與武備志作「又不解去」。

〔七七〕除上述諸注外，通典卷一五〇此處經文下佑注云：「備奇伏也，此必有間謀也。」

〔七八〕「兵非益多也」，十一家注本如此，武經各本則作「兵非貴益多」，簡本則作「兵非多益」，校釋從之，今並存之。

〔七九〕「無慮而易敵」，諸本皆如此，唯通典卷一五〇引「易」下有「於」字，非是。佑注即云「易人」，而不云「易於人」。

〔八〇〕通典卷一五〇此處經文下又有佑注云：「已無智慮，而外易人者，必爲人所擒。」

〔八一〕「親附」，諸本亦皆如此，唯長短經禁令作「專親」，御覽卷二九六引同。簡本下句作「槫親」，是此句亦當是「專親」。按二者皆可通，今並存之。下句同。

〔八二〕「不可用」，簡本無「可」字。

〔八三〕此曹注，平津本無。

〔八四〕「令之以文」，諸本皆如此，通典卷一四九引同，而簡本則作「合之以交」，書鈔卷一一三與御覽卷二九六引「令」亦作「合」，校釋從之。今兩存之。

〔八五〕除上述諸注外，通典卷一四九此句經文下又有佑注云：「文，恩；武，罰。」

〔八六〕此句，通典卷一四九引作「令素行，以教其人者也。令素行，則人服」。今仍依原本與平津本。

〔八七〕此句，通典又作「令素不行，則人不服」。皆未可據。

〔八八〕「令素行」，通典作「令素信著」，孫校本從之，並謂按注意當如此。按：原文無不可，且上二句皆作「素行」或「素不行」，平津本亦如此，故可不改原文。

〔八九〕「令要在先申」，原本「令」作「今」，今從孫校本改。

十一家注孫子卷下〔一〕

地形篇〔二〕

曹操曰：欲戰，審地形以立勝也。○李筌曰：軍出之後，必有地形變動。○王晳曰：地利當周知險、隘、支、挂之形也。○張預曰：凡軍有所行，先五十里内山川形勢，使軍士伺其伏兵，將乃自行視地之勢，因而圖之，知其險易。故行師越境，審地形而立勝，故次行軍。

①**孫子曰：地形，有通者，**

梅堯臣曰：道路交達。

有挂者〔三〕，

梅堯臣曰：網羅之地，往必掛綴。

有支者，

梅堯臣曰：相持之地。

有隘者，

梅堯臣曰：兩山通谷之間。

有險者，

梅堯臣曰：山川丘陵也。

有遠者〔四〕。

曹操曰：此六者，地之形也。○梅堯臣曰：平陸也。○杜佑曰：此六地之名，教民居之，得便利則勝也。○張預曰：地形有此六者之別也。

我可以往，彼可以來，曰通。

杜佑曰：謂俱在平陸，往來通利也。○張預曰：俱在平陸，往來通達。

通形者，先居高陽〔五〕**，利糧道，以戰則利。**

曹操曰：寧致人，無致於人。○李筌曰：先之以待敵。○杜牧曰：通者，四戰之地，須先據高陽之處，勿使敵人先得，而我後至也。利糧道者，每於津阨或敵人要衝，則築壘或作甬道以護之。○賈林曰：通形者〔六〕，無有崗坂，亦無要害，故兩通往來。處高易於望候，向陽視生，通糧道，便易轉運，於此利於戰也。○杜佑曰：寧致人，無致於人。已先據高地，分爲屯守於歸來之路，無使敵絶己糧道也。○梅堯臣曰：先據高陽，利糧通阨；敵人來至，我戰則利。○王晳注同曹操。○何氏同杜佑注。○張預曰：先處戰地以待敵，則致人而不致於人。我雖居高面陽，坐以致敵，亦慮敵人不來赴戰，故須使糧餉不絶，然後爲利。

可以往，難以返，曰挂〔七〕。

杜佑曰：掛者，牽掛也〔八〕。

挂形者〔九〕，**敵無備，出而勝之；敵若有備**〔一〇〕，**出而不勝，難以返，不利。**

李筌曰：往不宜返曰挂。○杜牧曰：挂者，險阻之地，與敵共有，犬牙相錯，動有挂礙也。往攻敵，敵若無備，攻之必勝，則雖與險阻相錯，敵人已敗，不得復邀我歸路矣；若往攻敵人，敵人有備，不能勝之，則爲敵人守險阻，邀我歸路，難以返也。○陳皞曰：不得已陷在此，則須爲持久之計，掠取敵人之糧，以伺利便而擊之。○杜佑曰：敵無備，出攻之勝，可也；有備，不得勝之，則難還返也。○梅堯臣曰：出其不意，往則獲利；若其有備，往必受制。○張預曰：察知敵情，果爲無備，一舉而勝之，則可矣；若其有備，出而弗克，欲戰則不可留，欲歸則不得返，非所利也。

我出而不利，彼出而不利，曰支。

杜佑曰：支，久也，俱不便久相持也。○張預曰：各守險固，以相支持。

支形者，敵雖利我，我無出也；引而去之，令敵半出而擊之，利。

李筌曰：支者，兩俱不利，如挂之形，故各分其勢。○杜牧曰：支者，我與敵人各守高險，對壘而軍，中有平地，狹而且長，出軍則不能成陳，遇敵則自下禦上，彼我之勢俱不利便。如此，則堂堂引去，伏卒待之。敵若躡我，候其半出，發兵擊之，則利；若敵人先去以誘我，我不可出也。○陳皥曰：此説理繁而語倒。但彼此出軍，地形不便，敵若設利誘我而去，我愼勿追之。我若引去，敵止則已；若來襲我，候其半出，則急擊之。○賈林曰：支者，隔險隘，可以相要截，足得相支持，故不利先出也。○杜佑曰：利，利我也。佯背我去，我無出逐〔一一〕；待其引而擊之，可敗也。○梅堯臣曰：各居所險，先出必敗。利而誘我，我不可愛，僞去引敵，半出而擊。○王晳曰：敵不肯至，則設奇伏而退，且詭之，令必出。○張預曰：利我，謂佯背我去也，不可出攻。我捨險，則反爲所乘，當自引去。敵若來追，伺其半出，行列未定，鋭卒攻之，必獲利焉。李靖兵法曰：「彼此不利之地，引而佯去，待其半出而邀擊之。」

隘形者，我先居之，必盈之以待敵；

杜佑曰：盈，滿也。以兵陳滿隘形，欲使敵不得進退也。

若敵先居之，盈而勿從，不盈而從之。

曹操曰：隘形者，兩山間通谷也，敵勢不得撓我也〔一二〕。我先居之，必前齊隘口，陳而守之，以出奇也；敵若先居此地，齊口陳，勿從也。即半隘陳者從之，而與敵共此利也。○李筌曰：盈，平也。敵先守隘，我去之。趙不守井陘之口，韓信下之；陳豨不守漳水，高祖下之是也。○杜牧曰：盈者，滿也。言遇兩山之間，中有通谷，則須當山口爲營，與兩山口齊，如水之在器而盈滿也。○杜佑曰：謂齊口，亦滿也，如水之滿器，與口齊也。若我居之，平易險阻皆制在我，然後出奇以制敵。若敵人據隘之半，不知齊口滿盈之道，我則入隘以從之；蓋敵亦在隘，我亦在隘，俱得地形，勝敗在我，不在地形也。夫齊口盈滿之術，非惟隘形獨解有口，譬如平坡迴澤，車馬不通，舟楫不勝，中有一逕，亦須據其路口，使敵不得進也。諸可知矣〔一三〕。○陳皞曰：隘口，言陳是也，言營非也。○賈林曰：從，逐也。盈，實也。敵若實而滿之，則不可逐討，若虛而無備，則入而討之。○梅堯臣同杜牧注。○王晳同曹操注。○張預曰：左右高山，中有平谷，我先至之，必齊滿山口以爲陳，使敵不得進也。我可以出奇兵，彼不能以撓我。敵若先居此地，盈塞隘口而陳者，不可從也。若雖守隘口，俱不齊滿者，入而從之，與敵共此險阻之利。吳起曰：「無當天竈。」天竈者，大谷之口，言不可迎隘口而居之也。

險形者，我先居之，必居高陽以待敵；

杜佑曰：居高陽之地以待敵人，敵人從其下陰而來，擊之則勝。

若敵先居之，引而去之，勿從也。

曹操曰：地形險隘，尤不可致於人〔一四〕。○李筌曰：若險阻之地，不可後於人。○杜牧曰：險者，山峻谷深，非人力所能作爲，必居高陽以待敵。若敵人先據之，必不可以争，則當引去。陽者，南面之地，恐敵人持久，我居陰而生疾也。今若於崤澠遇敵，則先據北山，此乃是面陰而背陽也。高、陽二者，止可捨陽而就高，不可捨高而就陽。孫子乃統而言之也。○杜佑曰：地險先據，則不致於人也。○梅堯臣曰：先得險固，居高就陽，待敵則强；敵苟先之，就戰則殆，引去勿疑。○王皙曰：此亦争地，若唐太宗先據武牢以待竇建德是也。○張預曰：平陸之地，尚宜先據，況險阨之所，豈可以致於人？故先處高陽，以佚待勞，則勝矣。若敵已據此地，宜速引退，不可與戰。裴行儉討突厥，嘗際晚下營，壍壘方周，忽令移就崇岡。將士不悦，以謂不可勞衆。行儉不從，速令徙之。是夜風雨暴至，前設營所，水深丈餘，將吏驚服。以此觀之，居高陽不惟戰便，亦無水潦之患也。

遠形者，勢均，難以挑戰，戰而不利〔一五〕。

曹操曰：挑戰者，延敵也。○李筌曰：力敵而挑，則利未可知也。○杜牧曰：譬如我與敵壘相去三十里，若我來就敵壘，而延敵欲戰者，是我困敵鋭，故戰者不利；若敵來就我壘，延我欲戰者，是我佚敵勞，敵亦不利，故言勢均。然則如何？曰：欲必戰者，則移相近也。○陳皥曰：夫與敵營壘相遠，兵力又均，難以挑戰，戰則不利。故下文云「勢均，以一擊十曰走」是也。夫挑戰，先須料我兵衆强弱，可以加敵則爲之；不然，則不可輕進，自取敗也。○孟氏曰：兵勢既均，我遠入挑，則不利也。○杜佑曰：挑，迎敵也。遠形，去國遠也。地勢均等，無獨便利，先挑之戰，不利也。○梅堯臣曰：勢既均一，挑戰則勞，致敵則佚。○王晳曰：以遠致我，勞也。○張預曰：營壘相遠，勢力又均，止可坐以致敵，不宜挑人而求戰也。

凡此六者，地之道也，將之至任，不可不察也。

李筌曰：此地形之勢也，將不知者以敗。○賈林曰：天生地形，可以目察。○梅堯臣曰：夫地形者，助兵立勝之本，豈得不度也？○張預曰：六地之形，將不可不知。

②故兵有走者，有弛者，有陷者，有崩者，有亂者，有北者。凡此六者，非天之災，將之過也〔一六〕。

賈林曰：走、弛、陷、崩、亂、北，皆敗壞大小變易之名也。○張預曰：凡此六敗，咎在人事。

夫勢均，以一擊十，曰走；

曹操曰：不料力。○李筌曰：不量力也。若得形便之地，用奇伏之計，則可矣。○杜牧曰：夫以一擊十之道，先須敵人與我將之智謀、兵之勇怯、天時地利、飢飽勞佚十倍相懸，然後可以奮一擊十；若勢均力敵，不能自料以我之一擊敵之十，則須奔走，不能返舍復爲駐止矣。○梅堯臣曰：勢雖均而兵甚寡，以寡擊衆，必走之道也。○王晳曰：不待鬭而走也。○張預曰：勢均，謂將之智勇、兵之利鈍一切相敵也。夫體敵勢等，自不可輕戰，況奮寡以擊衆，能無走乎？

卒强吏弱，曰弛〔一七〕；

曹操曰：吏不能統卒，故弛壞〔一八〕。○杜牧曰：言卒伍豪强，將帥懦弱，不能驅率，故弛坼壞散也。國家長慶初，命田布帥魏以伐王廷湊。布長在魏，魏人輕易之，數萬人皆乘驢行營，布不能禁。居數月，欲合戰，兵士潰散，布自剄身死。○賈林曰：令之不從〔一九〕，威之不服，見敵則亂，不壞何爲？○梅堯臣曰：吏無統率者，則軍政弛壞。○王晳同曹操注。○何氏曰：言卒伍豪强，將帥懦弱，不能驅領，故弛坼壞散也。○張預曰：士卒豪悍，將吏懦弱，不能統轄約束，故軍政弛壞也。吴楚相攻，吴公子光曰：「楚軍多寵，政令不一；帥賤而不能整，無大威命。楚可敗。」果大敗楚師也。

吏强卒弱，曰陷；

曹操曰：吏强欲進，卒弱輒陷，敗也。○李筌曰：陷，敗也。卒弱不一，則難以爲戰，是以强陷也。○杜牧曰：言欲爲攻取，士卒怯弱，不量其力，强進之，則陷没於死地也。○陳皞曰：夫人皆有血氣，誰無鬭敵之心？若將乏刑德，士乏訓練，則人皆懦怯，不可用也。○賈林曰：士卒皆羸，鼓之不進；吏强獨戰，徒陷其身也。○梅堯臣曰：吏雖强進，不能激之以勇，故陷於死。○王晳曰：爲下所陷。○張預曰：將吏剛勇欲戰，而士卒素乏訓練，不能齊勇同奮，苟用之，必陷於亡敗。

大吏怒而不服，遇敵懟而自戰，將不知其能，曰崩；

曹操曰：大吏，小將也。大將怒之，心不厭服，忿而赴敵，不量輕重，則必崩壞〔二〇〕。○李筌曰：將爲敵所怒，不料强弱，驅士卒如命者，必崩壞。○杜牧曰：春秋時，楚子伐鄭，晉師救之。伍參言於楚子曰：「晉之從政者新，未能行令；其佐先縠剛愎不仁，未肯用命；其三帥者，專行不獲，聽而無上，衆無適從。此行也，晉師必敗。」晉魏錡求公族未得而怒，欲敗晉師。請致師，不許；請使，許之，遂往請戰而還。趙旃求卿未得，請挑戰，不許；召盟，許之。與魏錡皆命而往。郤克曰：「二憾往矣，弗備必敗。」隨會曰：「若二子怒楚，楚人乘我，喪師無日矣，不如備之。」先縠曰：「不可。」隨會使鞏朔、韓穿師七覆於敖前，故上軍不敗，而中軍、下軍果敗。七覆，七處伏兵也。敖，山名也。○陳皥曰：此大將無理而怒小將，使之心内懷不服，因緣怨怒，遇敵使戰，不顧能否，所以大敗也。○賈林曰：自上墮下曰崩。大吏、小將不相壓伏，崩壞之道；將又不量己之能否，不知卒之勇怯，强與敵鬭，自取賊害，豈非自上而崩乎？○梅堯臣曰：小將心怒而不服，遇敵怨懟而不顧，自取崩敗者，蓋將不知其能也。○王晳曰：謂將怒不以理，且不知裨佐之才，激致其兇懟，如山之崩壞也。○何氏曰：三軍同力，上下一心，則勝也。○張預曰：大凡百將一心，三軍同力，則能勝敵。今小將恚怒，而不服於大將之令，意欲俱敗，逢敵便戰，不量能否，故必崩覆。晉伐秦，荀偃行令是也。曰：「雞鳴而駕，唯余馬首是瞻。」欒書怒曰：「晉國之命，未是有也。」遂棄之歸。又，趙穿惡臾駢而逐秦，魏錡怒晉師而乘楚。

將弱不嚴，教道不明，吏卒無常，陳兵縱横，曰亂〔二一〕；

曹操曰：爲將若此，亂之道也。○李筌曰：將或有一於此，亂之道也。○杜牧曰：言吏卒皆不拘常度，故引兵出陳，或縱或横，皆自亂之也。○賈林曰：威令既不嚴明，士卒則無常稟，如此軍幕，不亂何爲？謂將無嚴令，賞罰不行之故。○梅堯臣曰：懦而不嚴，則士無常檢；教而不明，則出陳縱横。不整，亂之道也。○王晳曰：亂者不勝其敗。○張預曰：將弱不嚴，謂將帥無威德也；教道不明，謂教閲無古法也；吏卒無常，謂將臣無久任也；陳兵縱横，謂士卒無節制也。爲將若此，自亂之道。

將不能料敵，以少合衆，以弱擊强，兵無選鋒，曰北〔二二〕。

曹操曰：其勢若此，必走之兵也。○李筌曰：軍敗曰北，不料敵也。○杜牧曰：衛公李靖兵法有戰鋒隊，言揀擇敢勇之士，每戰皆爲先鋒。司馬法曰：「選良次兵，益人之强。」注曰：「勇猛勁捷，戰不得功，後戰必選於前，當以激致其鋭氣也。」東晉大將軍謝玄北鎮廣陵時，苻堅强盛，玄多募勇勁。劉牢之、何謙、諸葛侃、高衡、劉軌、田洛、孫無終等，以驍猛應募，玄以牢之領精鋭，爲前鋒，百戰百勝，號爲北府兵。敵人畏之，所向必克也。○賈林曰：兵鋒不選利鈍，士卒不知勇怯，如此用兵，自取背道也。○梅堯臣曰：不能量敵情，以少當衆；不能選精鋭，以弱擊强，皆奔北之理也。○何氏曰：夫士卒疲勇，不可混同爲一；一則勇士不勸，疲兵因有所容，出而不戰，自敗也。故兵法曰：「兵無選鋒曰北。」昔齊以伎擊强，魏以武卒奮，秦以鋭士勝，漢有三河俠士、劒客奇材，吴謂之解煩，齊謂之決命，唐謂之跳盪，是皆選鋒之別名也。兵之勝術，無先於此。凡軍衆既具，則大將勒諸營，各選精鋭之士，須趫健出衆、武藝軼格者，部爲別隊，大約十人選一人，萬人選千人，所選務寡，要在必當，擇腹心健將統率，自大將、親兵、前鋒、奇伏之類，皆品量配之也。○張預曰：設若奮寡以擊衆，驅弱以敵强，又不選驍勇之士，使爲先鋒，兵必敗北也。凡戰，必用精鋭爲前鋒者，一則壯吾志，一則挫敵威也。故尉繚子曰：「武士不選，則衆不强。」曹公以張遼爲先鋒而敗鮮卑，謝玄以劉牢之領精鋭而拒苻堅是也。

凡此六者，敗之道也〔二三〕**，**

陳皥曰：一曰不量寡衆，二曰本乏刑德，三曰失於訓練，四曰非理興怒，五曰法令不行，六曰不擇驍果，此名六敗也。

將之至任，不可不察也。

張預曰：已上六事，必敗之道。

③夫地形者，兵之助也，

杜牧曰：夫兵之主，在於仁義節制而已；若得地形，可以爲兵之助，所以取勝也。「助」一作「易」。○陳皥曰：天時不如地利。○孟氏曰：地利待人而險。○賈林曰：戰雖在兵，得地易勝，故曰：「兵之易也。」山可障，水可灌，高勝卑，險勝平也。○王晳曰：兵道則在人。○張預曰：能審地形者，兵之助耳，乃末也；料敵制勝者，兵之本也。

料敵制勝，計險阨、遠近，上將之道也〔二四〕。

杜牧曰：饋用之費，人馬之力，攻守之便，皆在險阨遠近也。言若能料此以制敵，乃爲將臻極之道。○王晳曰：料敵窮極之情，險阨遠近之利害，此兵道也。○何氏曰：知敵、知地，將軍之職。○張預曰：既能料敵虚實强弱之情，又能度地險阨遠近之形，本末皆知，爲將之道畢矣。

知此而用戰者必勝，不知此而用戰者必敗。

杜牧曰：謂知險阨遠近也。○梅堯臣曰：將知地形，又知軍政，則勝；不知則敗。○張預曰：

既知敵情，又知地利，以戰則勝；俱不知之，以戰即敗。

④**故戰道必勝，主曰無戰，必戰可也；戰道不勝，主曰必戰，無戰可也。**

李筌曰：得戰勝之道，必戰可也〔二五〕；失戰勝之道，必無戰可也。立主人者，發其行也。○杜牧曰：主者，君也。黄石公曰：「出軍行師，將在自專；進退内御，則功難成。故聖主明王，跪而推轂曰：閫外之事，將軍裁之。」○孟氏曰：寧違於君，不逆士衆。○梅堯臣曰：將在軍，君命有所不受。○張預曰：苟有必勝之道，雖君命不戰，可必戰也；苟無必戰之道，雖君命必戰，可不戰也。與其從令而敗事，不若違制而成功。故曰：「軍中不聞天子之詔。」

故進不求名，退不避罪，

王晳曰：皆忠以爲國也。○何氏曰：進豈求名也？見利於國家、士民，則進也；退豈避罪也？見其蹙國殘民之害，雖君命使進，而不進，罪及其身不悔也。

唯人是保，而利合於主，國之寳也〔二六〕。

李筌曰：進退皆保人，非爲身也。○杜牧曰：進不求戰勝之名，退不避違命之罪也。如此之將，國家之珍寳，言其少得也。○陳皥曰：合，猶歸也。○梅堯臣曰：寧違命而取勝，勿順命而致敗。○王晳曰：戰與不戰，皆在保民利主而已矣。○張預曰：進退違命，非爲己也，皆所以保民命而合主利，此忠臣，國家之寳也。

⑤視卒如嬰兒，故可與之赴深谿；視卒如愛子，故可與之俱死〔二七〕。

李筌曰：若撫之如此，得其死力也。故楚子一言，三軍之士皆如挾纊也。○杜牧曰：戰國時，吴起爲將，與士卒最下者同衣食，卧不設席，行不乘騎，親裹贏糧，與士卒分勞苦，卒有病疽，吴起吮之。其卒母聞而哭之。或問曰：「子，卒也，而將軍自吮疽，何爲而哭？」母曰：「往年，吴公吮其父，其父不旋踵而死於敵；今復吮此子，妾不知其死所矣！」○梅堯臣曰：撫而育之，則親而不離；愛而勗之，則信而不疑。故雖死與死，雖危與危。○王晳曰：以仁恩結人心也。○何氏曰：如後漢段熲爲破羌將軍以征西羌，行軍仁愛，士卒傷者，親自瞻省，手爲裹瘡。在邊十餘年，未嘗一日蓐寢，與將士同苦，故皆樂爲死戰也。晉王濬爲巴郡太守，郡邊吴境，兵士苦役，生男多不舉。濬乃嚴其科條，寬其徭課，其産育者皆與休復，所全活者數千人。及後伐吴，先在巴郡之所全活者，皆堪徭役供軍。其父母戒之曰：「王府君生爾，爾必勉之，無愛死也。」故吴子有父子之兵。○張預曰：將視卒如子，則卒視將如父；未有父在危難，而子不致死。故荀卿曰：「臣之於君也，下之於上也，如子弟之事父兄、手足之捍頭目也。」夫美酒泛流，三軍皆醉；温言一撫，士同挾纊。信乎，以恩遇下，古人所重也。故兵法曰：「勤勞之師，將必先己。暑不張蓋，寒不重衣，險必下步，軍井成而後飲，軍食熟而後飯，軍壘成而後舍。」

厚而不能使，愛而不能令〔二八〕，亂而不能治，譬若驕子，不可用也。

曹操曰：恩不可專用，罰不可獨任。若驕子之喜怒，對目還害，而不可用也〔二九〕。○李筌曰：雖厚愛人，不令如驕子者，有勃逆之心，不可用也。○杜牧曰：黄石公曰：「士卒可下，而不可驕。」夫恩以養士，謙以接之，故曰「可下」；制之以法，故曰「不可驕」。陰符曰：「害生於恩。」吴起曰：「夫鼓鼙金鐸，所以威耳；旌旗麾章，所以威目；禁令刑罰，所以威心〔三〇〕。耳威於聲，不得不清；目威於色，不得不明；心威於刑，不得不嚴。三者不立，必敗於敵。故曰：將之所撝，莫不從移；將之所指，莫不前死。」衛公李靖曰：「古之善爲將者，必能十卒而殺其三，次者十殺其一。十殺其三，威振於敵國；十殺其一，令行於三軍。是知畏我者不畏敵，畏敵者不畏我。」善無細而不賞，惡無微而不貶。馬謖軍敗，葛亮對泣而行誅；鄉人盜笠，吕蒙垂涕而後斬；馬逸犯禾，曹公割髮而自刑；兩掾辭屈，黄蓋詰問而俱斬。故能威克其愛，雖少必濟；愛加其威，雖多必敗。○孟氏曰：唯務行恩，恩勢已成，刑之必怨；唯務行刑，刑怨已深，恩之不附。必使恩威相參，賞罰並用，然後可以爲將，可以統衆也。○梅堯臣曰：厚養而不使，愛寵而不教，亂法而不治，猶如驕子，安得而用也？○王晳曰：恩不以嚴，未可濟也。○何氏曰：言恩不可純任，純任則還爲己害。○張預曰：恩不可以專用，罰不可以獨行。專用恩，則卒如驕子而不能使。此曹公所以割髮而自刑，卧龍所以垂泣而行戮，楊素所以流血盈前而言笑自若，李靖所以十殺其三使畏我而不畏敵也。獨行罰，則士不親附而不可用，此古將所以投酒，楚子所以挾纊，吳起所以分衣食，闔閭所以同勞佚也。在易之師，初六曰「師出以律」，謂齊衆以法也；九二曰「師中承天寵」，謂勸士以賞也。以此觀之，王者之兵，亦德刑參任而恩威並行矣。尉繚子曰：「不愛悦其心者，不我用也；不嚴畏其心者，不我舉也。」故善將者，愛與畏而已。〇〔三一〕

⑥知吾卒之可以擊〔三二〕，而不知敵之不可擊，勝之半也；

梅堯臣曰：知己而不知彼，或有勝耳。

知敵之可擊，而不知吾卒之不可以擊〔三三〕，勝之半也；

杜牧曰：可擊者，勇敢輕死也；不可擊者，頓弊怯弱也。〇陳皞曰：此說非也。可擊、不可擊者，所謂「兵衆孰强，士卒孰練，賞罰孰明」也。〇梅堯臣曰：知彼而不知己，或有勝耳。〇王晳曰：知己不知彼，知彼不知己，皆未可以決勝也。〇張預曰：或知己而不知彼，或知彼而不知己，則有勝有負也。唐太宗曰：「吾嘗臨陳，先料敵心與己之心孰審，然後彼可得而知焉；察敵氣與己之氣孰治，然後我可得而知焉。」言料心審治亂，察氣見强弱形也，可戰與不可戰也。

知敵之可擊，知吾卒之可以擊〔三四〕，而不知地形之不可以戰，勝之半也。

曹操、李筌曰：勝之半者，未可知也〔三五〕。〇杜牧曰：地形者，險易遠近，出入迂直也。〇梅堯臣曰：知彼知己，而不知地形，亦或不勝。〇王晳曰：雖知彼己可以戰，然不可虧地利也。〇張預曰：既知己而又知彼，但不得地形之助，亦不可全勝。

故知兵者，動而不迷，舉而不窮〔三六〕。

杜牧曰：未動未舉，勝負已定，故動則不迷，舉則不窮也。一云：「動而不困，舉而不頓。」○陳皞曰：窮者，困也，我若識彼此之動否，量地形之得失，則進而不迷、戰而不困者也。○梅堯臣曰：無所不知，則動不迷闇、舉不困窮也。○王晳曰：善計者不迷，善軍者不窮。○張預曰：不妄動，故動則不誤；不輕舉，故舉則不困。識彼我之虚實，得地形之便利，而後戰也。

故曰：知彼知己，勝乃不殆；

張預曰：曉攻守之術，則有勝而無危。

知天知地，勝乃不窮〔三七〕。

李筌曰：人事、天時、地利，三者同知，則百戰百勝。○杜佑曰：知地之便，知天之時。地之便，依險阻、向高陽也；天之時，順寒暑、法刑德也。既能知彼知己，又按地形、法天道，勝乃可全，又何難也〔三八〕？○梅堯臣曰：知彼利，知此利，故不危；知天時，知地形，故不極。○王晳同梅堯臣注。○張預曰：順天時，得地利，取勝無極。

校記

〔一〕櫻田本此下爲下篇，唯未見中篇。

〔二〕各本篇名皆如此，簡本有篇題而無簡文，另有佚文「地刑二」殘篇。

〔三〕「挂」，平津本作「掛」，櫻田本與通典卷一五九引同。按：「掛」乃「挂」之異體，且晚出，故字當作「挂」。

〔四〕以上六地，通典卷一五九引皆無「者」字。

〔五〕「通形者，先居高陽」，諸本皆如此，唯通典（同上卷）引作「居通地，先據其地，居高陽」，而長短經地形則又作「居通地，先據其高陽」，今仍之。

〔六〕「通形」，原本誤「形」爲「利」，孫校本已正，是。

〔七〕通典引「挂」下有「地」字。

〔八〕此句佑注，通典作「掛，相掛牽也」，與原本稍異。

〔九〕「挂形者」，通典「者」作「曰」，以下諸處並同，長短經亦如此。不再一一出校。

〔一〇〕「敵若有備」，通典與長短經引皆無「若」字，校釋據删，今仍之。孫校本同。

〔一一〕「我無出逐」，通典引無「我」字。

〔一二〕曹注首句「隘形者」，平津本無「形者」二字，而通典佑注則有，故仍之。

〔一三〕　以上佑注，通典卷一五九作「隘形者，兩山之間通谷也。敵恐勢不得撓我也。先居之，前必齊阨口，陣而守之，以出奇也。敵即先居此地，齊口陣，勿從也；即半隘陣者，從而與敵共争此地利也」，與原本迥異。孫校亦未置辭，今並存之，以相參較。

〔一四〕「地形險隘」，平津本無「形」字。

〔一五〕「遠形者，勢均」，通典引作「夫遠形，均勢」。

〔一六〕「非天之災」，十一家注本皆如此，平津本與武經各本、櫻田本作「非天地之災」，趙注疑「天」乃衍文，當作「非地之災」。按：此篇專言地形，何預「天」事？且上言「六地」之名及處置之法云：「凡此六者，地之道也。」而此則接言「六敗」則非地之災，乃將之過，即如張注所説：「凡此六敗，咎在人事。」文意脉絡異常清晰，故當改「天」字爲「地」，方合原意。

〔一七〕「卒强吏弱」，長短經練士「吏」作「將」。

〔一八〕「吏不能統卒」，原本脱「卒」字，據平津本補。

〔一九〕「令之不從」，原本「令」誤作「今」，今亦改正。

〔二〇〕「心不厭服」，原本「心」作「而」，中華本「厭」作「壓」；末句「則必崩壞」，原本「必」又作「心」，今皆據平津本正之。

〔二一〕　首句「將弱不嚴」，御覽卷二七二引作「將弱而嚴」，誤。

〔二二〕　首句「將不能料敵」，御覽引又誤作「將能料敵」。

〔二三〕「敗之道也」，御覽引作「勝敗之道也」，亦誤。

〔二四〕「計險阨、遠近」，諸本皆如此，唯通典卷一五〇與御覽卷二九〇引「險阨」作「險易」。按：作「險易」是。「險」與「易」、「遠」與「近」皆對舉，而作「險阨」則失對，且計篇明言「地者，遠近、險易、廣狹、死生也」，亦皆以「險」、「易」對言，故此處不當異文。校釋改之，是。

〔二五〕「必戰可也」，原本作「必可戰也」，孫校本已改，從之。

〔二六〕首句「唯人是保」，孫校本改「人」爲「民」，平津本、武經各本與櫻田本亦正作「民」。再據注文，李筌本作「人」，而王晳、張預本則作「民」。原本作「人」者，或據李本。按：作「民」於義爲長。又「利合於主」，平津本與武經各本無「合」字，治要引「合」作「全」，今仍之。

〔二七〕「可與之俱死」，長短經禁令引作「可與之居死地」。

〔二八〕以上兩句，十一家注各本皆如此，通典卷一四九、御覽卷二八〇與長短經禁令引並同，而平津本與武經各本則二句互乙，櫻田本同。按：此雖順序不同，唯無關文意，故兩存之。

〔二九〕此處曹注，平津本止有前兩句，而無「若驕子」以下三句。

〔三〇〕「威心」，原本誤「心」爲「必」。談本正作「心」，孫校本亦改爲「心」，是。

〔三一〕通典卷一四九此處經文下又有佑注云：「言恩不可純任，還爲己害也。」

〔三二〕「可以擊」，通典卷一五〇引作「可用以擊之」。御覽卷二九〇引同。

〔三三〕「可擊」，通典引作「可以擊」，「不可以擊」又作「不可用以擊」，御覽同。

〔三四〕「可擊」，通典引亦作「可以擊」，而「可以擊」又引作「可用以擊」，御覽引同。

〔三五〕此處曹注，平津本無。

〔三六〕「舉而不窮」，通典引作「舉而不頓」，御覽同。

〔三七〕「知天知地，勝乃不窮」，原本如此，明本同，而平津本與武經則作「知天知地，勝乃可全」，櫻田本同，通典、御覽引亦如此。通典卷一五〇引雖亦如他本先「天」後「地」，但其注文則是先「地」後「天」，且明言「勝乃可全」（詳下佑注，茲不贅）。孫校本據通典和佑注改爲「知地知天，勝乃可全」，並從而又使「天」、「全」爲韻。查長短經天時正作「知地知天，勝乃可全」。按：孫校本良是，校釋據改，亦當從之。

〔三八〕以上佑注，通典作「知地之便，知天時孤虚而向背晦暝風雪，爲之譎詭」，與原本所引頗有異同。孫校本與原本無異，但未置辭，故不明孰是也。

九地篇

曹操曰：欲戰之地有九。○李筌曰：勝敵之地有九，故次地形之下。○王晳曰：用兵之地，利害有九也。○張預曰：用兵之地，其勢有九。此論地勢，故次地形。

①孫子曰：用兵之法：有散地，有輕地，有争地，有交地，有衢地，有重地，有圮地，有圍地，有死地〔一〕。

曹操曰：此九地之名也。○張預曰：此九地之名。

諸侯自戰其地，爲散地。

曹操曰：士卒戀土，道近易散。○李筌曰：卒恃土，懷妻子，急則散，是爲散地也。○杜牧曰：士卒近家，進無必死之心，退有歸投之處。○杜佑曰：戰其境内之地，士卒意不專，有潰散之心，故曰散地。○梅堯臣同杜牧注。○王晳同曹操注。○何氏曰：散地，士卒恃土〔二〕，懷戀妻子，急則散走，是爲散地。一曰：地無關鍵，士卒易散走；居此地者，不可數戰。又曰：地遠四平，更無要害，志意不堅，而易離，故曰散地。吴王問孫武曰：「散地，士卒顧家，不可與戰，則必固守不出。若敵攻我小城，掠吾田野，禁吾樵採，塞吾要道，待吾空虚而急來攻，則如之何？」武曰：「敵人深入吾都，多背城邑，士卒以軍爲家，專志輕鬬。吾兵在國，安土懷生，以陳則不堅，以鬬則不勝，當集人合衆，聚穀蓄帛，保城備險，遣輕兵絶其糧道。彼挑戰不得，轉輸不至，野無所掠，三軍困餒，因而誘之，可以有功。若欲野戰，則必因勢，依險設伏；無險，則隱於天氣陰晦、昏霧，出其不意，襲其懈怠，可以有功〔三〕。」○張預曰：戰於境内，士卒顧家，是易散之地也。鄖人將伐楚師，楚鬬廉曰：「鄖人軍其郊，必不誡；恃近其城，莫有鬬志。」果爲楚所敗是也〔四〕。

入人之地而不深者，爲輕地。

曹操曰：士卒皆輕返也。○杜牧曰：師出越境，必焚舟梁，示民無返顧之心。○李筌曰：輕於退也。○梅堯臣曰：入敵未遠，道近輕返。○王晳曰：初涉敵境，勢輕，士未有鬬志也。○何氏曰：輕地者，輕於退也。入敵境未深，往返輕易，不可止息，將不得數動勞人。吴王問孫武曰：「吾至輕地，始入敵境，士卒思還，難進易退；未背險阻，三軍恐懼；大將欲進，士卒欲退，上下異心。敵守其城壘〔五〕，整其車騎，或當吾前，或擊吾後，則如之何？」武曰：「軍至輕地，士卒未專，以入爲務，無以戰爲。故無近其名城，無由其通路，設疑佯惑，示若將去。選驍騎，銜枚先入，掠其牛馬六畜。三軍見得，進乃不懼。分吾良卒，密有所伏，敵人若來，擊之勿疑；若其不至，捨之而去。」又曰：「軍入敵境，敵人固壘不戰，士卒思歸，欲退且難，謂之輕地。當選驍兵伏要路，我退敵追，來則擊之也。」○張預曰：始入敵境，士卒思還，是輕返之地也。尉繚子曰：「征役分軍而歸，或臨戰自北，則逃傷甚焉。」言民兵四集，分屯占地，使北來者當北道，則多逃，以其開之耳。

我得則利，彼得亦利者，爲争地。

曹操曰：可以少勝衆，弱擊强。○李筌曰：此阨喉守險地，先居者勝，是爲争地也。○杜牧曰：必争之地，乃險要也。前秦苻堅先遣大將吕光討西域。堅敗績後，光自西域還，師至宜禾，堅涼州刺史梁熙謀拒之。高昌太守楊翰曰：「吕光新定西國，兵强氣鋭，其鋒不可當。若出流沙，其勢難測。高梧谷口險要，宜先守之，而奪其水。彼既困渴，人自然投戈。如以爲遠不可守，伊吾之關，亦可拒之。若廢此二要，難爲計矣。地有所必争，真此機也。」熙不從，竟爲光所滅也。○陳皞曰：彼我若先得其地者，則可以少勝衆、弱勝强也。○杜佑曰：謂山水阨口，有險固之利，兩敵所争。○梅堯臣曰：無我無彼，先得則利。○王晳同陳皞注。○何氏曰：争地，便利之地，先居者勝，是以争之。吴王問孫武曰：「敵若先至，據要保利，簡兵練卒，或出或守，以備我奇，則如之何？」武曰：「争地之法，先據爲利〔六〕，敵得其處，慎勿攻之，引而佯走，建旗鳴鼓，趣其所愛，曳柴揚塵，惑其耳目；分吾良卒，密有所伏；敵必出救，人欲我與，人棄我取。此争先之道也。若我先至，而敵用此術，則選吾鋭卒，固守其所，輕兵追之，分伏險阻；敵人還鬭，伏兵旁起。此全勝之道。」○張預曰：險固之利，彼我得之，皆可以少勝衆、弱勝强者，是必争之地也。唐太宗以五千人守成皋之險，坐困竇建德十萬之衆是也。

我可以往彼，可以來者，爲交地。

曹操曰：道正相交錯也。○杜牧曰：川廣地平，可來可往，足以交戰對壘。○陳皞曰：交錯是也，言其道路交横，彼我可以來往。如此之地，則須兵士首尾不絶，切宜備之。故下文云「交地，吾將謹其守」，其義可見也。○杜佑曰：交地，有數道往來，交通無可絶〔七〕。○梅堯臣同陳皞注。○何氏曰：交地，平原交通也。一曰：可以交結，不可杜絶之，絶之致隙。又曰：交通四遠，不可遏絶。吴王問孫武曰：「交地吾將絶敵，使不得來，必令吾邊城修其守備〔八〕，深絶通路，固其隘塞。若不先圖之，敵人已備，彼可得而來，吾不得而往，衆寡又均，則如之何？」武曰：「既我不可以往，彼可以來，吾分卒匿之，守而易怠〔九〕，示其不能。敵人且至，設伏隱廬，出其不意，可以有功也。」○張預曰：地有數道，往來通達而不可阻絶者，是交錯之地也。

諸侯之地三屬，

曹操曰：我與敵相當，而旁有他國也。○孟氏曰：若鄭界於齊、楚、晉是也。

先至而得天下之衆者，爲衢地。

曹操曰：先至得其國助也。○李筌曰：對敵之傍，有一國爲之屬，先往而通之，得其衆也。○杜牧曰：衢地者，三屬之地，我須先至其衝，據其形勢，結其旁國也。天下，猶言諸侯也。○梅堯臣曰：彼我相當，有旁國三面之會，先至則得諸侯之助也。○王晳曰：曹公云：「先至得其國助。」晳謂先至者，結交先至也。言天下者，謂能廣助，則天下可從。○何氏曰：衢地者，地要衝，控帶數道，先據此地，衆必從之，故得之則安，失之則危也。吴王問孫武曰：「衢地必先，若吾道遠發後，雖馳車驟馬，至不能先，則如之何？」武曰：「諸侯參屬，其道四通。我與敵相當，而旁有他國。所謂先者，必先重幣輕使，約和旁國，交親結恩，兵雖後至，衆已屬矣〔一〇〕。我有衆助，彼失其黨，諸國犄角，震鼓齊攻，敵人驚恐，莫知所當。」○張預曰：衢者，四通之地。我所敵者，當其一面，而旁有鄰國，三面相連屬，當往結之，以爲己援。先至者，謂先遣使以重幣約和旁國也。兵雖後至，已得其國助矣。

入人之地深，背城邑多者，爲重地〔一一〕。

曹操曰：難返之地。○李筌曰：堅志也。白起攻楚，樂毅伐齊，皆爲重地。○杜牧曰：入人之境已深，過人之城已多，津梁皆爲所恃，要衝皆爲所據，還師返旆，不可得也。○杜佑曰：難返還也。背，去也。「背」與「倍」同。多，道里多也〔一二〕。遠去已城郭，深入敵地，心專意一，謂之重地也。○梅堯臣曰：乘虚而入，涉地愈深，過城已多，津要絶塞，故曰重難之地。○王晳曰：

兵至此者，事勢重也。○何氏曰：重地者，入敵已深，國糧難應資給，將士不掠何取？吳王問孫武曰：「吾引兵深入重地，多所踰越，糧道絶塞。設欲歸還，勢不可過；欲食於敵，持兵不失，則如之何？」武曰：「凡居重地，士卒輕勇，轉輸不通，則掠以繼食，下得粟帛，皆貢於上，多者有賞，士卒無歸意。若欲還出，即爲戒備，深溝高壘，示敵且久。敵疑通途，私除要害之道，乃令輕車，銜枚而行〔一三〕，以牛馬爲餌。敵人若出，鳴鼓隨之；陰伏吾士，與之中期，内外相應，其敗可知也。」○張預曰：深涉敵境，多過敵城，士卒心專，無有歸志，是難退之地也。司馬景王謂諸葛恪卷甲深入，其鋒不可當是也。

行山林、險阻、沮澤，凡難行之道者，爲圮地〔一四〕。

曹操曰：少固也。○賈林曰：經水所毁曰圮。沮洳圮地，不得久留，宜速去也。○梅堯臣曰：水所毁圮，行則猶難，況戰守乎？○何氏曰：圮地者，少固之地也，不可爲城壘溝隍，宜速去之。吳王問孫武曰：「吾入圮地，山川險阻，難從之道，行久卒勞；敵在吾前，而伏吾後；營在吾左，而守吾右；良車驍騎，要吾隘道，則如之何？」武曰：「先進輕車，去軍十里，與敵相候，接期險阻。或分而左，或分而右；大將四觀，擇空而取，皆會中道，倦而乃止。」○張預曰：險阻、漸洳之地，進退艱難，而無所依。

所由入者隘，所從歸者迂，彼寡可以擊吾之衆者，爲圍地。

李筌曰：舉動難也。○杜牧曰：出入艱難，易設奇伏覆勝也。○杜佑曰：所從入阨險，歸道遠也。持久則糧乏，故敵可以少擊吾衆者，爲圍地也。○梅堯臣曰：山川圍繞，入則隘、歸則迂也。○何氏曰：圍地，入則隘險，歸則迂回，進退無從，雖衆何用？能爲奇變，此地可由。吴王問孫武曰：「吾入圍地，前有强敵，後有險難，敵絶我糧道，利我走勢，敵鼓譟不進，以觀吾能，則如之何？」武曰：「圍地之宜，必塞其闕，示無所往，則以軍爲家，萬人同心，三軍齊力，并炊數日，無見火煙，故爲毁亂寡弱之形。敵人見我，備之必輕。則告勵士卒，令其奮怒，陳伏良卒，左右險阻，擊鼓而出。敵人若當，疾擊務突。我則前鬬後拓，左右掎角也。」又曰：「敵在吾圍，伏而深謀，示我以利，縈我以旗，紛紜若亂，不知所之，奈何？」武曰：「千人操旌，分塞要道，輕兵進挑，陳而勿搏，交而勿去。此敗謀之法。」○張預曰：前狹後險之地，一人守之，千人莫向，則以奇伏勝。

疾戰則存，不疾戰則亡者，爲死地〔一五〕。

曹操曰：前有高山，後有大水，進則不得，退則有礙。○李筌曰：阻山、背水、食盡，利速不利緩也。○杜牧曰：衛公李靖曰：「或有進軍行師，不因鄉導，陷於危敗，爲敵所制。左谷右山，束馬懸車之逕；前窮後絶，鴈行魚貫之巖。兵陳未整，而强敵忽臨，進無所憑，退無所固，求戰不得，自守莫安。駐則日月稽留，動則首尾受敵。野無水草，軍乏資糧，馬困人疲，智窮力極。

一人守隘，萬夫莫向。如彼要害，敵先據之，如此之利，我已失守，縱有驍兵利器，亦何以施其用乎？若此死地，疾戰則存，不疾戰則亡。當須上下同心，併氣一力，抽腸濺血，一死於前，因敗爲功，轉禍爲福。」此乃是也。○陳皥曰：人在死地，如坐漏船，伏燒屋。○賈林曰：左右高山，前後絶澗，外來則易，内出則難；誤居此地，速爲死戰則生；若待士卒氣挫，糧儲又無而持久，不死何待？○梅堯臣曰：前不得進，後不得退，旁不得走，不得不速戰也。○何氏曰：死地力戰或生，守隅則死。吴王問孫武曰：「吾師出境，軍於敵人之地。敵人大至，圍我數重，欲突以出，四塞不通。欲勵士激衆，使之投命潰圍，則如之何？」武曰：「深溝高壘，示爲守備。安静勿動，以隱吾能。告令三軍，示不得已。殺牛燔車，以饗吾士。燒盡糧食，填夷井竈，割髮捐冠，絶去生慮。將無餘謀，士有死志。於是，砥甲礪刃，併氣一力，或攻兩旁，震鼓疾譟，敵人亦懼，莫知所當。鋭卒分行，疾攻其後。此是失道而求生。故曰：困而不謀者窮，窮而不戰者亡。」吴王曰：「若吾圍敵，則如之何？」武曰：「山峻谷險，難以踰越，謂之窮寇。擊之之法，伏卒隱廬，開其去道，示其走路。求生透出，必無鬬意，因而擊之，雖衆必破。」兵法又曰：「若敵人在死地，士卒勇氣，欲擊之法：順而勿抗，陰守其利，必開去道，以精騎分塞要路，輕兵進而誘之，陳而勿戰，敗謀之法也〔一六〕。」○張預曰：山川險隘，進退不能，糧絶於中，敵臨於外；當此之際，勵士決戰，而不可緩也。○〔一七〕

②**是故散地則無戰，**

李筌曰：恐走散也。○杜牧曰：已具其上。○賈林曰：地無關鬮，卒易散走；居此地者，不可數戰。地形之説，一家之理，若號令嚴明，士卒愛服，死且不顧，何散之有？○梅堯臣曰：我兵在國，安土懷生，陳則不堅，鬭則不勝，是不可以戰也。○王晳曰：決於戰，則懼散。○張預曰：士卒懷生，不可輕戰。吴王問孫武曰：「散地不可戰，則必固守不出。若敵攻我小城，掠吾田野，禁吾樵採，塞吾要道，待吾空虚而來急攻，則如之何？」武曰：「敵人深入，專志輕鬭。吾兵安土，陳則不堅，戰則不勝，當集人聚穀，保城備險，輕兵絶其糧道。彼挑戰不得，轉輸不至，野無所掠，三軍困餒，因而誘之，可以有功。若欲野戰，則必因勢，依險設伏；無險則隱於陰晦，出其不意，襲其懈怠〔一八〕。」

輕地則無止，

李筌曰：恐逃。○杜牧曰：兵法之所謂輕地者，出軍行師，始入敵境，未背險要，士卒思還，難進易退，以入爲難，故曰輕地也〔一九〕，當必選精騎，密有所伏；敵人卒至，擊之勿疑；若是不至，踰之速去。○杜佑曰：志未堅，不可遇敵。○梅堯臣曰：始入敵境，未背險阻，士心不專，無以戰爲，勿近名城，勿由通路，以速進爲利。○王晳曰：無故，不當止也。○張預曰：士卒輕返，不可輒留。吴王曰：「士卒思還，難進易退，未背險阻，三軍恐懼，則如之何？」武曰：「軍在輕地，士卒未專，以入爲務，無以戰爲。故無近其名城，無由其通路，設疑佯惑，示若將去。乃選精騎，銜枚先入，掠其六畜。三軍見得，進乃不懼。分吾良卒，密有所伏，敵人若來，擊之勿疑；若其不至，捨之而去。」

争地則無攻，

曹操曰：不當攻，當先至爲利也。○李筌曰：敵先居地險，不可攻。○杜牧曰：無攻者，言敵人若已先得其地，則不可攻也。○梅堯臣曰：形勝之地，先據乎利；敵若已得其處，則不可攻〔二〇〕。○張預曰：不當攻而争之，當後發先至也〔二一〕。吴王曰：「敵若先至，據要保利，簡兵練卒，或出或守。以備我奇，則如之何？」武曰：「争地之法，讓之者得，求之者失。敵得其處，慎勿攻之，引而佯走，建旗鳴鼓，趣其所愛，曳柴揚塵，惑其耳目；分吾良卒，密有所伏，敵必出救，人欲我與，人棄我取。此争先之道也。若我先至，而敵用此術，則選吾鋭卒，固守其所，輕兵追之，分伏險阻，敵人還鬬，伏兵旁起，此全勝之道也。」○〔二二〕

交地則無絶〔二三〕，

曹操曰：相及屬也。○李筌曰：不可絶間也。○杜牧曰：川廣地平，四面交戰，須車騎部伍，首尾聯屬，不可使之斷絶，恐敵人因而乘我。○賈林曰：可以交結，不可杜絶，絶之致隙。○杜佑曰：相及屬也，俱可進退，不可以兵絶之。○梅堯臣曰：道既錯通，恐其邀截，當令部伍相及，不可斷也。○王晳曰：利糧道也，交相往來之地，亦謂之通地。居高陽以待敵，宜無絶糧道。○張預曰：往來交通，不可以兵阻絶其路，當以奇伏勝也。吴王曰：「交地吾將絶敵，使不得來，必令吾邊城修其守備，深絶通道，固其隘塞。若不先圖之，敵人已備，彼可得而來，吾不得而往，衆寡又均，則如之何？」武曰：「既我不可以往，彼可以來，則分卒匿之，守而易怠，示其不能。敵人且至，設伏隱廬，出其不意。」

衢地則合交〔二四〕**，**

曹操曰：結諸侯也。○李筌曰：結行也。○杜牧曰：諸侯，即上文云旁國也。○孟氏曰：得交則安，失交則危也。○梅堯臣曰：地雖四通，何以得天下之助？當以重幣合。○王晳曰：四通之境，非交援不强。○張預曰：四通之地，先交結旁國也。吴王曰：「衢地貴先。若吾道遠而發後，雖馳車驟馬，至不得先，則如之何？」武曰：「諸侯參屬，其道四通。我與敵相當，而旁有他國。所謂先者，必重幣輕使，約和旁國，交親結恩，兵雖後至，衆已屬矣。簡兵練卒，阻利而處。我有衆助，彼失其黨，諸國犄角，敵人莫當〔二五〕。」

重地則掠，

曹操曰：畜積糧食也。○李筌曰：深入敵境，不可非義，失人心也。漢高祖入秦，無犯婦女，無取寶貨，得人心如此。筌以「掠」字爲「無掠」字。○杜牧曰：言居於重地，進未有利，退復不得，則須運糧，爲持久之計以伺敵也。○孟氏曰：因糧於敵也。○梅堯臣曰：去國既遠，多背城邑，糧道必絶，則掠畜積以繼食。○王皙曰：深入敵境，則掠其饒野，以豐儲也。難地，食少則危。○張預曰：深入敵境，饋餉不繼，當勵士掠食，以備其乏也。吴王曰：「重地多逾城邑，糧道絶塞，設欲歸還，勢不可過，則如之何？」武曰：「凡居重地，士卒輕勇，轉輸不通，則掠以繼食。下得粟帛，皆貢於上，多者有賞。若欲還出，深溝高壘，示敵且久。敵疑通途，私除要害，乃令輕車，銜枚而行，揚其塵埃，餌以牛馬。敵人若出，鳴鼓隨之；陰伏吾士，與之中期，内外相應，其敗可知。」

圮地則行，

曹操曰：無稽留也。○李筌曰：不可爲溝隍，宜急去之。○梅堯臣曰：既毁圮不可依止，則當速行，勿稽留也。○王皙曰：合聚軍衆，圮無舍止。○張預曰：難行之地，不可稽留也。吴王曰：「山川險阻，難從之道，行久卒勞；敵在吾前，而伏吾後；營在吾左，而守吾右；良車驍騎，要吾隘道，則如之何？」武曰：「先進輕車，去軍十里，與敵相候，接期險阻。或分而左，或分而右；大將四觀，擇空而取，皆會中道，倦而乃止。」

圍地則謀，

曹操曰：發奇謀也。○李筌曰：智者不困。○杜牧曰：難阻之地，與敵相持，須用奇險詭譎之計。○杜佑曰：居此，當權謀詐譎，可以免難。○梅堯臣曰：前有隘，後有險，歸道又迂，則發謀慮以取勝。○張預曰：難以力勝，易以謀取也。吴王曰：「前有强敵，後有險難，敵絶我糧道，利我走勢，彼鼓譟不進，以觀吾能，則如之何？」武曰：「圍地必塞其闕，示無所往，則以軍爲家，萬人同心，三軍齊力，并炊數日，無見火煙。故爲毁亂寡弱之形。敵人見我，備之必輕。則告勵士卒，令其奮怒，陳伏良卒，左右險阻，擊鼓而出。敵人若當，疾擊務突。則前鬬後拓，左右犄角。」

死地則戰。

曹操曰：殊死戰也。○李筌曰：殊死戰，不求生矣。○陳皥曰：陷在死地，則軍中人人自戰，故曰「置之死地而後生」也。○賈林曰：力戰或生，守隅則死。○梅堯臣曰：前後左右，無所之，示必死，人人自戰也。○張預曰：陷在死地，則人自爲戰。吴王曰：「敵人大至，圍我數重，欲突以出，四塞不通，欲勵士激衆，使之投命，則如之何？」武曰：「深溝高壘，安静勿動？告令三軍，示不得已；殺牛燔車，以饗吾士；燒盡糧食，填夷井竈，割髪捐冠，絶去生慮；砥甲礪刃，并氣一力。或攻兩旁，震鼓疾譟，敵人亦懼，莫知所當。鋭卒分行，疾攻其後，此是失道而求生，故曰：困而不謀者窮，窮而不戰者亡。」

③所謂古之善用兵者〔二六〕**，能使敵人前後不相及，**

梅堯臣曰：設奇衝掩。

衆寡不相恃〔二七〕，

梅堯臣曰：驚撓之也。

貴賤不相救〔二八〕，

梅堯臣曰：散亂也。

上下不相收〔二九〕，

梅堯臣曰：倉惶也。

卒離而不集，兵合而不齊。

李筌曰：設變以疑之，救左則擊其右，惶亂不暇計。○杜牧曰：多設變詐，以亂敵人，或衝前掩後，或驚東擊西，或立僞形，或張奇勢，我則無形以合戰，敵則必備而衆分。使其意懾離散〔三〇〕，上下驚擾，不能和合，不得齊集。此善用兵也。○孟氏曰：多設疑事，出東見西，攻南引北，使彼狂惑散擾，而集聚不得也。○梅堯臣曰：或已離而不能集，或雖合而不能齊。○王皙曰：將有優劣則然，要在於奇正相生、手足相應也。○張預曰：出其不意，掩其無備，驍兵鋭卒，猝然突擊。彼救前則後虚，應左則右隙。使倉惶散亂，不知所禦，將吏士卒，不能相赴。

其卒已散而不復聚，其兵雖合而不能一。○〔三一〕

④合於利而動，不合於利而止。

曹操曰：暴之使離，亂之使不齊，動兵而戰。○李筌曰：撓之令見利乃動，不亂則止。○梅堯臣曰：然能使敵若此，當須有利則動，無利則止。○張預曰：彼雖驚擾，亦當有利則動，無利則止。

⑤敢問：敵衆整而將來，待之若何〔三二〕？

曹操曰：或問也。○梅堯臣曰：此設疑以自問，言敵人甚衆，將又嚴整，我何以待之耶？○張預曰：前所陳者，須兵衆相敵，然後可爲。故或人問武曰：「彼兵衆於我，而又整肅，則以何術待之也？」

曰：先奪其所愛，則聽矣〔三三〕。

曹操曰：奪其所恃之利。若先據利地，則我所欲必得也。○李筌曰：孫子故立此問者，以此爲祕要也。所愛，謂敵所便愛也，或財帛子女，吾先困辱之，則敵進退皆聽也。○杜牧曰：據我便地，畧我田野，利其糧道，斯三者，敵人之所愛惜倚恃者也；若能俱奪之，則敵人雖强，進退勝敗皆須聽我也。○陳皞曰：愛者，不止所恃利，但敵人所顧之事，皆可奪也。○梅堯臣曰：當先奪其所顧愛，則我志得行，然後使其驚撓散亂，無所不至也。○王晳曰：先據利地，以奇兵絶其糧道，則如我之謀也。○張預曰：武曰：「敵所愛者，便地與糧食耳；我先奪之，則無不從我之計。」

⑥兵之情主速，乘人之不及，由不虞之道，攻其所不戒也。

曹操曰：孫子應難以覆陳兵情也〔三四〕。○李筌曰：不虞不戒，破敵之速。○杜牧曰：此統言兵之情狀，以乘敵間隙，由不虞之道，攻其不戒之處。此乃兵之深情、將之至事也。○陳皥曰：此言乘敵人有不及、不虞、不戒之便，則須速進，不可遲疑也。蓋孫子之旨，言用兵貴疾速也。○梅堯臣曰：兵機貴速，當乘人之不備。乘人之不備者，行不虞之道，攻不戒之所也。○王皙曰：兵上神速，奪愛尤當然也。○何氏曰：如蜀將孟達之降魏，魏朝以達領新城太守。達復連吴固蜀，潛圖中國。謀洩，司馬宣王秉政，恐達速發，以書紿達以安之。達得書，猶與不決。宣王乃潛軍進討。諸將皆言達與二賊交構，宜審察而後動。宣王曰：「達無信義，此其相疑之時也；當及其未定，往討之。」乃倍道兼行，八日到其城下。吴蜀各遣其將，向西城安橋、木闌塞以救達，宣王分諸將拒之。初，達與諸葛亮書曰：「宛去洛八百里，去吾一千一百里，聞吾舉事，當表上天子，比相反覆，一月間也，則吾城已固，諸軍足辦。所在深險，司馬公必不自來；諸將來，吾無患矣。」及兵到，達又告亮曰：「吾舉事八日，而兵至城下，何其神速也！」上庸城三面阻水，達於城下爲木柵以自固。宣王渡水，破其柵，直造城下，八道攻之。旬有六日，達甥鄧賢、將李輔等開門出降，遂斬達。李靖征蕭銑〔三五〕，集兵於夔州。銑以時屬秋潦，江水泛漲，三峽路陷，必謂靖不能進，遂休兵不設備。九月，靖乃率師而進。將下峽，諸將皆請停兵待水退，靖曰：「兵貴神速，機不可失。今兵始集，銑尚未知。若乘水漲之勢，倏忽至城下，所謂疾雷不及掩耳，此兵家上策。縱被知我，倉卒徵兵，無以應敵，此必成擒也。」遂降蕭銑。衞公兵法曰：「兵用上神，戰貴其速，簡練士卒，申明號令，曉其目以麾幟，習其耳以鼓金，嚴賞罰以誡之，重芻豢以養之，浚溝壍以防之，指山川以導之，召才能以任之，述奇正以教之。如此，則雖敵人有雷電之疾，而我則有所待也。若兵無先備，則不應卒；卒不應，則失於機；失於機，則後於事；後於事，則不制勝而軍覆矣。」故呂氏春秋云：「凡兵者，欲急捷，所以一決取勝，不可久而用之矣。」或曰：兵之情雖主速〔三六〕，乘人之不及。然敵將多謀，戎卒輯睦，令行禁止，兵利甲堅，氣鋭而嚴，力全而勁，豈可速而犯之邪？答曰：若此，則當卷迹藏聲，蓄盈待竭，避其鋒勢，與其持久，安可犯之哉？廉頗之拒白起，守而不戰；宣王之抗武侯，抑而不進是也。○張預曰：復謂或人曰：用兵之理，惟尚神速。所貴乎速者，乘人之倉卒，使不及爲備也。出兵於不虞之徑，以掩其不戒，故敵驚擾散亂，而前後不相及，衆寡不相待也。

⑦凡爲客之道：深入則專，主人不克；

李筌曰：夫爲客，深入則志堅，主人不能禦也。○杜牧曰：言大凡爲攻伐之道，若深入敵人之境，士卒有必死之志，其心專一，主人不能勝我也。克者，勝也。○梅堯臣曰：爲客者，入人之地深，則士卒專精，主人不能克我。○張預曰：深涉敵境，士卒心專，則爲主者不能勝也。客在重地，主在輕地故耳。趙廣武君謂韓信去國遠鬭，其鋒不可當是也。

掠於饒野，三軍足食；

王晳曰：饒野多稼穡。

謹養而勿勞，併氣積力；運兵計謀，爲不可測〔三七〕。

曹操曰：養士併氣，運兵爲不可測度之計〔三八〕。○李筌曰：氣盛力積，加之以謀慮，則非敵之可測。○杜牧曰：斯言深入敵人之境，須掠田野，使我足食，然後閉壁養之，勿使勞苦，氣全力盛，一發取勝，動用變化，使敵人不能測我也。○陳皥曰：所處之野，須水草便近，積蓄不乏，謹其來往，善撫士卒。王翦伐楚，楚人挑戰，翦不出，勤於撫御，併兵一力。聞士卒投石爲戲，知其養勇思戰，然後用之，一舉遂滅楚。但深入敵境，未見可勝之利，則須爲此計。○梅堯臣曰：掠其富饒，以足軍食，息人之力，併兵爲不可測之計。○王晳曰：謹養，謂撫循飲食周謹之也。併鋭氣，積餘力，形藏謀密，使敵不測，俟其有可勝之隙，則進之。○張預曰：兵在重地，須掠糧於富饒之野，以豐吾食；乃堅壁自守，勤撫士卒，勿任以勞苦。令氣盛而力全，常爲不可測度之計。伺敵可擊，則一舉而克。王翦伐荆，常用此術。

投之無所往，死且不北；

李筌曰：能得其力者，投之無往之地。○杜牧曰：投之無所往，謂前後進退皆無所之，士以此皆求力戰，雖死不北也。○梅堯臣曰：置在必戰之地，知死而不退走。○張預曰：置之危地，左右前後皆無所往，則守戰至死，而不奔北矣。

死焉不得，

曹操曰：士死，安不得也。○杜牧曰：言士必死，安有不得勝之理？○孟氏曰：士死，無不得也。○梅堯臣曰：兵焉得不用命？○張預曰：士卒死戰，安不得志？尉繚子曰：「一賊仗劍擊於市，萬人無不避之者，非一人之獨勇，萬人皆不肖也，必死與必生不侔也。」

士人盡力〔三九〕。

曹操曰：在難地，心并也。○梅堯臣曰：士安得不竭力以赴戰？○王晳曰：人在死地，豈不盡力？○何氏曰：獸困猶鬬，鳥窮則啄，況靈萬物者人乎？○張預曰：同在難地，安得不共竭其力？

兵士甚陷則不懼，

杜牧曰：陷於危險，勢不獨死，三軍同心，故不懼也。○梅堯臣同杜牧注。○王晳曰：陷之難地則不懼，不懼則鬭志堅也。○張預曰：陷在危亡之地，人持必死之志，豈復畏敵也？

無所往則固，深入則拘〔四〇〕，

曹操曰：拘，縛也。○李筌曰：固，堅也。○杜牧曰：往，走也。言深入敵境，走無生路，則人心堅固，如拘縛者也。○梅堯臣曰：投無所往，則自然心固；入深，則自然志專也。○張預曰：動無所之，人心堅固；兵在重地，走無所適，則如拘係也。

不得已則鬭〔四一〕。

曹操曰：人窮則死戰也。○李筌曰：決命。○杜牧曰：不得已者，皆疑陷在死地，必不生；以死救死，盡不得已也，則人皆悉力而鬭也。○梅堯臣、何氏同杜牧注。○張預曰：勢不獲已，須力鬭也。

是故，其兵不修而戒〔四二〕，不求而得，不約而親，不令而信，

曹操曰：不求索其意，自得力也。○李筌曰：投之必死，不令而得其用也。○杜牧曰：此言兵在死地，上下同志，不待修整而自戒懼，不待收索而自得心，不待約令而自親信也。○孟氏曰：不求其勝，而勝自得也。○梅堯臣曰：不修而兵自戒，不索而情自得，不約而衆自親，不令而人自信，皆所以陷於危難，故三軍同心也。○王皙曰：謂死難之地，人心自然故也。○張預曰：危難之地，人自同力，不修整而自戒慎，不求索而得情意，不約束而親上，不號令而信命，所謂同舟而濟，則吴越何患乎異心也〔四三〕？

禁祥去疑，至死無所之。

曹操曰：禁妖祥之言，去疑惑之計。○一本作「至死無所災」。○李筌曰：妖祥之言，疑惑之事而禁之，故無所災。○杜牧曰：黄石公曰：「禁巫祝不得爲吏士卜問軍之吉凶，恐亂軍士之心。」言既去疑惑之路，則士卒至死無有異志也。○梅堯臣曰：妖祥之事不作，疑惑之言不入，則軍必不亂，死而後已。○王晳曰：災祥神異有以惑人，故禁止之。○張預曰：欲士死戰，則禁止軍吏不得言妖祥之事，恐惑衆也。去疑惑之計，則至死無他慮。司馬法曰：「滅厲祥。」此之謂也。儻士卒未有必戰之心，則亦有假妖祥以使衆者。田單守即墨，命一卒爲神，每出入約束，必稱神，遂破燕是也。

吾士無餘財，非惡貨也；無餘命，非惡壽也。

曹操曰：皆燒焚財物，非惡貨之多也；棄財致死者，不得已也〔四四〕。○杜牧曰：若有財貨，恐士卒顧戀，有苟生之意，無必死之心也。○梅堯臣曰：不得已，竭財貨；不得已，盡死戰。○王晳曰：足用而已。士顧財富則媮生。死戰而已。士顧生路，則無鬬志矣。○張預曰：貨與壽，人之所愛也，所以燒擲財寶、割棄性命者，非憎惡之也，不得已也。

令發之日，士卒坐者涕霑襟，偃卧者涕交頤〔四五〕。

曹操曰：皆持必死之計。○李筌曰：棄財與命，有必死之志，故感而流涕也〔四六〕。○杜牧曰：士皆以死爲約。未戰之日，先令曰：「今日之事，在此一舉！若不用命，身膏草野，爲禽獸所食也！」○梅堯臣曰：決以死力，牧説是也。○王晳曰：感勵之使然。○張預曰：感激之，故涕泣也。未戰之日，先令曰：「今日之事，在此一舉！若不用命，身膏草野，爲禽獸所食！」或曰：凡行軍饗士使酒，拔劍起舞，作朋角抵，伐鼓叫呼，所以增其氣；若令涕泣，無乃挫其壯心乎？答曰：先決其死力，後激其鋭氣，則無不勝。儻無必死之心，其氣雖盛，何由克之？若荆軻於易水，士皆垂淚涕泣，及復爲羽聲忼慷，則皆瞋目，髮上指冠是也。

投之無所往者，諸、劌之勇也〔四七〕。

李筌曰：夫獸窮則搏，鳥窮則啄，令急迫，則專諸、曹劌之勇也。○杜牧曰：言所投之處，皆爲專諸、曹劌之勇。○梅堯臣曰：既令以必死，則所往皆有專諸、曹劌之勇。○張預曰：人懷必死，則所向皆有專諸、曹劌之勇也。專諸，吴公子光使刺殺吴王僚者。劌當爲沬。曹沬以勇力事魯莊公，嘗執匕首刼齊桓公。

⑧**故善用兵者，譬如率然**〔四八〕。

梅堯臣曰：相應之容易也。

率然者，常山之蛇也〔四九〕**，擊其首則尾至，擊其尾則首至，擊其中則首尾俱至**〔五〇〕。

梅堯臣曰：蛇之爲物也，不可擊；擊之，則率然相應。○張預曰：率，猶速也。擊之則速然相應，此喻陳法也。八陳圖曰：「以後爲前，以前爲後，四頭八尾，觸處爲首，敵衝其中，首尾俱救。」

敢問：兵可使如率然乎？

梅堯臣曰：可使兵首尾率然相應如一體乎？

曰：可。夫吳人與越人相惡也〔五一〕**，當其同舟而濟，遇風**〔五二〕**，其相救也如左右手。**

梅堯臣曰：勢使之然。○張預曰：吳、越，仇讎也，同處危難，則相救如兩手，况非仇讎者，豈不猶率然之相應乎？

是故方馬埋輪，未足恃也〔五三〕**；**

曹操曰：方馬，縛馬也。埋輪，示不動也〔五四〕。此言專難不如權巧。故曰：雖方馬埋輪，不足恃也。○李筌曰：投兵無所往之地，人自鬬如蛇之首尾，故吳越之人同舟相救，雖縛馬埋輪，未足恃也。○杜牧曰：縛馬使爲方陳，埋輪使不動，雖如此，亦未足稱爲專固而足爲恃；須任權變，置士於必死之地，使人自爲戰，相救如兩手，此乃守固必勝之道而足爲恃也。○陳皥曰：

人之相惡，莫甚吴越，同舟遇風，而猶相救，何則？勢使之然也。夫用兵之道，若陷在必戰之地，使懷俱死之憂，則首尾前後不得不相救也。有吴越之惡，猶如兩手相救，況無吴越之惡乎？蓋言貴於設變使之，則勇怯之心一也。○梅堯臣同杜牧注。○王皙曰：此謂在難地自相救耳。蛇之首尾，人之左右手，皆喻相救之敏也。同舟而濟，在險難也，吴越猶無異心，況三軍乎？故其足恃甚於方馬埋輪。曹公説是也。○張預曰：上文歷言置兵於死地，使人心專固，然此未足爲善也。雖置之危地，亦須用權智，使人令相救如左右手，則勝矣。故曰：雖縛馬埋輪，未足恃固以取勝；所可必恃者，要使士卒相應如一體也。

齊勇若一，政之道也；

李筌曰：齊勇者，將之道。○杜牧曰：齊正勇敢，三軍如一，此皆在於爲政者也。○陳皞曰：政令嚴明，則勇者不得獨進，怯者不得獨退，三軍之士如一也。○梅堯臣曰：使人齊勇如一心而無怯者，得軍政之道也。○王皙同梅堯臣注。○張預曰：既置之危地，又使之相救，則三軍之衆，齊力同勇如一夫，是軍政得其道也。

剛柔皆得，地之理也。

曹操曰：强弱一勢也。○李筌曰：剛柔得者，因地之勢也。○杜牧曰：强弱之勢，須因地形而制之也。○梅堯臣曰：兵無强弱，皆得用者，是因地之勢也。○王皙曰：剛柔，猶强弱也。言三軍之士，强弱皆得其用者，地利使之然也。曹公曰「强弱一勢」是也。○張預曰：得地利，則柔弱之卒亦可以克敵，況剛强之兵乎？剛柔俱獲其用者，地勢使之然也。

故善用兵者，攜手若使一人，不得已也〔五五〕。

曹操曰：齊一貌也。○李筌曰：理衆如理寡也。○杜牧曰：言使三軍之士，如牽一夫之手，不得已，皆須從我之命，喻易也。○賈林曰：攜手，翻迭之貌，便於回運，以前爲後，以後爲前，以左爲右，以右爲左，故百萬之衆如一人也。○梅堯臣曰：用三軍如攜手使一人者，勢不得已，自然皆從我所揮也。○王晳曰：攜使左右前後，率從我也。○張預曰：三軍雖衆，如提一人之手而使之，言齊一也。故曰：將之所揮，莫不從移；將之所指，莫不前死。

⑨**將軍之事，静以幽，正以治。**

曹操曰：謂清淨、幽深、平正。○杜牧曰：清淨簡易，幽深難測，平正無偏，故能致治。○梅堯臣曰：静而幽邃，人不能測；正而自治，人不能撓。○王晳曰：静則不撓，幽則不測，正則不媮，治則不亂。○張預曰：其謀事，則安静而幽深，人不能測；其御下，則公正而整治，人不敢慢。

能愚士卒之耳目，使之無知〔五六〕；

曹操曰：愚，誤也。民可與樂成，不可與慮始。○李筌曰：爲謀未熟，不欲令士卒知之，可以樂成，不可與謀始。是以先愚其耳目，使無見知。○杜牧曰：言使軍士非將軍之令，其他皆不知，如聾如瞽也。○梅堯臣曰：凡軍之權謀，使由之，而不使知之。○王晳曰：杜其見聞。○何氏同杜牧注。○張預曰：士卒懵然無所聞見，但從命而已。

易其事，革其謀，使人無識〔五七〕；

李筌曰：謀事或變，而不識其原。○杜牧曰：所爲之事，所有之謀，不使知其造意之端，識其所緣之本也。○梅堯臣曰：改其所行之事，變其所爲之謀，無使人能識也。○王晳曰：已行之事，已施之謀，當革易之，不可再也。○何氏曰：將術以不窮爲奇也。○張預曰：前所行之事，舊所發之謀，皆變易之，使人不可知也。若裴行儉令軍士下營訖，忽使移就崇岡。初，將吏皆不悦，是夜風雨暴至，前設營所水深丈餘，將士驚服，因問曰：「何以知風雨也？」行儉笑曰：「自今但依吾節制，何須問我所由知也！」

易其居，迂其途，使人不得慮。

李筌曰：行路之便，衆人不得知其情。○杜牧曰：易其居，去安從危；迂其途，捨近即遠，士卒有必死之心。○陳皞曰：將帥凡舉一事，切委曲而致之，無使人得計慮者。○賈林曰：居我要害，能使自移；途近於我，能使迂之；發機微，路人不能知也。○梅堯臣曰：更其所安之居，迂其所趨之途，無使人能慮也。○王晳曰：處易者，將致敵以求戰也。迂途者，示遠而密襲也。

○張預曰：其居則去險而就易，其途則捨近而從遠，人初不曉其旨，及勝乃服。太白山人曰：「兵貴詭道者，非止詭敵也，抑詭我士卒，使由之而不使知之也。」

帥與之期，如登高而去其梯；

梅堯臣曰：可進而不可退也。

帥與之深入諸侯之地，而發其機，

杜牧曰：使無退心，孟明焚舟是也。○一本「帥與之登高」。○陳皥曰：發其心機。○賈林曰：動我機權，隨事應變。○梅堯臣曰：發其危機，使人盡命。○王晳曰：皆勵決戰之志也。機之發，無復迴也。賈詡勸曹公曰「必決其機」是也。○張預曰：去其梯，可進而不可退；發其機，可往而不可返。項羽濟河沉舟之類也。

焚舟破釜，若驅羣羊，驅而往，驅而來，莫知所之〔五八〕。

曹操曰：一其心也。○李筌曰：還師者，皆焚舟梁，堅其志，既不知謀，又無返顧之心，是以如驅羊也。○杜牧曰：三軍但知進退之命，不知攻取之端也。○梅堯臣曰：但馴然從驅，莫知其他也。○何氏曰：士之往來，唯將之令，如羊之從牧者。○張預曰：羣羊往來，牧者之隨；三軍進退，惟將之揮。

聚三軍之衆，投之於險，此謂將軍之事也。

曹操曰：險，難也。○梅堯臣曰：措三軍於險難而取勝者，爲將之所務也。○張預曰：去梯發機，置兵於危險以取勝者，此將軍之所務也。

九地之變，屈伸之利，人情之理，不可不察。

曹操曰：人情見利而進，見害而退。○杜牧曰：言屈伸之利害，人情之常理，皆因九地以變化。今欲下文重舉九地，故於此重言，發端張本也。○梅堯臣曰：九地之變，有可屈可伸之利，人情之常理，須審察之。○王晳曰：明九地之利害，亦當極其變耳。言屈伸之利者，未見便則屈，見便則伸。言人情之理者，深專、淺散、圍禦之謂也。○張預曰：九地之法，不可拘泥，須識變通，可屈則屈，可伸則伸，審所利而已。此乃人情之常理，不可不察。

⑩凡爲客之道：深則專，淺則散。

梅堯臣曰：深則專固，淺則散歸。此而下重言九地者，孫子勤勤於九變也。○張預曰：先舉兵者爲客，入深則專固，入淺則士散。此而下言九地之變。

去國越境而師者，絶地也。

梅堯臣曰：進不及輕，退不及散，在二地之間也。○王晳曰：此越鄰國之境也，是謂孤絶之地，當速決其事，若吳王伐齊。近之兵如此者鮮，故不同九地之例。○張預曰：去己國，越人境而用師者，危絶之地也，若秦師過周而襲鄭是也。此在九地之外而言之者，戰國時間有之也。

四達者，衢地也〔五九〕。

梅堯臣曰：馳道四出，敵當一面。○張預曰：敵當一面，旁國四屬。

入深者，重地也。

梅堯臣曰：士卒以軍爲家，故心無散亂。

入淺者，輕地也。

梅堯臣曰：歸國尚近，心不能專。

背固前隘者，圍地也。

梅堯臣曰：背負險固，前當阨塞。○張預曰：前狹後險，進退受制於人也。

無所往者，死地也〔六〇〕。

梅堯臣曰：窮無所之。○張預曰：左右前後，窮無所之地。

⑪**是故散地，吾將一其志；**

李筌曰：一卒之心。○杜牧曰：守則志一，戰則易散。○梅堯臣曰：保城備險，一志堅守，候其虚懈，出而襲之。○張預曰：集人聚穀，一志固守，依險設伏，攻敵不意。

輕地，吾將使之屬；

曹操、李筌曰：使相及屬〔六一〕。○杜牧曰：部伍營壘密近聯屬，蓋以輕散之地，一者備其逃逸，二者恐其敵至，使易相救。○杜佑曰：使，相仍也。輕地還師，當安道促行，然令相屬續，以備不虞也。○梅堯臣曰：行則隊校相繼，止則營壘聯屬，脱有敵至，不有散逸也。○王晳曰：絶，則人不相恃。○張預曰：密營促隊，使相屬續，以備不虞，以防逃遁。

争地，吾將趨其後〔六二〕；

曹操曰：利地在前，當速進其後也。○李筌曰：利地必争，益其備也。此筌以「趨」字爲「多」字。○杜牧曰：必争之地，我若已後，當疾趨而争，況其不後哉？○陳皞曰：二説皆非也。若敵據地利，我後争之，不亦後據戰地而趨戰之勞乎？所謂争地必趨其後者，若地利在前，先分精鋭以據之，彼若恃衆來争，我以大衆趨其後，無不尅者。趙奢所以破秦軍也。○杜佑曰：利地在前，當進其後。争地，先據者勝，不得者負，故從其後，使相及也。○梅堯臣曰：敵未至其地，我若在後，則當疾趨以争之。○張預曰：争地貴速，若前驅至而後不及，則未可。故當疾進其後，使首尾俱至。或曰：趨其後，謂後發先至也。

交地，吾將謹其守〔六三〕；

杜牧曰：嚴壁壘也。○梅堯臣曰：謹守壁壘，斷其通道。○王皙曰：懼襲我也。○張預曰：不當阻絶其路，但嚴壁固守，候其來，則設伏擊之。○〔六四〕

衢地，吾將固其結〔六五〕**；**

杜牧曰：結交諸侯，使之牢固。○梅堯臣曰：結諸侯使之堅固，勿令敵先。○王皙曰：固以德禮威信，且示以利害之計。○張預曰：財幣以利之，盟誓以要之，堅固不渝，則必爲我助。○〔六六〕

重地，吾將繼其食〔六七〕**；**

曹操曰：掠彼也。○李筌曰：館穀於敵也。「繼」一作「掠」。○賈林曰：使糧相繼而不絶也。○杜佑曰：深入，當繼其糧餉。○梅堯臣曰：道既遐絶，不可歸國取糧，當掠彼以食軍。○張預曰：兵在重地，轉輸不通，不可乏糧，當掠彼以續食。

圮地，吾將進其塗；

曹操曰：疾過去也。○李筌曰：不可留也。○杜佑曰：疾行，無舍此地。○梅堯臣曰：無所依，當速過。○張預曰：遇圮毁之地，宜引兵速過。

圍地，吾將塞其闕；

曹操、李筌曰：以一士心也〔六八〕。○杜牧曰：兵法「圍師必闕」，示以生路，令無死志，因而擊之；今若我在圍地，敵開生路以誘我卒，我返自塞之，令士卒有必死之心。後魏末，齊神武起義兵於河北，爲尒朱兆、天光、度律、仲遠等四將會於鄴南，士馬精强，號二十萬，圍神武於南陵山。時神武馬二千，步軍不滿三萬。兆等設圍不合，神武連繫牛驢自塞之。於是將士死戰，四面奮擊，大破兆等四將也。○孟氏曰：意欲突圍，示以守固。○杜佑曰：塞其闕，不欲走之意。○梅堯臣曰：自塞其旁道，使士卒必死戰也。○王皙曰：懼人有走心。○張預曰：吾在敵圍，敵開生路，當自塞之，以一士心。齊神武繫牛馬以塞路，而士卒死戰是也。

死地，吾將示之以不活。

曹操、李筌曰：勵士心也〔六九〕。○杜牧曰：示之必死，令其自奮，以求生也。○賈林曰：禁財棄糧，堙井破竈，示必死也。○杜佑曰：勵士也。焚輜重，棄糧食，塞井夷竈，示無生意，必殊死戰也。○梅堯臣曰：必死可生，人盡力也。○王皙同梅堯臣注。○何氏同杜牧注。○張預曰：焚輜重，棄糧食，塞井夷竈，示以無活，勵之使死戰也。

⑫故兵之情：圍則禦，

曹操曰：相持禦也。○李筌曰：敵圍，我則禦之。○杜牧曰：言兵在圍地，始乃人人有禦敵持勝之心，相禦持也。窮則同心守禦〔七〇〕。○梅堯臣同杜牧注。○張預曰：在圍，則自然持禦。○〔七一〕

不得已則鬭，

曹操曰：勢有不得已也。○李筌曰：有不得已則戰。○梅堯臣曰：勢無所往，必鬭。○王晳曰：脱死難者，唯鬭而已。○張預曰：勢不可已，須悉力而鬭。○〔七二〕

過則從〔七三〕。

曹操曰：陷之甚過，則從計也。○李筌曰：過則審躡。又云：陷之於過，則謀從之。○孟氏曰：甚陷，則無所不從。○梅堯臣同孟氏注。○張預曰：深陷於危難之地，則無不從計，若班超在鄯善，欲與麾下數十人殺虜使，乃諄諭之，其士卒曰「今在危亡之地，死生從司馬」是也。

⑬是故不知諸侯之謀者，不能預交；不知山林、險阻、沮澤之形者，不能行軍；不用鄉導者，不能得地利〔七四〕。

曹操曰：上已陳此三事，而復云者，力惡不能用兵，故復言之。○李筌曰：三事，軍之要也。○梅堯臣曰：已解軍争篇中，重陳此三者，蓋言敵之情狀、地之利害，當預知焉。○王晳曰：再陳者，勤戒之也。○張預曰：知此三事，然後能審九地之利害，故再陳於此也。

四五者不知一，非霸王之兵也〔七五〕。

曹操曰：謂九地之利害。或曰：上四五事也。○張預曰：四五，謂九地之利害，有一不知，未能全勝。

夫霸王之兵，伐大國，則其衆不得聚；威加於敵〔七六〕，則其交不得合。

李筌曰：夫并兵震威，則諸侯自顧，不敢預交。○杜牧曰：權力有餘也，能分散敵也。○孟氏曰：以義制人，人誰敢拒？○陳皥曰：雖有霸王之勢，伐大國，則我衆不得聚，要在結交外援。若不如此，但以威加於敵，逞己之强，則必敗也。○梅堯臣曰：伐大國，能分其衆，則權力有餘也；權力有餘，則威加敵；威加敵，則旁國懼；旁國懼，則敵交不得合也。○王晳曰：能知敵謀，能得地利，又能形之，使其不相救，不相恃，則雖大國，豈能聚衆而拒我哉？威之所加者大，則敵交不得合。○張預曰：恃富强之勢，而亟伐大國，則己之民衆將怨苦而不得聚也。甲兵之威，倍勝於敵國，則諸侯懼而不敢與我合交也。或曰：侵伐大國，若大國一敗，則小國離而不聚矣。若晉楚争鄭，晉勝，則鄭附晉；敗，則鄭叛也。小國既離，則敵國之權力分而弱矣。或我之兵威得以增勝於彼，是則諸侯豈敢與敵人交合乎？

是故不争天下之交，不養天下之權，信音伸**己之私，威加於敵，故其城可拔，其國可隳〔七七〕。**

曹操曰：霸者，不結成天下諸侯之權也。絶天下之交，奪天下之權，故己威得伸而自私〔七八〕。○李筌曰：能絶天下之交，惟得伸己之私志，威而無外交者。○杜牧曰：信，伸也。言不結鄰援，不蓄養機權之計，但逞兵威，加於敵國，貴伸己之私欲，若此者，則其城可拔，其國可隳。齊桓公問於管仲曰：「必先頓甲兵、修文德、正封疆而親四鄰，則可矣。」於是復魯、衛、燕所侵地，而以好成，四鄰大親。乃南伐楚，北伐山戎，東制令支、折孤竹〔七九〕，西服流沙，兵車之會六，乘車之會三。乃率諸侯而朝天子。吴夫差破越於會稽，敗齊於艾陵，闕溝於商魯，會晉於黄池，爭長而反，威加諸侯，諸侯不敢與争。句踐伐之，乞師齊楚，齊楚不應，民疲兵頓，爲越所滅。越王句踐問戰於申包胥曰：「越國南則楚，西則晉，北則齊，春秋皮幣玉帛子女以賓服焉，未嘗敢絶，求以報吴，願以此戰。」包胥曰：「善哉，蔑以加焉！」遂伐吴，滅之。○賈林曰：諸侯既懼，不得附聚，不敢合從，我之智謀威力有餘，諸侯自歸，何用養交之也？○「不養」一作「不事」。○陳皞曰：智力既全，威權在我，但自養士卒，爲不可勝之謀，天下諸侯無權可事也。仁智義謀，己之私有，用以濟衆，故曰：伸私，威振天下，德光四海，恩沾品物，信及豚魚，百姓歸心，無思不服。故攻城必拔，伐國必隳也。○梅堯臣曰：敵既不得與諸侯合交，則我亦不争其交，不養其權，用己力而已爾。威亦增勝於敵矣，故可拔其城，可隳其國。此謂霸王之兵也。○王晳曰：結交養權，則天下可從；申私損威，則國城不保。○張預曰：不争交援，則勢孤而助寡；不養權力，則人離而國弱；伸一己之私忿，暴兵威於敵國，則終取敗亡也。或曰：敵國衆既不得聚，交又不得合，則我當絶其交，奪其權，得伸己所欲，而威倍於敵國，故人城可得而拔，人國可得而隳也。

施無法之賞，懸無政之令，

賈林曰：欲拔城、隳國之時，故懸法外之賞罰〔八〇〕，行政外之威令，故不守常法、常政，故曰「無法」、「無政」。○梅堯臣曰：瞻功行賞，法不預設；臨敵作誓，政不先懸。○王晳曰：杜姦媮也。曹公曰：「軍法令不預施懸之。司馬法曰：『見敵作誓，瞻功行賞。』此之謂也〔八一〕。」○張預曰：法不先施，政不預告，皆臨事立制，以勵士心。司馬法曰：「見敵作誓，瞻功行賞。」

犯三軍之衆，若使一人。

曹操曰：犯，用也。言明賞罰，雖用衆，若使一人也。○李筌曰：善用兵者，爲法作政而人不知〔八二〕，懸事無令而人從之，是以犯衆如一人也。○梅堯臣曰：犯，用也。賞罰嚴明〔八三〕，用多若用寡也。○張預曰：賞功不逾時，罰罪不還列。賞罰之典既明且速，則用衆如寡也。

犯之以事，勿告以言；

梅堯臣曰：但用以戰，不告以謀。○王晳曰：情泄則謀乖。○張預曰：任用之於戰鬬，勿諭之以權謀；人知謀則疑也。若裴行儉不告士卒以徙營之由是也。○〔八四〕

犯之以利，勿告以害〔八五〕。

曹操曰：勿使知害。○李筌曰：犯，用也。卒知言與害，則生疑難。○梅堯臣曰：用令知利，不令知害。○王晳曰：慮疑懼也。○張預曰：人情見利則進，知害則避，故勿告以害也。

投之亡地然後存，陷之死地然後生。

曹操曰：必殊死戰。在亡地無敗者，孫臏曰：「兵恐不投之死地也。」○李筌曰：兵居死地，必決命而鬬以求生。韓信水上軍，則其義也。○梅堯臣曰：地雖曰亡，力戰不亡；地雖曰死，死戰不死。故亡者存之基，死者生之本也。○何氏曰：如漢王遣將韓信擊趙，未至井陘口三十里，止舍，夜半傳發，選輕騎二千人，人持一赤幟，從間道萆山而觀趙軍，誡曰：「趙見我走，必空壁逐我；汝疾入趙壁，拔趙幟，立漢幟。」令其裨將傳餐曰：「今日破趙會食。」信乃使萬人先行，出，背水陳。趙軍遥見而大笑。平旦，信建大將軍之旗鼓，行出井陘口。趙開壁擊之。大戰良久。於是信走水上軍。趙空壁逐信，信已入水上軍。軍皆殊死戰，不可敗。信所出奇兵二千騎，馳入趙壁，皆拔趙幟，立漢赤幟。趙軍攻信既不得，還壁見漢幟，大驚，遂亂，遁走。於是漢兵夾擊，大破虜趙軍，斬陳餘泜水上，擒趙王。諸將因問信曰：「兵法：右背山陵，前左水澤。今者，將軍令臣等反背水陳，曰『破趙會食』，臣等不服，然竟以勝，此何術也？」信曰：「此在兵法，顧諸君不察耳。兵法不曰陷之死地而後生，置之亡地而後存乎？且信非得素拊循士大夫也，此所謂驅市人而戰，其勢非置之死地，使人人自爲戰，今與之生地，皆走，寧尚可得而用之乎？」諸將皆服曰：「非所及也。」梁將陳慶之守渦陽城，與後魏軍相持，自春至冬，數十百戰，師老氣衰。魏之援兵復欲築壘於軍後，諸將恐腹背受敵，議退師。慶之曰：「共來至此，涉歷一歲，糜費糧仗，其數極多，諸軍並無鬭心，皆謀退縮，豈是欲立功名，直聚爲鈔暴耳！吾聞置兵死地乃可求生，須虜大合，然後與戰，必捷。」諸將壯其計，從之。魏人掎角作十三城，慶之銜枚夜出，陷其四壘。所餘九城，兵甲猶盛。乃陳其俘馘，鼓噪而攻，遂大奔潰，斬獲略盡。後魏末，齊神武興義兵於河北，時尒朱兆等四將，兵馬號二十萬，夾洹水而軍。時神武士馬不滿三萬，以衆寡不敵，遂於韓陵山爲圓陳，繫牛驢以塞道。於是將士皆死戰，四面奮擊，大破之。齊神武兵少，天光等兵十倍，圍而缺之，神武乃自塞其缺，士皆有必死之志，是以破敵也。高齊北豫州刺史司馬消難請降後周，周將楊忠與柱國達奚武援之。於是共率騎士五千人，各乘馬一匹，從間道馳入齊境五百里，前後遣三使報消難，而皆不反命。去豫州三十里，武疑有變，欲還。忠曰：「有進死，無退生！」獨以千騎夜趣城下，四面峭絶，徒聞擊柝之聲，武親來，麾數百騎以西。忠勒餘騎不動，候門開而入，乃馳遣召武。時齊鎮城將伏敬遠勒甲士二千人據東陴，舉烽嚴警。武憚之，不欲保城，乃多取財帛，以消難及其屬先歸。忠以三千騎爲殿，到洛南，皆解鞍而卧，齊衆來追，至於洛北。忠謂將士曰：「但飽食，今在死地，賊必不敢渡水以當吾鋒。」食畢，齊兵佯若渡水，忠馳將擊之。齊兵不敢逼，遂徐引而退。○張預曰：置之死亡之地，則人自爲戰，乃可存活也。項羽救趙〔八六〕，破釜焚廬，示以必死；諸侯從壁上觀，楚戰士無不一當十，遂虜秦將是也。

夫衆陷於害，然後能爲勝敗。

梅堯臣曰：未陷難地，則士卒心不專；既陷危難，然後勝敗在人爲之爾。○張預曰：士卒用命，則勝敗之事在我所爲。

⑭故爲兵之事，在於順詳敵之意，

曹操曰：佯，愚也。或曰：彼欲進，設伏而退；彼欲去，開而擊之〔八七〕。○李筌曰：敵欲攻，我以守待之；敵欲戰，我以奇待之。退伏利誘，皆順其所欲。○杜牧曰：夫順敵之意，蓋言我欲擊敵，未見其隙，則藏形閉跡，敵人之所爲，順之勿驚。假如强以陵我，我則示怯而伏，且順其强，以驕其意，候其懈怠而攻之。假如欲退而歸，則開圍使去，以順其退，使無鬭心，遂因而擊之。皆順敵之旨也。○陳皞曰：順敵之旨，不假多説。但强示之弱，進示之退，使敵心不戒，然後攻而破之必矣。○梅堯臣曰：佯怯、佯弱、佯亂、佯北，敵人輕來，我志乃得。○張預曰：彼欲進，則誘之令進；彼欲退，則緩之令退，奉順其旨，設奇伏以取之。或曰：敵有所欲，當順其意以驕之，留爲後圖。若東胡遣使謂冒頓曰：「欲得頭曼千里馬。」冒頓與之。復遣使來曰：「願得單于一閼氏。」冒頓又與之。及其驕怠而擊之，遂滅東胡是也。

并敵一向，千里殺將。

曹操曰：并兵向敵，雖千里能擒其將也〔八八〕。○杜牧曰：上文言爲兵之事，在順敵人之意，此乃未見敵人之隙耳。若已見其隙，有可攻之勢，則須并兵專力，以向敵人，雖千里之遠，亦可以殺其將也。○賈林曰：能以利誘敵人，使一向趨之，則我雖遠千里，亦可擒殺其將。○梅堯臣曰：隨敵一向，然後發伏出奇，則能遠擒其將。○王晳曰：順敵意，隨敵形，及其空虛不虞，并兵一力以向之，乘勢可千里而覆軍殺將也。○張預曰：敵既驕惰，則并兵力以向之，可以覆其軍、殺其將，則明如冒頓滅東胡之事是也。

此謂巧能成事者也〔八九〕。

曹操曰：是成事巧者也〔九〇〕。○一作「是謂巧攻成事」。○梅堯臣曰：能順敵而取勝，機巧者也。○何氏曰：能如此者，是巧攻之成事也。○張預曰：始順其意，後殺其將，成事之巧也。

⑮是故政舉之日，夷關折符〔九一〕，無通其使，

曹操曰：謀定，則閉關以絶其符信，勿通其使〔九二〕。○李筌曰：政令既行，閉關折符，無得有所沮議，恐惑衆士心也。○杜牧曰：其所不通，豈敵人之使乎？若敵人之使不受，則何必夷關折符，然後爲不通乎？答曰：夷關折符者，不令國人出入，蓋恐敵人有間使潛來，或藏形隱跡，由危歷險，或竊符盜信，假託姓名，而來窺我也。無通其使者，敵人若有使來聘，亦不可受

之，恐有智能之士，如張孟談、婁敬之屬，見其微而知著，測我虚實也。此乃兵形未成，恐敵人先事以制我也；兵形已成，出境之後，則使在其間，古之道也。○梅堯臣曰：夷，滅也。折，斷也。舉政之日，滅塞關梁，斷毁符節，使不通也。使不通者，恐泄我事也。○張預曰：廟算已定，軍謀已成，則夷塞關梁，毁折符信，勿通使命，恐泄我事也。彼有使來，則當納之，故下文云「敵人開闔〔九三〕，必亟入之」。

厲於廊廟之上，以誅其事〔九四〕，

曹操曰：誅，治也。○杜牧曰：厲，揣厲也。言廊廟之上，誅治其事。成敗先定，然後興師。一本作「以謀其事」。○梅堯臣曰：嚴整於廊廟之上，以計其事，言其密也。○何氏曰：磨厲廟勝之策，以責成其事。○張預曰：兵者大事，不可輕議，當惕厲於廟堂之上，密治其事，貴謀不外泄也。

敵人開闔，必亟入之，

曹操曰：敵有間隙，當急入之也。○李筌曰：敵開闔未定，必急來也。○孟氏曰：開闔，間者也。有間來，則疾内之。○梅堯臣同孟氏注。○張預曰：開闔，謂間使也〔九五〕。敵有間來，當急受之。或曰：謂敵人或開或闔，出入無常，進退未決，則宜速乘之。

先其所愛〔九六〕，

曹操曰：據利便也〔九七〕。○李筌曰：先攻其積聚及妻子，利不擇其用也。○杜牧曰：凡是敵人所愛惜倚恃以爲軍者，則先奪之也。○梅堯臣曰：先察其便利愛惜之所也。○何氏同杜牧注。

微與之期，

曹操曰：後人發，先人至。○杜牧曰：微者，潛也，言以敵人所愛利便之處爲期，將欲謀奪之，故潛往赴期，不令敵人知也。○陳皞曰：我若先奪便地，而敵不至，雖有其利，亦奚用之？是以欲取其愛惜之處，必先微與敵人相期，誤之使必至。○梅堯臣曰：微露之期，使間歸告，然後，我後人發、先人至也。○王晳曰：權譎也。微者，所以示密。曹公曰：「先敵至也。」後發者，欲其必赴也；先至者，奪其所愛也。○張預曰：兵所愛者，便利之地。我欲先據，當微露其意，與之相期；敵方趨之，我乃後發而先至也。所以使敵先趨者，恐我至而敵不來也。故曰：「爭地，吾將趨其後。」

踐墨隨敵，以決戰事。

曹操曰：行踐規矩無常也。○李筌曰：墨者，出道也。出遲道而從之，恐不及。○杜牧曰：墨，規矩也。言我常須踐履規矩，深守法制，隨敵人之形；若有可乘之勢，則出而決戰也。○陳皞曰：兵雖要在迅速，以決戰事，然自始及末，須守法制，縱獲勝捷，亦不可爭競擾亂也。城濮之戰，晉文公登有莘之墟以望其師曰：「少長有禮，其可用也。」○「踐墨」一作「剗墨」。○賈林曰：剗，除也；墨，繩墨也。隨敵計以決戰事，惟勝是利，不可守以繩墨而爲。○梅堯臣曰：舉動必踐法度，而隨敵屈伸，因利以決戰也。○王晳曰：踐兵法如繩墨，然後可以順敵決勝。○張預曰：循守法度，踐履規矩，隨敵變化，形勢無常，乃可以決戰取勝。墨，繩墨也。婦人左右、前後、跪起，皆中規矩繩墨是也。

是故始如處女，敵人開户；後如脱兔，敵不及拒。

曹操、李筌曰：處女示弱，脱兔往疾也。○杜牧曰：言敵人初時謂我無所能爲，如處女之弱，我因急去攻之，險迅疾速，如兔之脱走，不可捍拒也。或曰：我避敵走如脱兔。曰：非也。○梅堯臣曰：始若處女，踐規矩之謂也；後若脱兔，應敵決戰之速也。○王晳曰：處女，隨敵也；開户，不虞也；脱兔，疾也。若田單守即墨而破燕軍是也。○張預曰：守則如處女之弱，令敵懈怠，是以啓隙；攻則猶脱兔之疾，乘敵倉卒，是以莫禦。太史公謂田單守即墨攻騎刧，正如此語，不其然乎？

校記

〔一〕首句「用兵之法」，通典卷一五九引無「之法」二字。「圮地」，説見九變篇校記〔二〕。

〔二〕「士卒恃土」，原本「土」字誤作「之」，今據孫校本改正。

〔三〕以上何注所引孫武答吴王問，與通典卷一五九引稍有差異。末幾句「若欲野戰」以下，通典作「若欲戰，必因勢。勢者，依險設伏，無險，則隱於天陰暗昏霧。出其不意，襲其懈怠」。

〔四〕「爲楚所敗」，原本「敗」字誤作「則」，今亦改正。

〔五〕「敵守其城壘」，通典引作「而敵盛守，修其城壘」。

〔六〕「争地之法，先據爲利」，通典作「争地之法，讓之者得，求之者失」。

〔七〕「交通無可絶」，原本「通」作「相」。今據通典改正。

〔八〕「使不得來，必令吾邊城修其守備」，原本如此，孫校本同，通典卷一五九則作「令不得來，必全吾邊城，修其所備」。

〔九〕「守而易怠」，原本如此，孫校本同。通典注云「『易』原作『匆』」，是通典舊本原作「匆」，而今本又據此何注改爲「易」耳。查下文「交地則無絶」張注引此亦作「易」，是作「易」本不誤，何以孫子明言「交地吾將謹其守」，而此又言「守而易怠」呢？因我不可以往而敵可以來，而非彼我均可往來，故需以奇伏勝，而不可固守，因固守易怠也。

〔一〇〕「衆已屬矣」之下，通典卷一五九引又有「簡兵練卒，阻利而處。親吾軍事，實吾糧資，令吾車騎，出入瞻候」，再接下文「我有衆助」。

〔一一〕「入人之地深」，長短經地形引作「入人難反之地深」。「背城邑多」下，通典卷一五九引又有「難以返者」。

〔一三〕「道里多」，原本脱「多」字，今據通典卷一五九補。

〔一三〕「銜枚而行」之下，通典卷一五九又有「塵埃氣揚」四字，再接下文「以牛馬爲餌」。

〔一四〕此句簡本無「險阻」二字。平津本句首無「行」字，武經本與櫻田本同，而簡本則有，今並存之。

〔一五〕「疾戰則存，不疾戰則亡」，簡本無二「戰」字，通典卷一五九與長短經地形引無下「戰」字。

〔一六〕以上何注所引孫武答吴王問末段「兵法又曰」以下，通典卷一五九引稍異，作「若敵在死地，士卒氣勇，欲擊之法：順而勿抗，陰守其利，絶其糧道，恐有奇伏，隱而不覩，使吾弓弩，俱守其所」。今並録之，以相參較。

〔一七〕通典卷一五九此處經文下又有杜佑注云：「前有高山，後有大水，進不得前，退則有阻礙，又糧乏絶，故爲死地。在死地者，當及士卒尚飽，强志殊死戰，故可以俱免也。」

〔一八〕自此以下九地處置之法，張注所引孫武答吴王問，内容與前何注所引全同，唯文字稍有參差。如無明顯錯訛，不再一一出校。

〔一九〕「故曰輕地也」，原本誤「也」爲「北」，今改正。

〔二〇〕此處梅注，孫校本作王注，云：「王晳曰：敵居形勝之地，先據乎利，而我不得其處，則不可攻。」按：此處因道藏殘缺，而孫氏又未見宋本及其他明本，故致誤補，今仍之。

〔二一〕以上兩句，孫校本作「我欲往而争之，而敵已先至也」，與原本有異。按：此處亦因道藏殘缺，孫校本誤補。今並存之，以資參考。

〔二二〕通典卷一五九此句經文下又有佑注云：「三道攻，當先至；得其地者，不可攻。」

〔二三〕通典卷一五九引此作「交地則無相絶」。

〔二四〕孫校説原本作「交合」，據通典改爲「合交」。但此處宋本原作「合交」，是其所據本誤也。

〔二五〕以上張注所引孫武答吳王問末段，與前文「衢地」何注所引稍有不同，參見本篇校記〔一六〕。

〔二六〕「古之善用兵」，簡本作「古善戰」。

〔二七〕「不相恃」，通典卷一五三引作「不相待」，御覽卷二九四引同。

〔二八〕「不相救」，御覽引又誤「救」作「求」。

〔二九〕「不相收」，通典、御覽引皆作「不相扶」。孫校謂其底本作「救」，因據御覽改爲「扶」。今仍依原本。是孫校所據底本有誤也。

〔三〇〕「使其意懾離散」，原本「意」誤作「章」。

〔三一〕通典卷一五三此處經文下又有佑注云：「多設詐變，出東見西，攻南引北，亂之，使彼章惶離亂，而不集聚。」

〔三二〕「敵衆整而將來」，諸本皆如此，唯簡本作「敵衆以整，將來」，校釋從之。今兩存之。

〔三三〕此句簡本無「先」字，櫻田本「聽」作「得」。

〔三四〕此處曹注，平津本無。

〔三五〕「蕭銑」，原本「銑」誤作「鋭」，下同。今據談本及孫校本改。

〔三六〕「或曰」，原本又誤作「故曰」，今亦據孫校本改。

〔三七〕「運兵計謀，爲不可測」，菁華録「計謀」作「奇謀」，臆改之也，未可據。又，簡本「測」借作「賊」。

〔三八〕此處曹注，平津本作「養士氣，并兵力，爲不可測度之計」，與原本稍有不同。

〔三九〕以上「死焉不得，士人盡力」，諸本無異文，唯句讀不同，一般皆讀作「死焉不得，士人盡力」。按：此讀失之。各家於此之所以多牽附之言者，亦皆因誤讀所致。校釋讀作「死，焉不得士人盡力」，是，應從之。遺説亦謂「諸家斷爲二句者，非武之本意也」。又，趙注謂「死」字衍，黄鞏集注又謂「士」乃「夫」字之訛，則無可據。

〔四〇〕「深入則拘」，十一家注本如此，平津本與武經各本則作「入深則拘」，櫻田本同。校釋從之。按：二者本義固無不同，今兩存之。

〔四一〕「不得已則鬬」，簡本作「……所往則鬬」。

〔四二〕此句簡本作「是故不調而戒」，無「其兵」二字，且「修」借爲「調」。校釋亦從删「其兵」二字。今亦兩存之。

〔四三〕「吴越何患乎異心」，原本「吴」誤作「胡」，據孫校本改。

〔四四〕曹注首句「皆燒焚財物」，平津本「燒焚」作「焚燒」，且無「財」字，是該本脱也。

〔四五〕以上三句，十一家注與武經各本皆如此，簡本無「卒」字和「偃」字，校釋從之。按：有無此二字，均無礙文意，故仍之。又，「偃臥」，櫻田本作「偃頤」，非是。

〔四六〕「感而流涕」，原本誤「感」爲「割」，亦據孫校本改。

〔四七〕「諸、劌」，櫻田本作「曹劌」，或不明「諸、劌」爲二人歟？

〔四八〕此句簡本「兵」作「軍」，「率」作「衛」，或「衛」之訛。御覽卷二七〇引「率」作「帥」，古通用。

〔四九〕「常山」，簡本作「恒山」，乃漢避文帝諱而宋又沿避真宗諱所改。校釋回改。按：「常山」之稱已約定成俗，故改否均可，今並存之。

〔五〇〕「擊其中」，簡本「中」作「中身」，御覽卷三〇一引又「中」作「腹」，櫻田本則「俱」作「共」。今均依原本。

〔五一〕「吴人與越人相惡」，各本皆如此，唯簡本「吴」、「越」二字互乙。

〔五二〕「當其同舟而濟，遇風」，十一家注各本如此，平津曹注與武經各本「而濟」二字互乙，簡本與長短經蛇勢則無「遇風」二字，今仍之。

〔五三〕「方馬埋輪」，長短經「方馬」作「放馬」，黄鞏集注「埋輪」又作「理輪」。

〔五四〕「方馬，縛馬也」，原本無上「馬」字，孫校本同，而平津本則有之。按：「方」字無縛馬之義，而「方馬」則可指縛馬。今據平津本補「馬」字。又「示不動」，平津本「示」作「恃」，迨涉下「恃」字而誤，未可據，今仍依原本。

〔五五〕「攜手若使一人」，櫻田本「若」在「攜」字上。

〔五六〕「使之無知」，簡本作「使無之」，誤。校釋據下兩句皆稱「民」之例，而改爲「使民無知」。按：如此可使與下文同例，固善，唯「之」字在此亦即上句「士卒」或「民」之代詞，故仍之亦可。

〔五七〕「使人無識」，各本皆如此，唯校釋依簡本改「人」爲「民」，下句「使人不得慮」同。

〔五八〕「若驅羣羊」之上，十一家注各本皆有「焚舟破釜」四字，而簡本、平津本與武經各本則無，櫻田本同。趙注亦謂有此四字非是。校釋據删。按：焚舟固爲春秋時事，而破釜則爲項羽事，故删之是。唯李注「焚舟」，是原本之誤，而非刊刻之過也。又「若驅羣羊，驅而往，驅而來」，各本皆如此，唯孫校本作「若驅羣羊而往，驅而來」。按：孫校本非善，今仍之。

〔五九〕「四達」，簡本作「四䡖」，當即「徹」字。平津本與武經各本則又作「四通」，蓋因避武帝諱改之，而後又未回改也。「達」、「通」，亦皆「徹」義，故改否均可，今仍之。

〔六〇〕以上兩句，諸本無異，唯簡本作「倍固前□□□□□」，倍固前適（敵）者，死地也；毋所往者，窮地也」。因無其他參校依據，故仍依原本。自「四達者」至「死地也」僅有九地之五，顧福棠謂：「特言九地之重者耳，非闕文也。」認爲九地之中有輕重之别。今録之以爲參攷。

〔六一〕「使相及屬」，原本如此，平津本「及」作「交」。按：作「及」是也，故仍之。

〔六二〕「趨其後」，各本皆如此，唯簡本作「使不留」。

〔六三〕「謹其守」，孫子各本皆如此，唯簡本與通典卷一五九引並作「固其結」，孫校謂通典誤，而長短經地形亦作「固其結」，是孫子傳本有異也。按：處交地，彼我既均可往來，則我往攻敵，敵亦可來攻我，如此，則自當謹其守備，待機而動。故當言「謹其守」。而處衢地，因「諸侯之地三屬」，則可言「固其結」。而此「交地」之「交」字並非結交諸侯之「交」，而指敵我均可交相往來也，故不當言「固其結」。孫校是，通典誤也。

〔六四〕 通典卷一五九此處經文下又有佑注云：「交結諸侯，固其交結。」是佑以「交地」之「交」字爲結交諸侯之「交」矣。

〔六五〕 「固其結」，簡本作「謹其恃」，通典卷一五九引同，唯「恃」作「市」。「恃」字或「市」之借。孫校亦謂通典誤。按：衢地，四通八達之地，自當以固結諸侯爲務，故前言「衢地則合交」。唯如下佑注所云，則作「謹其市」固亦可通也。今兩存之。

〔六六〕 通典卷一五九因引正文作「衢地，吾將謹其市」，故其注文云：「衢地，四通交易之地。市，變事之端。方與諸侯結和，當謹約，使勿怠，使諸侯爭之。」今亦録之，以爲參考。

〔六七〕 「繼其食」，各本皆如此，唯簡本作「趣其後」。今並存之。

〔六八〕 「士心」，平津本作「其心」。

〔六九〕 「勵士心」，原本「士心」合併作「志」，今據平津本改。唯通典卷一五九引無「心」字，孫校本同，今並存之。

〔七〇〕 「相禦持也，窮則同心守禦」兩句，孫校本無。按：此二句全同通典卷一五九此處經文佑注，且牧注至「人人有禦敵持勝之心」文意已足，故此二句頗有續貂之嫌，或原係佑注而誤入於此，亦未可知。

〔七一〕 通典卷一六〇此處經文下又有佑注云：「相禦持也。窮則同心守禦。」

心者。」

〔七二〕 通典此處經文下又有佑注云：「勢有不得已也。言鬭太過，戰不可以惡勝，走不能脱，恐其有降人之心者。」

〔七三〕 「過則從」，櫻田本「過」作「逼」。

〔七四〕 以上諸句，各本皆如此，而趙注則謂其與上下文意不接，因而疑是重出之誤。查此三句確重見於軍争篇，唯曹注於兩處均有注文，可知操時已然。今仍之。

〔七五〕 「四五者不知一」，明茅元儀武備志兵訣評曾疑「四五」乃「此三」之誤，陸懋德集釋亦謂傳寫有誤，而簡本則正作「四五」，故此疑迨可破矣；唯「不知一」作「一不智（知）」，則與原本有異。而作「不知一」，實十一家注各本如此，平津本與武經各本則均作「一不知」，櫻田本同，唯「四」字上有「此」字。今並存之。又，「霸王之兵」簡本作「王霸之兵」，校釋從改。按：「霸王」一詞，在此即「霸」與「王」之合稱，與「王霸」無異，故改否均可，今兩存之。

〔七六〕 「威加於敵」，御覽卷三〇四引「敵」下又有「家」字，非是。

〔七七〕 「不争天下之交」，御覽卷三〇四引「争」字作「事」。「不養天下之權」，櫻田本「養」字作「奪」；「其城可拔，其國可隳」，御覽引又兩句互乙。今皆仍依原本。

〔七八〕 以上曹注，原本如此，而平津本「霸者」作「交者」，「己威得伸」亦無「己」字。按：以「不結成天下諸侯之權」釋「交」字之義，顯爲不當，故疑該本有誤。孫校本作「霸王者，不結成天下諸侯之權者也；絶天下之交，奪天下之權，以威德伸己之私」。按：孫校本詞意明晰，文字亦較修整，似較原本爲善。唯因對此節經文之解釋，存有原則分歧(觀梅、張之注,即可窺其一斑),故原文與孫校本並予存之,以資參考。

〔七九〕「折孤竹」,原本「折」作「斬」,今從孫校本改。

〔八〇〕「懸法外之賞罰」,原本「法外」作「國外」,談本同,孫校本亦未正。按:此作「國外之賞罰」於義難通,「國」字迨係涉上句「國」字而誤,今予改正。

〔八一〕此王注所引「曹公曰」以下至「此之謂也」,平津本乃爲此處經文本曹注,孫校本亦據通典補,而原本却無此曹注,或編者因王注援引而删之也。

〔八二〕「爲法作政」,原本「政」作「攻」,孫校本及中華本同。按此顯係誤字,今改正。

〔八三〕「賞罰嚴明」,原本「罰」又誤作「犯」。孫校未正,中華本改之,是。

〔八四〕平津本此處經文下又有曹注「兵尚詐力」四字。

〔八五〕「犯之以利,勿告以害」,孫子各本皆如此,歷來各家於此亦相沿成説,而無異辭。但簡本却作「……害,勿告以利」,與傳本正相反對,校釋從之。按:下文明言「投之亡地」、「陷之死地」,既如此,則何利之可犯?「夫衆陷於害」,豈非正是「犯之以害」之義乎?且既陷於害,則何利之可告?此非「勿告以利」之義乎?至於何以要犯之以害而勿告之以利?迨以此迫使部衆拚死力鬬以求存活也。孫子此意,上文已屢見之,如説「投之無所往,死且不北,死焉不得士人盡力」,「不得已則鬬」,以及「帥與之期,如登高而去其梯」等等。既投之無所往矣,既如登高而去其梯矣,若再説「犯之以利,勿告以害」,豈非南其轅而北其轍乎?故改之是。原文及諸家注均無取,唯可供參考而已。

〔八六〕「項羽」，原本誤「羽」爲「將」。孫校本未正，中華本正之，是。

〔八七〕「彼欲去」，原本無「彼」字，孫校本與中華本同，今據平津本補之。

〔八八〕「并敵」，櫻田本眉批云「并敵，今文作『并力』」，武備志兵訣評、鄧廷羅集注亦皆作「并力」。又，此處曹注，平津本作「先示之以間空虚弱之處，敵則并向而利之，雖千里，可擒其將也」。按：此注謂「并敵一向」指「敵則并向而利之」，非是，而原本「并兵向敵」則是也。今並存之，以資參奪。

〔八九〕簡本此句作「此胃巧事」，平津本與武經無「者也」二字。

〔九〇〕「成事巧者也」，平津本作「成事之巧也」。

〔九一〕「折符」，櫻田本作「折節」。又眉批云：「折，一本作『析』。」

〔九二〕「閉關以絶其符信」，平津本「以」字作「梁」。

〔九三〕「敵人開闔」，原本「人」字作「之」。孫校本與中華本同。按：此既明言所引下文成語，故當爲「人」字，今改正。

〔九四〕「廊廟之上」，簡本作「廊上」。櫻田本眉批云：「一本作『廟堂』。」

〔九五〕「謂間使」，原本作「間謂使」。孫校與中華本已正，是。

〔九六〕櫻田本此句作「先奪其所愛」，諸本則無「奪」字。

〔九七〕平津本「利便」二字互乙。

火攻篇〔一〕

曹操曰：以火攻人，當擇時日也〔二〕。○王晳曰：助兵取勝，戒虚發也。○張預曰：以火攻敵，當使姦細潛行，地里之遠近，途徑之險易，先熟知之，乃可往。故次九地。

①孫子曰：凡火攻有五：一曰火人〔三〕，

李筌曰：焚其營，殺其士卒也。○杜牧曰：焚其營栅，因燒兵士。吴起曰：「凡軍居荒澤，草木幽穢，可焚而滅。」蜀先主伐吴，吴將陸遜拒之於夷陵。先攻一營，不利，諸將曰：「空殺兵耳。」遜曰：「吾已曉破敵之術矣。」乃勑各持一把茅，以火攻拔之。一爾勢成，通率諸軍，同時俱攻。斬張南、馮習及胡王沙摩柯等，破四十餘營，死者萬數。備因夜遁，軍資器械畧盡，遂歐血而殂〔四〕。○梅堯臣曰：焚營栅荒穢，以助攻戰也。○何氏曰：魯桓公世，焚邾婁之咸丘，始以火攻也。後世兵家者流，故有五火之攻，以佐取勝之道也。如後漢班超使西域，到鄯善。初夜，將吏士奔虜營。會天大風，超令十人持鼓藏虜舍後，約曰：「見火燃，皆當鳴鼓大呼。」餘人悉持兵弩，夾門而伏。超順風縱火，前後鼓譟，虜衆驚亂。超手格殺三人，餘衆悉燒死。又，皇甫嵩率兵討黄巾賊張角，嵩保長社。賊來圍城，嵩兵少，軍中皆恐。召軍吏謂曰：「兵有奇變，不在衆寡。今賊依草結營，易爲風火；若因夜縱火，必大驚亂，吾出兵擊之，其功可成。」其夕，遂大風。嵩乃約勒軍士，皆束苣乘城，使鋭士間出圍外，縱火大呼，城上舉燎應之。嵩因鼓而奔其陳，賊驚亂奔走，大破之。又，五代梁太祖乾寧中，親領大軍，由鄆州東路北次於魚山。朱宣瑾覘知〔五〕，即以兵徑至，且圖速戰。帝整軍出砦。時宣瑾已陳於前。須臾，東南風大起，帝軍旌旗失次，甚有懼色。帝即令騎士揚鞭呼嘯。俄而，西北風驟發。時兩軍皆在草莽中，帝因令縱火。既而煙燄亘天，乘勢以攻賊陳。宣瑾大破，餘衆擁入清河。因築京觀於魚山之下。又，後唐伐蜀，工部任圜以大軍至漢州，康延孝來逆戰。圜命董璋以東川懦卒當其鋒，伏精兵於其後。延孝擊退東川之軍，急追之，遇伏兵。延孝敗，馳入漢州，閉壁不出。西川孟知祥以兵二萬，與圜合勢攻之。漢州四面樹竹木爲栅。三月，圜陳於金鴈橋，即率諸軍鼓譟而進，四面縱火，風燄亘空。延孝危急，引騎出陳於金鴈橋，又大敗之。○張預曰：焚彼營舍，以殺其士，火攻之先也。班超燒匈奴使者是也。○〔六〕

二曰火積，

李筌曰：焚積聚也。○杜牧曰：積者，積蓄也，糧食薪芻是也。高祖與項羽相持成臯，爲羽所敗，北渡河，得張耳、韓信軍，軍脩武，深溝高壘。使劉賈將二萬人、騎數百，渡白馬津，入楚地，燒其積聚，以破其業。楚軍乏食。隋文帝時，高熲獻取陳之策曰：「江南土薄，舍多茅竹，所有儲積，皆非地窖。可密遣行人，因風縱火；待彼修葺，復更燒之。不出數年，自可財力俱盡。」帝行其策，由是陳人益弊。○梅堯臣曰：焚其委積，以困芻糧。○張預曰：焚其積聚，使芻糧不足。故曰：「軍無委積則亡。」劉賈燒楚積聚是也。○〔七〕

三曰火輜，四曰火庫，

李筌曰：燒其輜重，焚其庫室。○杜牧曰：器械、財貨及軍士衣裝，在車中上道未止曰輜，在城營壘已有止舍曰庫，其所藏二者皆同。後漢末，袁紹相許攸降曹公曰：「今袁氏輜重有萬餘兩車，屯軍不嚴；今以輕兵襲之，不意而至，焚其積聚，不過三日，袁氏自敗。」公大喜，選精騎五千，皆用袁氏旗幟，銜枚縛馬口，從間道出入，抱束薪。所歷道有問者，語之曰：「袁公恐曹操抄畧後軍，遣兵以益備。」聞者信以爲然，皆自若。既至圍屯，大放火，營中驚亂，因大破之，輜重悉焚之矣。○陳皞曰：夫敵有愛惜之物，亦可以攻之；彼若出救，是我以火分其勢也。更遇其心神撓惑，自可破軍殺將也。○梅堯臣曰：焚其輜重，以窘貨財；焚其庫室，以空蓄聚。○何氏曰：如前秦苻堅遣將王猛伐前燕慕容暐，師至潞川，燕將慕容評率兵四十萬禦之，以持久制之。猛遣將郭慶率步騎五千，夜從間道起火於晉山，燒評輜重，火見鄴中，因而滅之。○張預曰：焚其輜重，使器用不供，故曰：「軍無輜重則亡。」曹操燒袁紹輜重是也。焚其府庫，使財貨不充，故曰：「軍無財，則士不來。」○〔八〕

五曰火隊〔九〕。

李筌曰：焚其隊仗兵器。○杜牧曰：焚其行伍，因亂而擊之。○梅堯臣曰：焚其隊仗，以奪兵具。「隊」一作「隧」。○賈林曰：隧，道也。燒絶糧道及轉運也。○何氏同賈林注。○張預曰：焚其隊仗，使兵無戰具。故曰「器械不利，則難以應敵」也。○〔一〇〕

②行火必有因，

曹操曰：因姦人。○李筌曰：因姦人而内應也。○陳皥曰：須得其便，不獨姦人。○賈林曰：因風燥而焚之。○張預曰：凡火攻，皆因天時燥旱，營舍茅竹，積芻聚糧，居近草莽，因風而焚之。○〔一一〕

煙火必素具〔一二〕。

曹操曰：煙火，燒具也。○李筌曰：乾蒭、蒿艾、糧糞之屬。○杜牧曰：艾蒿、荻葦、薪蒭、膏油之屬，先須修事以備用。兵法有火箭、火簾、火杏、火兵、火獸、火禽、火盜、火弩，凡此者皆可用也。○梅堯臣曰：潛姦伺隙，必有便也；秉秆持燧，必先備也。傳曰：「惟事事有備，乃無患也。」○張預曰：貯火之器，燃火之物，常須預備，伺便而發。○〔一三〕

發火有時，起火有日。

梅堯臣曰：不妄發也。○張預曰：不可偶然，當伺時日。

時者，天之燥也；

曹操曰：燥者，旱也。○梅堯臣曰：旱熯易燎。○張預曰：天時旱燥，則火易燃。○〔一四〕

日者，月在箕、壁、翼、軫也〔一五〕；凡此四宿者，風起之日也。

李筌曰：天文志：月宿此者多風。玉經云：「常以月加日，從營室順數十五至翼，月在宿於此也。」○杜牧曰：宿者，月之所宿也。四宿者，風之使也。○梅堯臣曰：箕，龍尾也；壁，東壁也；翼、軫，鶉尾也。宿在者，謂月之所次也。四宿好風，月離必起。○張預曰：四星好風，月宿則起。當推步躔次，知所宿之日，則行火。一說：春丙丁、夏戊己、秋壬癸、冬甲乙，此日有疾風猛雨。又占風法：取雞羽，重八兩，掛於五丈竿上，以候風所從來。四宿，即箕、壁、翼、軫也。○〔一六〕

③凡火攻，必因五火之變而應之〔一七〕。

梅堯臣曰：因火爲變，以兵應之。○張預曰：因其火變，以兵應之。五火，即人、積、輜、庫、隊也。

火發於內，則早應之於外〔一八〕。

曹操曰：以兵應之也。○李筌曰：乘火勢而應之也。○杜牧曰：凡火，乃使敵人驚亂，因而擊之，非謂空以火敗敵人也。聞火初作即攻之；若火闌衆定而攻之，當無益，故曰早也。○杜佑曰：使間人縱火於敵營内，當速進以攻其外也。○梅堯臣曰：内若驚亂，外以兵擊。○張預曰：火纔發於内，則兵急擊於外，表裏齊攻，敵易驚亂。

火發兵静者，待而勿攻〔一九〕；

杜牧曰：火作不驚，敵素有備，不可遽攻，須待其變者也。○梅堯臣曰：不驚撓者，必有備也。○王晳曰：以不變也。○何氏曰：火作而敵不驚呼者，有備也。我往攻，則反或受害〔二〇〕。○張預曰：火雖發而兵不亂者，敵有備也；復防其變，故不可攻。

極其火力，可從而從之，不可從而止〔二一〕。

曹操曰：見可而進，知難而退。○李筌曰：夫火發兵不亂，不可攻。○杜牧曰：俟火盡已來，若敵人擾亂，則攻之；若敵終静不擾，則收兵而退也。○杜佑曰：見利則進，知難則退。極，盡也。盡火力，可則應，不可則止，無使敵知其所爲。○梅堯臣曰：極其火勢，待其變則攻，不變則勿攻。○王晳曰：伺其變亂，則乘之；終不變亂，則自治而蓄力。○何氏曰：如魏滿寵征吴，敕諸將曰：「今夕風甚猛，賊必來燒我營，宜爲之備。」諸軍皆警。夜半，果來燒營，寵掩擊，破之者是也。○張預曰：盡其火勢，變亂則攻，安静則退。

火可發於外，無待於内，以時發之〔二二〕。

李筌曰：魏武破袁紹於官渡，用許攸計，燒輜重萬餘，則其義也。○杜牧曰：上文云五火變須發於内，若敵居荒澤草穢，或營栅可焚之地，即須及時發火，不必更待内發作然後應之，恐敵人自燒野草，我起火無益。漢時李陵征匈奴，戰敗，爲單于所逐，及於大澤。匈奴於上風縱火，陵亦先放火燒斷蒹葭，用絶火勢。○陳皥曰：以時發之，所謂天之燥，月之宿在四星也〔二三〕。○賈林曰：火可發於外，不必待内應，得時即應發，不可拘於常勢也。○梅堯臣同杜牧注。○張預曰：火亦可發於外，不必須待作於内，但有便則應時而發。黄巾賊張角圍漢將皇甫嵩於長社，賊依草結營，嵩使鋭士間出圍外，縱火大呼，城上舉燎應之，嵩因鼓而奔其陳，賊驚亂，遂敗走。

火發上風，無攻下風〔二四〕。

曹操曰：不便也。○李筌曰：隋江東賊劉元進攻王世充於延陵，令把草東方，因風縱火。俄而迴風，悉燒元進營，軍人多死者。○杜牧曰：若是東，則焚敵之東，我亦隨以攻其東；若火發東面，攻其西，則與敵人同受也。故無攻下風，則順風也。若舉東，可知其他也。○梅堯臣曰：逆火勢，非便也，敵必死戰。○王晳曰：或擊其左右可也。○張預曰：燒之必退，退而逆擊之，必死戰，故不便也。○〔二五〕

晝風久，夜風止〔二六〕。

曹操曰：數當然也。○李筌曰：不終始也。○杜牧曰：老子曰：「飄風不終朝。」○梅堯臣曰：凡晝風必夜止，夜風必晝止，數當然也。○王晳同梅堯臣注。○張預曰：晝起則夜息，數當然也。故老子曰：「飄風不終朝。」○〔二七〕

凡軍必知有五火之變，以數守之。

杜牧曰：須算星躔之數，守風起日，乃可發火，不可偶然而爲之。○杜佑曰：既知起五火五變，當復以數消息其可否。○梅堯臣曰：數星之躔，以候風起之日，然而發火，亦當自防其變。○張預曰：不可止知以火攻人，亦當防人攻己。推四星之度數，知風起之日，則嚴備守之。

④故以火佐攻者明，

梅堯臣曰：明白易勝。○張預曰：用火助攻，灼然可以取勝。○〔二八〕

以水佐攻者强；

杜佑曰：水以爲衝，故强。○梅堯臣曰：勢之强也。○張預曰：水能分敵之軍；彼勢分，則我勢强。

水可以絶，不可以奪。

曹操曰：火佐者，取勝明也。水佐者，但可以絶敵道，分敵軍，不可以奪敵蓄積〔二九〕。○李筌曰：軍者必守術數，而佐之水火，所以明强也。光武之敗王莽，魏武之擒吕布，皆其義也。以水絶敵人之軍，分爲二則可，難以奪敵人之蓄積。○杜牧曰：水可絶敵糧道，絶敵救援，絶敵奔逸，絶敵衝擊，不可以水奪險要蓄積也。○王晳曰：强者，取其決注之暴。○張預曰：水止能隔絶敵軍，使前後不相及，取其一時之勝，然不若火能焚奪敵之積聚，使之滅亡。若韓信決水斬楚將龍且，是一時之勝也。曹公焚袁紹輜重，紹因以敗，是使之滅亡也。水不若火，故詳於火而畧於水。

⑤**夫戰勝攻取，而不修其功者，凶，命曰「費留」。**

曹操曰：若水之留，不復還也。或曰：賞不以時，但費留也，賞善不踰日也。○李筌曰：賞不踰日，罰不踰時。若功立而不賞，有罪而不罰，則士卒疑惑，日有費也。○杜牧曰：修者，舉也。夫戰勝攻取，若不藉有功舉而賞之，則三軍之士必不用命也；則有凶咎，徒留滯費耗，終不成事也。○賈林曰：費留，惜費也。○梅堯臣曰：欲戰必勝、攻必取者，在因利乘便，能作爲功也。作爲功者，修火攻、水攻之類，不可坐守其利也。坐守其利者，凶也，是謂費留矣。○王晳曰：戰勝攻取，而不修功賞之差，則人不勸；不勸，則費財老師，凶害也已。○張預曰：戰攻所以能必勝必取者，水火之助也；水火所以能破軍敗敵者，士卒之用命也。不修舉有功而賞之，凶咎之道也。財竭師老而不得歸，費留之謂也。

故曰：明主慮之，良將修之，

杜牧曰：黄石公曰：「夫霸者，制士以權，結士以信，使士以賞；信衰則士疏，賞虧則士不爲用。」○賈林曰：明主慮其事，良將修其功。○梅堯臣曰：始則君發其慮，終則將修其功。○張預曰：君當謀慮攻戰之事，將當修舉尅捷之功。

非利不動〔三〇〕**，**

李筌曰：明主賢將，非見利不起兵。○杜牧曰：先見起兵之利，然後兵起。○梅堯臣曰：凡兵非利於民，不興也。一作「非利不起」也。

非得不用，

杜牧曰：先見敵人可得，然後用兵。○賈林曰：非得其利，不用也。

非危不戰。

曹操曰：不得已而用兵。○李筌曰：非至危不戰。○梅堯臣曰：凡用兵，非危急不戰也，所以重凶器也。○張預曰：兵，凶器；戰，危事。須防禍敗，不可輕舉，不得已而後用。

⑥**主不可以怒而興師**〔三一〕**，**

王晳曰：不可但以怒也，若息侯伐鄭。○張預曰：因怒興師，不亡者鮮。若息侯與鄭伯有違言而伐鄭，君子是以知息之將亡。

將不可以慍而致戰〔三二〕；

王晳曰：不可但以慍也，若晉趙穿。○張預曰：因忿而戰，罕有不敗。若姚襄怒符黄眉壓壘而陳，因出戰，爲黄眉所敗是也。怒大於慍，故以主言之；慍小於怒，故以將言之。君則可以興兵，將則止可言戰。

合於利而動，不合於利而止〔三三〕。

曹操曰：不得以己之喜怒而用兵也。○賈林曰：慍怒内作，不顧安危，固不可也。○杜佑曰：人主聚衆興軍，以道理勝負之計，不可以己之私怒。將舉兵，則以策，不可以慍恚之故而合戰也。○梅堯臣曰：兵以義動，無以怒興；戰以利勝，無以慍敗。○張預曰：不可因己之喜怒而用兵，當顧利害所在。尉繚子曰：「兵起非可以忿也。見勝則興，不見勝則止。」

怒可以復喜，慍可以復悦，

張預曰：見於色者，謂之喜；得於心者，謂之悦。

亡國不可以復存，死者不可以復生。

杜牧曰：亡國者，非能亡人之國也，言不度德，不量力，因怒興師，因慍合戰，則其兵自死，其國自亡者也。○杜佑曰：凡主怒興軍伐人，無素謀明計，則破亡矣。將慍怒而鬭，倉卒而合戰，所傷殺必多。怒慍復可以悦喜，言亡國不可復存，死者不可復生者，言當慎之〔三四〕。○梅堯臣曰：一時之怒，可返而喜也；一時之慍，可返而悦也。國亡軍死，不可復已。○王晳曰：喜怒無常，則威信去矣。○張預曰：君因怒而興兵，則國必亡；將因慍而輕戰，則士必死。

故明君慎之〔三五〕，良將警之，此安國全軍之道也〔三六〕。

杜牧曰：警言戒之也。○梅堯臣曰：主當慎重，將當警懼。○張預曰：君常慎於用兵，則可以安國；將常戒於輕戰，則可以全軍。

校記

〔一〕此篇篇題，櫻田本無「攻」字，只作「火篇第十二」。

〔二〕「以火攻人」，平津本無「人」字。

〔三〕「凡火攻」，簡本作「凡攻火」。

〔四〕「歐」，中華本改爲「嘔」。按：「歐」本有嘔義，漢書丙吉傳「醉歐丞相車上」，即言嘔於丞相車上，故可不改字。孫校本即未改。今仍之。

〔五〕「朱宣瑾」，原本脱「瑾」字，孫校未及，中華本補之，是，從之。

〔六〕通典卷一六〇此句經文下又有佑注云：「與敵陳師，敵傍近草，因風燒之，戰之助也。」

〔七〕通典此句經文下又有佑注「燒其蓄積」四字。

〔八〕通典此處經文下又有佑注「燒其輜重」和「當使間人入敵營，燒其兵庫也」。唯兩句注文分別在「火輜」、「火庫」兩句經文之後，與原本稍異。

〔九〕「火隊」，通典卷一六〇與御覽卷三二一引作「火墜」，而御覽卷八六九則又引作「火燧」，長短經水火引同。通典佑注又云「一曰火道」。按：「隊」、「燧」、「墜」古通，皆「隧」之借，在此乃道徑通路之義。左文十六年傳：「楚子會師臨品，分爲二隊以伐庸。」即言兵分兩路以伐庸。賈注「道也。燒絶糧道及轉運也」，是。而如李、牧等家以焚其隊仗或行伍釋之者，則失之。故原本「隊」字可仍之，但不能以隊仗或行伍爲解，至於以「墜」爲墜，墮之義，則更失之遠矣。

〔一〇〕通典卷一六〇此句經文下佑注云：「墜，墮也，以火墮入營中也。矢頭之法，以鐵籠火著箭頭，强弩射敵營中。一曰火道，燒絶其糧道也。」

〔一一〕通典此句經文下又有佑注云：「因姦人也。又因風燥而焚燒。」

〔一二〕此句各本皆如此，歷來各家亦未置疑，唯簡本作「因必素具」，校釋從之。案：依簡本作「因」固可，唯原本「煙火」如張注所云，指「貯火之器，燃火之物」，於義亦可通，且上句「因」字如曹、賈所說，指「姦人」或「風燥」，則此句「因」亦似未可言「素具」。故兩存之。

〔一三〕通典卷一六〇此句經文下又有佑注云：「燒烟具也。先具燒燧之屬。」

〔一四〕通典卷一六〇此句經文下佑注同曹注。

〔一五〕「月在箕、壁、翼、軫也」，通典卷一六〇引作「宿在戊箕、東壁、翼、軫也」，御覽卷三二一引同。長短經水火引作「宿在箕、壁、參、軫」。孫校本據通典、御覽改「月」爲「宿」。按：「宿」即指月之所在，故作「宿在」、「月在」，其義一也，今並存之。

〔一六〕通典卷一六〇此處經文下又有佑注云：「戊、翼參四宿。此宿之日，則風起也。蕭世誠曰：『春丙丁，夏戊己，秋壬癸，冬甲乙，此日有疾風猛雨也。吾勘太乙中有飛鳥十，精知風雨期，五子元運式也。各候其時，可以用火也。』唯「蕭世誠」誤作「蕭世識」，通典注未正，今予正之。再，此佑注原在「日者」與「凡此四宿者」兩句正文之下，今原文二句連屬，故此處注文亦合而爲一。

〔一七〕此句各本皆有之，且無異文，唯簡本自上句「風起之日也」之下，即緊接下句「火發……」，其間空字無多，故疑無此句。

〔一八〕「早應之於外」，御覽卷三二一引「早」作「軍」，孫校已指其誤，是。

〔一九〕此句諸本皆如此，唯孫校本據通典、御覽作「火發而其兵静者，待而勿攻」，簡本則作「火發其兵静，而勿攻」。校釋從之。按：此與原本雖有差異，而其義則無不同，故並存之。

〔二〇〕「反或受害」，原本「反」作「返」。按：「反」、「返」二字雖聲義並同，互可通假，但此處則當作「反」，故孫校本作「反」而不作「返」，是。

〔二一〕「極其火力」，簡本作「極其火央」，校釋從之。菁華録又作「猛其火力」。今仍之。

〔二二〕櫻田本於此句下又有「因變應之」四字，爲他本所未見。

〔二三〕「月之宿」，原本「月」作「日」，孫校本已正，是。

〔二四〕「火發上風」，通典卷一六〇引作「發於上風」。

〔二五〕通典此句經文下又有佑注云：「不便也。燒之必退，退而逆攻之，必爲所害也。」

〔二六〕此句諸本亦無異文，唯直解引張賁説謂「久」乃古「從」字之訛，言白晝因風放火，可從而擊之，夜風放火，則止而勿從，以免敵人逞我也。按：此説不謂無理，唯依各本作「晝風久，夜風止」，言欲用火攻，亦需知晝風夜止之數，如此亦自可通。故仍之，並存張説。

〔二七〕通典卷一六〇此句經文下又有佑注云：「數常也。陽，風也，晝風則火氣相動也，夜風卒。欲縱火，亦當如風之長短。」按：此注個別文字有誤。末句「亦當如風之長短」之「如」字，孫校本改爲「知」，是。但次句「陽，風也」，孫校本則仍之。但正文無「陽」字，何注文又出「陽」字？故疑「陽，風也」當是「風，陽也」之誤倒。正因風爲陽，故晝風而致「火氣相動」也。

〔二八〕平津本此句經文下又有曹注「取勝明也」四字。而此四字十一家注本在下「不可以奪」句下。

〔二九〕此處曹注，平津本無首句「火佐者，取勝明也」，此乃上「火佐」句之注。「水佐者，但可以絶敵道」，平津本則作「水但能絶敵糧道」。今並存之，以相參較。

〔三〇〕御覽卷二七二引「不動」作「不起」。總要卷一又作「不赴」。今仍之。

〔三一〕「興師」，簡本作「興軍」，通典卷一五六與御覽卷二七二、三一一引並同。今兩存之。

〔三二〕「致戰」，御覽卷二七二引作「合戰」。

〔三三〕此二句諸本皆如此，簡本作「合乎利而用，不合而止」，通典卷一五六與御覽卷二七二引「動」亦皆作「用」，但通典卷一五三引則又同原本作「動」，是「動」、「用」二字亦常相亂也。今仍之。

〔三四〕此處佑注「怒慍復可以悦喜，言亡國不可復存，死者不可復生者」三句，通典卷一五六作「怒慍可以復悦喜，言亡國不可以復存，死者不可復生者」，文字稍有參差。又，原注「悦」作「説」，古通。今統作「悦」，以與經文一致。

〔三五〕「慎」字，原本缺筆，當是避南宋孝宗趙昚（即古「慎」字）諱。此字關涉對原本刊刻時間的推斷（見前代序），故值得重視。

〔三六〕「安國全軍之道」，通典卷一五六引作「安危之道」，御覽卷三一一引同，而卷二七二引則又作「安國之道」。

用間篇〔一〕

曹操、李筌曰：戰者，必用間諜，以知敵之情實也〔二〕。○張預曰：欲素知敵情者，非間不可也。然用間之道，尤須微密，故次火攻也。

①孫子曰：凡興師十萬，出征千里，百姓之費，公家之奉，日費千金；内外騷動，怠於道路，不得操事者七十萬家〔三〕。

曹操曰：古者，八家爲鄰，一家從軍，七家奉之。言十萬之師舉，不事耕稼者七十萬家。○李筌曰：古者，發一家之兵，則鄰里三族共資之，是以不得耕作者七十萬家，而資十萬之衆矣。○杜牧曰：古者，一夫田一頃。夫九頃之地，中心一頃，鑿井樹廬，八家居之，是爲井田。怠，疲也。言七十萬家奉十萬之師，轉輸疲於道路也。○梅堯臣曰：輸糧供用，公私煩役，疲於道路，廢於耒耜也。曹説是也。○張預曰：井田之法：八家爲鄰，一家從軍，七家奉之。興兵十萬，則輟耕作者七十萬家也。或問曰：重地則掠，疲於道路而轉輸何也？曰：非止運糧，亦供器用也。且兵貴掠敵者，謂深踐敵境，則當備其乏，故須掠以繼食，非專館穀於敵也。亦有磧鹵之地，無糧可因，得不餉乎？

相守數年，以爭一日之勝，而愛爵禄百金，不知敵之情者，不仁之至也，

李筌曰：惜爵賞，不與間諜，令窺敵之動静，是爲不仁之至也。○杜牧曰：言不能以厚利使間也。○梅堯臣曰：相守數年，則七十萬家所費多矣；而乃惜爵禄百金之微，不以遺間釣情取勝，是不仁之極也。○王晳曰：悋財賞，不用間也。○張預曰：相持且久，七十萬家財力一困；不知恤此，而反靳惜爵賞之細，不以啗間求索知敵情者，不仁之甚也。

非人之將也〔四〕**，**

梅堯臣曰：非將人成功者也。

非主之佐也，

一本作「非仁之佐」也。○梅堯臣曰：非以仁佐國者也。

非勝之主也。

梅堯臣曰：非致勝主利者也。○張預曰：不可以將人，不可以佐主，不可以主勝。勤勤而言者，嘆惜之也。

故明君賢將〔五〕**，所以動而勝人，成功出於衆者，先知也。**

李筌曰：爲間也。○杜牧曰：知敵情也。○梅堯臣曰：主不妄動，動必勝人；將不苟功，功必出衆。所以者何也？在預知敵情也。○王晳曰：先知敵情，制勝如神也。○何氏曰：周官「士師掌邦諜」，蓋異國間伺之謂也。故兵家之有四機，二權，曰事機〔六〕，曰智權，皆善用間諜者也。故能敵人動静，我預知矣。韋孝寬爲驃騎大將軍，鎮玉壁。孝寬善於撫御，能得人心。所遣間諜入齊者，皆爲盡力；亦有齊人得孝寬金貨，遥通書疏。故齊之動静，朝廷皆先知之。時有主帥許盆，孝寬委以心膂，令守一戍。盆乃以城東入。孝寬怒，遣諜取之。俄而斬首而還。其能致物情如此。又，李達爲都督義州、弘農等二十一防諸軍事，每厚撫境外之人，使爲間諜，敵中動静，必先知之。至有事泄被誅戮者，亦不以爲悔，其得人心也如此。○張預曰：先知敵情，故動則勝人，功業卓然，超絶羣衆。

先知者，不可取於鬼神〔七〕，

張預曰：視之不見，聽之不聞，不可以禱祀而取。

不可象於事，

曹操曰：不可以禱祀而求〔八〕，亦不可以事類而求也。○李筌曰：不可取於鬼神象類，唯間者能知敵之情。○杜牧曰：象者，類也。言不可以他事比類而求。○梅堯臣曰：不可以卜筮知也，不可以象類求也。○張預曰：不可以事之相類者，擬象而求。

不可驗於度，

曹操曰：不可以事數度也。○李筌曰：度，數也。夫長短、闊狹、遠近、小大，即可驗之於度數；人之情僞，度不能知也。○梅堯臣曰：不可以度數驗也，言先知之難也。○張預曰：不可以度數推驗而知。

必取於人，知敵之情者也〔九〕。

曹操曰：因人也。○李筌曰：因間人也。○梅堯臣曰：鬼神之情，可以卜筮知；形氣之物，可以象類求；天地之理，可以度數驗。唯敵之情，必由間者而後知也。○張預曰：鬼神、象類、度數，皆不可以求，先知必因人而後知敵情也。

②**故用間有五：有因間**〔一〇〕，**有内間，有反間，有死間，有生間。**

梅堯臣曰：五間之名也。○張預曰：此五間之名。「因間」當爲「鄉間」，故下文云「鄉間可得而使」。

五間俱起，莫知其道，是謂神紀，人君之寶也〔一一〕。

曹操曰：同時任用五間也。○李筌曰：五間者，因五人用之。○杜牧曰：五間俱起者，敵人不知其情泄形露之道，乃神鬼之綱紀，人君之重寶也。○梅堯臣曰：五間俱起以間敵，而莫知我用之之道，是曰神妙之綱紀，人君之所貴也。○王皙曰：五間俱起，人不之測，是用兵神妙之大紀，人主之重寶也。○賈林曰：紀，理也。言敵人但莫知我以何道，如通神理也。○張預曰：五間循環而用，人莫能測其理，茲乃神妙之綱紀，人君之重寶也。

因間者，因其鄉人而用之。

杜牧曰：因敵鄉國之人而厚撫之，使爲間也。晉豫州刺史祖逖之鎮雍丘，愛人下士，雖踈交賤隸，皆恩禮而遇之。河上堡固先有任子在胡者，皆聽兩屬；時遣游軍僞抄之，明其未附。諸塢主感戴〔三〕，胡有異圖，輒密以聞，前後剋獲，蓋由於此。西魏韋孝寬使齊人斬許盆而來，猶其義也。○賈林曰：讀「因間」爲「鄉間」。○杜佑曰：因敵鄉人知敵表裏虚實之情，故就而用之，可使伺候也。○梅堯臣曰：因其國人，利而使之。○何氏曰：如春秋時楚師伐宋，九月不服，將去宋，楚大夫申叔時曰：「築室反耕者，宋必聽命。」楚子從之。宋人懼，使華元夜入楚師，登子反之牀，起之，曰：「寡君使元以病告，曰：弊邑易子而食，析骸而爨；雖然，城下之盟有以國斃，不能從也。去我三十里，唯命是聽。」子反懼，與之盟，而告楚子，退三十里，宋及楚平。○張預曰：因敵國人知其底裏，就而用之，可使伺候也。韋孝寬以金帛啗齊人，而齊人遥通書疏是也。

内間者，因其官人而用之。

李筌曰：因敵人失職之官，魏用許攸也。○杜牧曰：敵之官人，有賢而失職者，有過而被刑者，亦有寵嬖而貪財者，有屈在下位者，有不得任使者，有欲因敗喪以求展己之材能者，有翻覆變詐，常持兩端之心者，如此之官，皆可以潛通問遺，厚貺金帛而結之，因求其國中之情，察其謀我之事，復間其君臣，使不和同也。○杜佑曰：因在其官失職者，若刑戮之子孫與受罰之家也，因其有隙，就而用之。○梅堯臣曰：因其官屬，結而用之。○何氏曰：如益州牧羅尚遣將隗伯攻蜀賊李雄於郫城，互有勝負。雄乃募武都人朴泰，鞭之見血，使譎羅尚，欲爲内應，以火爲期。尚信之，悉出精兵，遣隗伯等率兵從泰擊雄。雄將李驤於道設伏，泰以長梯倚城而舉火。伯軍見火起，而争緣梯，泰又以繩汲上尚軍百餘人，皆斬之。雄因放兵，内外擊之，大破尚軍。此用内間之勢也。又，隋陰壽爲幽州總管，高寶寧舉兵反，壽討之。寶寧奔於磧北。壽班師，留開府成道昂鎮之。寶寧遣其子僧伽率輕騎掠城下而去，尋引契丹靺鞨之衆來攻。道昂苦戰連月，乃退。壽患之，於是重購寶寧，又遣人陰間其所親任者趙世模、王威等。月餘，世模率其衆降。寶寧復走契丹，爲其麾下趙修羅所殺，北邊遂安。又，唐太宗討竇建德，入武牢，進薄其營，多所傷殺。凌敬進説曰：「宜悉兵濟河，攻取懷州河陽，使重將居守；更率衆鳴鼓建旗，踰太行，入上黨，先聲後實，傳檄而定；漸趨壺口，稍駭蒲津，收河東之地，此策之上也。行必有三利：一則入無人之境，師有萬全；二則拓土得兵；三則鄭圍自解。」建德將從之，王世充之使長孫安世陰齎金玉，啗其諸將，以亂其謀。衆咸進諫曰：「凌敬書生耳，豈可與言戰乎？」建德從之，退而謝敬曰：「今衆心甚鋭，此天贊我矣！因此決戰，必然大捷，已依衆議，不得從公言也。」敬固争，建德怒，扶出焉。於是悉衆進逼武牢。太宗按甲，挫其鋭。建德中槍，竄於牛口渚，車騎將軍白士讓、楊武威生獲之。又，王翦爲秦將，攻趙，趙使李牧、司馬尚禦之〔一三〕。李牧數破走秦軍，殺秦將桓齮。翦惡之，乃多與趙王寵臣郭開等金，使爲反間，曰：「李牧、司馬尚欲與秦反趙，以多取封於秦。」趙王疑之，使趙葱及顔聚代將，斬李牧，廢司馬尚。後三月，翦因急擊趙，大破，殺趙葱，虜趙王遷及其將顔聚也。○張預曰：因其失意之官，或刑戮之子弟，凡有隙者，厚利使之。晉任析公，吴納子胥，皆近之。

反間者，因其敵間而用之。

李筌曰：敵有間來窺我得失，我厚賂之，而令反爲我間也。○杜牧曰：敵有間來窺我，我必先知之，或厚賂誘之，反爲我用，或佯爲不覺，示以僞情而縱之，則敵人之間反爲我用也。陳平初爲漢王護軍尉，項羽圍於滎陽城，漢王患之。請割滎陽以西和，項王弗聽。平曰：「顧楚有可亂者，彼項王骨鯁之臣亞父、鍾離昧、龍且、周殷之屬，不過數人耳。大王能出捐數萬斤金，行反間間其君臣，以疑其心；項王爲人意忌信讒，必内相誅，漢因舉兵而攻之，破楚必矣。」漢王以爲然，乃出黄金四萬斤與平，恣所爲，不問出入。平既多以金縱反間於楚軍，宣言：諸將鍾離昧等爲項王將，功多矣，然終不得列地而王，欲與漢爲一，以滅項氏，分王其地。項王果疑之，使使至漢。漢爲太牢之具，舉進，見楚使，即陽驚曰：「吾以爲亞父使，乃項王使也！」復持去，以惡草具進楚使。使歸，具以報項王。果大疑亞父。亞父欲急擊下滎陽城，項王不信，不肯聽亞父。亞父聞項王疑之，乃大怒，疽發而死。卒用陳平之計滅楚也。○梅堯臣曰：或以僞事紿之，或以厚利啗之。○王晳曰：反間，反爲我間也。或留之使言其情，又或示以詭形而遣之。○何氏曰：如燕昭王以樂毅爲將，破齊七十餘城。及惠王立，與樂毅有隙。齊將田單乃縱反間於燕，宣言曰：「齊王已死，城之不拔者二耳。樂毅畏誅而不敢歸，以伐齊爲名，實欲連兵南面而王齊；齊人未附，故且緩即墨以待其事。齊人所懼，唯恐他將之來，即墨殘矣！」燕王以爲然，使騎劫代樂毅。燕人士卒離心。單又縱反間曰：「吾懼燕人掘吾城外冢墓，戮辱先人。」燕軍從之。即墨人激怒，請戰，大破燕師，所亡七十餘城，悉復之。又，秦師圍趙閼與，趙將趙奢救之，去趙國都三十里不進。秦間來，奢善食遣之。間以報秦將，以爲奢師怯弱而止不行。奢隨而卷甲趨秦師，擊破之。又，范睢爲秦昭王相，使左庶長王齕攻韓，取上黨。上黨民走趙。趙軍長平。齕因攻趙，趙使廉頗將。廉頗堅壁以待秦。秦數挑戰，趙兵不出。趙王數以爲讓。而睢使人行千金於趙，爲反間曰：「秦之所惡，獨畏趙括耳，廉頗軍易與，且降矣。」趙王既怒廉頗軍多亡失數敗，又反堅壁不戰，又聞秦反間之言，因使括代頗。秦聞括將，以白起爲上將軍，射殺括及坑降卒四十萬。○張預曰：敵有間來，或重賂厚禮以結之，告以僞辭，或佯爲不知，踈而慢之，示以虛事，使之歸報，則反爲我利也。趙奢善食秦間，漢軍

佯驚楚使是也。○〔一四〕

死間者，爲誑事於外，令吾間知之，而傳於敵間也〔一五〕。

李筌曰：情詐僞，不足信，吾知之，令吾動此間而待之〔一六〕。此筌以「待」字爲非「傳」也。○杜牧曰：誑者，詐也。言吾間在敵，未知事情，我則詐立事跡，令吾間憑其詐跡，以輸誠於敵，而得敵信也。若我進取，與詐跡不同，間者不能脱，則爲敵所殺，故曰死間也。漢王使酈生説齊，下之；齊罷守備，韓信因而襲之；田横怒烹酈生，此事相近。○杜佑曰：作誑詐之事於外，佯漏泄之，使吾間知之。吾間至敵中，爲敵所得，必以誑事輸敵〔一七〕，敵從而備之；吾所行不然，間則死矣。又云：敵間來，聞我誑事以持歸，然皆非所圖也。二間皆不能知幽隱深密，故曰死間也。蕭世誠曰：「所獲敵人及己叛亡軍士有重罪繫者，故爲貸免，相勑勿泄，佯不祕密，令敵間竊聞之。吾因縱之使亡，亡必歸，敵必信焉，往必死，故曰死間。」○梅堯臣曰：以誑告敵，事乖必殺。○王晳曰：詐吾間，使敵得之。間以吾詐告敵，事決必殺之也。○何氏曰：如戰國鄭武公欲伐胡，先以其子妻胡，因問羣臣曰：「吾欲用兵，誰可伐者？」大夫關期思曰：「胡可〔一八〕。」武公怒而戮之，曰：「胡，兄弟之國；子言伐之，何也？」胡君聞之，以鄭爲親己，不備。鄭襲而取之。此用死間之勢也。又，班超發于闐諸國兵擊莎車、龜兹二國，揚言兵少不敵，罷散。乃陰緩生口，歸以告。龜兹王喜而不虞。超即潛勒兵，馳赴莎車，大破降之。斯亦同死間之勢。又，李靖伐突厥頡利可汗，以唐儉先在突厥結和親，突厥不備，靖因掩擊，破之。○張預曰：欲使敵人殺其賢能，乃令死士持虛僞以赴之。吾間至敵，爲彼所得，彼以誑事爲實，必俱殺之。我朝曹太尉嘗貸人死，使僞爲僧，吞蠟彈入西夏。至，則爲其所囚。僧以彈告，即下之。開讀，乃所遺彼謀臣書也。戎主怒，誅其臣，並殺間僧。此其義也。然死間之事非一，或使吾間詒敵約和，我反伐之，則間者立死。酈生烹於齊王，唐儉殺於突厥是也。

生間者，反報也。

李筌曰：往來之使。○杜牧曰：往來相通報也。生間者，必取内明外愚、形劣心壯、趫捷勁勇、閑於鄙事、能忍飢寒垢耻者爲之。○賈林曰：身則公行，心乃私覘，往反報復，常無所害，故曰生間。○杜佑曰：擇己有賢材智謀，能自開通於敵之親貴，察其動靜，知其事計，彼所爲已知其實，還以報我，故曰生間。○梅堯臣曰：使智辨者往覘其情，而以歸報也。○何氏曰：如華元登子反之牀而歸。又如隋達奚武爲東秦刺史時，齊神武趣沙苑，太祖遣武覘之，武從三騎，皆衣敵人衣服，至日暮，去營數百步，下馬潛聽，得其軍號。因上馬歷營，若警夜者；有不如法者，往往撻之。具知敵之情狀，以告太祖，太祖深嘉焉，遂破之。○張預曰：選智能之士，往視敵情，歸以報我。若婁敬知匈奴之强，以告高祖之類。然生間之事亦衆，或己欲退，告敵以戰；或己欲戰，告敵以退。若秦行人夜戒晉師曰：「來日請相見。」臾駢曰：「使者目動而言肆，懼我也。」秦果夜遁。又，吕延攻乞伏乾歸，大敗之。乾歸乃遣間稱東奔成紀。延信而追之。耿稚曰：「告者視高而色動，必有姦計。」延不從，遂爲所敗是也。

③**故三軍之事，莫親於間**〔一九〕，

杜牧曰：受辭指蹤，在於卧内。○杜佑曰：若不親撫，重以禄賞，則反爲敵用，洩我情實。○梅堯臣曰：入幄受詞，最爲親近。○王晳曰：以腹心親結之。○張預曰：三軍之士，然皆親撫，獨於間者以腹心相委，是最爲親密也。

賞莫厚於間〔二〇〕，

杜佑曰：以重賞賞之，而賴其用。○梅堯臣曰：爵禄金帛，我無愛焉。○王晳曰：軍功之賞，莫厚於此。○張預曰：非高爵厚利，不能使間。陳平曰：「願出黄金四十萬斤，間楚君臣。」

事莫密於間。

杜牧曰：出口入耳也。「密」一作「審」。○杜佑曰：間事不密，則爲己害。○梅堯臣曰：幾事不密，則害成。○王晳曰：獨將與謀。○張預曰：惟將與間得聞其事，非密與？

非聖智不能用間〔二一〕，

杜牧曰：先量間者之性，誠實多智，然後可用之。厚貌深情，險於山川，非聖人莫能知。○梅

堯臣曰：知其情僞，辨其邪正，則能用。○王皙曰：聖通而先識，智明於事。○張預曰：聖，則事無不通；智，則洞照幾先，然後能爲間事。或曰：聖智則能知人。○〔二二〕

非仁義不能使間〔二三〕，

陳皥曰：仁者有恩以及人，義者得宜而制事。主將者，既能仁結而義使，則間者盡心而覘察，樂爲我用也。○孟氏曰：太公曰：「仁義著，則賢者歸之。」賢者歸之，則其間可用也。○梅堯臣曰：撫之以仁，示之以義，則能使。○王皙曰：仁結其心，義激其節；仁義使人，有何不可？○張預曰：仁則不愛爵賞，義則果決無疑。既啗以厚利，又待以至誠，則間者竭力。

非微妙不能得間之實〔二四〕。

杜牧曰：間亦有利於財寶，不得敵之實情，但將虚辭以赴我約，此須用心淵妙，乃能酌其情僞虚實也。○杜佑曰：用意密而不漏〔二五〕。○梅堯臣曰：防間反爲敵所使，思慮故宜幾微臻妙。○王皙曰：謂間者必性識微妙，乃能得所間之事實。○張預曰：間以利害來告，須用心淵微精妙，乃能察其真僞。

微哉微哉，無所不用間也！

杜牧曰：言每事皆須先知也。○梅堯臣曰：微之又微，則何所不知？○王皙曰：丁寧之，當事事知敵之情也。○張預曰：密之又密，則事無巨細，皆先知也。

④間事未發而先聞者，間與所告者皆死〔二六〕。

杜牧曰：告者非誘間者，則不得知間者之情，殺之可也。○陳皞曰：間者未發其事，有人來告，其聞者、所告者亦與間者俱殺以滅口，無令敵人知之。○梅堯臣曰：殺間者，惡其泄；殺告者，滅其言。○何氏曰：兵謀大事，泄者當誅；告人亦殺，恐傳諸衆。○張預曰：間敵之事，謀定而未發，忽有聞者來告，必與間俱殺之，一惡其泄，一滅其口。秦已間趙不用廉頗，秦乃以白起爲將，令軍中曰：「有泄武安君將者，斬！」此是已發其事，尚不欲泄，況未發乎？

凡軍之所欲擊，城之所欲攻，人之所欲殺，必先知其守將、左右、謁者、門者、舍人之姓名，令吾間必索知之。

李筌曰：知其姓名，則易取也。○杜牧曰：凡欲攻戰，先須知敵所用之人賢愚巧拙，則量材以應之。漢王遣韓信、曹參、灌嬰擊魏豹，問曰：「魏大將誰也？」對曰：「柏直。」漢王曰：「是口尚乳臭，不能當韓信。騎將誰也？」曰：「馮敬。」曰：「是秦將馮無擇子也。雖賢，不能當灌嬰。步卒將誰也？」曰：「項它。」曰：「是不能當曹參。吾無患矣。」○陳皞曰：此言敵人左右姓名，必須我先知之。或敵使間來，我當使間去，若不知其左右姓名，則不能成間者之說。漢高伐秦，至嶢關，張良曰：「吾聞其將賈豎爾，可以利啗之。」又曰：「其將雖曰欲和，其軍士未肯，不如因其懈而擊之。」乃進兵擊破之。又，宋華元夜登子反之床，以告宋病，若非素知門人、舍人、左右姓名，先使間導之，又何由得登其床也？○杜佑曰：守，謂官守職任者。謁，告也，主告事者也。門者，守門者也。舍人，守舍之人也。必先知之爲親舊，有急則呼之，則不可不知，亦因此知敵之情〔二七〕。○梅堯臣曰：凡敵之左右前後之姓名，皆須審省，而令吾間先知，則吾間可行矣。○王晳曰：不可臨事求也。○張預曰：守將，守官任職之將也。謁者，典賓客之官也。門者，閽吏也。舍人，守舍之人也。凡欲擊其軍，欲攻其城，欲殺其人，必先知此左右之姓名，則可也。欲潛入其軍，則呼其姓名而往，若華元夜登子反之床，以告宋病，杜元凱注引此文謂元用此術，得以自通，是也。又，漢高祖入韓信卧内，取其印，亦近之。

必索敵人之間來間我者，因而利之，導而舍之〔二八〕，

杜佑曰：舍，居止也。令吾人遺以重利，復遇而舍之，則可令詭其辭〔二九〕。

故反間可得而用也。

曹操曰：舍，居止也。○杜牧曰：敵間之來，必誘以厚利而止舍之，使爲我反間也。○杜佑曰：故能取敵之間而用之。○梅堯臣曰：必探索知敵之來間者，因而利誘之，引而舍止之，然後可爲我反間也。○王晳曰：此留敵間以詢其情者也。必謹舍之，曲爲辯說，深致情愛，然後啗以大利，威以大刑，自非至忠於其君王者，皆爲我用矣。○張預曰：索，求也。求敵間之來窺我者，因以厚利，誘導而館舍之，使反爲我間也。言舍之者，謂稽留其使也。淹延既久，論

事必多，我因得察敵之情。下文言四間皆因反間而知，非久留其人，極論其事，則何以悉知？

因是而知之，故鄉間、内間可得而使也。

杜牧曰：若敵間，以利導之，尚可使爲我反間，因此乃知，厚利亦可使鄉間、内間也。此言使間非利不可。故上文云：「相守數年，争一日之勝，而愛爵禄百金，不知敵情者，不仁之至也。」下文皆同其義也。○陳皞曰：此説踈也。言敵使間來，以利啗之，誘令止舍，因得敵之情，因間、内間可使反間誘而使之。○杜佑曰：因反敵間而知敵情，鄉間、内間者皆可得使〔三〇〕。○梅堯臣曰：其國人之可使者，其官人之可用者，皆因反間而知之。○張預曰：因是反間，知彼鄉人之貪利者，官人之有隙者，誘而使之。

因是而知之，故死間爲誑事，可使告敵〔三一〕。

張預曰：因是反間，知彼可誑之事，使死間往告之。

因是而知之，故生間可使如期。

杜牧曰：可使往來如期。○陳皞曰：言五間皆循環相因，惟生間可使如期。○杜佑曰：因誑事而知敵情。生間往返，可使知其敵之腹心所在。○梅堯臣曰：令吾間以誑告敵者，須因反間而知敵之可誑也。生間以利害覘敵情，須因反間而知其踈密，則可往得實而歸如期也。○張預曰：因是反間，知彼之情，故生間可往復如期也。

五間之事，主必知之，

李筌曰：孫子殷勤於五間，主切知之。

知之必在於反間，故反間不可不厚也。

杜牧曰：鄉間、内間、死間、生間，四間者，皆因反間知敵情而能用之，故反間最切，不可不厚也。○杜佑曰：人主當知五間之用，厚其禄，豐其財。而反間者，又五間之本，事之要也，故當在厚待。○梅堯臣曰：五間之始，皆因緣於反間，故當厚遇之。○張預曰：人主當用五間以知敵情，然五間皆因反間而用，則是反間者，豈可不厚待之耶？

⑤昔殷之興也，伊摯在夏；

曹操曰：伊摯，伊尹也〔三二〕。

周之興也，吕牙在殷。

曹操曰：吕牙，太公也〔三三〕。○梅堯臣曰：伊尹、吕牙，非叛於國也，夏不能任而殷任之，殷不能用而周用之，其成大功者，爲民也。○何氏曰：伊、吕，聖人之耦，豈爲人間哉？今孫子引之者，言五間之用，須上智之人如伊、吕之才智者，可以用間，蓋重之之辭耳。○張預曰：伊尹，夏臣也，後歸於殷；吕望，殷臣也，後歸於周。伊、吕相湯、武，以兵定天下者，順乎天而應乎人也，非同伯州犁之奔楚，苗賁皇之適晉，狐庸之在吴，士會之居秦也。

故惟明君賢將，能以上智爲間者，必成大功。此兵之要，三軍之所恃而動也。

李筌曰：孫子論兵，始於計而終於間者，蓋不以攻爲主，爲將者可不慎之哉？○杜牧曰：不知敵情，軍不可動；知敵之情，非間不可，故曰「三軍所恃而動」。李靖曰：「夫戰之取勝，此豈求於天地？在乎因人以成之。歷觀古人之用間，其妙非一，即有間其君者，有間其親者，有間其賢者，有間其能者，有間其助者，有間其鄰好者，有間其左右者，有間其縱横者，故子貢、史廖、陳軫、蘇秦、張儀、范雎等，皆憑此而成功也。且間之道有五焉：有因其邑人，使潛伺察而致辭焉；有因其仕子，故洩虚假令告示焉；有因敵之使，矯其事而返之焉；有審擇賢能，使覘彼向背虚實而歸説之焉；有佯緩罪戾，微漏我僞情浮計使亡報之焉。凡此五間，皆須隱祕，重之以賞，密之又密，始可行焉。若敵有寵嬖，任以腹心者，我當使間遺其珍玩，恣其所欲，順而旁誘之。敵有重臣失勢，不滿其志者，我則啗以厚利，詭相親附，採其情實而致之。敵有親貴左右，多辭誇誕、好論利害者，我則使間曲情尊奉，厚遺珍寶，揣其所間而反間之。敵若使聘於我，我則稽留其使，令人與之共處，矯致慇懃，僞相親暱，朝夕慰諭，倍供珍味，觀其辭色而察之；仍朝夕令使獨與己伴居，我遣聰耳者，潛於複壁中聽之；使既遲違，恐彼怪責，必是竊論心事。我知事計，遣使用之。且夫用間間人，人亦用間以間己；己以密往，人以密來。理須獨察於心，參會於事，則不失矣。若敵人來，欲候我虛實，察我動静，覘知事計而行其間者，我當佯爲不覺，舍止而善飯之，微以我僞言誑事，示以前却期會，則我之所須爲彼之所失者，因其有間而反間之。彼若將我虛以爲實，我即乘之而得志矣。夫水所以能濟舟，亦有因水而覆没者。間所以能成功，亦有憑間而傾敗者。若束髮事主，當朝正色，忠以盡節，信以竭誠，不詭伏以自容，不權宜以爲利，雖有善間，其可用乎？」○陳皞曰：晉伯州犁奔楚，楚苗賁皇奔晉，及晉、楚合戰於鄢陵，苗賁皇在晉侯之側，伯州犁侍於楚王，二人各言舊國長短之情。然則晉所以勝楚者，楚所以敗者，其故何也？二子則有優劣也。是知用間之道，間敵之情，得不慎擇其人，深究其説也？故上文云「非聖智莫能用間」者。夫聖智知人，人即附之；賢者受知，則戮力爲效。非聖非智，必猜必忌。公道不啓，仁義不施，則義士賢人因而銜憤，此將上天不祐，幽有鬼神，設無人事之變，恐有陰誅之禍，豈上智之士爲其用哉？故上文云：「非仁義莫能使間。」然則，湯、武之聖，伊、吕宜用；伊、吕獲用，事宜必濟。聖賢一會，交泰時乘，道合乾坤，功格寰宇，當其耕夫於畎畝，釣叟於渭濱，知我者，誰能無念也？○賈林曰：軍無五間，如人之無耳目也。○王晳曰：未知敵情者，不可動也。○張預曰：用師之本，在知敵情，故曰「此兵之要」也。未知敵情，則軍不可舉，故曰「三軍所恃而動」也。然處十三篇之末者，蓋用非兵之常也。若計、戰、攻、形、勢、虛實之類，兵動則用之；至於火攻與間，則有時而爲耳。

校記

〔一〕櫻田本無「用」字，作「間篇第十三」。

〔二〕「必用間諜」，原本如此，孫校本同，而平津本則作「必先用間諜」。按：孫子用兵，强調「先知」，下文明言「明君賢將，所以動而勝人，成功出於衆者，先知也」，故當以平津本有「先」字。又「敵之情實」，平津本作「敵情」，亦較原本簡練。

〔三〕「興師十萬」，長短經還師引「十」作「百」。又「出征」，孫校本作「出兵」，御覽卷二九二引又作「出師」，且無「怠於道路」四字。

〔四〕「非人之將」，簡本「人」字作「民」。

〔五〕「明君賢將」，御覽卷二九二引作「明王聖主，賢君勝將」。

〔六〕「機」字，原本誤作「幾」，孫校本已正，是。

〔七〕御覽卷二九二引無「先知者」三字。

〔八〕「不可以禱祀而求」，平津本在上句「不可取於鬼神」句下。

〔九〕此句諸本雖稍有參差，但無異義，唯簡本作「必取於人知者」。

〔一〇〕「因間」，十一家注與武經各本皆如此，通典卷一五一與御覽卷二九二引並同。簡本殘缺，不得而知。而直解則作「鄉間」，櫻田本同。校釋從之。按：下文明言「鄉間可得而使」，何來「因間」？張注亦謂「因間」當作「鄉間」，故改之是。孫校未及，失之。「因」字迨涉下文中有「因其××而用之」而誤。以下凡作「因間」者，并當改之。據通典引文與下句賈注，可知唐時已有此誤，非原本刊刻之過也。

〔一一〕通典卷一五一引無末句「人君之寶也」。

〔一二〕「固先有任子在胡者」，原本「固」字誤作「因」，今據晉書祖逖傳改正。又「塢主」，原本誤「主」字爲「王」，今據孫校本改正。

〔一三〕「司馬尚」，原本誤「尚」字爲「商」，孫校未正，中華本正之，是。

〔一四〕通典卷一五一此句經文下又有佑注云：「敵使間來視我，我知之，因厚賂重許，反使爲我間也。蕭世誠曰：『言敵使人來候我，我佯不知，而示以虚事，前却期會，使歸相語，故曰反間。』」又，長短經五間將佑注前四句作爲曹注。據佑注例，或如此。

〔一五〕此句櫻田本作「死間者，委敵也」，爲其他各本所未見，亦未知其版本來源，故存以待詳。至於諸傳本之歧異，主要在末句。十一家注與武經各本皆作「傳於敵間」，而通典卷一五一、御覽卷二九二與長短經五間引則皆作「待於敵間」，孫校本又改爲「待於敵」。按：作「待於敵間」於義未妥，而作「待於敵」亦與下文「爲誑事，可使告敵」之旨似有未合，且既言「告敵」，亦自是「傳」義，故仍依原文。

〔一六〕「情詐僞，不足信」，原本「僞」字作「爲」。「令吾動此間而待之」，原本「此」字作「也」，今據孫校本改正。

〔一七〕「以誑事輸敵」，原本誤「輸」字作「諭」。今亦據孫校本正之。

〔一八〕「關期思」，原本作「關思期」，孫校本與中華本並同。按：據韓非子説難，鄭大夫名關其思，而非「關思期」，故當據改。

〔一九〕「三軍之事」，十一家注及武經諸本皆如此，平津本與櫻田本同；而簡本則作「三軍之親」，通典、御覽與長短經引並同。孫校本改「事」字爲「親」，與簡本正合。按：以作「親」爲是，如作「事」，則與下句「事莫密於間」重複，故當據改。

〔二〇〕此句櫻田本作「交莫厚於間」，亦爲他本所未見。

〔二一〕簡本此句「非聖」下空四字，故疑無「智」字。校釋據删，今兩存之。

〔二二〕通典卷一五一此句經文下又有佑注云：「不能得間人之用。」

〔二三〕簡本此句無「義」字，校釋亦據删，今亦兩存之。

〔二四〕「非微妙」，通典卷一五一引作「非微密者」，御覽卷二九二引同。長短經五間「不」又作「莫」，今皆仍之。

〔二五〕此處佑注與通典卷一五一同，而孫校本則作「精微用意，密不泄漏」，未知所據。

〔二六〕「間與所告者皆死」，十一家注與武經各本皆如此，通典引文雖有小異，「間與所告者」作「其間者與所告者」，而其意則無不同。但櫻田本作「聞與所告者皆死」，則差别大矣。趙注亦云：一本作「聞」。按：間事未發而先聞，必爲間者所泄，故必斬此間者以正軍法，而其所告者——亦即聞者，亦需斬之以滅口。故當依原本作「間與所告者皆死」，否則，間者泄密，則反逍遥矣。

〔二七〕以上佑注，據通典卷一五一，原係「必先知其守將、左右、謁者、門者、舍人之姓名」句之注，前三句「凡軍之所欲擊」、「城之所攻」與「人之所欲殺」之注則分別爲「所欲擊之軍」、「所欲攻之城者」與「所欲殺之人者」，此三句注文原本無。又「必先知之爲親舊」，孫校本「舊」作「善」；「不可不知」又作「不知呵止」，未知所據。

〔二八〕「必索敵人之間來間我者」，平津本與武經本無「人」字，通典、御覽引無「必索」二字。又「因而利之，導而舍之」，通典引作「因以利導而舍之」。今皆仍之。

〔二九〕「復遇而舍之」，通典今本同原本。孫校本乃據通典舊本作「導而舍止之」，二者皆通，故並存之。

〔三〇〕原本脱「内間」二字，孫校據通典補，今從之。

〔三一〕「可使告敵」下，通典卷一五一引又有「因是可得而攻也」七字，爲他本所無。

〔三二〕此句曹注，平津本止作「伊尹也」。

〔三三〕此句曹注，平津本止作「呂望也」。

附録

一、孫子本傳

漢　司馬遷

孫子武者，齊人也。以兵法見於吴王闔閭。闔閭曰：「子之十三篇，吾盡觀之矣，可以小試勒兵乎？」對曰：「可。」闔閭曰：「可試以婦人乎？」曰：「可。」於是許之，出宫中美人〔一〕，得百八十人。孫子分爲二隊，以王之寵姬二人各爲隊長，皆令持戟。令之曰：「汝知而心與左右手背乎？」婦人曰：「知之。」孫子曰：「前，則視心；左，視左手；右，視右手；後，即視背。」婦人曰：「諾。」約束既布，乃設鈇鉞，即三令五申之。於是鼓之右，婦人大笑。孫子曰：「約束不明，申令不熟，將之罪也。」復三令五申，而鼓之左，婦人復大笑。孫子曰：「約束不明，申令不熟，將之罪也。既已明，而不如法者，吏士之罪也。」乃欲斬左右隊長。吴王從臺上觀，見且斬愛姬，大駭，趣使使下令曰：「寡人已知將軍能用兵矣。寡人非此二姬，食不甘味，願勿斬也。」孫子曰：「臣既已受命爲將，將在軍，君命有所不受。」遂斬隊長二人以徇，用其次爲隊長。於是復鼓之，婦人左右、前後、跪起，皆中規矩繩墨，無敢出聲。於是孫子使使報王曰：「兵既整齊，王可試下觀之，唯王所欲用之，雖赴水火猶可也。」吴王曰：「將軍罷休就舍，寡人不願下觀。」孫子曰：「王徒好其言，不能用其實。」於是闔閭知孫子能用兵，卒以爲將，西破彊楚，入郢，北威齊、晉，顯名諸侯，孫子與有力焉。

孫武既死，越絶書曰：「吴縣巫門外大冢，孫武冢也，去縣十里。」後百餘歲有孫臏。臏生阿、鄄之間，臏亦孫武之後世子孫也。孫臏嘗與龐涓俱學兵法。龐涓既事魏，得爲惠王將軍，而自以爲能不及孫臏，乃陰使召孫臏。臏至，龐涓恐其賢於己，疾之，則以法刑斷其兩足而黥之，欲隱勿見。齊使者如梁，孫臏以刑徒陰見，説齊使。齊使以爲奇，竊載與之齊。齊將田忌善而客待之。忌數與齊公子馳逐重射，孫子見其馬足不甚相遠，馬有上、中、下輩。於是孫子謂田忌曰：「君第重射，臣能令君勝。」田忌信然之，與王及諸公子逐射千金。及臨質，孫子曰：「今以君之下駟與彼上駟，取君上駟與彼中駟，取君中駟與彼下駟。」既馳三輩畢，而田忌一不勝而再勝，卒得王千金。於是忌進孫子於威王。威王問兵法，遂以爲師。其後，魏伐趙，趙急請救於齊。齊威王欲將孫臏，臏辭謝曰：「刑餘之人不可。」於是乃以田忌爲將，而孫子爲師，居輜車中，坐爲計謀。田忌欲引兵之趙，孫子曰：「夫解雜亂紛糾者不控捲，救鬬者不搏撠，批亢擣虚，形格勢禁，則自爲解耳。今梁趙相攻，輕兵鋭卒必竭於外，老弱罷於内，君不若引兵疾走大梁，據其街路，衝其方虚，彼必釋趙而自救，是我一舉解趙之圍而收弊於魏也。」田忌從之。魏果去邯鄲，與齊戰於桂陵，大破梁軍。

後十三年〔二〕，魏與趙攻韓，韓告急於齊。齊使田忌將而往，直走大梁。魏將龐涓聞之，去韓而歸，齊軍既已過而西矣。孫子謂田忌曰：「彼三晉之兵，素悍勇輕齊〔三〕，齊號爲怯。善戰者，因其勢而利導之。兵法：百里而趨利者蹶上將，魏武帝曰：「蹶，猶挫也。」五十里而趨利者軍半至。使齊軍入魏地爲十萬竈，明日爲五萬竈，又明日爲二萬竈。」龐涓行三日，大喜曰：「我固知齊軍怯。入吾地三日，士卒亡者過半矣。」乃棄其步軍，與其輕鋭倍日并行逐之。孫子度其行，暮當至馬陵。馬陵道狹，而旁多阻隘，可伏兵。乃斫大樹，白而書之曰：「龐涓死於此樹之下。」於是，令齊軍善射者萬弩，夾道而伏，期曰〔四〕：「暮見火舉而俱發。」龐涓果夜至斫木下，見白書，乃鑽火燭之。讀其書未畢，齊軍萬弩俱發，魏軍大亂相失。龐涓自知智窮兵敗，乃自剄，曰：「遂成豎子之名！」齊因乘勝，盡破其軍，虜魏太子申以歸。孫臏以此名顯天下，世傳其兵法。

（原本附録）

校記

〔一〕史記「人」字作「女」。

〔二〕原本作「十五」，孫校本同，而史記原文則作「十三」，今據改。唯索隱引王劭曰：紀年云「梁惠王十七年，齊田忌敗梁於桂陵，至二十七年十二月，齊田肦敗梁於馬陵」，計相去無十三歲。今一並録之，以資參攷。

〔三〕史記「輕」上有「而」字。

〔四〕原本「曰」作「日」，孫校與中華校點本同。按：「日」迨「曰」字之誤。史記原文即作「曰」。「期曰暮見火舉而俱發」，言與部衆相約之曰「暮見火舉而俱發」。此「期」亦即孫子行軍篇「奔走而陳兵車者，期也」之「期」，而非「期日」、「期月」之「期」。詩鄘風桑中「期我乎桑中」，即邀約之義。如依原本作「期日」，則與下文「暮見火舉而俱發」及「龐涓果夜至斫木下」文意失屬矣。故據史記改「曰」爲是。

二、注孫子序

三國　曹操

操聞：上古有「弧矢」之利，論語曰「足兵」，尚書「八政」曰「師」，易曰「師貞，丈人吉」，詩曰「王赫斯怒，爰征其旅」，黄帝、湯、武咸用干戚以濟世也。司馬法曰「人故殺人，殺之可也。」恃武者滅，恃文者亡」，夫差、偃王是也。聖人之用兵，戢而時動，不得已而用之。吾觀兵書戰策多矣，孫武所著深矣〔一〕，審計重舉，明畫深圖，不可相誣。而但世人未之深亮訓説，況文煩富，行於世者失其旨要，故撰爲畧解焉。

（孫星衍平津館叢書孫吴司馬法）

校記

〔一〕此句之下，孫校據御覽增補「孫子者，齊人也，名武，爲吴王闔閭作兵法一十三篇，試之婦人，卒以爲將，西破强楚，入郢，北威齊、晉。後百歲餘，有孫臏，是武之後也」五十字，並謂史記正義引「魏武帝云：孫子者，齊人，事於吴王闔閭，爲吴將，作兵法十三篇」，即爲此文。按：此平津本係孫氏屬顧廣圻據其從兄顧之逵小讀書堆舊藏宋本影刊。唯據孫詒讓説，此本乃删節之本，此序是否經過删節，不可確知。御覽所引全文爲「操聞上古弧矢之刊，論語足食足兵，易曰『師貞』，傳云『王赫斯怒』，黄帝、湯、武咸用干戚爲民也。用武者滅，用文者亡，夫差、偃王是也。聖賢之於兵也，戢而時動，不得已而用之。觀兵書戰策，孫武深矣。孫子者，齊人也，名武，爲吳王闔閭作兵法一十三篇，試之婦之，卒以爲將，西破强楚，入郢，北滅齊、晉。後百餘歲，有孫臏，是武之後也」，可知引文非但殘缺不全，而且錯訛殊甚，故無取，而録作參攷可也。

三、注孫子序

唐　杜牧

兵者刑也，刑者政事也，爲夫子之徒，實仲由、冉有之事也。今者，據案聽訟，械繫罪人，笞死於市者，吏之所爲也。驅兵數萬，𢾾其城郭，係累其妻子，斬其罪人，亦吏之所爲也。木索兵刃，無異意也；笞之與斬，無異刑也。小而易制，用力少者，木索笞也；大而難制，用力多者，兵刃斬也。俱期於除去惡民，安活善人。爲國家者，使教化通流，無敢輒有不由我而自恣者，其取吏無他術也，無異道也，俱止於仁義忠信、智勇嚴明也。苟得其道一二者，可以使之爲小吏；盡得其道者，可以使之爲大吏。故用力少者，其吏易得也，功易見也。用力多者，其吏難得也，功難就也。止此而已，無他術也，無異道也。自三代已降，皆由斯也。

子貢訟夫子之德曰：「文武之道，未墜於地。在人賢者，識其大者、遠者；不賢者，識其小者、近者。」季孫問冉有曰：「子於戰，學之乎，性達之也？」對曰：「學之。」季孫曰：「事孔子，惡乎學？」冉有曰：「即學之於孔子者。大聖兼該，文武並用。適聞其戰法，猶未之詳也。」復不知自何代、何人分爲二道，曰文、曰武，離而俱行。因使搢紳之士不敢言兵，或耻言之；苟有言者，世以爲粗暴異人，人不比數。嗚呼！亡失根本，斯最爲甚。

周公相成王，制禮作樂，尊大儒術，有淮夷叛，則出征之。夫子相魯公，會於夾谷，曰：「有文事者，必有武備，叱辱齊侯，服不敢動。是二大聖人豈不知兵乎〔一〕？周有齊太公，秦有王翦，兩漢有韓信、趙充國、耿弇、虞詡、段熲，魏有司馬懿，吴有周瑜，蜀有諸葛武侯，晉有羊祜、杜公元凱，梁有韋叡，元魏有崔浩，周有韋孝寬，隋有楊素，國朝李靖、李勣、裴行儉、郭元振，如此人者，當其一時，其所出計畫，皆考古校今，奇秘長遠，策先定於内，功後成於外。彼壯健輕死善擊刺者，供其呼召指使耳，豈可知其由來哉？

某幼讀禮，至於「四郊多壘，卿大夫辱也」，謂其書真不虚説。年十六時〔二〕，見盜起，圜二三千里，係戮將相，族誅刺史及其官屬，屍塞城郭，山東崩壞，殷殷焉聲震朝廷。當其時，使將兵行誅者，則必壯健善擊刺者。卿大夫行列進退，一如常時；笑歌嬉遊，輒不爲辱。非當辱不辱，以爲山東亂事，非我輩所宜當知。某自此謂幼所讀禮，真妄人之言，不足取信，不足爲教。及年二十，始讀尚書、毛詩、左傳、國語、十三代史書，見其樹立其國，滅亡其國，未始不由兵也。主兵者，聖賢材能、多聞博識之士，則必樹立其國也；壯健擊刺、不學之徒，則必敗亡其國也。然後信知爲國家者，兵最爲大，非賢卿大夫，不可堪任其事；苟有敗滅，真卿大夫之辱，信不虚也。因求自古以兵著書列於後世，可以教於後生者，凡十數家，且百萬言。其孫武所著十三篇，自武死後凡千歲，將兵者有成者，有敗者，勘其事跡，皆與武所著書一一相抵當，猶印圈模刻，一不差跌〔三〕。武之所論，大約用仁義，使機權也。武所著書，凡數十萬言。曹魏武帝削其繁剩，筆其精切，凡十三篇〔四〕，成爲一編。曹自爲序，因注解之，曰：「吾讀兵書戰策多矣，孫武深矣。」然其所爲注解，十不釋一。此者，蓋非曹不能盡注解也。予尋魏志，見曹自作兵書十餘萬言。諸將征伐，皆以新書從事。從令者尅捷，違教者負敗。意曹自於新書中馳驟其說，自成一家事業，不欲隨孫武後，盡解其書；不然者，曹豈不能耶？今新書已亡，不可復知。予因取孫武書，備其注。曹之所注，亦盡存之，分爲上、中、下三卷。後之人，有讀武書予解者，因而學之，猶盤中走丸。丸之走盤，横斜圓直，計於臨時，不可盡知；其必可知者，是知丸不能出於盤也。議於廊廟之上，兵形已成，然後付之於將。漢祖言「指蹤者人也，獲兔者犬也」，此其是也。彼爲相者曰：「兵非吾事，吾不當知。」君子曰：「叨居其位可也。」

（四部叢刊樊川文集卷十）

校　記

〔一〕「二大聖人」，原本作「一大聖人」，按：此接上言周公、孔子之事，自當作「二大聖人」。唐文粹卷九五與文苑英華卷七三八「一」均作「二」，是，故據改。

〔二〕「年十六」，原本字壞，作「午十六」。

〔三〕「差跌」，原本作「蹉跌」，「蹉」蓋「差」之訛。

〔四〕「筆其精切」，原本「其」誤作「不」，今改正。

四、孫子後序 一作書孫子後

宋　歐陽修

世所傳孫武十三篇，多用曹公、杜牧、陳皞注，號三家孫子。余頃與撰四庫書目，所見孫子注者尤多。一有「至二十餘家」五字。武之書本於兵，兵之術非一，而以不窮爲奇，宜其説者之多也。凡人之用智，有短長，其施設各異，故或膠其説於偏見，然無出所謂「三家」者。三家之注，皞最後，其説時時攻牧之短。牧亦慨然最喜論兵，欲試而不得者。其學能道春秋戰國時事，甚博而詳。然前世言善用兵，稱曹公。曹公嘗與董、吕、諸袁角其力而勝之，遂與吴、蜀分漢而王。傳言：魏之諸將，出兵千里，一有「公」字。每坐計勝敗，授其成算，諸將用之，十不失一，一有違者，兵輒敗北。故魏世用兵，悉以新書從事。其精於兵也如此。牧謂曹公於注孫子尤畧，蓋惜其所得，自爲一書，是曹公悉得武之術也。然武嘗以其書干吴王闔閭，闔閭用之，西破楚，北服齊、晉，而霸諸侯。夫使武自用其書，止於彊伯；及曹公用之，然亦終不能滅吴、蜀，豈武之術盡於此乎，抑用之不極其能也？後之學者，徒見其書，又各牽於己見〔一〕，是以注者雖多，而少當也。獨吾友聖俞不然，嘗評武之書曰：「此戰國相傾之説也，三代王者之師，司馬『九伐』之法，武不及也。然亦愛其文畧而意深，其行師用兵、料敵制勝亦皆有法，其言甚有次序。而注者汩之〔二〕，或失其意。乃自爲注。凡膠於偏見者，皆抉一作「排」。去，傳以己意而發之。然後武之説不汩而明。」吾知此書當與三家並傳，而後世取其説者，往往於吾聖俞多焉。聖俞爲人謹質、温恭，一有「仁厚而明」四字。衣冠進趨，眇然儒者也。後世之視其書者，與太史公疑張子房爲壯夫何異？

（四部叢刊歐陽文忠公文集卷四三）

校　記

〔一〕「己」，原作「巳」，下同，今予正之。

〔二〕「汩」，原作「汨」。按：此二字因形近而常相亂，此當作「汩」，「亂」義。

五、十家注孫子遺説并序

宋　鄭友賢

求之而益深者，天下之備法也；叩之而不窮者，天下之能言也。爲法、立言，至於益深不窮，而後可以垂教於當時，而傳諸後世矣。儒家者流，惟苦易之爲書，其道深遠而不可窮；學兵之士，嘗患武之爲説，微妙而不可究，則亦儒者之易乎？蓋易之爲言也，兼三才，備萬物，以陰陽不測爲神。是以仁者見之謂之仁，智者見之謂之智，百姓日用而不知。武之爲法也，包四種，籠百家，以奇正相生爲變。是以謀者見之謂之謀，巧者見之謂之巧，三軍由之而莫能知之。迨夫九師百氏之説興，而益見大易之義，如日月星辰之神，徒推步其輝光之迹，而不能考其所以爲神之深。十家之注出，而愈見十三篇之法如五聲、五色之變，惟詳其耳目之所聞見，而不能悉其所以爲變之妙。是則武之意，不得謂盡於十家之注也。然而學兵之徒，非十家之説，亦不能窺武之藩籬。尋流而之源，由徑而入户，於武之法，不可謂無功矣。頃因餘暇，摭武之微旨而出於十家之不解者，畧有數十事，託或者之問，具其應答之義，名曰十注遺説。學者見其説之有遺，則始信益深之法，不窮之言，庶幾大易不測之神矣。

或問：死生之地，何以先存亡之道？曰：武意以兵事之大，在將得其人。將能，則兵勝而生；兵生於外，則國存於内。將不能，則兵敗而死；兵死於外，則國亡於内。是外之生死，繫内之存亡也。是故兵敗長平而趙亡，師喪遼水而隋滅。太公曰：「無智畧大謀，彊勇輕戰，敗軍散衆，以危社稷，王者慎勿使爲將。」此其先後之次也。故曰：「知兵之將，生民之司命，國家安危之主也。」

或問：得算之多，得算之少，況於無算，何以是多、少、無之義？曰：武之文，固不汗漫而無據也。蓋經之以「五事」，校之以「七計」，彼我之算，盡於此矣。「五事」之經，得三、四者爲多，得一、二者爲少。「七計」之校，得四、五者爲多，得二、三者爲少。五、七俱得者爲全勝，不得者爲無算，所謂冥冥而決事，先戰而求勝，圖乾没之利，出浪戰之師者也。

或問：計利之外，所佐者何勢？曰：兵法之傳有常，而其用之也有變。常者，法也；變者，勢也。書者，可以盡常之言，而言不能盡變之意。「五事」、「七計」者，常法之利也；「詭道」不可先傳者，權勢之變也。守常而求勝，如膠柱鼓瑟，以書御馬。趙括所以能書而不能戰，易言而不知變也。盡法在書之傳，而勢在人之用。武之意，初求用於吴，恐吴王得書聽計而棄己也〔一〕，故以此辭動之，乃謂書之外，尚有「因利制權」之勢〔二〕，在我能用耳。

或問：「因糧於敵」者，無遠輸之費也，「取用必於國」者何也？曰：兵械之用，不可假人，亦不可假於人。器之於人，固在積習便熟，而適其短長重輕之宜，與夫手足不相鉏鋙，而後可以濟用而害敵矣。吾之器，敵不便於用；敵之器，吾不習其利。非國中自備，而習慣於三軍，則安可一旦倉卒，假人之兵，而給己之用哉？易曰：「萃除戎器，以戒不虞。」太公曰：「慮不先設，器械不備。」此皆言取用於國，不可因於人也。

或問：兵以伐謀爲上者，以其有屈人之易，而無血刃之難；「伐兵」、「攻城」爲之次下明矣；「伐交」之智，何異於「伐謀」之工而又次之？曰：破謀者，不費而勝；破交者，未勝而費。帷幄樽俎之間〔三〕，而揣摩折衝，心戰計勝其未形已成之策，不煩毫釐之費，而彼奔北降服之不暇者，「伐謀」之義也。或遣使介，約車乘聘幣之奉；或使間諜，出土地金玉之資。張儀散六國之從，陰厚者數年；尉繚子破諸侯之援，出金三十萬。如此之類，費已廣而敵未服，非加以征伐之勞，則未見全勝之功，宜乎次於晏嬰、子房、寇恂、荀彧之智也。

或問：武之書皆法也，獨曰「此謀攻之法也」，「此軍争之法也」〔四〕？曰：餘法概論兵家之術，惟二篇之説及於用，誠其易用而稱其所難。夫告人以所難，而不濟之以成法，則不足爲完書。蓋「謀攻」之法，以全爲上，以破次之。得其法，則兵不鈍而利可全；非其法，則有殺士三分之災。「軍争」之法，以迂爲直，以患爲利。得其法，則後發而先至；非其法，則至於擒三將軍。此二者，豈用兵之易哉？乃云「必以全争於天下」，又云「莫難於軍争」，難之之辭也。欲濟其所難者，必詳其法。凡所謂「屈人非戰」、「拔城非攻」、「毁國非久」者，乃「謀攻」之法也。凡所謂「十一而至」、「先知迂直之計」者，乃「軍争」之法也。見其法，而知其難於餘篇矣。

或問：「將能而君不御者勝」，後魏太武命將出師，從命者無不制勝，違教者率多敗失；齊神武任用將帥出討，奉行方畧，罔不克捷，違失指教，多致奔亡，二者不幾於御之而後勝哉？曰：知此而後可以起武之意。既曰「將能而君不御者勝」，則其意固謂將不能而君御之則勝也。夫將帥之列，才不一概，智愚、勇怯，隨器而任。能者，付之以閫寄；不能者，授之以成算。亦猶後世責曹公使諸將以新書從事，殊不識公之御將，因其才之小大而縱抑之。張遼、樂進，守鬬之偏才也。合淝之戰，封以函書，節宣其用；夏侯惇兄弟，有大帥之畧，假以節度，便宜從事，不拘科制，何嘗一概而御之邪？傳曰：「將能而君御之，則爲縻軍；將不能而君委之，則爲覆軍。」惟公得武法之深，而後太武、神武庶幾公之英畧耳，非司馬宣王，安能發武之藴哉？

或問：「勝可知而不可爲」者，以其在彼者也；「佚而勞之」，「親而離之」，佚與親在敵，而吾能勞且離之，豈非可爲歟？曰：傳稱「用師觀釁而動」，敵有釁，不可失。蓋吾觀敵人無可乘之釁，不能彊使爲吾可勝之資者，「不可爲」之義也。敵人既有可乘之隙，吾能置術於其間，而不失敵之敗者，「可知」之義也。使敵人主明而賢，將智而忠，不信小説而疑，不見小利而動，其佚也，安能勞之？其親也，安能離之？有楚子之暗與囊瓦之貪，而後吴人亟肆以疲之；有項王之暴與范增之隘，而後陳平以反間疏之。夫釁隙之端，隱於佚親之前，勞離之策，發於釁隙之後者，乃所謂「可知」也；則惟無釁隙者，乃「不可爲」也。

或問：「守則不足，攻則有餘」，其義安在？曰：謂吾所以守者力不足，吾所以攻者力有餘者，曹公也。謂力不足者可以守，力有餘者可以攻者，李筌也。謂非彊弱爲辭者，衞公也。謂守之法要在示敵以不足，攻之法要在示敵以有餘者，太宗也。夫攻守之法，固非己實彊弱，亦非虚形示敵也〔五〕。蓋正用其有餘不足之形勢，以固己勝敵。夫所謂「不足」者，吾隱形於微，而敵不能窺也；「有餘」者，吾乘勢於盛，而敵不能支也。「不足」者，微之稱也。當吾之守也，滅跡於不可見，韜聲於不可聞，藏形於微妙不足之際，而使敵不知其所攻矣，所謂「藏於九地之下」者是也。「有餘」者，盛之稱也。當吾之攻也，若迅雷驚電，壞山決塘，作勢於盛彊有餘之極，而使敵不知其所守矣，所謂「動於九天之上」者是也。此「有餘」、「不足」之義也。

或問：「三軍之衆，可使必受敵而無敗者，奇正是也」，「受敵」、「無敗」，二義也，其於「奇」、「正」有所主乎？曰：武論「分數」、「形名」、「奇正」、「虚實」四者，獨於「奇正」云云者，知其法之深而二義所主未白也。復曰「凡戰，以正合，以奇勝」，「正合」者，「正」主於受敵也；「奇勝」者，「奇」主於無敗也。以「合」爲受敵，以「勝」爲無敗，不其明哉？

或問：武論「奇」、「正」之變，二者相依而生，何獨曰「善出奇者」？曰：闕文也。凡所謂如「天地」、「江河」、「日月」、「四時」、「五色」、「五味」，皆取無窮無竭、相生相變之義，故首論以「正合」、「奇勝」，終之以「奇正之變，不可勝窮，相生如循環之無端」，豈以一「奇」而能生變，交相無已哉？宜曰「善出奇正者，無窮如天地」也。

或問：「其勢險」者，其義易明，「其節短」者，其旨安在？曰：力雖甚勁者，非節量短近而適其宜，則不能害物。魯縞之脆也，彊弩之末不能穿；毫末之輕也，衝風之衰不能起；鷙鳥雖疾也，高下而遠來，至於竭羽翼之力，安能擊搏而毀折哉？嘗以遠形爲難戰者此也。是故麴義破公孫瓚也，發伏於數十步之内；周訪敗杜曾也，奔赴於三十步之外，得「節短」之義也。

或問：十三篇之法，各本於篇名乎？曰：其義各主於題篇之名，未嘗泛濫而爲言也。如虚實者，一篇之義，首尾次序，皆不離虚、實之用，但文辭差異耳。其意所主，非實即虚，非虚即實，非我實而彼虚，則我虚而彼實。不然，則虚實在於彼此，而善者變實而爲虚，變虚而爲實也。雖周流萬變，而其要不出此二端而已。凡所謂「待敵者佚」者，力實也；「趨戰者勞」者，力虚也。「致人」者，虚在彼也；「不致於人」者，實在我也。「利之也」者，役彼於虚也；「害之也」者，養我之實也。「佚能勞之」、「飽能飢之」、「安能動之」者，佚、飽、安，實也；勞、飢、動，虚也。彼實而我能虚之也。「行於無人之地」者，趨彼之虚，而資我之實也。「攻其所不守」者，避實而擊虚也。「守其所不攻」者，措實而備虚也。「敵不知所守」者，鬪敵之虚也；「敵不知所攻」者，犯我之實也。「無形」、「無聲」者，虚實之極而入神微也。「不可禦」者，乘敵備之虚也；「不可追」者，畜我力之實也。「攻所必救」者，乘虚則實者虚也；「乖其所之」者，能實則虚者實也。「形人」而「敵分」者，見彼虚實之審也；「無形」而「我專」者，示吾虚實之妙也。「所與戰約」者，彼虚無以當吾之實也。「寡而備人」者，不識虚實之形也；「衆而備己」者，能料虚實之情也。「千里會戰」者，預見虚實也。「左右不能救」者，信人之虚實也。「越人無益於勝敗」者，越將不識吴之虚實也。「策之」、「候之」、「形之」、「角之」者，辨虚實之術也。「得」也、「動」也、「生」也、「有餘」也者，實也；「失」也、「静」也、「死」也、「不足」也者，虚也。「不能窺謀」者，外以虚實之變惑敵人也；「莫知吾制勝之形」者，内以虚實之法愚士衆也。「水因地制流，兵因敵制勝」者，以水之高下喻吾虚實變化不常之神也。五行勝者，實也；囚者，虚也。四時來者，實也；往者，虚也。日長者，實也；短者，虚也。月生者，實也；死者，虚也。皆虚實之類，不可拘也。以此推之，餘十二篇之義皆倣於此，但説者不能詳之耳。

或問：「軍争爲利，衆争爲危」，軍之與衆也，利之與危也，義果異乎？曰：武之辭未嘗妄發而無謂也。「軍争爲利」者，下所謂「軍争之法」也；夫惟所争而得此「軍争之法」，然後獲勝敵之利矣。「衆争爲危」者，下所謂「舉軍而争利」也；夫惟全舉三軍之衆而争，則不及於利而反受其危矣。蓋「軍争」者，案法而争也；「衆争」者，舉軍而趨也。「爲利」者，後發而先至也；「爲危」者，擒三將軍也。

或問：「兵以詐立，以利動，以分合爲變」，「立」也，「動」也，「變」也，三者先後而用乎？曰：先王之道〔六〕，兵家者流，所用皆有本末先後之次，而所尚不同耳。蓋先王之道，尚仁義而濟之以權；兵家者流，貴詐利而終之以變。司馬法以仁爲本，孫武以詐立；司馬法以義治之，孫武以利動；司馬法以正不獲意權則，孫武以分合爲變。蓋本仁者，治必爲義；立詐者，動必爲利。在聖人謂之權，在兵家名曰變。非本與立，無以自修；非治與動，無以趨時；非權與變，無以勝敵。有本、立，而後能治、動；能治、動，而後可以權、變。權、變所以濟治、動，治、動所以輔本、立。此本末先後之次畧同耳。

或問：武所論「舉軍」、「動衆」，皆法也，獨稱「此用衆之法」者何也？曰：武之法，奇正貴乎相生，節制、權變兩用而無窮。既以正兵節制，自治其軍，未嘗不以奇兵權變而勝敵。其於論勢也，以「分數」、「形名」居前者，自治之節制也；以「奇正」、「虚實」居後者，勝敵之權變也。是先節制而後權變也。凡所謂「立於不敗之地，而不失敵之敗」、「修道而保法」、「自保而全勝」者，皆相生兩用，先後之術也。蓋「鼓鐸、旌旗，所以一人之耳目。人既專一，勇者不得獨進，怯者不得獨退」，此何法也？是節制自治之正法也，止能用吾三軍之衆而已。其法也，固未嘗及於勝人之奇也。談兵之流〔七〕，往往至此而止矣。武則不然，曰：此用吾衆之法也。凡所謂變人之耳目而奪敵之心氣，是權謀勝敵之奇法也。

或問：奪氣者必曰「三軍」，奪心者必曰「將軍」，何也？曰：三軍主於鬭，將軍主於謀；鬭者乘於氣，謀者運於心。夫鼓作鬭争，不顧萬死者，氣使之也；深思遠慮，以應萬變者，心主之也。氣奪，則怯於鬭；心奪，則亂於謀。下者不能鬭，上者不能謀，敵人上下怯亂，則吾一舉而乘之矣。傳曰「一鼓作氣，三而竭」者，奪鬭氣也；「先人有奪人之心」者，奪謀心也。「三軍」、「將軍」之事異矣。

或問：自計及間，上下之法皆要妙也，獨云「此用兵之法妙」者，何也〔八〕？曰：夫事至於可疑，而後知不疑者，爲明；機至於難決，而後知能決者，爲智。用兵之法，出於衆人之所不可必者，而吾之明智了然不至於猶豫者，其所得固過於衆人，而通於法之至妙也。所謂「高陵勿向」、「背丘勿逆」，蓋亦有可向、可逆之機。「佯北勿從」、「銳卒勿攻」，亦有可從、可攻之利。「餌兵勿食」、「歸兵勿遏」，亦有可食、可遏之理。「圍師必闕」、「窮寇勿追」，亦有不闕、可追之勝。此兵家常法之外，尚有反復微妙之術，智者不疑而能決，所謂「用兵之法妙」也。或問：「九變」之法，所陳五事者何？曰：「九變」者，「九地」之變也。「散」、「輕」、「争」、「交」、「衢」、「重」、「圮」、「圍」、「死」，此「九地」之名也。「一其志」、「使之屬」、「趨其後」、「謹其守」、「固其結」、「繼其食」、「進其塗」、「塞其闕」、「示不活」，此「九地」之變也。九而言五者，闕而失次也。下文曰：「將通於九變之地利者，知用兵矣；將不通九變之利者，雖知地形，不能得地之利矣」，是「九變」主於「九地」明矣。故特於九地篇曰：「九地之變，人情之理，不可不察也。」然則既有「九地」，何用「九變」之文乎？曰：武所論「將不通九變之利」，又曰「治兵不知九變之術」，蓋「九地」者，陳變之利，故曰「不知變，不得地之利」；「九變」者，言術之用，故曰「不知術，不得人之用」。是故「六地」有形，「九地」有名；九名有變，九變有術。知形而不知名，決事於冥冥；知名而不知變，驅衆而浪戰；知變而不知術，臨用而事屈。此所以「六地」、「九地」、「九變」皆論地利，而爲篇異也。李筌以「塗有所不由」而下「五利」兼之爲十變者，誤也；復指下文爲「五利」，何嘗有「五利」之義也？「絶地無留」，當作「輕地」，蓋「輕」有「無止」之辭。

或問：「凡軍好高而惡下」，太公曰「凡三軍處山之高，則爲敵所棲」，豈「好高」之義乎？曰：武之「高」，非太公之「高」也。公所論，天下之絶險也，高山盤石，其上亭亭，無有草木，四面受敵。蓋無草木，則乏蒭牧樵採之利；四面受敵，則絶出入運饋之路。可上而不可下，可死而不可久，此固有棲之之害也。武之所論，假勢利之便也。處隆高丘陵之地，使敵人來戰，則有登隆、向陵、逆丘之害，而我得因高乘下、建瓴走丸、轉石決水之勢；加以養生處實，先利糧道，戰則有乘勢之便，守則有處實之固，居則有養生足食之利，去則有便道向生之路，雖有百萬之敵，安能棲我於高哉？太武棲姚興於天渡，李先計令遣奇兵邀伏，絶柴壁之糧道，此興犯處高之忌，而先得棲敵之法，明矣。學孫武者，深明「好高」之論，而不悟處於太公之「絶險」，知其勢利之便者，後可與議其書矣。

或問：「六地」者，地形也，復論將有「六敗」者何？曰：恐後世學兵者泥勝負之理於地形也。故曰「地形者，兵之助」，非上將之道也。太公論主帥之道：擇善地利者三人而委之，則地形固非將軍之事也。所謂「料敵制勝」者，上將之道也。知此爲將之道者，戰則必勝；不知此爲將之道者，戰則必敗。凡所言「曰走」、「曰弛」、「曰崩」、「曰陷」、「曰亂」、「曰北」者，此六者，敗之道，將之至任，不可不察也。是勝敗之理，不可泥於地形，而繫於將之工拙也。至於「九地」亦然。曰「剛柔皆得，地之理也」、「將軍之事，静以幽正以治」、「驅三軍之衆，如羣羊往來，不知其所之」者，將軍之事也。特垂誡於「六地」、「九地」者，孫武之深旨也。

或問：「死焉不得士人盡力」，諸家釋爲二句者何？曰：夫人之情，就其甚難者，不顧其甚易；捨其至大者，不吝其至微。死，難於生也；甘其萬死之難，則況出於生之甚易者哉？身，大於力也；棄其一身之大，則況用於力之至微者哉？武意以謂，三軍之士，投之無所往，則白刃在前，有所不避也；死且不避，況於生乎？身猶不慮，況於力乎？故曰「死且不北」。夫三軍之士，不畏死之難者，安得不人人盡其力乎？「死焉不得士人盡力」，諸家斷爲二句者，非武之本意也。

或曰：「方馬埋輪」，諸家釋「方」爲縛，或謂縛馬爲方陳者，何也？曰：解「方」爲縛者，義不經；據縛而方之者，非武本辭。蓋「方」當作「放」字。武之説本乎：人心離散，則雖彊爲固止，而不足恃也；固止之法，莫過於柅其所行。古者用兵，人乘車而戰，車駕馬而行。今欲使人固止而不散，不得「齊勇」之政，雖放去其馬而牧之，陷輪於地而埋之，亦不足恃之爲不散也。噫！車中之士，轅不得馬而駕，輪不得轍而馳，尚且奔走散亂而不一，則固在以政而齊其心也。

或問：「兵情主速」，又曰「爲兵之事」，夫「情」與「事」義果異乎？曰：不可探測而藴於中者，情也；見於施爲而成乎其外者，事也。情隱於事之前，而事顯於情之後。此用兵之法，隱顯先後之不同也。所謂「兵之情主速」者，蓋吾之所由、所攻，欲出於敵人之不虞、不誡也。夫以神速之兵，出於人之所不能虞度而誡備者，固在中情祕密而不露，雖智者，深間不能前謀、先窺也。所謂「爲兵之事」者，蓋敵意既順而可詳，敵釁已形而可乘，一向并敵之勢，千里殺敵之將，使陳不暇戰而城不及守者，彼敗事已顯，而吾兵業已成於外也。故曰「所謂巧能成事者」，此也。是則情、事之異，隱顯先後也。

或曰：「九地」之中復有「絶地」者，何也？曰：興師動衆，去吾之國中，越吾之境土，而初入敵人之地，疆埸之限，所過關梁津要，使吾踵軍在後，告畢書絶者，所以禁人內顧之情，而止其還遁之心也。司馬法曰：「書親絶，是謂絶顧壹慮。」尉繚子踵軍令曰：「遇有還者，誅之。」此「絶地」之謂也。然而不預「九地」者何？「九地」之法皆有變，而「絶地」無變，故論於「九地」之中，而不得列其數也。或以「越境」爲越人之國，如秦越晉伐鄭者，鑿也。

或問：「不知諸侯之謀，不能預交；不知山林、險阻、沮澤之形，不能行軍；不用鄉導，不能得地利」，重言於軍争、九地二篇者，何也？曰：此三法者，皆行師争利、出没往來、遲速先後之術也。蓋「軍争」之法，「變迂爲直」〔九〕、「後發先至」之爲急也；「九地」之利，盛言「爲客」深入利害之爲大也，非此三法，安能舉哉？噫！與人争迂直之變，趨險阻之地，踐敵人之生地，求不識之迷塗，若非和鄰國之援爲之引軍，明山川林麓、險難阻阨、沮洳濡澤之形而爲之標表，求鄉人之習熟者爲之前導，則動而必迷，舉而必窮，何異即鹿無虞，惟入於林，不行其野，彊違其馬，欲争迂直之勝，圖深入之利，安能得其便乎？稱之三篇，不其旨哉！

或問：何謂「無法之賞」、「無政之令」？曰：治軍御衆，行賞之法，施令之政，蓋有常理。今欲犯三軍之衆，使不知其利害，多方誤敵，而因利制權，故賞不可以拘常法，令不可以執常政。噫！常法之賞不足以愚衆，常政之令不足以惑人，則賞有時而不拘，令有時而不執者，將軍之權也。夫進有重賞，有功必賞，賞法之常也。吴子相敵，北者有賞；馬隆募士，未戰先賞。此無法之賞也。先庚後甲，三令五申，政令之常也。武曰：「若驅羣羊往來，莫知所之。」李愬襲元濟，初出，衆請所向，曰：「東六十里止。」至張柴，諸將請所止，復曰：「入蔡州。」此無政之令也。

或問：用間、使間，「聖智」、「仁義」，其旨安在？曰：用間者，用間之道也，或以事，或以權，不必人也。聖者無所不通，智者深思遠慮；非此聖智之明，安能坐以事權間敵哉？使間者，使人爲間也。吾之與間，彼此有可疑之勢。吾疑間有覆舟之禍，間疑我有害己之計。非仁恩不足以結間之心，非義斷不足以決己之惑。主無疑於客，客無猜於主，而後可以出入於萬死之地而圖功矣。秦王使張儀相魏，數年無效；而陰厚之者，恩結間之心也。高祖使陳平用金數十萬離楚君臣，平，楚之亡虜也，吾無問其出入者，義決己之惑也。

或問：伊摯、呂牙，古之聖人也，豈嘗爲商、周之間邪？武之所稱，豈非尊間之術而重之哉？曰：古之人，立大事，就大業，未嘗不守於正；正不獲意，則未嘗不假權以濟道。夫事業至於用權，則何所不爲哉？但處之有道，而卒反於正，則權無害於聖人之德也。蓋在兵家名曰「間」〔一〇〕，在聖人謂之「權」。湯不得伊摯，不能悉夏政之惡；伊摯不在夏，不能成湯之美。武不得呂牙，不能審商王之罪；呂牙不在商，不能就武之德。非此二人者，不能立順天應人、伐罪弔民之仁義，則非爲間於夏、商而何？惟其處之有道而終歸於正，故名曰「權」。兵家之間，流而不反，不能合道，而入於詭詐之域，故名曰「間」。所謂以上智成大功者，真伊、呂之權也。權與間，實同而名異。

或問：間何以終於篇之末？曰：用兵之法，惟間爲深微神妙，而不可易言也。所謂「非聖智不能用間，非微妙不能得間之實」者，難之之辭也。武始以十三篇干吴者，亦欲以其書之法教闔閭之知兵也。教人之初，蒙昧之際，要在從易而入難，先明而後幽，本末次序而導之，使不惑也。是故始教以計量、校算之法，而次及於戰攻、形勢、虚實、軍争之術，漸至於行軍、九變、地形、地名、火攻之備。諸法皆通，而後可以論間道之深矣。噫！教人之始者，務令明白易曉，而遽期之以聖智微妙之所難，則求之愈勞，而索之愈迷矣，何異王通謂不可驟而語易者哉？或曰：廟堂多算，非不難也，何不列之終篇也？曰：計之難者，「經之以五事，校之以七計而索其情」也。夫敵人之情，最爲難知，不可取於鬼神，不可求象於事，不可驗於度，先知者必在於間。蓋計待情而後校，情因間而

後知，宜乎以間爲深而以計爲淺也。孫武之藴至於此，而後知十家之説不能盡矣。（原本附録）

校記

〔一〕原本「己」或作「巳」，今予正之。下不出校。

〔二〕原本「因」誤作「困」，中華校點本已正，是。

〔三〕「間」，原本或作「閒」或作「間」。按：「間」乃「閒」之俗體，今統作「間」。下同。

〔四〕該文諸節皆係以答問形式解釋經義，故問句皆有疑問副詞如「何」、「焉」、「安」、「豈」等，此節亦當不例外。「何」字或在「獨曰」之上，其句式可如下節：「或問：武論奇正之變，二者相依而生，何獨曰『善出奇者』？」「何」字亦可在句末，其句式如再下節：「或問：武所論舉軍、動衆，皆法也，獨稱『此用衆之法何也』？」若無此字，則句首雖有「或問」二字，但下面却是一陳述句，而不成其爲問句矣，故當補「何」爲宜。

〔五〕原本「虚形示敵」作「虚形視敵」。按上文既言「示敵以不足」、「示敵以有餘」，下文又言「隱形於微」、「滅跡於不可見，韜聲於不可聞，藏形於微妙不足之際」，皆以示形爲言，故作「視敵」則失其義矣，當作「示敵」。

〔六〕「先王之道」，原本作「兵王之道」。按：「兵」蓋涉下「兵家者流」之「兵」字而誤。下文即以「先王之道」與「兵家者流」對言，故當據改。

〔七〕「談兵之流」，原文如此，唯據文意，「之」當作「者」。

〔八〕「用兵之法妙」，原本如此，但十三篇無「法妙」之説，唯下文亦言「用兵之法妙」，故仍之。所謂「法妙」，蓋亦妙法之意，言法之妙者也。明其旨義而存其舊説可也。

〔九〕「變迂爲直」，原本作「方變迂爲直」。「方」字無義，當係衍文，今删之。

〔一〇〕此句「蓋」字下原有「盡」字，孫校本與中華校點本已删，是，從之。

六、孫子集注序

明　談愷

歐陽文忠公撰四庫書目，言孫子注二十餘家，予所見僅此：漢有曹操，唐有杜牧、李筌、陳皥、孟氏、賈林、杜佑，宋有張預、梅堯臣、王晳、何氏。諸家多托之空言，而曹操則見之行事者也。操嘗别爲新書，諸將征伐，即以新書授之；從者勝，違者負。今新書不傳，而見於李衞公問答者，機權應變寔本之孫子。其注多隱辭，引而不發。操之所以如鬼也。杜牧自序云：「孫武死後凡千歲，將兵者有成有敗，勘其事跡，皆與武所著書一一相抵當，猶印圈模刻，一不差跌。予解猶盤中走丸，横斜曲直，計於臨時，不可盡知；其必可知者，知丸之不能出於盤也。」牧未嘗用兵，觀其與時宰論兵二書，謂尚古兵柄，本出儒術，援古證今，若繩裁刀解；使其言用，山東不足平矣。陳皥注多指謫杜之謬誤。人各有見，未必爲樊川病也。李筌注依太乙遁甲，雜引諸史以證太乙遁甲，與今所存書往往不同。意古書散逸久矣，孟氏、賈林、杜佑，即唐紀燮所集者。岐公相業足稱，而文章議論亦炳焕傑出。其注即里居時撰，見通典。張預取歷代名將用兵制勝有合於孫子者，編次爲傳，於孫子多所發明。梅堯臣注，文忠公謂其當與「三家」並傳，晦翁有定論矣。孟氏、賈林、王晳、何氏，雖言人人殊，而皆於觀者有所禆益。此注之所以集也。

夫兵，凶器也，不得已而用之者也。然不素習於承平之時，而姑試於有事之日，吾不知其可也。故生而懸弧，長而習射，冬而講武，凡人之所當知者也。詩云：「文武吉甫，萬邦爲憲。」孔子曰：「有文事者，必有武備。」又曰：「我戰則克。」聖人之所以教者也。余夙有四方之志，每涉獵羣書，而尤嗜孫子。孫子上謀而後攻，「修道而保法」；論將則曰「仁」、「智」、「信」、「勇」、「嚴」，與孔子合。至於戰守、攻圍之道，批抗、擣虚之術，山林、險阻之勢，料敵、用間之謀，靡不畢具，其他韜鈐機畧，孰能過之？然其言約而該，近而遠，未易窺測。今觀諸家所注，或本隱以之顯，或由粗而識精，或援史而證之以事，或因言而實之以人，於是孫子之微詞奥義彰彰明矣。故曰孫子十三篇不惟武人根本，文士亦當盡心焉。旨哉言乎！

予奉命督軍虔臺，進武弁及生儒問之，無有知是書者。故授之以梓，以廣其傳。

嘉靖乙卯春正月穀日，錫山談愷書於虔臺之思歸軒。

（四部叢刊孫子集注）

七、孫子兵法序

清　孫星衍

黄帝李法、周公司馬法已佚，太公六韜原本今不傳，兵家言惟孫子十三篇最古。古人學有所受，孫子之學或即出於黄帝，故其書通三才、五行，本之仁義，佐以權謀。其説甚正。古之名將，用之則勝，違之則敗，稱爲「兵經」，比於六藝，良不媿也。孫子爲吴將兵，以三萬破楚二十萬，入郢，威齊晉之功歸之子胥，故春秋傳不載其名，蓋功成不受官。越絶書稱「巫門外大冢〔一〕，吴王客孫武冢」，是其證也。其著兵書八十二篇、圖九卷，見藝文志。其圖「八陳」，有「苹車」之陳，見周官鄭注。有算經，今存；有雜占、六甲兵法，見隋志。其與吴王問答，見於吴越春秋諸書者甚多，或即八十二篇之文。今惟傳此十三篇者，史記稱闔閭有「十三篇吾盡觀之」之語。七録孫子兵法三卷，史記正義云「十三篇爲上卷，又有中下二卷」，則上卷是孫子手定，見於吴王，故歷代傳之勿失也。秦漢已來，用兵皆用其法，而或祕其書，不肯注以傳世。魏武始爲之法，云「撰爲畧解」，謙言解其觕畧。漢官解詁稱「魏氏瑣連孫武之法〔二〕，則謂其捷要」，杜牧疑爲魏武删削者，謬也。此本十五卷〔三〕，爲宋吉天保所集，見宋藝文志，稱十家會注。十家者：一魏武，二梁孟氏，三唐李筌，四杜牧，五陳皞，六賈林，七宋梅聖俞，八王晳〔四〕，九何延錫，十張預也。書中或改「曹公」爲「曹操」，或以孟氏置唐人之後，或不知何延錫之名，稱爲「何氏」，或多出杜佑，而置在其孫杜牧之後。吉天保之不深究此書可知。今皆校勘更正。杜佑實未注孫子，其文即通典也，多與曹注同，而文較備。疑佑用曹公、王凌、孟氏諸人古注，故有「王子曰」，即凌也，今或非全。注本孫子有王凌、張子尚、賈詡、沈友，鄭本所採不足，今佚矣。曩，予遊關中，讀華陰嶽廟道藏，見有此書，後有鄭友賢遺説一卷。友賢亦見鄭樵通志，蓋宋人。又從大興朱氏處見明人刻本，餘則世無傳者。國家令甲，以孫子校士，所傳本或多錯謬，當用古本是正其文。適吳念湖太守畢恬溪孝廉皆爲此學，所得或過於予，遂刊一編，以課武士。

孔子曰：「軍旅之事，未之學。」又曰：「我戰則克。」孔子定禮正樂，兵則「五禮」之一，不必以爲專門之學，故云「未學」。所爲聖人有所不知。或行軍好謀則學之，或善將將如伍子胥之用孫子，又何必自學之？故又曰「我戰則克」也。今世泥孔子之言，以爲兵書不足觀。又泥「趙括徒能讀父書」之言，以爲成法不足用。又見兵書有權謀，有反間，以爲非聖人之法，皆不知吾儒之學者。吏之治事，可習而能，然古人猶有學製之懼。兵凶戰危，將不素習，未可以人命爲嘗試，則十三篇之不可不觀也。項梁教籍兵法，籍畧知其意，不肯竟學，卒以傾覆。不知兵法之弊，可勝言哉？宋襄、徐偃仁而敗。兵者危機，當用權謀。孔子猶有「要盟勿信」、微服過宋之時，安得妄責孫子以言之不純哉？

孫子蓋陳書之後。陳書見春秋傳，稱孫書。姓氏書以爲景公賜姓，言非無本。又泰山新出孫夫人碑，亦云與齊同姓。史遷未及深考。吾家出樂安，真孫子之後，媿余徒讀祖書，考證文字，不通方畧，亦享承平之福者久也。陽湖孫星衍撰。

（岱南閣叢書孫子十家注）

校記

〔一〕「家」，原本誤作「家」，今改正。

〔二〕「魏氏瑣連孫武之法」，原文如此，下文叙録引同。按：此「魏氏」當指曹操，而曹操可稱「魏武」，而未見有以「魏氏」相稱者。

〔三〕「十五卷」，疑「十三卷」之誤。或十三篇爲十三卷，另有附録二卷，亦未可知。

〔四〕「王晳」，原文作「王哲」。查王哲雖確有其人（見龔鼎臣東原録），但未見有孫子注之作。而王晳乃實注孫子者，諸本注文皆稱「晳」，通志、通考與晁氏讀書志亦並作「晳」，故當據改。

八、孫子叙録

清 畢以珣

史記曰：「孫子武者，齊人也，以兵法見於吴王闔閭，卒以爲將。」吴越春秋曰：「吴王登臺，向南風而嘯，有頃而嘆，羣臣莫有曉王意者。子胥知王之不定，乃薦孫子於王。孫子者，吴人也，善爲兵法，辟隱幽居，世人莫知其能。」

按：孫子本齊人，後奔吴，故吴越春秋謂之吴人也。鄧名世姓氏辨證書曰：「齊敬仲五世孫書，爲齊大夫，伐莒有功，景公賜姓孫氏，食采於樂安，生馮，爲齊卿。馮生武，字長卿；以田、鮑四族謀作亂，奔吴，爲將軍。」是也。

史記又曰：「後百餘歲，有孫臏，亦武之後世孫也。」

按：姓氏辨證書曰：「武生三子：馳、明、敵。明食采於富春，生臏，即破魏軍、擒太子申者也。」按此所説，則臏乃武之孫也。史記之言，猶爲未審。

又按：紹興四年，鄧名世上其書。胡松年稱其學有淵源，多所按據。序又云：「自五經、子史，以及風俗通、姓苑、百家譜、姓纂諸書，凡有所長，盡用其説。」是其書内所云，皆可依據也。

越絶書曰：「巫門外大冢，吴王客孫武冢也，去縣十里。」

按：武惟爲客卿，故春秋左氏傳言伍員，而不詳孫武也；其史稱伐楚及齊、晉者，蓋武以客卿將兵故也。

史記：「闔閭曰：『可以小試勒兵乎？』對曰：『可。』闔閭曰：『可試以婦人乎？』曰：『可。』於是許之，出宮中美人，得百八十人。孫子分爲二隊，以王之寵姬二人各爲隊長，皆令持戟。令之曰：『汝知而心與左右手背乎？』婦人曰：『知之。』孫子曰：『前，則視心；左，視左手；右，視右手；後，即視背。』婦人曰：『諾。』約束既布，乃設鈇鉞，即三令五申之。於是，鼓之右，婦人大笑。孫子曰：『約束不明，申令不熟，將之罪也。』復三令五申，而鼓之左，婦人復大笑。孫子曰：『約束不明，申令不熟，將之罪也；既已明，而不如法者，吏士之罪也。』乃欲斬左右隊長。吴王在臺上觀，見且斬愛姬，大駭，趣使使下，令曰：『寡人已知將軍能用兵矣，寡人非此二姬，食不甘味，願勿斬也。』孫子曰：『臣既已受命爲將，將在軍，君命有所不受。』遂斬隊長二人以徇，用其次爲隊長。於是，復鼓之。婦人左右、前後、跪起，皆中規矩繩墨，無敢出聲。於是孫子使使報王曰：『兵既整齊，王可試下觀之，唯王所欲用之，雖赴水火猶可也。』吴王曰：『將軍罷休就舍，寡人不願下觀。』孫子曰：『王徒好其言，不能用其實。』於是闔閭知孫子能用兵，卒以爲將，西破彊楚，入郢，北威齊、晉，顯名諸侯，孫子與有力焉。」

吴越春秋曰：「吴王問曰：『兵法寧可以小試耶？』孫子曰：『可。可以小試於後宫之女。』王曰：『諾。』孫子曰：『得大王寵姬二人，以爲軍隊長，各將一隊。令三百人皆被甲兜鍪，操劍盾而立，告以軍法，隨鼓進退，左右迴旋，使知其禁。』乃令曰：『一鼓皆振，二鼓操進〔一〕，三鼓爲戰形。』於是宮女皆掩口而笑。孫子乃親自操枹擊鼓，三令五申，其笑如故。孫子顧視諸女連笑不止，孫子大怒，兩目忽張，聲如駭虎，髮上衝冠，項旁絶纓，顧謂執法曰：『取鈇鑕！』孫子曰：『約束不明，申令不信，將之罪也；既以約束，三令五申，卒不却行，士之過也，軍法如何？』執法曰：『斬！』武乃令斬隊長二人，即吳王之寵姬也。吳王登臺觀望，正見斬二愛姬，馳使下之，令曰：『寡人已知將軍能用兵矣〔二〕。寡人非此二姬，食不甘味，宜勿斬之。』孫子曰：『臣既已受命爲將，將在軍〔三〕，君雖有令，臣不受之。』孫子復撝鼓之，當左右、進退、迴旋規矩，不敢瞬目。二隊寂然，無敢顧者。於是乃報吳王曰：『兵已整齊，願王觀之，惟所欲用，使赴水火猶無難矣，而可以定天下。』吳王忽然不悦，曰：『寡人知子善用兵，雖可以霸，然而無所施也。將軍罷兵就舍，寡人不願。』孫子曰：『王徒好其言，而不用其實。』子胥諫曰：『臣聞：兵者凶事，不可空試。故爲兵者，誅伐不行，兵道不明。今大王虔心思士，欲興兵戈以誅暴楚，以霸天下而威諸侯，非孫武之將，而誰能涉淮踰泗，越千里而戰者乎？』於是吳王大悦，因鳴鼓會軍，集而攻楚。孫子爲將，拔舒，殺吳亡將二公子蓋餘、燭傭。」

史記曰：「光謀欲入郢，將軍孫武曰：『民勞，未可，且待之。』」

又曰：「闔廬謂伍子胥、孫武曰：『始子之言郢未可入，今果何如？』二子對曰：『楚將子常貪，而唐、蔡皆怨之。王必欲大伐，必得唐、蔡乃可。』闔廬從之，悉興師。五戰，楚五敗，遂入郢。」

吴越春秋曰：「吴王謀欲入郢，孫武曰：『民勞，未可恃也。』楚聞吴使孫子、伍子胥、白喜爲將，楚國苦之，羣臣皆怨。」

又曰：「闔閭聞楚得湛盧之劒，遂使孫武、伍胥、白喜伐楚，拔六與潛二邑。」

又曰：「楚使公子囊瓦伐吴，吴使伍胥、孫武擊之，圍於豫章，大破之。」

又曰：「吴王謂子胥、孫武曰：『始子言郢不可入，今果何如？』二將曰：『夫戰，借勝以成其威，非常勝之道。』吴王曰：『何謂也？』二將曰：『楚之爲兵，天下彊敵也，今臣與之争鋒，十亡一存；而王入郢者，天也。臣不敢必。』吴王曰：『吾欲復擊楚，奈何而有功？』伍胥、孫武曰：『囊瓦者，貪而多過於諸侯，而唐、蔡怨之。王必伐，得唐、蔡。』」

又曰：「樂師扈子非荆王信讒佞，作窮刼之曲曰〔四〕：『吴王哀痛助忉怛，垂涕舉兵將西伐；伍胥、白喜、孫武決，三戰破郢王奔發。』」

淮南子曰：「君臣乖心，則孫子不能以應敵。」

劉向新序曰：「孫武以三萬破楚二十萬者，楚無法故也。」

漢官解詁曰：「魏氏瑣連孫武之法。」

史記又曰：「孫武以兵法見於吴王闔閭，闔閭曰：『子之十三篇，吾盡觀之矣。』」

按：史記惟言「以兵法見闔閭」，不言十三篇作於何時。考魏武序云：「爲吴王闔閭作兵法一十三篇，試之婦人，卒以爲將。」則是十三篇特作之以干闔閭者也。今考其首篇云「將聽吾計，用之必勝，留之；將不聽吾計，用之必敗，去之」，言聽從吾計，則必勝，吾將留之；不聽吾計，則必敗，吾將去之。是其干之之事也。

又按：虚實篇云：「越人之兵雖多，亦奚益於勝敗哉？」是爲闔閭言之也。九地篇云：「吴人與越人相惡也，當其同舟而濟，遇風，其相救也如左右手。」亦對闔閭言也。故魏武云「爲吴王闔閭作之」，其言信已。

按：十三篇之外，又有問答之辭，見於諸書徵引者，蓋武未見闔閭，作十三篇以干之；既見闔閭，相與問答，武又定著爲若干篇，皆在漢志八十二篇之内也。

吴越春秋曰：「吴王召孫子，問以兵法；每陳一篇，王不知口之稱善。」

吴王問孫武曰：「散地士卒顧家，不可與戰，則必固守不出。若敵攻我小城，掠吾田野，禁吾樵採，塞吾要道，待吾空虚，而急來攻，則如之何？」武曰：「敵人深入吾都，多背城邑，士卒以軍爲家，專志輕鬥；吾兵在國，安土懷生，以陳則不堅，以鬥則不勝，當集人合衆〔五〕，聚穀蓄帛，保城備險，遣輕兵絶其糧道。彼挑戰不得，轉輸不至，野無所掠，三軍困餒，因而誘之，可以有功。若與野戰，則必因勢〔六〕，依險設伏；無險，則隱於天氣陰晦昏霧〔七〕，出其不意，襲其懈怠，可以有功。」

吴王問孫武曰：「吾至輕地，始入敵境，士卒思還，難進易退；未背險阻，三軍恐懼；大將欲進，士卒欲退，上下異心。敵守其城壘，整其車騎〔八〕，或當吾前，或擊吾後，則如之何？」武曰：「軍至輕地，士卒未專，以入爲務，無以戰爲。故無近其名城，無由其通路，設疑佯惑，示若將去。乃選驍騎〔九〕，銜枚先入，掠其牛馬六畜。三軍見得，進乃不懼。分吾良卒，密有所伏，敵人若來，擊之勿疑；若其不至，捨之而去。」

吴王問孫武曰：「争地，敵先至，據要保利，簡兵練卒，或出或守，以備我奇，則如之何？」武曰：「争地之法，讓之者得，争之者失。敵得其處，慎勿攻之，引而佯走；建旗鳴鼓，趣其所愛；曳柴揚塵，惑其耳目；分吾良卒，密有所伏，敵必出救，人欲我與，人棄吾取。此争先之道。若我先至，而敵用此術，則選吾鋭卒，固守其所；輕兵追之，分伏險阻；敵人還鬥，伏兵旁起。此全勝之道也。」

吴王問孫武曰：「交地，吾將絶敵，令不得來，必全吾邊城，修其所備〔一〇〕，深絶通道，固其阸塞。若不先圖，敵人已備，彼可得來，而吾不可往，衆寡又均，則如之何？」武曰：「既我不可以往，彼可以來，吾分卒匿之，守而易怠〔一一〕，示其不能。敵人且至，設伏隱廬，出其不意，可以有功也〔一二〕。」

吴王問孫武曰：「衢地必先，吾道遠，發後，雖馳車驟馬，至不能先，則如之何？」武曰：「諸侯參屬，其道四通；我與敵相當，而傍有國。所謂先者，必重幣輕使，約和傍國，交親結恩，兵雖後至，衆以屬矣。簡兵練卒，阻利而處；親吾軍事，實吾資糧；令吾車騎，出入瞻候。我有衆助，彼失其黨；諸國犄角，震鼓齊攻。敵人驚恐，莫知所當。」

吴王問孫武曰：「吾引兵深入重地，多所踰越，糧道絶塞。設欲歸還，勢不可過。欲食於敵，持兵不失，則如之何？」武曰：「凡居重地，士卒輕勇，轉輸不通，則掠以繼食。下得粟帛，皆貢於上，多者有賞，士無歸意。若欲還出，切爲戒備，深溝高壘，示敵且久。敵疑通途，私除要害之道，乃令輕車，銜枚而行，塵埃氣揚，以牛馬爲餌。敵人若出，鳴鼓隨之，陰伏吾士，與之中期，内外相應，其敗可知。」

吴王問孫武曰：「吾入圮地，山川險阻，難從之道，行久卒勞，敵在吾前，而伏吾後，營居吾左，而守吾右，良車驍騎，要吾隘道，則如之何？」武曰：「先進輕車，去軍十里，與敵相候，接期險阻。或分而左，或分而右，大將四觀，擇空而取，皆會中道，倦而乃止。」

吴王問孫武曰：「吾入圍地，前有强敵，後有險難，敵絶糧道，利我走勢，敵鼓噪不進，以觀吾能，則如之何？」武曰：「圍地之宜，必塞其闕，示無所往，則以軍爲家，萬人同心，三軍齊力，并炊數日，無見火煙，故爲毁亂寡弱之形。敵人見我，備之必輕。告勵士卒，令其奮怒，陳伏良卒，左右險阻，擊鼓而出。敵人若當，疾擊務突，前鬥後拓〔一三〕，左右犄角。」

又問曰：「敵在吾圍，伏而深謀，示我以利，縈我以旗，紛紛若亂，不知所之，奈何？」武曰：「千人操旍，分塞要道，輕兵進挑，陳而勿搏，交而勿去，此敗謀之法。」

已上皆孫子遺文，見通典。

又曰：「軍入敵境，敵人固壘不戰，士卒思歸，欲退且難，謂之輕地。當選驍騎伏要路，我退敵追，來則擊之也。」

吴王問孫武曰：「吾師出境，軍於敵人之地，敵人大至，圍我數重，欲突以出，四塞不通，欲勵士激衆，使之投命潰圍，則如之何？」武曰：「深溝高壘，示爲守備；安静勿動，以隱吾能；告令三軍，示不得已；殺牛燔車，以饗吾士；燒盡糧食，填夷井竈；割髮捐冠，絶去生慮。將無餘謀，士有死志。於是砥甲礪刃，并氣一力，或攻兩旁，震鼓疾譟，敵人亦懼，莫知所當。鋭卒分兵〔一四〕，疾攻其後，此是失道而求生。故曰：困而不謀者窮，窮而不戰者亡。」吴王曰：「若我圍敵，則如之何？」武曰：「山峻谷險，難以踰越，謂之窮寇，擊之之法：伏卒隱廬，開其去道，示其走路；求生逃出，必無鬥志，因而擊之，雖衆必破。」兵法又曰：「若敵人在死地，士卒勇氣，欲擊之法：順而勿抗，陰守其利，絶其糧道，恐有奇兵，隱而不覩，使吾弓弩，俱守其所。」按：何氏引此文，亦云「兵法曰」，則知問答之詞亦在八十二篇之内也。

已上見何氏注。

按：此皆釋九地篇義，辭意甚詳，故其篇帙不能不多也。

吴王問孫武曰：「敵勇不懼，驕而無慮，兵衆而强，圖之奈何？」武曰：「詘而待之，以順其意，無令省覺，以益其懈怠；因敵遷移，潛伏候待；前行不瞻，後往不顧，中而擊之，雖衆可取。攻驕之道，不可争鋒。」

見通典。

吴王問孫武曰：「敵人保據山險，擅利而處之，糧食又足，挑之則不出，乘間則侵掠，爲之奈何？」武曰：「分兵守要，謹備勿懈；潛探其情，密候其怠；以利誘之，禁其樵牧。按：「牧」字誤，當作「採」。久無所得，自然變改；待離其固，奪其所愛。敵據險隘，我能破之也。」

見通典及太平御覽。

按：以上問答，皆非十三篇文。吴越春秋所云「問以兵法，不知口之稱善」者是也。

孫子曰：「將者，智也，仁也，敬也，信也，勇也，嚴也。」是故智以折敵，仁以附衆，敬以招賢，信以必賞，勇以益氣，嚴以一令。故折敵，則能合變；衆附，則思力戰；賢智集，則陰謀利；賞罰必，則士盡力；氣勇益，則兵威令自倍；威令一，則惟將所使。

按：此所釋計篇「五事」，亦答闔閭之問也，見潛夫論。

孫子曰：「凡地多陷曲，曰天井。」

按：此釋行軍篇義，見太平御覽。

孫子曰：「故曰：深草蓊穢者，所以逃遁也；深谷險阻者，所以止禦車騎也；隘塞山林者，所以少擊衆也；沛澤杳冥者，所以匿其形也。」

見通典。

孫子曰：「强弱、長短雜用。」

又曰：「遠則用弩，近則用兵。兵、弩相解也。」

又曰：「以步兵十人，擊騎一匹。」

亦見通典。

孫子曰：「人效死，而士能用之，雖優游暇譽，令猶行也。」

又曰：「長陳爲甄。」

又曰：「其鎮如岳，其停如淵。」

見文選注。

按：已上七條，今十三篇内亦無之。

孫子「八陣」，有「苹車之乘〔一五〕」。

見鄭君周禮注。

按：隋經籍志有孫子八陣圖一卷，此其遺文也。

孫子占曰：「三軍將行，其旌旗從容以向前，是爲天送，必亟擊之，得其大將。三軍將行，其旌旗墊音店。然若雨，是爲天霑，其帥失。三軍將行，旍旗亂於上，東西南北無所主方，其軍不還。三軍將陣，雨師，是爲浴師，勿用陣戰。三軍將戰，有雲其上而赤，勿用陣；先陣戰者，莫復其迹。三軍方行，大風飄起於軍前，右周絶軍，其將亡；右周中，其師得糧。」

見太平御覽。

按：隋志又有孫子雜占四卷，此其遺文也。

又按：北堂書鈔引孫子兵法云：「貴之而無驕，委之而不專，扶之而無隱，危之而不懼。故良將之動也，猶璧玉之不可污也。」太平御覽以爲出諸葛亮兵要。又引孫子兵法祕要云：「良將思計如飢，所以戰必勝，攻必克也。」按：兵法祕要，孫子無其書。魏武有兵法接要一卷，或亦名爲孫子兵法接要，猶魏武所作兵法，亦名爲續孫子兵法也。北堂書鈔又引孫子兵法論云：「非文無以平治，非武無以治亂。善用兵者，有三畧焉：上畧伐智，中畧伐義，下畧伐勢。」按：此亦不似孫武語，蓋後世言兵多祖孫武，故作兵法論，即名爲孫子兵法論也。附識於此，以備考。

陳振孫書録解題曰：「孫武事吳闔閭〔一六〕，而事不見於春秋傳，未知其果何代人也。」

又曰：「孫、吳或是古書。」

按：孫子生於敬王之代〔一七〕，故周、秦、兩漢諸書，皆多襲用其文。陳氏於此，猶有不盡信之言，疏謬甚矣。

戰國策：孫臏曰：「兵法：百里而趨利者，蹶上將；五十里走者，軍半至。」語本孫子軍争篇〔一八〕。

又曰：「馬陵道狹，而旁多阻險，可伏兵。」語意本行軍篇。

又曰：「攻其懈怠，出其不意。」語出計篇。

吴起曰：「投之無所往，天下莫當。」語本九地篇。

又曰：「凡過山川邱陵，亟行勿留。」語本行軍篇。

又曰：「治寡如治衆。」語出勢篇。

又曰：「以半擊倍，百戰不殆。」語意本謀攻篇。

又曰：「必死則生，幸生則死。」語意本九變篇。

又曰：「以近待遠，以佚待勞，以飽待飢。」語出軍争篇。

又曰：「夫鼙鼓金鐸，所以威目；旌旗麾幟，所以威耳。」語意本軍争篇。

又曰：「晝以旌旗旛幟爲節，夜以金鼓笳笛爲節。」語意本軍争篇。

又曰：「遇諸邱陵、林谷、深山、大澤，疾行亟去，勿得從容。」語意本行軍篇。

又曰：「敵若絶水，半渡而擊之。」語出行軍篇。

又，趙奢救閼與，軍士許歷曰：「先據北山者勝，後至者敗。」語意本地形篇。

尉繚子曰：「守法：一而當十。」語意本謀攻篇。

又曰：「治兵者，若祕於地，若邃於天。」語意本形篇。

鶡冠子曰：「發如鏃矢，聲如雷霆。」語意本軍争篇。

又曰：「埶急，節短。」語出勢篇。

又曰：「百戰而勝，非善之善者也；不戰而勝，善之善者也。」語本謀攻篇。

史記陳餘曰：「吾聞兵法：十則圍之，倍則戰之。」語出謀攻篇。

又，黥布擊楚〔一九〕，或説楚將曰：兵法：「自戰其地，爲散地。」語出九地篇。

又，高帝遣劉敬視匈奴，劉敬曰：「此必『能而示之不能』。」語出計篇。

又，韓信曰：「兵法不曰陷之死地而後生，置之亡地而後存乎？」語出九地篇。

吕氏春秋曰：「若鷙鳥之擊也，搏攫則殪。」語出勢篇。

又曰：「夫兵，貴不可勝；不可勝在己，可勝在彼。聖人必在己者，不必在彼者。」語本形篇。

淮南子曰：「高者爲生，下者爲死。」語本計篇及行軍篇。

又曰：「同舟而濟於江，卒遇風波，捷捽抬杼船，若左右手。」語本九地篇。

又曰：「主孰賢，將孰能。」語本計篇。

又曰：「卒如雷霆，疾如風雨；若從地出，若從天下。」語本軍争及形篇。

又曰：「不襲堂堂之寇，不擊填填之旗。」語出軍争篇。

又曰：「勇者不得獨進，怯者不得獨退。」語出軍爭篇。

又曰：「如決積水於千仞之隄，若轉員石於萬丈之谿。」語本勢篇。

又曰：「是故令之以文，齊之以武，是謂必取。」語出行軍篇。

又曰：「疾如彍弩，勢如發矢。」語本勢篇。

又曰：「晝則多旌，夜則多火。」語本軍爭篇。

又曰：「避實就虛，若驅羣羊。」語出勢篇及九地篇。

又曰：「故曰：無恃其不吾奪也，恃吾不可奪。」語本九變篇。

又曰：「飢者能食之，勞者能息之，有功者能得之。」語意本虛實篇。

太玄經曰：「卵破石碫。」語本勢篇。

潛夫論曰：「將者，民之司命，而國安危之主也。」語出作戰篇。

又曰：「其敗者，非天之所災，將之過也。」語出地形篇。

按：孫子惟爲古書，故先秦、兩漢多述其文。東漢以後，諸傳記所徵引者，更不可以悉舉。乃陳氏忽疑其書，並疑其人，何也？

孫子曰：「不知三軍之事，而同三軍之政，則軍士惑矣；不知三軍之權，而同三軍之任，則軍士疑矣。」

按：孫子古書，多存古義，今畧舉數事，以祛陳氏之惑。

按：「同」有冒義，故字從「同」也。釋言云：「弇，蓋也；弇，同也。」是「同」有覆冒之義也。「同三軍之政」、「同三軍之任」者，猶言奄有其政、奄有其任也。此古訓，不作「同」、「異」解，向來注者殊夢夢。

又按：尚書「太保奉同瑁」，馬氏以「同瑁」爲一物，天子所執玉瑞名也。

孫子曰：「莣秆一石，當吾二十石。」

按：「莣」，説文作「萁」，豆稭也。「其」、「忌」聲同，故又作「莣」也。詩云「夜如何其」，「其」，語助；以聲同，又借「忌」爲之。詩又云「抑釋掤忌，抑鬯弓忌」是也。此「萁」作「莣」者，春秋已後或體字也，諸字書皆缺載。

孫子曰：「朝氣鋭，晝氣惰，暮氣歸。」

按：廣雅：「歸，息也。」列子云：「鬼，歸也。」又云：「古者，謂死人爲歸人。」是「歸」乃滅息之義也。左氏「一鼓作氣，再而衰，三而竭」，「竭」，盡，正與滅息義相發明。今杜佑等以「欲歸」釋之，言若士卒暮而欲歸，不明古義，疏矣。

孫子曰：「爲兵之事，在於順詳敵之意。」

按：曹注曰：「佯，愚也。」是以「詳」爲「佯」，古通用字也。

孫子曰：「不得已則鬥。」

按：書内「鬥」字皆如此。説文云「鬥，兩士相對，兵杖在後，象鬥形」也。今諸書皆假「鬭」爲之，「鬥」字弗著於篇矣。

孫子曰：「勵於廟堂之上，以誅其事。」

按：説文：「誅，討也。」「討，治也。」故「誅」亦得爲「治」也。又「誅」、「治」聲近，故可假借爲之，猶「且」得爲「此」、「期」得爲「近」、「析」得爲「斯」之類是也，他字書皆不載。

孫子曰：「絶水必遠水。」

按：「絶」者，越也，言過水而處軍，則必遠於水也。故上文云「絶山依谷」，言過山而處軍，必依於谷也。又云「絶斥澤，唯亟去勿留」，言過斥澤，則不可處軍，必亟去之，勿留也。爾雅曰「正絶流曰亂」，「正絶流」猶言直渡水也，其名爲「亂」者，亦「厲」之意，即爾雅「以衣涉水爲厲」是也。詩云「涉渭爲亂」，鄭君云「絶流而南」，是鄭固以「絶」爲越也。至孔穎達，則云「水以流爲順，横渡則絶其流」，是爲隔絶之義。唐人不達古訓，無足怪也。又，吕氏春秋曰：「章子令人視水可絶者，有芻水旁者曰：水淺深易知，荊人所盛守者，皆其淺者也；所簡守，皆其深者也。」是「絶」訓爲「越」之證也。

又按：此古訓，諸字書皆缺載。

孫子曰：「將者，君之輔也，輔周則國必强，輔隙則國必弱。」

按：「周」者，無缺也；「隙」者，有缺也。「周」、「隙」相對言之，古語之常，故云「圍師必闕」。「圍」者，周也；「闕」者，隙也。此言將之智勇，能周則强，不能周則弱也。今賈氏以「才周其國」釋「周」字，以「内懷其貳」釋「隙」字，不明對文之義，疏矣。

孫子曰：「犯三軍之衆，若使一人。」

按：曹注謂「犯」爲「用」，非。當云：「犯，動也。」故下文云：「犯之以事，勿告以言；犯之以利，勿告以害。」若以「用」釋之，下文不可通矣。又，「犯」字本無「用」意。蓋凡文字，皆有本訓，有轉訓。「犯」爲侵，故又得爲動。魏武不明於聲音、訓詁之源流，以「用」釋「犯」，既不經見，妄爲之説，謬已。

孫子曰：「是故方馬埋輪，不足恃也。」

按：「方」者，繫縳之也。曹注：「方，縛也。」是已。説文：「方，象兩舟，總其頭。」謂聚束兩船之頭也。爾雅：「諸侯維舟，大夫方舟。」維繫四舟曰「維舟」，繫併兩舟曰「方舟」。故「方」又有併義。吕氏春秋曰：「竊木方版，以爲舟楫。」言併其版，亦拘縛之意也。又爲「法」，爲「所」。論語「遊必有方」，是「方」爲「所」，亦繫定之意也。論語又曰「子貢方人」，鄭注謂「言人過惡」，言以禮法拘縛人也。陸德明釋文云：「鄭本『方』作『謗』。」按：此似唐以後人不明注意，以爲言人過惡，無當於「方人」之義，率臆改之，非鄭原本也。

又按：此古訓，諸字書皆缺載。

又按：書内古義，多不經見，而精當不可移易，真古書也。後之爲字書者，以其兵家言，不悉置意，故多漏畧。陳氏不察，而妄議之，謬之謬矣。

又按：今所傳孫子算經三卷，無名字。宋史藝文志云：「不知名。」考孫子兵法形篇云：「兵法：一曰度，二曰量，三曰數，四曰稱，五曰勝。地生度，度生量，量生數，數生稱，稱生勝。」而算經則云：「度之所起，起於忽；稱之所起，起於黍；量之所起，起於粟。凡大數之法，萬萬曰億。」篇首即以「度」、「量」、「數」、「稱」四事分爲四節，與他算書不同，則斷知其爲孫武之書無疑也。

又，中興書目云：「或云五曹算經出於孫武。」

按：此所説是也。「五曹」者：一爲「田曹」，地利爲先也；既有田疇，必資人力，故次「兵曹」；人衆，必用食飲，次「集曹」；衆既會集，必務儲蓄，次「倉曹」；倉廩、貨幣相交質，次「金曹」。而其意則以兵爲要。田疇、食幣，皆爲兵用也。

又按：夏侯陽算經曰：「田曹云：度之所起，起於忽；倉曹云：量之所起，起於粟。」以孫子算經之文，而謂之「五曹」，則固知其爲一人之書也。書目之言，信足徵已。

孫子篇卷異同：

漢藝文志兵權謀家：吴孫子兵法八十二篇，圖九卷。

按：八十二篇者，其一爲十三篇，未見闔閭時所作，今所傳孫子兵法是也。其一爲問答若干篇，既見闔閭所作，即諸傳記所引遺文是也。一爲八陣圖，鄭注周禮引之是也。一爲兵法雜占，太平御覽所引是也。外又有牝八變陣圖、戰鬬六甲兵法，俱見隋經籍志。又有三十二壘經，見唐藝文志。按：漢志惟云八十二篇，而隋唐志於十三篇之外，又有數種，可知其具在八十二篇之内也。

七録：孫子兵法三卷。史記正義曰：案十三篇爲上卷，又有中下二卷。

案：此孫子本書，無注文；其云「又有中下二卷」，則唐時故書猶存，不僅今所傳之十三篇也。

又按：所云「三卷」者，蓋十三篇爲上卷，問答之辭爲中、下卷也。其八陣圖、雜占諸書，則别本行之。故隋唐志諸書亦皆别出。

又按：宋藝文志有孫武孫子三卷，朱服校定。孫子三卷即此也。

隋書經籍志兵部：孫子兵法二卷，吴將孫武撰，魏武注，梁三卷；諸書皆云三卷，惟晁氏讀書志以爲一卷，文獻通考因之。孫子兵法一卷，魏武、王淩集解；諸書無著録，惟通志畧有之。孫武兵經二卷，張子尚注；通志畧云三卷，諸書無録。鈔孫子兵法一卷，魏太尉賈詡鈔；諸書無録，通志畧有之。梁有孫子兵法二卷，孟氏解詁；亦見唐志及通志畧。孫子兵法二卷，吴處士沈友撰；見唐志及通志畧。唐志云三卷，通志畧云二卷。又孫子八陣圖一卷，亡；亦見通志畧。吴孫子牝八變陣圖二卷；見通志畧。孫子兵法雜占四卷；見通志畧。梁有孫子戰鬭六甲兵法一卷。諸書皆不著録。

新唐書藝文志兵書類：魏武注孫子三卷；孟氏解孫子二卷；沈友注孫子三卷；孫子三十二壘經一卷；通志畧作「三十三壘經」，蓋字誤。李筌注孫子二卷；晁氏讀書志作三卷，文獻通考因之，通志畧及宋史皆云一卷。杜牧注孫子三卷；通志畧云一卷。案：杜牧注最爲詳贍，故諸書皆録爲三卷，作一卷者誤。陳皥注孫子一卷；晁氏志云三卷，通考因之。賈林注孫子一卷。晁氏志無録，文獻通考同。

按：唐志又有兵書捷要七卷，孫武撰。此字誤，當云「魏武」也，見隋志及通志畧。

郡齋讀書志兵家類：魏武注孫子一卷；李筌注三卷；杜牧注三卷；陳皥注三卷；紀燮注三卷；梅聖俞注三卷；宋志無録，通志畧云一卷。王晳注三卷；宋志無録。何氏注三卷。宋志無録，通志畧云一卷。又，晁氏云：「未詳其名，近代人也。」按：何氏名延錫，見通志畧。

直齋書録解題兵書類：孫子三卷，漢志八十一篇〔三〇〕，魏武削其繁冗，定爲十三篇。杜牧之注孫子三卷。

按：書録解題惟載曹、杜二家注，他書皆未及見也。

通志兵畧：孫子兵法三卷，吴將孫武撰，魏武注；又一卷，魏武、王凌集解；又二卷，蕭吉注；隋唐志無録。又二卷，孟氏解詁；又二卷，吴沈友撰；又一卷，唐李筌撰；又一卷，唐杜牧撰；又一卷，唐陳皡注；又一卷，唐賈林注；又一卷，何延錫注；又一卷，張預注；宋志無録。又三卷，王皙注；又一卷，梅堯臣撰；孫武兵經三卷，張子尚注；鈔孫子兵法一卷，魏太尉賈詡鈔；續孫子兵法二卷，魏武撰；孫子遺説一卷，鄭友賢撰。右兵書。孫子八陣圖一卷；吴孫子牝八變陣圖二卷。右營陣。吴孫子三十三壘經一卷；孫子兵法雜占四卷。右兵陰陽。

文獻通考：魏武注孫子一卷；李筌注三卷；杜牧注三卷；陳皡注三卷；紀爕注三卷；梅聖俞注三卷；王皙注三卷；何氏注三卷。

按：通考所録，悉本晁公武讀書志。

宋史藝文志兵書類：孫武孫子三卷；朱服校定孫子三卷；魏武注孫子三卷；蕭吉注孫子一卷，或題曹、蕭注；賈林注孫子一卷；陳皡注孫子一卷；宋奇孫子解并武經簡要二卷；諸書皆不著録。李筌注孫子一卷；五家注孫子三卷，魏武、杜牧、陳皡、賈林、孟氏；杜牧孫子注三卷；曹、杜注孫子三卷；吉天保十家孫子會注十五卷〔二〕。按：今本十三篇爲十三卷。又按：梅堯臣、王皙、何延錫、張預四家注，志内皆不著録。

杜牧曰：「孫武書數十萬言，魏武削其繁剩，筆其精粹，成此書。」

按：孫子十三篇者，出於手定，史記兩稱之，而杜牧以爲魏武筆削所成，誤已。

晁公武曰：「唐李筌以魏武所解多誤，約歷代史，依遁甲注成三卷。」

又曰：「唐杜牧以武書大畧用仁義，使機權；曹公所注解，十不釋一，蓋惜其所得，自爲新書爾。因備注之。世謂牧慨然最喜論兵，欲試而不得者。其學能道春秋、戰國時事，甚博而詳，知兵者有取焉。」

又曰：「唐陳皞以曹公注隱微，杜牧注闊疎，重爲之注。」

又曰：「唐紀燮集唐孟氏、賈林、杜佑三家所解。」

歐陽修曰：「世所傳孫子十三篇，多用曹公、杜牧、陳皞注，號三家。」

又曰：「三家之注，皞最後，其説時時攻牧之短。」

晁公武曰：「王皙以古本校正闕誤，又爲之注。仁廟天下承平，人不習兵；元昊既叛，邊將數敗，朝廷頗訪知兵者，士大夫人人言兵矣。故本朝注解孫武書者，大抵皆當時人也。」

按：今孫子集注本，由華陰道藏録出，即宋吉天保所合十家注也。十家者：一魏武，二李筌，三杜牧，四陳皞，五賈林，六孟氏，七梅堯臣，八王皙，九何延錫，十張預也。十家本内，又有杜佑君卿注。案：杜佑乃作通典，引孫子語而訓釋之，非注也。通典引孫子曰「利而誘之，親而離之」，注云：「以利誘之，使五間并入，辯士馳説，親彼君臣，分離其形勢，若秦遣反間誑趙，使廢廉頗而任趙奢之子是也。」考「利而誘之」、「親而離之」二語，孫子本文不相屬，通典摘引之，又爲之注，求其意義，幾成一事，與孫子句各爲義者異已。

又按：杜佑注例，每先引曹注，下附己意，故前之所説，後或不同也。

又，杜佑注自引用曹注之外，亦或間引孟氏。

又按：十家注自魏武之後，孟氏爲先，見隋書經籍志，原本次於陳皞、賈林之後，誤也，今改正。晁公武以爲唐人，亦誤也。

又按：杜佑雖非爲孫子作注，然既引用其文，不當次於賈林之後、梅氏之前，今改正，次孟氏。

又按：杜牧者，佑之孫也；原本列牧於佑前，大謬。

又，孫子道藏原本題曰「集注」，大興朱氏本題曰「注解」，今改爲「孫子十家注」，從宋志也。

又，道藏本有鄭友賢孫子遺説一卷，見通志藝文畧，今仍原本，附刻於後。

孫子篇目：

計篇第一；

作戰篇第二；

謀攻篇第三；

形篇第四；

勢篇第五；

虛實篇第六；

軍爭篇第七；

九變篇第八；

行軍篇第九；

地形篇第十；

九地篇第十一；

火攻篇第十二；

用間篇第十三。

（岱南閣叢書孫子十家注附刻）

校記

〔一〕「操進」，原本作「懆進」。按：「懆」蓋「操」之訛。此「操」通「摻」，亦讀七鑒反，與「摻」並有「持」義。「摻撾」即爲擊鼓之聲調，故史有「漁陽摻撾」之説。「操進」猶言「摻進」，蓋指依據擊鼓之聲調而舉步前進之意。而「懆」乃「慘」義，悲愁憂悽之謂。如作「懆進」，則失其義矣。叢書集成本與諸子集成本即作「操進」，是。今據改。

〔二〕此句原作「寡人已知將軍用兵矣」。按：此時孫武初見吴王，尚未參與伐楚之事，故此語有誤。今據史記本傳「闔閭知孫子能用兵」，於「用兵」上補「能」字，作「寡人已知將軍能用兵矣」，如此，文理方順。

〔三〕「將在軍」，原本作「將法在軍」，叢書集成本吴越春秋同。而史記本傳即無「法」字。司馬穰苴傳載斬莊賈事，報景公亦云「將在軍，君命有所不受」，史傳未見引此語作「將法在軍」者，且言「將法在軍」亦爲費解，故據本傳刪。但若「將」、「法」二字互乙，作「法：將在軍」，言據兵法，將在軍，君命是可以有所不受的，如此，於義亦可通。故不改原文，而祇調換一下「將」、「法」二字的位置亦可。

〔四〕「窮刼之曲」，原本如此。叢書集成本吴越春秋同，唯明吴琯校注云：「刼，疑當作『衂』。」按：吴説有理。「衂」字或作「衄」，傷敗之義。文選曹植求自試表「疏聞東軍失備，師徒小衄」，即言師徒小敗。此曲雖未聞見，但當如趙書所説，爲「傷昭王困迫」之作。故當如吴説作「衂」。唯作「刼」亦非不可解，故仍之，並存吴説，以相參較。

〔五〕「集人合衆」，通典卷一五九無「合」字。

〔六〕「若欲野戰，則必因勢」，通典作「若欲戰，必因勢，勢者」。

〔七〕「天氣陰晦昏霧」，通典無「氣」字。

〔八〕以上二句「敵守其城壘，整其車騎」，通典卷一五九作「而敵盛守，修其城壘，整其軍騎」。查九地篇「入人之地而不深者，爲輕地」何注，亦作「敵守其城壘，整其車騎」，通典引文不甚嚴格，故間有小異。

〔九〕「乃選驍騎」，原本無「驍」字，今據通典補。

〔一〇〕以上三句「令不得來，必全吾邊城，修其所備」，原本與通典均如此，而九地篇「我可以往，彼可以來，爲交地」，何注則作「使不得來，必令吾邊城，修其守備」。按：二者文意雖無不同，而以何注爲長。唯原文亦可通，故仍之。

〔一一〕「守而易怠」，原本如此，上引九地篇「交地」釋名何注與「交地則無絶」張注並同，孫校亦未置詞，唯通典卷一五九該句注稱通典舊本原作「勿」，今本作「易」者，乃據上述何注改。按：處交地，固當謹守勿怠，但此乃一般處置原則。而今吴王難孫武，稱並非敵我均可往來，而是我不可往而彼可來，故孫武答以奇伏勝，而不可固守，因在此種情況下「守而易怠」也。故據文意，當作「易」。

〔一二〕「可以有功」四字，通典無，上引何注亦無。

〔一三〕「前門後拓」，原本如此，通典同，而九地篇「圍地」釋名何注與「圍地則謀」張注所引則均作「我則前門後拓」。按：上句「疾擊務突」即以「我」言，故無此二字亦可通，故仍之。

〔一四〕「鋭卒分兵」，原文如此，而九地篇「死地」釋名何注與「死地則戰」張注所引則均作「鋭卒分行」，今亦兩存之。

〔一五〕「革車之乘」，周禮春官車僕鄭注則作「苹車之陳」。

〔一六〕「吴闔閭」，原文無「王」字，蓋陳氏轉述此事而簡稱之也，史書未見有此稱者。下句「孫、吴或是古書」亦然，所謂「孫、吴」，即指孫子與吴子。

〔一七〕「生於敬王之代」，原本「代」，誤作「伐」，今改正。

〔一八〕「軍爭篇」，原本誤「爭」爲「政」。

〔一九〕「黥布」，原本作「黔布」。按：「黥」、「黔」二字固音近，然「黥布」可稱「英布」，未見有稱作「黔布」者，故當仍依史傳作「黥布」爲是。

〔二〇〕「八十一篇」，敘録與書録解題皆如此，唯漢志所録爲八十二篇，故「一」字乃「二」之誤。

〔二一〕「十五」，疑「十三」之誤。宋志作「十五」者，是宋志誤也。孫校本所據道藏底本即作「十三」可知。

九、孫子集注序[一]

清　魏源

易，其言兵之書乎？「亢之爲言也，知進而不知退，知存而不知亡，知得而不知喪」，所以動而有悔也，吾於斯見兵之情。老子，其言兵之書乎？「天下莫柔弱於水，而攻堅者莫之能先[二]」，吾於斯見兵之形。孫武，其言兵之書乎？「百戰百勝，非善之善者也；不戰而屈人之兵，善之善者也。故善用兵者，無智名，無勇功」，吾於斯見兵之精。故夫經之易也，子之老也，兵家之孫也，其道皆冒萬有，其心皆照宇宙，其術皆合天人、綜常變者也。

而蘇洵曰：「按言以責行，孫武不能辭三失：久暴師而越觷乘，縱鞭墓而荆怒激，失秦交而鮑救至。言兵則吴劣於孫，用兵則孫劣於吴，矧祖其餘論故智者乎？」嗚呼！吴，澤國文身封豕之蠻耳，一朝滅郢，氣溢於頂，主驁臣驕，據宫而寢，子胥之智不能争，季札之親且賢不能禁，一羈旅臣能已之乎？故越絶書稱「巫門外有吴王客孫武冢[三]」。是則客卿將兵，功成不受官，以不盡行其説故也。

或又謂：將才非人力，運用存一心，括讀父書，徒取秦禽，是又不然。兵列「五禮」，學禮易及，「有文事者必有武備」，「好謀而成」，「我戰則克」，「學矛夫子，獲甲三百」。特兵危事而括易言之，正與兵書相背故也。

「弩生於弓，弓生於彈，彈生於古之孝子」。殺人以生人，匪謀曷成？謀定而後戰，斯常夫可制變。上謀之天，下謀之地，中謀之人，人謀敵謀，乃通於神，非神之力也，心之變化所極也。變化者，仁術也。上古聖人，以其至仁之心捖水火而勝之，捖龍蛇虎豹犀象而勝之。恩生於害，害生於恩。微觀於五行相生相克之原，天地間無往而非兵也，無兵而非道也，無道而非情也。精之又精，習與性成，造父得之以御名，羿得之以射名，稷得之以稼名，宜僚以丸，秋以弈，越女以劍。雖得諸心，口不能云；口即能云，不能宣其所以云。若夫由其云以通其所以云，微乎微乎，深乎深乎！夫非知易與老之旨者，孰與言乎！（古微堂集）

校記

〔一〕魏氏集注未見，唯見該序。

〔二〕「莫之能先」，老子唐景龍碑與傅奕本如此，而王弼注各本則作「莫之能勝」。

〔三〕此句越絕書原作「巫門外大冢，吴王客孫武冢也」。